Les routes du pétrole
Oil Routes

P.I.E. Peter Lang
Bruxelles · Bern · Berlin · Frankfurt am Main · New York · Oxford · Wien

Alain BELTRAN (dir./ed.)

Les routes du pétrole
Oil Routes

« Enjeux internationaux / International Issues »,
vol. 35

Cette publication a fait l'objet d'une évaluation par les pairs.

Éditions scientifiques internationales
Bruxelles, 2016
1 avenue Maurice, B-1050 Bruxelles, Belgique
www.peterlang.com ; info@peterlang.com

Imprimé en Allemagne

ISSN 2030-3688
ISBN 978-2-87574-295-7
eISBN 978-3-0352-6566-8
D/2016/5678/34

Information bibliographique publiée par « Die Deutsche NationalBibliothek ».

« Die Deutsche NationalBibliothek » répertorie cette publication dans la « Deutsche Nationalbibliografie » ; les données bibliographiques détaillées sont disponibles sur le site <http://dnb.d-nb.de>.

Table des matières/Contents

Remerciements

Le responsable de cette publication tient à remercier les personnes qui au sein de l'entreprise Total ont permis ou facilité la réalisation du colloque des 25 et 26 novembre 2013 à partir duquel est tiré cet ouvrage, à savoir Madame Christine Berdon-Mouhoud, Madame Clotilde Cucchi-Vignier, les différentes responsables des archives et en particulier Clémentine Pédenon.

Également M. Hervé l'Huillier (Intelligence économique, Total) pour son introduction et toute son œuvre au service de la mémoire de l'entreprise.

Et bien entendu Benoît Doessant qui n'a jamais ménagé ses efforts pour que l'histoire des hydrocarbures en France devienne une réalité (en y associant Jérôme Thuez).

Les membres du conseil scientifique en dehors des personnes déjà citées : Laurence Badel (Université Panthéon-Sorbonne), Patrick Boureille (Service historique de la défense), Hubert Loiseleur des Longchamps (Directeur des Affaires Publiques, Total), Jean-Pierre Loizeau (Directeur de l'Université Total), Jean-François Minster (Directeur scientifique, Total), Yann Richard (Université Panthéon-Sorbonne, géographe)

Les présidents de séance Philippe le Billon, Pascal Griset (Université Paris-Sorbonne), Jean-Pierre Williot (Université de Tours).

Les participants à la table ronde finale : Patrice Geoffron (Université Paris-Dauphine), Luc Gillet (Trading and shipping, Total), Pierre Terzian (Pétrostratégies), Gilles Bellec (Ingénieur général des Mines).

Madame Josette Mateesco, secrétaire administrative de l'UMR Irice à la redoutable efficacité (et les services comptables de Panthéon-Sorbonne et du CNRS).

Les collègues dont les très intéressantes communications n'ont pu être retenues.

Et fatalement celles et ceux que j'ai pu oublier…

Alain Beltran

Introduction

Les sites de production de pétrole ne correspondant pas la plupart du temps aux lieux de consommation, en conséquence, soit par voie maritime, soit par oléoducs, le pétrole fut dès l'origine un produit transporté sur de longues distances. Le développement des différents grands pays producteurs (les États-Unis, l'URSS ou la Russie, l'Arabie saoudite...) a renforcé cette tendance fondamentale. Aujourd'hui, c'est environ les 2/3 de la consommation mondiale de pétrole qui est commercialisée par mer. Avant le premier choc pétrolier de 1973, la moitié du commerce maritime, tous produits confondus, relevait des hydrocarbures liquides. Cependant, à partir des années 1980, la part du pétrole dans les transports maritimes a reculé mais représente encore un tiers du tonnage de l'ensemble des marchandises transportées par mer. Dans cet ensemble, le pétrole brut est largement dominant. Dès l'origine, barriques et tonneaux sont transportés par mer. Puis des « pétroliers » inaugurent de nouvelles routes : *Elisabeth Watts* (1861, Grande-Bretagne), *Zoroaster* (pétrolier à vapeur, 1878), *Murex* entre Liverpool et Bangkok (1892), etc. De la barge largement utilisée aux États-Unis au supertanker en passant par le *gluckhauf*, les transports de pétrole ont largement évolué. Sur une période plus récente, on peut souligner le développement des navires méthaniers (première liaison France-Algérie en 1965) transportant du LNG (Liquefied Natural Gas). La flotte pétrolière mondiale en 2010 s'élevait à plus de 5 000 navires jaugeant 435 millions de tonnes de port en lourd (tpl). Les tailles des navires varient et les supertankers peuvent dépasser 350 000 tpl. L'évolution s'est faite de flottes appartenant aux compagnies vers des flottes d'armateurs indépendants. Les pays asiatiques se sont fait une spécialité de la construction de ces navires.

Sur terre, les pipe-lines ou oléoducs trouvent leur origine dès l'année 1865, peu de temps après la découverte du « colonel » Drake. Leur longueur totale aujourd'hui avoisine le million de kilomètres dont les ¾ sont consacrés au transport du pétrole brut. Les oléoducs (la plupart du temps appelés pipe-lines) les plus longs se rencontrent dans les pays de grande dimension comme l'URSS-Russie (plus de 5 000 km) pour les produits bruts ou bien aux États-Unis pour les produits finis. En dehors de la longueur, il faut aussi considérer la capacité liée évidemment au diamètre. Certains oléoducs ont ainsi des capacités supérieures à 100 Mt/an comme le Sumed (inauguré en 1977) entre le canal de Suez et Alexandrie. L'oléoduc se justifie soit quand il achemine du brut vers les terminaux, ou bien vers les raffineries ou encore vers les lieux de consommation (voir par exemple l'ensemble des réseaux de Trapil). La construction relève quelquefois d'exploits technologiques comme le Bakou-Tbilissi-Ceyhan (BTC) qui franchit un col à 2 850 mètres et permet d'éviter un Bosphore très encombré ainsi que le territoire russe. Les tracés obéissent à des contraintes géopolitiques qui ne sont pas les moindres. Ainsi peut-on comprendre l'oléoduc récent qui contourne par voie terrestre le détroit d'Ormuz, zone sensible s'il en est. Enfin, les oléoducs sous-marins doivent vaincre des difficultés liées aux profondeurs, aux courants. La mer du Nord en est un parfait exemple.

Les routes du pétrole ne sont pas immuables et leur tracé est déterminé par l'essor économique, les tensions géopolitiques et les progrès des techniques. Ainsi, la fermeture du canal de Suez a obligé à un long détour par le cap de Bonne-Espérance ce qui a entraîné une modification de la taille des pétroliers. L'encombrement de certains itinéraires ou quelques accidents spectaculaires ont modifié la gestion de la circulation et la structure des navires pétroliers. De nouvelles routes dans l'Arctique se dessinent du fait du recul de la banquise et de l'exploitation de pétrole et de gaz dans des zones polaires. Est-il nécessaire de souligner les conséquences de l'exploitation des gaz et des pétroles de « schistes » (de roche) par les États-Unis qui modifient sensiblement les routes du pétrole et peut-être même les inversent. Dans une autre aire, les tensions en mer de Chine peuvent être tempérées par des itinéraires nouveaux qui renforceront les solidarités commerciales. Les routes du pétrole (et de plus en plus souvent du gaz) sont donc le cœur, le baromètre et le témoin des rythmes économiques, techniques, géopolitiques de la planète depuis 150 ans. Leur étude historique pour arriver jusqu'au temps présent s'impose dans une perspective pluridisciplinaire (historiens, géographes, géopoliticiens, décideurs, ingénieurs…). Les principaux axes de réflexion (la liste n'est pas limitative) peuvent porter sur :

- les routes en tant qu'itinéraires : leur évolution, les contraintes géographiques et leurs conséquences (la question des détroits à titre d'exemple), la rationalisation des zones à fort trafic, l'évolution des ports pétroliers…
- les flottes pétrolières : leur formation, leur évolution, les pavillons nationaux et les pavillons de libre immatriculation (exemples de Panama, du Liberia et des Bahamas)…
- l'évolution des techniques : la barge et le caboteur, le pétrolier et le méthanier (simple coque, double coque), les assurances (conventions internationales), la formation des commandants, l'évolution des équipages…

- les risques et les accidents : la piraterie, les naufrages, les efforts pour une sécurité accrue…
- les oléoducs et les gazoducs : leur évolution technique, oléoducs et défense, les contraintes géopolitiques…

En conséquence, les routes du pétrole (et du gaz) sont un excellent baromètre de l'activité, de l'inventivité et des relations internationales. Leur compréhension dans une longue perspective historique n'est pas sans écho sur les problématiques contemporaines. Plus que jamais, l'histoire est un grand livre d'apprentissage et de réflexion.

Première partie

Navires et pavillons

First Part

Ships and Flags

La genèse du tanker : transgression, pollution, régulation (1885-1935)

Christian Borde

Université du Littoral, Boulogne-sur-Mer, France

> « Personne ne souhaite provoquer cette pollution dans la mesure où l'on trouve une méthode pour se débarrasser de ces déchets de pétrole ou de ces déchets d'eaux mazouteuses, sans interférer indûment dans le cours des affaires ».
>
> *Board of Trade*. 1925[1]

Le boom de la demande en hydrocarbures explique que les concepteurs des premiers *tank steamers*[2], au milieu des années 1880, aient dû transgresser les critères de la sécurité des constructions traditionnelles avec le lancement du *Glückauf* en 1886 – considéré comme le premier tanker moderne. Les systèmes de rivetage du temps ne pouvaient assurer l'étanchéité complète à moyen terme de citernes contenant un chargement corrosif, dangereux, susceptible d'exploser et de provoquer des incendies immaîtrisables. Des modes de construction plus sûrs et plus économiques des tankers ne s'imposèrent que lentement[3] : le système Isherwood en 1908 qui renforçait la structure des navires tout en conservant le principe du rivetage et, à partir des années 1935, les débuts de la conversion vers la soudure. Ce progrès lent et continu fut le résultat d'une demande de plus en plus forte pour les grands navires-citernes. Leur part dans le shipping mondial ne représentait que 2 % du tonnage à flot en 1906 et « ne justifiait

[1] *Report as to the extent of oil pollution round the coasts and reports on oil separators*, London, His Majesty's Stationery Office, 1925, p. 19.

[2] Le mot *tanker* n'est utilisé en français qu'au début des années 1920 afin de simplifier le néologisme « navire-citerne pétrolier », utilisé dès 1890 et traduisant fidèlement l'anglais *oil tank steamer.*

[3] Nous avons consacré une première étude à l'évolution de la construction des tankers proprement dite : Christian Borde, « Le paradoxe du tanker, 1885-1935 », *La construction navale et ses objets : nouvelles approches, nouveaux outils*, colloque tenu à Nantes en juin 2012 sous la direction de David Plouvier, à paraître.

pas de mesure spéciale »[4] ; en 1930, elle avait doublé pour atteindre 12 % soit 1 556 navires et 8,2 millions de tonneaux.

Après avoir rappelé les modalités de cette transgression fondatrice, nous analyserons les légitimes hésitations des autorités devant le traitement de ces navires problématiques. La confrontation entre d'une part la Compagnie universelle du canal de Suez, qui produit une régulation toute nouvelle entre 1891 et 1902, et l'attitude très offensive de l'armement Samuel, future compagnie Shell et pionnier de la route asiatique du pétrole en vrac, est particulièrement bien documentée.

Nous décrirons ensuite la précocité des pollutions fonctionnelles de ces navires-usines qui, interdits de rejet dans les infrastructures portuaires ou fluviales, les effectuent en mer. L'essor du trafic pétrolier, les débuts du gigantisme et le retour à la prospérité dans les années 1920 provoquent un début de prise de conscience de l'ampleur de ces pollutions et les institutions nationales tentent d'abord de faire la part des responsabilités entre les acteurs. En France et dans le monde britannique dès 1913, puis aux États-Unis en 1924, les gouvernements interdisent le rejet des eaux polluées des tankers. Mais, comme toute grande question liée au shipping, les problèmes se posent à l'échelle internationale et la tentative de régulation à ce niveau échoue en 1926 tandis que l'enquête menée par la Société des Nations en 1935 ne débouche sur aucune décision ferme.

Nous verrons enfin comment les armateurs assument leur opposition à la régulation en arguant des conditions économiques et revendiquent des mesures de réduction du franc-bord des tankers, dans le contexte plus large de la régulation de la sûreté en mer.

1. Une transgression fondatrice

Cinq ans avant la construction du *Glückhauf*, le Bureau Veritas[5] édicte un règlement pour la construction en acier qui prône des échantillons importants et un grand soin dans la construction[6]. Ces deux règles ne permettent pas de remédier aux problèmes inédits que pose la cargaison en vrac de produits pétroliers ce qui perturbe très fortement le marché

4 *Load Line Committee 1927-1929. Report of the Committee appointed by the President of the Board of Trade to advice on Load Lines of Merchant Ships and special Load Lines for steamers carrying timber deck cargos and for tankers*, London, His Majesty's Stationery Office, 1929, p. 15.

5 Le registre maritime du Bureau Veritas fondé à Anvers en 1828 met fin au monopole du *Lloyd's Register of Shipping* créé en 1760. Transféré à Paris en 1830, c'est une agence de cotation des navires, productrice de règlements pour leur classification.

6 P. Leconte, *Un siècle de construction navale. Le Bureau Veritas. Société internationale de classification de navires et d'aéronefs, 1828-1928*, Caen, 1928, p. 64.

de l'assurance maritime dont les primes avaient commencé à baisser sous l'effet du travail de cotation par les deux registres maritimes concurrents.

Au lieu d'être un navire qui contient des citernes, le *Glückhauf* (1886-1893) est en fait une citerne flottante : les doubles cloisons du bordé de coque capables d'éviter le déversement du pétrole en cas d'abordage ou d'échouement ont été supprimées. Son chargement liquide est en contact direct avec la paroi du navire, en anglais « next to the skin ». Il s'agit là d'une transgression qui rompt avec la dangerosité des doubles cloisons établies sur les premiers navires-citernes des années 1875-1885. Entre ces cloisons, l'accumulation de poches de gaz avait lieu, en raison de la médiocre étanchéité du rivetage des citernes. Cette transgression est acceptée par le Veritas pour des raisons de circonstance – le boom pétrolier – mais aussi parce que le registre maritime français cherche à supplanter le *Lloyd's Register of Shipping*[7] dans la cotation des premiers tankers et ainsi à s'implanter durablement en Angleterre. L'ingénieur Léon Piaud (1855-1911) décide de donner la cote la plus élevée au *Glückauf* tout en dirigeant la réflexion sur l'élaboration d'un règlement spécial aux pétroliers. Le texte n'est achevé qu'en 1894[8], c'est-à-dire trois ans après que les premiers tankers aient commencé à transiter dans le canal de Suez (*infra*) et quelques mois après la perte prématurée du *Glückauf*. Échoué en mars 1893 sur un banc de sable proche de Long Island, dépourvu d'un système de ballastage efficace, trop lourd en raison d'une construction très solide, le premier tanker ne put être allégé et s'enfonça irrémédiablement dans le banc de sable. L'absence de doubles cloisons écartait le risque d'explosion mais avait pour conséquence d'altérer les qualités nautiques et finalement la sécurité du navire.

Malgré ces déboires, le système de construction *next to the skin* s'était imposé et son caractère transgressif ne choqua personne. En reprenant les dispositions du Veritas, la loi française de 1907 sur la sécurité maritime impose que les pétroliers « doivent toujours être à simple coque »[9]. Le nouveau règlement du Veritas de 1912 rappelle la formule mise en œuvre en 1885 : « Le chargement liquide devra être en contact avec la muraille extérieure et il ne pourra exister, par le travers des citernes, ni double

---

7 Le *Lloyd's Register* qui publie son *Register of Ships* à partir de 1764 ne doit pas être confondu avec la célèbre Compagnie d'assurances *Lloyd's of London*, les autres registres nationaux ne sont créés qu'à partir de 1861. Cf. Barbara Jones, article « survey and registry » dans *Oxford Encyclopaedia of Maritime History*.

8 *Ibid.*, p. 96.

9 Instruction ministérielle (Marine) du 17 mai 1909 pour l'application de la loi du 17 avril 1907 sur la sécurité de la navigation maritime et l'organisation du travail à bord des navires de commerce, et des règlements d'administration publique des 20 et 21 septembre 1908, rendus pour son exécution, art. 43 « Des navires-citernes », *Bulletin officiel de la Marine*, 1909, n° 16, p. 468.

fond, ni double coque intérieure »[10]. En 1930, au moment des grandes discussions de la seconde convention SOLAS on continua à célébrer le *Glückhauf*. Les experts de la sécurité maritime du temps, très proches des intérêts maritimes, semblaient avoir oublié la précocité du principe transgressif : « Il y a quelque trente ans, il eût en effet paru audacieux d'entreprendre la construction de navires dont les citernes fissent partie intégrante de la coque et dont les chargements liquides fussent en contact direct avec le bordé de coque »[11].

2. Le rôle décisif de la route de Suez (1891-1902)

Jusqu'en 1891, la Compagnie de Suez n'a vu passer que des « benziniers » c'est-à-dire des cargos de construction traditionnelle transportant en grande quantité ou en chargement complet des caisses d'essence et autres produits blancs[12]. Au printemps 1889, elle est informée par son bureau de Londres que le commerce du pétrole en vrac se développe et considère que son transit par le canal peut être dangereux[13]. Des informations plus précises lui confirment la généralisation du « transport de pétrole en masse dans des réservoirs dont les parois sont formées par les murailles des navires »[14]. La transgression inaugurée par la construction *next to the skin* du *Glückhauf* n'était donc pas encore connue par la compagnie du canal et la défiance des autorités du canal envers la dangerosité des transports par *tank steamers* demeure, même si elles s'efforcent de répondre aux problèmes au fur et à mesure que les nouveaux types de navires se présentent pour transiter.

En effet, même dans les eaux calmes du canal de Suez, les tankers peuvent être victimes d'accidents susceptibles d'entraîner le déversement de toute ou partie de la cargaison[15]. Les conditions de navigation du canal demeurent longtemps relativement difficiles en raison de son étroitesse, du manque de profondeur et des virages subsistants ; échouements et abordages sont assez courants. Contrairement à ceux qui surviennent en

---

10 Bureau Veritas, Registre international de classification des navires, *Règlement pour la construction et la classification des navires en acier*, année 1912, Chap. VI. Règles pour la construction des navires destinés au transport en vrac du pétrole, Article 53 dispositions générales, p. 109.

11 J. Marie, Ch. Dilly, *Utilisation et sécurité du navire de commerce, 2e partie. La sécurité maritime*, Paris, Société d'Éditions géographiques maritimes et coloniales, 1931, p. 43.

12 Le trafic des benziniers se poursuit jusque dans les années 1930. Cette curieuse appellation permettait de bien les distinguer des vraquiers : les tankers.

13 ANMT, Suez 1995060 5068 transit des pétroliers en vrac, note historique. (Désormais : Suez 5068), Le bureau de Suez à Londres à la direction, 13 mars 1889.

14 Suez 5068, La direction de Suez au chef du Transit, 4 mars 1890.

15 *Ibid.*, Rapport du chef du Transit, 27 mars 1890.

haute mer, ces incidents ne mettent pas en jeu la vie des équipages mais peuvent provoquer de graves dommages aux navires et aussi au canal :

> Il est impossible de savoir ce qui se produirait dans ce cas, c'est-à-dire de savoir si l'huile se répandrait à la surface de l'eau, en nappe continue ou par petits îlots séparés et si elle s'enflammerait [...] J'ai été beaucoup plus embarrassé lorsque j'ai envisagé l'hypothèse – de beaucoup la plus importante car elle est la plus probable – d'expansion de pétrole non enflammé à la surface du canal, à la suite d'une voie d'eau dans la carène d'un pétrolier en vrac[16].

Mais le tanker n'est pas seulement menacé par des facteurs extérieurs. D'autres dangers sont inhérents à la nature des cargaisons d'hydrocarbures qui avec les grandes chaleurs d'Égypte sont soumises à des dilatations importantes. Le chef du Transit n'autorise donc le passage des tankers que du 1er octobre au 1er avril, sauf si le navire soit est équipé de citernes de trop-pleins qui puissent contenir plus de 2 % de la cargaison totale. La présence de pompes puissantes – 4 à 500 tonnes par heure – le maintien de cales pleines et le fait que la loi anglaise autorise l'usage des pétroles qui ne s'enflamment pas au-dessous de 23°C, sont avancés pour justifier le transit des pétroliers chargés en vrac. Les restrictions usitées depuis longtemps dans les ports consistant à isoler les tankers du reste de la navigation sont également appliquées[17].

La compétition entre le Veritas et le Lloyd se poursuit. Ainsi en 1901, la Compagnie de Suez apprend que le Lloyd, contrairement à son propre règlement, n'empêche pas la communication des citernes entre elles dans la construction des tankers[18]. L'armateur pourrait donc, en l'absence de toute mesure prohibitive de la Compagnie de Suez, modifier les aménagements intérieurs et pratiquer des ouvertures dans les citernes afin d'obtenir plus de facilités pour le transport des cargaisons de retour. Pour contourner la mesure, Suez stipule dans le règlement de 1902 d'élever la capacité maximale des citernes à 500 tonnes et d'interdire qu'elles soient communicantes[19].

Un troisième acteur vient confirmer la position rigoureuse de la Compagnie de Suez. Dès 1892, le registre allemand, le Lloyd germanique demande à être reconnu pour l'expertise des tankers[20]. Jusque-là tous les pétroliers en vrac ont été construits en Angleterre et classés soit au Lloyd anglais soit au Veritas. Suez, compagnie Universelle, ne peut qu'accéder

---

16 ANMT, Suez 1995060 5001, Comité de direction, 29 mai 1902.

17 *Ibid.*, Suez 5068, Rapport du chef du Transit, 27 mars 1890.

18 *Ibid.*, Comité consultatif, 20 juin et 8 juillet 1901.

19 *Ibid.*, 4 octobre 1901.

20 *Ibid.*, L'ambassadeur d'Allemagne à Paris à la Cie de Suez, 28 février 1892.

aux desiderata de l'Allemagne : « c'est une question de pratique commerciale et de confiance spéciale de la part des armateurs et la compagnie n'a fait que se conformer au choix du monde maritime »[21]. Très habilement, le Lloyd allemand s'est en fait inspiré des préconisations de Suez pour rédiger son propre règlement destiné aux armateurs de tankers allemands ou étrangers[22]. Après une longue négociation, les navires portant le certificat de la *British Corporation* sont autorisés à transiter en 1907[23]. Ce type de réactions positives encourage la Compagnie de Suez à s'en tenir strictement au texte de son règlement qui impose au capitaine une déclaration formelle[24].

Cette confiance dans les principes de la sécurité s'oppose aux pressions exercées par l'armateur Marcus Samuel, fondateur de la future compagnie Shell, qui s'expliquent par la nature très concurrentielle du trafic des pétroles en vrac. Il propose dès avril 1891 d'expédier des *tank steamers*[25] par la voie de Suez. Comme l'agent de Suez à Londres est désormais convaincu qu'il n'y a « pas d'exemple d'inflammation spontanée du pétrole sous l'effet de la seule influence de la température atmosphérique »[26] la compagnie du canal décide à l'aide d'un « règlement des plus stricts » de réserver le passage aux chargements exclusifs de pétrole raffiné dont les caractéristiques sont stables et bien connues d'elle avec l'expérience des benziniers, et d'interdire le passage en vrac du pétrole brut dont les caractéristiques ne sont pas uniformes[27].

Samuel n'hésite pas à assigner la compagnie du canal de Suez en justice pour obtenir des surestaries occasionnées par le refus de faire passer un de ses tankers qui utilisent ses cofferdams[28] comme soute à combustibles[29]. Suez considère comme « un défi direct au droit de la compagnie d'imposer des règlements qui ont été dictés pour la sécurité des navires »[30] ce qui amène Samuel à retirer son recours en justice. En fait, il veut pouvoir transporter de la benzine en vrac et voir supprimer l'obligation de remplir

---

21 *Ibid.*, Direction de Suez à l'ambassadeur d'Allemagne à Paris, 27 mars 1893.

22 *Ibid.*, L'ambassadeur d'Allemagne à Paris à Suez 15 juillet 1893.

23 *Ibid.*, Comité de Suez, 27 juin 1907 et règlement du 5 juillet 1909.

24 *Ibid.*, Direction de Suez au bureau de Londres, 12 avril 1899.

25 *Ibid.*, Samuel & Co au bureau de Londres, 20 avril 1891.

26 *Ibid.*, Bureau de Londres au chef du Transit, 30 avril 1891.

27 *Ibid.*, MM. Ralli à Suez, 19 août 1891.

28 Les cofferdams sont des compartiments de sécurité formés par cloisons doubles sur toute la largeur et jusqu'au pont supérieur du navire. Situés aux extrémités de la partie réservée aux citernes, ils sont éventuellement et exclusivement remplis d'eau et ne peuvent contenir des hydrocarbures.

29 *Ibid.*, Bureau de Londres à Suez, 12 septembre 1900.

30 *Ibid.*, Note du comité de Suez, 28 septembre 1900.

d'eau les cofferdams, s'appuyant sur des interprétations des règlements de « certaines voies navigables en France » et sur celui du Lloyd Register. Ses arguments sont donc particulièrement saugrenus ; pour lui « la même opération peut être faite dans tous les espaces isolants à doubles cloisons sans qu'il en résulte aucun danger »[31]. Devant tant de mauvaise foi, Suez mène l'enquête à Londres pour connaître la réglementation en vigueur dans la Tamise et les docks de Londres[32] et dans les ports pétroliers de France et de Belgique[33]. Pour son agent à Suez, Worms et Cie : « L'obligation absolument inutile de remplir d'eau les cofferdams infligerait à MM. Samuel & Co, une perte terrible »[34]. Samuel en vient donc à menacer de faire passer ses navires par le Cap si on maintient les mesures en vigueur à Suez[35].

Au début de 1902 le nouveau règlement sur le transit des tankers est publié[36]. Les navires se trouvent sous la surveillance d'un remorqueur-citerne équipé de barrage de pannes pour isoler le navire en cas de fuite. Il est financé dans un premier temps par la maison Worms, mais les armateurs considèrent que le convoyage n'est pas nécessaire[37], alors que leur motivation est surtout financière puisque cette escorte augmente les frais du transit. Suez finit par le supprimer en deux temps entre 1898 et 1902[38]. Le sort veut qu'un mois après la suppression du convoyage, le pétrolier en vrac *Nerite* prenne feu dans le grand lac Amer alors qu'il était en train de charger une partie du pétrole d'un autre tanker qui s'était échoué. L'incendie se poursuit pendant deux semaines sans qu'on puisse intervenir pour l'arrêter. Les délibérations du Comité de direction de Suez insistent sur « l'avertissement que paraît donner cet accident », concluant à la nécessité d'être vigilant et de prendre de nombreuses précautions[39].

---

31 *Ibid.*, Worms & Cie transmettant les propositions de Samuel & Co. à Suez, 26 septembre 1900.

32 *Ibid.*, Suez au bureau de Londres, 28 septembre 1900.

33 *Ibid.*, Suez aux préfets des départements du Pas-de-Calais, Nord, Gironde, Loire Inférieure, Bouches-du-Rhône et au ministre de Belgique à Paris, 6 et 9 octobre 1900.

34 *Ibid.*, Worms et Cie à Suez 1er mai 1901.

35 *Ibid.*, Sutherland au bureau de Londres, 24 novembre 1901.

36 *Ibid.*, *Règlement de navigation. Annexe pour les navires chargés de pétrole en vrac*, édition de mars 1902.

37 Suez 5068, Moss & Cie à Suez, 31 mars et 2 avril 1898.

38 *Ibid.*, La Direction de Suez à Moss, 12 avril 1898.

39 ANMT, 1999060/5001, Comité de direction, 29 mai 1902.

3. Pollutions originelles

Les pollutions opérationnelles[40] résultent de l'exploitation normale des navires-vraquiers pétroliers dès leur invention. Dans leur exploitation commerciale, il est essentiel de laver les citernes après leur déchargement afin de ne pas polluer les nouveaux produits qu'elles peuvent embarquer. En retournant à Suez et à la surveillance active que la Compagnie du Canal pratique dès l'origine du trafic des tankers, on peut montrer la précocité de la connaissance par les autorités portuaires, fluviales ou des canaux interocéaniques de l'existence des déballastages dans les ports et en mer. De manière un peu anachronique, on peut même considérer que plus on régule les rejets dans les ports ou dans le canal et plus ils se développent en mer. Ainsi, le règlement de Suez de 1892 stipule que, pour obvier les risques d'explosion, les tankers vides doivent procéder au nettoyage de leurs cuves en dehors du canal, c'est-à-dire en pleine mer[41]. Ce n'est qu'en 1906 que la Compagnie du Canal s'enquiert de la manière dont les cuves des tankers sont nettoyées et elle découvre que les mesures prohibitives sont loin d'être inutiles pour protéger les eaux du canal : « Les citernes étant fermées hermétiquement, de la vapeur y est introduite pendant 12 heures afin de faciliter l'écoulement du pétrole adhérant aux parois. Les citernes sont ensuite ouvertes et le pétrole mélangé à l'eau de condensation est ensuite pompé à la mer »[42]. Un autre exemple de texte incitant sans le vouloir à la pollution est l'instruction ministérielle destinée à appliquer la loi française de 1907 sur la sécurité maritime. Elle consacre l'obligation du dégazage sans indiquer aux armateurs le lieu où ils doivent déverser leurs eaux usées : « Les citernes sont disposées de façon à pouvoir être débarrassées des gaz ou vapeurs inflammables au moyen de jets de vapeur ou d'un autre moyen de ventilation artificielle »[43].

Dans les années 1920, on pouvait émettre l'hypothèse que le grand nombre de navires coulés pendant les hostilités dans la zone du détroit du Pas-de-Calais – navires de guerre, sous-marins, navires de commerce et tankers – ait été une des causes essentielles de la pollution de la mer par les hydrocarbures, des masses de résidus pétroliers fluant vers la surface à partir des épaves de ces navires. Cette hypothèse, qui a l'avantage d'exonérer en partie les responsabilités des capitaines et armateurs pollueurs, est à peine évoquée par le Board of Trade qui ne semble pas dupe de cette explication de circonstance et distingue très clairement les

---

40 Lilia Khodjet El Khil, *La pollution de la mer Méditerranée du fait du transport maritime de marchandises. Régime juridique applicable et mise en œuvre par les États*, Presses universitaires d'Aix-Marseille, 2003, p. 69.

41 Suez 5068, Chevassus au Comité consultatif, 25 novembre 1892.

42 *Ibid.*, Le chef du Transit, 26 septembre 1906.

43 *Instruction ministérielle (Marine) du 17 mai 1909*, *op. cit.*, p. 468.

deux véritables sources de pollutions volontaires en surface : « le rejet de pétrole par les réservoirs et les sentines[44] des navires qui chauffent au mazout où qui transportent dû pétrole en vrac » ensuite dans les ports, « la négligence dans les opérations de manutention du pétrole »[45].

Retournant plus directement vers la question du shipping le Board of Trade considère trois catégories de navires pollueurs[46] : d'abord, les tankers transportant diverses catégories de pétrole en vrac, et qui utilisent les citernes à pétrole comme water ballasts. Ces navires peuvent faire des rejets discrets (*careless*) ou irresponsables (*reckless*) et sont par conséquent difficiles à débusquer. Sur ces navires, la grande quantité d'eau de ballastage mazoutée ne peut pas être traitée par un séparateur et la solution des grands séparateurs construits dans les ports ne trouve aucun écho ; ensuite, les paquebots et les cargos qui transportent uniquement leur combustible pétrolier (*oil fuel*) dans des réservoirs doubles fonds dont beaucoup à usage de water ballast avec de l'eau de mer. Le Board suggère que les appareils séparateurs installés près des citernes soient installés pour recycler les eaux mazouteuses des water-ballasts comme le pratiquent déjà les transatlantiques ; enfin viennent les navires propres : ils transportent le carburant dans des soutes dédiées ou des doubles fonds réservés au pétrole sans les utiliser comme water ballast. Leur seule source de pollution serait l'eau de sentine souvent mazoutée (*oily bilge water*).

L'amende britannique de £ 5 pour rejet interdit ne suffit pas à juguler les transgressions des capitaines ou des entreprises de manutention. L'opposition traditionnelle entre les autorités portuaires et les armateurs ne fait qu'envenimer les choses : les premières interdisent strictement tout rejet dans les ports étant donné les risques d'incendie généralisés, les seconds incitent leurs capitaines à réaliser les opérations au plus vite « sans interférer indûment dans le cours des affaires »[47] quelle que soit la nature du rejet.

4. Tentatives de régulation à l'échelle nationale

Quelques progrès juridiques sont cependant réalisés dans les ports de l'Empire britannique : Par une loi de 1913, le gouvernement d'Australie du Sud, prohibe tout rejet de produits pétroliers dans ses ports sous peine d'une amende de 100 livres. Des mesures du même genre sont prises

---

44 Sentine : c'est le puisard des pompes du bord qui recueille les eaux de condensation ou de suintement de toutes les cales.

45 *Report as to the extent of oil pollution round the coasts...*, 1925, *op. cit.*, p. 4.

46 *Ibid.*, p. 12.

47 *Report as to the extent of oil pollution round the coasts...*, 1925, *op. cit.*, p. 19.

aux Bermudes et à Malte. En juin 1921 le gouvernement de l'Union sud-africaine applique les mesures prises dans une loi de 1916 qui interdit le pompage et le nettoyage des cuves dans tous les ports tandis que le Canada et la Nouvelle-Zélande étudient des mesures similaires.

En France, une circulaire du ministre de la Marine du 2 février 1913 interdit le déversement dans les eaux territoriales d'eaux contenant des résidus de pétrole. Elle est ainsi conçue :

> Le transport pétrolier (*Rhône*) et les navires similaires et autres ayant à bord un approvisionnement de pétrole devront prendre toutes les précautions possibles pour éviter l'épandage des produits susceptibles de nuire à la conservation des poissons et des coquillages en rade de Toulon. En particulier, le nettoyage de leurs soutes devra avoir lieu à une certaine distance du littoral (3 milles environ)[48].

Le contexte de cette décision assez spectaculaire est double : l'usage par la marine du pétrole et le projet de loi visant à protéger les eaux intérieures de la pollution.

Le Board of Trade organise une première conférence du *Board of Trade* en janvier 1921 réunissant les autorités portuaires, les armateurs et les compagnies pétrolières. Le travail de ces trois intérêts produit un *Oil in Navigable Waters Act 1922* qui fait passer l'amende à £ 100 pour un rejet dans les eaux territoriales d'Angleterre et d'Irlande du Nord de pétrole, d'essences ou d'eaux mazouteuses. Le Board of Trade diligente une nouvelle enquête en août 1924[49] afin de mieux connaître l'étendue de la pollution des côtes anglaises par les rejets de pétrole. Un questionnaire très circonstancié est proposé à des institutions locales : municipalités, chambres de commerce maritimes, et autorités portuaires. S'y joignent les usagers du port comme les entreprises qui gèrent de manière privative les entrepôts ou les docks, les comités des pêches maritimes. On trouve aussi des fonctionnaires comme les inspecteurs des pêches des districts, les garde-côtes et quelques collecteurs de droits de douane. Si certaines institutions suggèrent seulement que les limites permises pour opérer un quelconque rejet doivent être négociées sur le plan international, d'autres sont plus radicales. Pour la chambre de commerce de Douvres, la prohibition des rejets dans la zone des trois miles n'offre absolument aucune protection et nombre d'institutions demandent que l'utilisation

---

48 Décision du préfet maritime de Toulon, 27 décembre 1912, pollution des eaux maritimes par les résidus de pétrole ; Dispositions étendues à tout le littoral maritime par la circulaire du ministre de la Marine du 2 février 1913, *Bulletin officiel de la Marine*, 1913, n° 5, p. 173.

49 Board of Trade, *Oil in Navigable Waters. Report as to the Extent of Oil Pollution round the Coasts and Reports on Oil Separators*, London, His Majesty's Stationery Office, 1925, 20 p.

des séparateurs devienne obligatoire. Le Board of Trade demandé à ses ingénieurs d'expertiser ces machines centrifugeuses, mais le résultat est plutôt mitigé : l'émulsion est très longue à réaliser, en particulier pour les chargements de brut et on apprend que les boues obtenues, sans utilité commerciale, sont systématiquement rejetées en mer.

5. Quand les armateurs se rebiffent : l'échec des régulations internationales

Le Congrès des États-Unis fait un pas décisif en juillet 1922 : une résolution demande au président de convoquer une conférence des nations maritimes pour prévenir la pollution des eaux navigables. Le *Oil pollution act* de 1924 interdit le rejet des pétroles de soute ou des chargements de pétroles dans les eaux territoriales sous peine d'une amende de 500 à 2 500 dollars, ou d'un emprisonnement de trente jours minima à un an au maximum, ou encore d'amende et de prison conjointes. La conférence préliminaire fixe les bases d'une régulation très puissante pour l'époque : le déversement des eaux mazouteuses est autorisé à une distance de 50 ou 150 milles des côtes, mais les pays contractants peuvent interdire de déverser des eaux polluées dans certaines zones qui bordent leurs côtes. La conférence préconise enfin l'installation à bord des navires et l'usage des appareils séparateurs qui épurent par centrifugation les eaux polluées des navires, avant leur rejet en mer[50].

L'opinion publique, littorale ou non, qui bénéficie désormais des progrès de la presse, entre en jeu dans un débat laissé jusque-là aux seules institutions. Sans doute pour la première fois à cette échelle, en mai 1928, l'assemblée générale du Comité international pour la protection des oiseaux (*International Committee for Bird Preservation*) siégeant à Genève est réunie sous l'égide de la SDN. Elle est présidée par le professeur de biologie Thomas Gilbert Pearson (1873-1943) et prépare une convention pour protéger les oiseaux : à cet effet, elle invite les gouvernements des nations à empêcher la pollution des eaux par les huiles lourdes et le pétrole[51].

De même, la Commission consultative et technique des communications et du transit de la SDN élabore un projet de convention en septembre 1935[52].

---

50 *Final act of the Preliminary conference on oil pollution of navigable waters (and annex) signed June 16, 1926.*

51 « Le Comité international pour la protection des oiseaux », *Journal des Débats*, 24 mai 1928, p. 2.

52 ANMT, 52AS/411-1 Société des Nations, Organisation des communications et du transport, Pollution de la mer par les hydrocarbures, chapitre I : mesures prises par les organismes compétents de la SDN, chapitre II : résumé des réponses au questionnaire, Genève, 1935.

Elle s'appuie largement sur l'expérience des États-Unis qui n'étant pas membre de la SDN se contentent de rappeler les termes de la conférence de Washington de 1926 par l'intermédiaire de l'association des armateurs américains[53]. La réaction du Comité central des armateurs de France (CCAF) est édifiante. Il communique sur le sujet à la suite d'un article publié par l'hebdomadaire populaire *Je sais tout* en juin 1936

> Depuis fort longtemps on s'est préoccupé d'éviter les inconvénients que pouvait présenter pour les riverains la pollution des eaux par le pétrole. On parle actuellement d'un accroissement de la pollution. Cette information a-t-elle été vérifiée ? Ne s'agit-il pas en réalité, d'une généralisation hâtive d'un cas particulier observé dans certaines régions ...d'après la brochure du *Board of Trade* de 1933, on constate que la pollution des eaux a considérablement diminué, depuis la mise en application de l'acte de 1922[54].

Plus efficacement, les armateurs utilisent la question du franc bord pour lutter contre les régulations des tankers, qu'ils jugent abusives. Les experts de la sécurité sont les premiers à évoquer la question et à plusieurs reprises, dans leur ouvrage fondateur, « l'orientation défavorable de l'opinion publique dans certains pays » envers la réduction de franc bord[55]. Le franc bord c'est la distance qui sépare la ligne de flottaison de charge maximum du pont du navire. En contrôlant le franc bord, on s'assure de conserver au navire une réserve de flottabilité, pour éviter le naufrage subit. Le développement de l'assurance maritime et la campagne d'opinion menée par le député britannique Samuel Plimsoll à partir de 1873, on fait entrer dans le calcul du franc bord réglementaire les éléments de solidité du navire qui avaient été jusque-là négligés. Les lois anglaises sur la question de 1875-1876 n'entrent en vigueur qu'en 1890 en raison d'un lobbying intense des *Maritime Interests*, c'est-à-dire les armateurs. Après l'accession du Bureau Veritas au marché du shipping britannique, les systèmes de tables de calcul des francs-bords améliorées de 1883 à 1906 assurent aux registres français et anglais la maîtrise d'une grande partie des constructions navales modernes et en particulier celles des tankers[56]. Le *Lloyd's Register of Shipping* prend sa revanche sur Veritas en établissant les normes du système de construction

---

[53] American Steamships owners association, *Recommended methods and precautions measures for preventing the pollution by oil of harbors and coastal waters by ocean going and harbour vessels including. Excerpts from « the Oil pollution act of 1924 » and Recommendations of the Preleminary International Conference on Oil pollution of navigable Waters*, 1926, New York, 1935, 10 p.

[54] ANMT, 52AS/411-1, 18 juin 1935 reprenant une note du 27 mai 1926, note du CCAF à *Je Sais Tout*, Note remise par M. Rossigneux à *Je sais tout*.

[55] J. Marie, Ch. Dilly, *Utilisation et sécurité du navire de commerce*, *op. cit.*, p. 31, 38, 45, 86, et 89.

[56] J. Marie, Ch. Dilly, *Utilisation et sécurité du navire de commerce*, *op. cit.*, p. 27.

Isherwood spécialement étudié pour les tankers en 1907-1908. Puis entre 1914 et 1929, le Board of Trade britannique s'efforce de mettre en place une Convention internationale sur la question qui soit simplificatrice et universelle. À la demande de la *Chamber of Shipping* anglaise deux exceptions majeures vont échapper à la règle commune : les navires qui transportent des chargements de bois en pontée et les navires-citernes. Même si une grande partie des navires américains appliquent la loi anglaise[57], beaucoup d'armateurs augmentent la capacité de chargement des pétroliers en diminuant le franc bord ce qui est une manière de transgression de la flottabilité du navire.

L'enjeu est de faire triompher le pragmatisme sur la régulation étatique. Dès 1921 une commission américaine est créée pour étudier la réduction de 10 % du franc bord des pétroliers[58]. La réunion de l'*International Shipping Conference* de 1925 publie une étude sur ce problème très technique qui est soumise aux gouvernements concernés. Les Américains affirment qu'en l'absence totale de régulation, le franc bord de leurs pétroliers, calculé selon les normes britanniques, peut être réduit de 20 % en été comme en hiver par rapport à celui des navires ordinaires[59]. Un lobby est constitué tout spécialement à cet effet : l'*International Tanker Committee* qui rassemble 95 % du tonnage pétrolier mondial et approuve la généralisation de cette transgression[60]. On voit même réapparaître sans aucun complexe la théorie du navire insubmersible appliquée aux tankers : « un navire à citernes est pratiquement insubmersible et même, selon certains techniciens, ce genre de navire peut être rapproché du sous-marin qui navigue parfaitement en surface avec une très faible réserve de flottabilité »[61].

Perspectives

Même si le Bureau Veritas fut, en 1886, le responsable de la transgression originelle donnant naissance au tanker, cela ne signifie pas que les registres de classification n'aient pas tenté de résoudre rationnellement les questions en suspens. De même, et de façon complémentaire, la Compagnie du canal de Suez a joué un rôle fondamental dans l'acquisition d'une bonne pratique du contrôle des chargements et l'application stricte des principes édictés

57 Load Line Committee 1927-1929. Report of the Committe appointed by the President of the Board of Trade to advice on Load Lines of Merchant Ships and special Load Lines for steamers carrying timber deck cargos and for tankers, London, His Majesty's Stationery Office, 1929, p. 15.

58 J. Marie, Ch. Dilly, *op. cit.*, p. 44.

59 *Load Line Committee 1927-1929*, *op. cit.*, p. 15.

60 *Ibid.*, p. 16.

61 J. Marie, Ch. Dilly, *op. cit.*, p. 48.

par les registres nationaux. Pour mieux revisiter ces démarches croisées, il faut tenir compte des motivations de chacune de ces entreprises contraintes de s'adapter aux besoins de leurs clients armateurs, tout en résistant, le plus souvent, à leurs exigences les plus transgressives. On a vu que la défense des intérêts propres du canal n'était pas étrangère à ces précautions : garantir le libre passage en tout temps de cette voie ouverte à tous les pavillons sans exception, protéger l'infrastructure afin d'éviter les pollutions des eaux du canal et des ports, au moins jusqu'en 1900.

Les mesures locales de régulation ont eu, sur le long terme des effets pervers. Comme pour la Tamise où l'entrée des tankers fut interdite, le soin environnemental se limitait à ces espaces très circonscrits et encourageait objectivement tous les excès de rejets polluants en haute mer. Le libéralisme débridé des armateurs, leur phobie des règlements et leurs tentatives de contournement des règles ne pouvaient être limités que par les contraintes liées à l'assurance qui restent à étudier.

Sur les routes maritimes du pétrole, le tanker a donc longtemps été un navire très peu propre avant que les grandes marées noires du second XXe siècle ne fassent découvrir que les pollutions de la mer par les hydrocarbures n'étaient pas leur apanage. Pour être rentable, il lui fallait dès sa création transporter au moindre coût le maximum d'une marchandise très explosive, incendiaire et, paradoxalement, peu recherchée par la grande majorité des armateurs. Les modalités originelles de sa gestion ont poussé à leur extrême les principes de gestion du shipping : un maximum d'économie alors que le tanker demeurait une usine flottante plutôt qu'un simple navire de commerce. Les ressources technologiques ont pu, en grande partie, réduire les risques de paris pris à des périodes où ces technologies étaient encore dans l'enfance.

Le gaz alternatif : les méthaniers et les routes maritimes du GNL des années 1950 aux années 2010

Jean-Pierre Williot

Université François-Rabelais, Tours, France

Lorsque le dix-septième congrès mondial du gaz ferma ses portes à Washington, le 9 juin 1988, les experts gaziers s'accordaient sur une perspective d'avenir. Trois jours plus tôt, le président Reagan, à peine rentré du sommet de Moscou et de sa rencontre avec Mikhaïl Gorbatchev, avait déclaré devant les 4 000 délégués et invités rassemblés dans la salle de bal du Sheraton que le gaz était un « atout maître ». John Kean, le président de l'Union internationale de l'industrie du gaz (UIIG), avait souligné pour sa part la tendance à l'internationalisation de l'industrie mondiale du gaz, car « *dans la mesure où le réseau de gazoducs s'étend d'un pays à l'autre, qu'il franchit les continents et que les méthaniers GNL sillonnent les mers, le monde du gaz se rapproche* »[1]. Puis les observateurs au badge bleu (les délégués de chaque pays) avaient aussitôt commenté ce constat optimiste dans les salons, autour d'un inoubliable jambon fumé de l'Oregon.

Durant le congrès, 21 communications portèrent spécifiquement sur le GNL. Elles comptaient pour 14 % des 149 présentations réalisées sous des formes diverses au sein des dix commissions permanentes responsables du travail technique de l'UIIG – rapports, mémoires soutenus en table ronde, notes de synthèses rédigées, contributions publiées mais non discutées. Les groupes de travail avaient sélectionné environ la moitié des 277 propositions de communications parvenues du monde entier. La commission consacrée au gaz liquéfié rassemblait autant de présentations que les commissions B (production de gaz manufacturé) ou D (distribution des gaz). Seule la commission traitant des utilisations industrielles et commerciales du gaz en comptait plus (27 au total). Les intervenants sur

[1] *World Gas daily, 17th World gas Conference Official Daily Newspaper*, 7 juin 1988, p. 1.

les gaz liquéfiés venaient des États-Unis (2 participations), de France (2), de Belgique, du Japon (3), d'Algérie, du Royaume-Uni, de République d'Irlande, d'Australie, de Taïwan, de Corée, de Suisse, d'Espagne (2), d'Indonésie, d'Abu Dhabi, du Nigéria. Ils constituaient la délégation au plus grand nombre de représentants de nationalités différentes sur l'ensemble du congrès[2].

Le 9 juin à 9 h 30, dans la *Virginia Suite* du Sheraton, la table ronde de la Commission H, intitulée « Le rôle des gaz liquéfiés dans le développement de l'industrie mondiale du gaz », posa les enjeux futurs. Dans le document qui peut tenir lieu de synthèse des débats, l'avenir du gaz liquéfié et donc du rôle des méthaniers était posé en ces termes :

> le GNL devrait réapparaître dès les premières décennies du prochain siècle comme la voie nécessaire à l'ouverture mondiale des marchés du gaz et de son commerce intercontinental. [...] Aux livraisons massives résultant de contrats à long terme, devraient s'ajouter progressivement des fournitures plus ponctuelles, sorte de marché « spot » du gaz naturel à une échelle internationale[3].

En somme, après la mise au point d'une chaîne de liquéfaction et du transport du méthane liquide par des bateaux conçus à cet effet depuis trois décennies, les années futures pourraient consacrer une nouvelle géographie gazière. Celle-ci devait être faite de routes maritimes très internationales, comparables à celles du pétrole, articulées sur des fournitures stables et sur des opportunités liées à l'émergence d'un marché plus souple. Vingt-six ans plus tard, nous pouvons en vérifier les évolutions.

Elles peuvent être considérées différemment selon le point de vue que nous développerons. Un aspect est le processus technique qui a permis de passer des premières études anglaises et françaises à la constitution d'une véritable chaîne méthanière. Il suivait les expériences américaines de liquéfaction des gaz. Dès lors que le système technique fut maîtrisé, une autre compétition est née, entre les fabricants de navires. Trois procédés sont apparus dont la suprématie de l'un d'eux est aujourd'hui avérée. Cela confirme à tout le moins l'expansion du trafic maritime de GNL. Cette concurrence rend compte d'un autre pan de l'histoire des méthaniers, fait de la recherche d'optimisation du transport de GNL. À observer les flux maritimes que les routes du méthane ont engendrés,

---

2 Brochure du *Programme du 17e Congrès mondial du gaz*, Washington, DC, 5-9 juin 1988.

3 Michel Valais et Armand Khayat, *Les perspectives du commerce international de gaz naturel d'ici 2000*, 17e congrès mondial du gaz, Washington, 1988, brochure IGU/J4-88. Le premier était président de Cedigaz, le second, membre de la Direction des études économiques de Total.

l'histoire de cet autre transport d'hydrocarbures livre une géographie complexe et mouvante dans laquelle se sont affirmés des tracés pérennes, les effets spécifiques du marché spot et la diffusion sur le globe d'un commerce international réparti en de grandes aires régionales. C'est une confirmation de la dimension prise par les réseaux maritimes du gaz liquéfié. Ils offrent désormais une alternative aux échanges gaziers terrestres, que le choix procède de calculs économiques, de contraintes matérielles ou de stratégies géopolitiques complexes.

1. De la naissance du méthanier à la maîtrise européenne du GNL

Dès le début de la décennie 1950, le projet de liquéfier le gaz manufacturé d'usine était apparu en Grande Bretagne pour moduler les variations saisonnières de consommation de gaz. Mais l'étape décisive qui lança les Européens sur la voie du méthane liquide s'est tenue aux États-Unis en 1954. Au cours de l'été, dépêché par le ministère du *Fuel and Power* britannique, le North Thames Gas Board pilota une mission de six semaines pour étudier les réalisations américaines. À la suite, un rapport fut présenté aux Communes en décembre.

Le voyage outre Atlantique s'imposait. En 1940, la Hope Natural Gas C° qui alimentait Cleveland en gaz naturel avait créé à Cornwell une usine pilote de liquéfaction et de stockage de gaz naturel. Mise en exploitation en février 1941, elle pouvait liquéfier 115 000 m^3/jour et regazéifier 85 000 m^3/heure. Deux ans plus tard, la station avait une capacité de 6,8 millions de m^3 stockables dans trois réservoirs sphériques et un réservoir cylindro-torique. Par économie, un acier à 3,5 % de nickel avait été choisi pour construire les réservoirs en dépit d'une résilience inférieure à d'autres matériaux aux très basses températures (cuivre ou acier inoxydable). Le 20 octobre 1944, après des incidents antérieurs signalés par la formation de givre sur les réservoirs, l'un d'eux s'effondra, les vapeurs dégagées s'enflammèrent et le gaz liquéfié se répandit tout alentour jusque dans les égouts proches où il provoqua de multiples explosions. On dénombra malheureusement la mort de 128 personnes. Le procédé ne fut pas pour autant remis en cause, comme le montre un projet de liquéfaction du gaz naturel qui vit le jour dès 1949 au sein de la Chicago District Pipeline C°. On envisageait une capacité de liquéfaction de 130 000 m^3/jour et de 11,3 millions de m^3 en stockage. Les précautions adoptées après Cleveland, isolement de l'usine, dispersion des installations, choix d'autres métaux (cuivre et alliage cupro-nickel) rendaient le projet tellement coûteux qu'il fut abandonné. C'est finalement à Moscou où les Américains avaient cédé le matériel qui permettait de refaire une usine analogue à celle de Cleveland qu'un ensemble de liquéfaction fut réalisé. Il était connu en 1954.

Mais déjà en 1952, l'idée de la liquéfaction du méthane pour le transport du gaz naturel avait surgi dans un projet de l'Union Stock Yards de Chicago. Importante société de transit et d'entrepôts, elle concevait de liquéfier le gaz naturel de Louisiane et de le transporter au moyen de huit chalands de 2 700 tonnes dotés de réservoirs de 15 mètres de diamètre, remontant par le Mississippi et l'Illinois pour produire thermies et frigories à Chicago[4]. L'usine de liquéfaction devait être établie sur une péniche à 80 km de La Nouvelle-Orléans, la regazéification s'opérait à l'arrivée sur les bateaux. La puissance journalière de liquéfaction atteignait 700 000 m^3. La rotation des bateaux devait durer 27 jours. L'ingénieur à l'origine de ce projet, W.L. Morrison, apporta deux solutions techniques nouvelles : le choix du balsa comme isolant en raison de ses propriétés calorifuges et mécaniques adaptables sur des bateaux[5] ; l'élimination de la paroi métallique susceptible d'entrer en contact avec le méthane liquéfié au profit d'une seule enceinte en acier ordinaire revêtue de plaques de balsa jointes avec une colle employée dans l'aéronautique pour sa résistance aux très basses températures. Bien que le projet ait été lancé, sa destination changea[6]. Un seul bateau fut finalement équipé et fut reconverti en station d'essai en Louisiane (à Pascagoula) pour préparer un programme d'une autre ampleur, le transport transocéanique de gaz naturel. Dans le contexte d'abondance gazière au Moyen-Orient et au Venezuela et de pénuries énergétiques en Europe, l'Union Stock Yards et une société pétrolière américaine, la Continental Oil, fondèrent la Constock Liquid Methan C° avec ce dessein dès 1954.

Toutes ces initiatives américaines formaient des enseignements quant à la construction navale pour transporter le gaz : le choix du

4 La regazéification dans des cuves au moyen d'un serpentin contenant du fréon permettait d'évacuer les frigories vers un échangeur aboutissant à une saumure. On prévoyait de l'envoyer aux usines de conserves de viande de Chicago, assurant la rentabilité économique de ce procédé.

5 Le mode de construction des réservoirs fut jugé « *presque révolutionnaire* » par les ingénieurs. Archives GDF, Méthane Liquide, visite de P. Verret à L.J. Clark à Londres, 20 juillet 1955. Pour tester la résistance des plaques de balsa, Morrison les avait conservées un an dans de l'azote liquide pour vérifier l'éventuelle déformation. Le balsa croît en zone équatoriale d'Amérique du Sud. Son emploi s'est accru dans les années 1930. En dépit de ses propriétés, il restait de nombreuses questions sur sa tenue en longue durée, sur les effets de sa porosité et le risque d'absorption de gaz liquide qui pourrait remonter en température à la vidange, sur son mode de fixation.

6 Dans une note du 21 novembre 1955, Pierre Verret relate ce qu'il sait du projet Morrison et rapporte que le projet changea de nature lorsque la société comprit que l'on pouvait récupérer les gaz inutilisés au Venezuela ou au Moyen-Orient au lieu de s'en tenir seulement au projet régional de Morrison. Le différend entre l'ingénieur américain et sa société provoqua des révélations dans la presse, suscitant l'intérêt d'autres techniciens sur le gaz liquéfié et la soudaine progression de la littérature sur le sujet en 1954.

métal des cuves, la répartition d'un grand nombre de petites charges, l'évacuation des évaporations. La mission de la North Thames Gas fut exploitée dès les mois suivants lorsque la Constock et le Gas Council créèrent la British Methane pour transporter le gaz naturel[7]. En 1955, les Anglais entrevoyaient la dimension économique de ce transport. Le responsable des études en France, Pierre Verret, rapporta de son premier voyage à Londres la conviction que si la mise au point des navires maritimes trouvait une solution satisfaisante, les Anglais chercheraient à transporter le gaz pour eux mais également pour le continent. D'autant que le gaz importé du Venezuela rencontrait l'intérêt de la Royal Dutch Shell, détentrice de concessions importantes[8]. D'autres pays européens s'intéressaient aux mêmes perspectives, en Hollande, en Allemagne, en Norvège. En France, des projets de transport fluvial avaient été étudiés au sein de la Régie autonome des pétroles en 1947[9]. Mais ce n'est qu'au cours des années 1955 à 1959 qu'un ensemble de décisions engendrèrent la création d'une chaîne méthanière française.

Elle procéda d'abord d'échanges d'informations entre Gaz de France, les producteurs d'aciers spéciaux, les fabricants de calorifuges, les chantiers navals et la société L'Air Liquide. Une mission d'étude partit à Londres en juillet 1955[10], puis aux États-Unis à l'automne[11]. Un volumineux

---

7 Créée en 1957 la British Methane transforma en Alabama un cargo de 7 000 tonnes en méthanier. Le *Methane Pioneer* équipé de 5 réservoirs parallélépipédiques, dotés d'une paroi d'isolation interne en aluminium recouvert de plaques de balsa sur 30 cm d'épaisseur, pouvait transporter 2 000 tonnes de gaz liquéfié, soit l'équivalent de 2,8 millions de m^3 de gaz. Le terminal méthanier bâti à Canvey Island en aval de la Tamise reçut sa première cargaison le 20 février 1959 après sept voyages qui validèrent l'idée du transport de GNL.

8 Pierre Verret fut responsable du département gaz liquéfié à la DETN, puis directeur de la DETN de 1963 à 1972. Archives GDF, Méthane Liquide, visite de P. Verret à L.J. Clark à Londres, 20 juillet 1955.

9 P. Verret, « La liquéfaction du méthane et le transport intercontinental du gaz naturel », *Revue française de l'énergie*, mars-avril 1959, p. 11.

10 Dans la note qu'il rédigea le 23 juillet 1955, Pierre Verret, le futur responsable du département gaz liquéfié à la DETN, soulignait la faiblesse des informations détenues en France et l'utilité de sa visite à Londres : « notre documentation se bornait à un article de la revue Gas Age, à quelques lignes dans les numéros de juillet et décembre 1954 de la revue Petroleum Press Service et du rapport intitulé "The utilization of waste gases in Saudi Arabia" », Archives GDF, Méthane Liquide, visite de P. Verret à L.J. Clark à Londres, 20 juillet 1955.

11 La mission s'inscrivait dans le cadre du 6e congrès de l'UIIG. Il était prévu que la délégation française puisse visiter les installations de Pascagoula, mais en raison de plusieurs atermoiements américains (essais retardés, absence des chalands sur place, demande trop importante de visite des membres du congrès mondial) la visite tourna court et les renseignements attendus n'ont pu être obtenus. Pierre Verret écrivait « il est évident que notre voyage a perdu une bonne part de son intérêt technique » (note du 21 novembre 1955). Mais des informations n'en furent pas moins obtenues par

rapport rassembla les données acquises, suscitant le développement des recherches au sein de Gaz de France, tant à la Direction des études et techniques nouvelles qu'au sein de la Direction production transport qui en avait eu la charge dans les premiers mois. Convaincus que le partage des savoirs américains et anglais resterait limité, les Français s'engagèrent dans la création de leur propre technologie. Le moment était d'autant plus décisif qu'à l'exploitation assurée de Lacq s'ajouta celle des ressources gazières sahariennes prouvées en 1956. L'Air Liquide constitua une filiale (le Méthane Liquide) en 1957, la Société d'études pour le gaz naturel du Sahara créa une station d'étude au Centre d'essais des propulseurs de Villeras (près de Saclay en région parisienne), un département du méthane liquéfié intégra la DETN en 1959, un an et demi plus tard une station expérimentale ouvrait à Nantes. Là furent testés l'acier à 9 % de nickel (9D6) et les matériels calorifugés. On y apprit aussi la maîtrise des incendies de GNL. De 1960 à 1986, ce sont plus de 500 études qui furent conduites pour garantir la sûreté de la technologie du transport de méthane liquide. Suivant la méthode qu'avaient choisie les Anglais, la société Méthane Transport[12] transforma un ancien liberty ship, le *Beauvais*, pour réaliser des essais de transport de GNL en mer avec une cargaison de 200 tonnes.

À l'issue de cette phase exploratoire, deux pays européens entrèrent véritablement dans l'ère du GNL, l'Angleterre ayant ouvert la voie en 1959. Leurs méthaniers furent les héritiers directs de leurs navires expérimentaux dans lesquels les techniques avaient été testées. Les premières liaisons entre l'Algérie et l'Angleterre furent décidées en 1961 pour couvrir un dixième des besoins de gaz. Elles arrivèrent à l'automne 1964 dans les cuves du *Methane Princess*, construit sur les chantiers de Vickers à Barrow-in-Furness. La même année, Gaz Transport lançait le *Jules Verne*, construit par les Ateliers et chantiers de Seine-Maritime. Le terminal méthanier du Havre fut approvisionné pour la première fois le 28 mars 1965. L'inauguration à quelques mois d'écart de ces deux routes du méthane algérien apparaissent *a posteriori* comme un choix audacieux, que finalement ne suivaient ni l'Allemagne favorisée par un fuel à bas prix, ni les Pays-Bas désormais détenteurs d'immenses ressources gazières sur leur territoire. Mais chacun de ces pays avait bien exploré la question, à l'instar de British Petroleum à Londres, de l'armateur Johnson à Stockholm, de la Royal Dutch Shell qui avait consulté l'Air Liquide

d'autres biais. Impossible de ne pas constater en revanche que la coopération avec la Constock restait limitée, GDF étant considéré comme un client du transport et non un partenaire.

12 La société fut constituée par Gaz de France avec quatre grands chantiers navals français : Atlantique, Dunkerque-Bordeaux, Méditerranée, Seine-Maritime.

pour un projet d'usine de liquéfaction de gaz naturel, ou de la Ruhrgas intéressée au gaz de Bassorah[13].

2. Les méthaniers, entre compétition innovante et optimisation technique

Depuis 1954 de nombreuses pistes techniques avaient été explorées lorsque les premiers méthaniers prirent la mer. Dans le cas français, des études furent lancées pour des navires de 5, 10 et 15 000 tonnes. Les Chantiers de la Loire étudièrent les caractéristiques « standard » d'un méthanier de 15 000 tonnes, établies par analogie avec un pétrolier de 40 000 tonnes : 220 m de longueur, 28 de large, un pont à 19 m, une charge utile de 14 000 tonnes, une vitesse de 14 nœuds et un moteur de 10 000 CV de puissance. Le bateau devait comprendre 20 réservoirs cylindriques répartis en 5 compartiments de 4 réservoirs. La somme des réservoirs offrirait une capacité de 34 000 m^3. D'une moindre puissance que prévue dans la demande de Gaz de France, le coût du navire était estimé à moins de 3,2 milliards de francs (1954), rendant la thermie de gaz du Venezuela à 0,84 fr et celle de Bassorah à 1,03 fr. Une étude sur un méthanier de 5 000 tonnes, destiné au trafic transméditerranéen, fut confiée aux Chantiers de la Méditerranée. Gaz de France de son côté menait des études sur la résistance de matériaux à très basse température et sur le comportement des isolants. Les premiers bateaux ne furent pas loin de ces données initiales. Le *Methane Princess* anglais long de 189 m et large de 25 m avait une capacité de 34 500 m^3. Le *Jules Verne* doté de sept cuves en acier spécial jaugeait 25 000 m^3 et se déplaçait à une vitesse moyenne de 17 nœuds. Long de 201,25 m et large de 24,7 m son tirant d'eau dépassait 7 m.

Au début des années 1960, le méthanier de l'avenir n'était pas imaginé mais on connaissait les contraintes. Pierre Verret que nous avons déjà cité écrivait fin 1959 :

> les méthaniers seront des navires très coûteux puisque, à tonnage égal, pour une même capacité thermique de transport ; ils seront beaucoup plus gros que le pétrolier correspondant ; en outre, à cela s'ajoute le coût des réservoirs calorifugés et des aménagements spéciaux. Le prix des méthaniers imposera une exploitation à un taux d'utilisation aussi élevé que possible : les stationnements dans les ports devront être réduits au strict minimum et les durées de déchargement de 12 à 18 heures admises pour les pétroliers devront être respectées. Il faudra donc prévoir des pompes de transvasement à grand débit[14].

13 Archives Gaz de France, Direction production-transport, *rapport préliminaire* n° 3, 25 novembre 1955, p. 4.

14 P. Verret, « La liquéfaction du méthane et le transport intercontinental du gaz naturel », *op. cit.*, p. 17.

Le méthanier n'étant que le vecteur entre le port de liquéfaction et le terminal de réception, il fallait bien aussi considérer les arbitrages entre la construction de ports spéciaux ou l'insertion dans des espaces portuaires établis. En Angleterre on avait déjà tranché en faveur de la seconde option avec la mise en œuvre de Canvey. Par contre, il était indéniable qu'en liquéfiant le gaz à -161°C réduisant ainsi son volume de 600 fois, le transport du GNL valorisait la souplesse relative d'approvisionnement par rapport à la rigidité d'un gazoduc.

Le système technique évolua rapidement tant dans la mise au point des méthaniers que dans l'organisation de la chaîne de transport. Les études avancèrent en France, en Allemagne sous la conduite du Howaldtswerke, en Norvège avec l'Armement Lorentzen. Les améliorations découlent de deux évolutions : l'accroissement du volume des cargaisons transportées, le système de chargement des navires. Les deux sont évidemment corrélés et le sujet avait été posé d'emblée. Déjà en 1954, l'on savait que parmi les différentes opérations de mise en œuvre du transport de gaz naturel sous forme liquide, ce n'était pas la liquéfaction qui posait problème – elle faisait appel à des techniques éprouvées – ni le transvasement ou la regazéification – pratiquées à grande échelle aux États-Unis avec l'air et l'oxygène liquide – mais bien le stockage mobile. À la Constock, on avouait que « *la réalisation à la fois économique et sûre des réservoirs des transporteurs pose un problème entièrement nouveau* »[15]. Les mouvements du liquide, surtout en cas de roulis ou de tangage, soulevaient la question de la résistance des parois. Il fallait prendre en considération la répartition des charges et les données physiques de ventilation. Le méthanier présentait des contraintes contradictoires : avoir des réservoirs aussi grands que possible pour réduire le poids et le coût de l'acier et de l'isolant mais aussi des réservoirs aussi petits que possible pour réduire le risque ! Ou bien remplir au maximum un espace rectangulaire quand la pression du liquide incitait à rechercher une section circulaire ! La résolution de ces problèmes fut conciliée différemment par la mise au point de techniques concurrentes.

Les premières cuves étaient dites autoporteuses donc sans que la coque du navire ne participe à leur résistance. Les cuves sont dimensionnées pour supporter les efforts liés à la cargaison. Rigides et solidement charpentées elles sont posées sur la structure du navire et clavetées sur les parois verticales par des plots isolants. Une protection thermique s'interpose entre la cuve et le navire.

Avant de concevoir une nouvelle technologie de méthaniers, plusieurs améliorations relevant de la rationalisation de l'exploitation furent obtenues.

[15] Archives GDF, *Voyage d'information aux États-Unis de M. Bolzinger et Verret*, 21 novembre 1955, p. 14.

Le cas français est démonstratif. Le coefficient de remplissage du navire a pu augmenter par la réduction du volume de gaz destiné à maintenir les cuves en froid. De 770 m^3 il fut abaissé à 400 m^3. La durée des escales à Arzew comme au Havre fut limitée. Elles étaient en 1970 de 4 h 25 sur la côte algérienne et de 5 h 15 en Normandie (soit un quart de temps gagné sur le début des opérations). La rotation du méthanier s'effectuait en 8 jours et demi en 1970. Sur 34 000 heures de service, le méthanier français fut arrêté 7 883 heures dont 36 % pour des réglages techniques, 27 % pour des incidents en mer et 28 % dans les ports, auxquels il convient d'ajouter 8,5 % liés à des … grèves. Peu d'incidents furent constatés sur les installations cryogéniques. Toutefois, en 1965, la défaillance d'un palpeur de jaugeur installé pour avertir du remplissage de la cuve provoqua une fois le débordement du GNL qui fissura les tôles du pont. Un autre incident affecta le propulseur du Jules Verne, sans lien avec la cargaison transportée.

La mise au point de cuves intégrées marqua une étape. En fait elle avait été explorée dès l'époque des navires d'essai. Des bureaux d'études avaient déjà songé aux tôles gaufrées et des expérimentations sous la conduite du Norsk Veritas furent menées[16]. La technique consacra le savoir-faire des chantiers navals français. On pouvait ainsi écrire avec fierté au sein de la Direction production-transport de Gaz de France

> quelque peu distancée au départ par les Anglo-Saxons, la France a su rattraper son retard. Elle a pris en particulier dans le domaine de la construction des méthaniers une place importante. Plus de 80 % du tonnage actuellement en commande ou en construction fait appel à des techniques françaises et 60 % sont en commande dans des chantiers français[17].

De l'intégration des cuves à la coque du navire découla la progression vers un système qui déclassait la solution des cuves autoporteuses. La technique des cuves à membrane permettait en effet de gagner de la place sur le bateau facilitant d'autant l'augmentation des volumes transportés. L'origine de cette évolution réside dans les études entreprises par GDF avec deux groupes de chantiers navals français à partir de 1963. L'objectif était de construire des navires plus grands et moins coûteux. Dès 1967, l'hypothèse de travail développée par les Chantiers de l'Atlantique sur des cuves à semi-membrane fut arrêtée. Les systèmes destinés à maintenir les cuves dans les cales, tout en laissant possible un glissement entre les parois pour absorber les mouvements de flexion de la coque provoqués par la houle, avaient des coûts trop élevés.

16 Y. Delavesne, « Une industrie adolescente : le gaz naturel liquéfié », *Annales des Mines*, septembre 1970, p. 18.

17 Archives Gaz de France, Direction production-transport, Commission de l'exploitation et des affaires générales, *La chaîne de GNL Arzew-Le Havre*, décembre 1971, p. 16.

Une autre orientation fut privilégiée. La technique des cuves intégrées mise au point par les Ateliers et chantiers navals de Seine-Maritime ne tarda pas à s'imposer. Elle avait fait l'objet d'une licence dans les chantiers navals Kockums de Malmö en décembre 1965. En mai 1967, la commande de deux méthaniers par Philips Petroleum C° pour livrer le gaz naturel d'Alaska au Japon confirma la confiance accordée à cette technologie, connue sous le nom de la société Gaz Transport-Gaz de France[18]. Le *Polar Alaska* fut le premier méthanier du type à membrane, lancé en novembre 1969, rejoint par l'*Artic Tokyo.* Leur capacité de 71 500 m^3 triplait quasiment celle du *Jules Verne.* Leur coût était avantageux puisqu'avec une technique supérieure, ils étaient équivalents au prix des navires à cuves autoporteuses commandés par Esso pour transporter le gaz libyen, soit 20 millions de dollars. Le principal changement par rapport aux cuves autoporteuses tient à ce qu'elles sont constituées d'une enveloppe souple et étanche fixée à une isolation suffisamment rigide pour transmettre à la structure du navire tous les efforts dynamiques de la cargaison. Les efforts thermiques auxquels sont soumises les parois des cuves sont absorbés par l'enveloppe en tôle gaufrée ou annulés par la nature du métal de l'enveloppe, matière à très faible coefficient de dilatation. Le choix de Gaz Océan (Technigaz) se porta sur une membrane en inox de 1,2 mm gaufrée, les cuves étant isolées par des blocs de mousse de polyuréthane. La solution Gaz Transport privilégia l'isolation par des caissons de contreplaqué remplis de billes en perlite ou de laine de verre. Dans ce cas la membrane de 0,7 mm en invar (acier à 36 % de nickel) subissait moins de déformation.

De 1962 à 1966 sur 7 navires commandés, la totalité était du type à cuves autoporteuses. De 1966 à 1970, 20 navires avaient été commandés dont 4 seulement étaient désormais du type précédent. La croissance des méthaniers à membrane s'explique par des raisons économiques (meilleur coût), des questions de sécurité (l'insensibilité aux chocs thermiques) et leur manœuvrabilité supérieure aux approches des ports (navires plus courts à volume égal, moins de prise au vent). Cependant la nouvelle prépondérance des cuves intégrées ne resta pas sans concurrence. En 1974, 14 techniques de cuves étaient recensées. Cinq seulement avaient une viabilité technique en exploitation et 3 se partageaient 80 % des navires en circulation[19]. La technique concurrente des cuves à membrane fut développée par le groupe norvégien Moss-Rosenberg sous le nom de méthaniers à sphères, en réalité des cuves autoporteuses sphériques.

18 Gaz Transport a été formée le 26 octobre 1965 par Worms qui reprit les activités des chantiers du Trait en Seine-Maritime et des Forges et chantiers de la Méditerranée à Sète.

19 P. Verret, « Réflexions sur le GNL et son transport maritime », *Revue française de l'énergie*, n° 263, mai 1974, p. 17.

Le premier Moss-Rosenberg avait en 1973 une capacité de 88 000 m^3. Portée notamment par les commandes japonaises, cette technique était appréciée des armateurs du fait de la diminution des chocs des liquides sur les parois du navire. Dans cette solution 4 ou 5 cuves sphériques en aluminium recouvertes d'un isolant ne sont pas incluses dans la coque mais dépassent du pont. Les navires plus longs et plus lourds n'échappent pas aux chocs thermiques malgré tout lorsque la cuve n'est pas remplie ou lorsque le roulis projette le gaz liquéfié sur les parois.

Alors que l'on comptait 59 méthaniers en circulation au début de la décennie 1980, tous types confondus, ils étaient 378 à sillonner les océans en 2012. Les techniques se partageaient entre 108 Moss Rosenberg, 255 navires à membrane et 15 relevant d'autres techniques[20]. À l'époque du congrès mondial de Washington en 1988, 64 % du gaz transporté circulait dans des navires dont la capacité était entre 100 et 130 000 m^3. À la fin des années 1980, la construction des méthaniers s'était ralentie et l'on ne cherchait pas à dépasser les 130 000 m^3. Cette capacité correspondait aux dimensions des formes des principaux chantiers navals. Leur tirant d'eau était adapté aux ports de la côte est des États-Unis, potentiel acteur majeur du GNL. La crise énergétique de la décennie 1970 avait freiné les commandes. C'est une tout autre configuration qui résulte de la reprise du trafic GNL dans les années 2000. La croissance du volume transporté a connu une accélération nette dans la dernière décennie. Le *Provalys* de Gaz de France dépassa pour la première fois la barre des 150 000 m^3 (154 472) en 2006. Depuis cette date, quatre méthaniers ont franchi les 200 000 m^3 en 2007 et l'on atteint désormais le volume considérable de 275 000 m^3. La multiplication des mises en chantier a contribué au rajeunissement de la flotte mondiale : 138 navires sur 378 ont moins de cinq ans, 67 % (253) datent de moins de dix ans. L'autre effet de cette reprise est celui de la course au gigantisme des méthaniers à l'instar des Q-Max.

3. Les opportunités du GNL et la variabilité des flux géographiques

Peu après le lancement des deux chaînes méthanières originelles, plusieurs routes maritimes sont apparues à court terme créant des espaces régionaux de transport de GNL. En Europe, la valorisation du gaz méditerranéen fut renforcée par la mise en place des liens entre la Libye et l'Italie (livré à la SNAM) et l'Espagne (à la Catalana de Gas). L'autre pôle d'attraction associa le Japon importateur à de nombreuses sources de production du GNL. L'archipel nippon reçut ses premières cargaisons

[20] Rapport 2012 du GIIGNL (International Group of Liquefied Natural Gas Importers), p. 12.

d'Alaska en 1969, puis du Brunei (1972), quelques années plus tard d'Abu Dhabi (1977) et de l'Indonésie qui rejoignaient la liste des fournisseurs. Plusieurs chaînes de liquéfaction sont nées de cette demande croissante. Au début des années 1980, si 11 chaînes étaient implantées en Afrique, 7 l'étaient en Asie/Océanie, une au Moyen-Orient et une en Amérique du Nord, toutes tournées vers le pays du Soleil-Levant.

Les premiers envois de gaz algérien vers les États-Unis marquèrent en 1988 un nouveau stade dans l'internationalisation du gaz naturel. Si l'Indonésie exportait 40 % du GNL dans le monde, l'Algérie prit rang pour 25 % du trafic mondial. Dans la même décennie, la Malaisie depuis 1983 et l'Australie depuis 1989 avaient déjà diversifié le portefeuille d'approvisionnement du Japon. Alors que le GNL était considéré à ses débuts plutôt comme un moyen d'utiliser le gaz associé des gisements de pétrole ou du gaz fatal brûlé à la torchère, il devint une véritable production dont l'intensité capitalistique devait croître. À la fin de la décennie 1990, la capacité de liquéfaction dans le monde atteignait 67 millions de tonnes de GNL (soit 93 milliards de m^3). Plus de la moitié des installations étaient sur la bordure du Pacifique mais l'Algérie avait la plus forte capacité de traitement dans le monde. La demande asiatique conférait aux itinéraires des méthaniers une fréquence maximale (les 2/3 du trafic) vers le Japon où se situait la plus forte disponibilité de regazéification avec 63 % du total mondial. Cette bipolarisation entre un marché asiatique et un marché européen occidental dominait la situation établie en 1988. Tout au plus envisageait-on l'essor du marché nord-américain, très demandeur, et la construction encore peu avérée d'un marché gazier sud-américain dans lequel la part du GNL pouvait croître modestement en fonction de l'intérêt que lui accorderaient des pays producteurs comme le Venezuela, le Mexique – dont les exportations vers les États-Unis avaient cessé en 1984 – Trinidad et l'Argentine. Le Qatar apparaissait également comme un foyer d'exportations de GNL à moyen terme, vers les États-Unis, l'Europe et le Sud-Est asiatique. Il était évident aux yeux des observateurs à la fin des années 1980 que cette dernière aire devait représenter à long terme « *un terrain idéal de développement intra-zone du commerce international de GNL* »[21].

Au terme de la période considérée, l'évolution des flux tend à valider la perspective qui était dessinée vingt ans auparavant. Le transport mondial de GNL a suscité 3 982 voyages chargés en 2012, contre 962 en 1988. Ainsi quadruplé, le commerce de méthane liquide a accosté les rivages nippons à hauteur de 38 % des flux contre 60 % vingt ans plus tôt. Mais dans l'espace maritime proche, la Corée du Sud absorbe aujourd'hui

---

[21] Michel Valais et Armand Khayat, *Les perspectives du commerce international de gaz naturel d'ici 2000*, *op. cit.*, p. 12.

14 % des voyages – il y en eut 2 en 1988. Si l'Europe a maintenu son approvisionnement, tout en diversifiant les points de départ des méthaniers grâce à la mise en exploitation de nouveaux terminaux de liquéfaction, elle représente un cinquième des courses contre 16 % à la fin des années 1980. Le vrai fait nouveau est donc la multiplication des lignes maritimes vers l'Amérique du Sud, où Brésil, Argentine et Chili comptent 4,5 % des transports de GNL et à nouveau vers le nord du continent américain qui a renforcé sa position importatrice, bien qu'elle soit révisée depuis peu à la faveur de l'apport des gaz non conventionnels. Aujourd'hui, l'autre transport d'hydrocarbures dépend de 18 pays exportateurs, dont 8 réalisent 83 % des envois et de 26 importateurs parmi lesquels 7 pays attirent plus de 80 % des livraisons. Sur la planète, 369 routes maritimes de gaz naturel liquéfié ont été dénombrées. Le marché asiatique a confirmé son pouvoir d'attraction du GNL. Il s'est affirmé non seulement par le besoin d'énergie croissant du Japon et de la Corée du Sud mais également dans une aire plus globale par l'entrée en jeu de la Chine et même de l'Inde. En 2012, 71 % de la demande de méthane liquide était asiatique.

Une autre évolution a en revanche infirmé ce que l'on admettait à la fin des années 1980 et que l'on n'imaginait pas dans les années 1960. Au moment du congrès de Washington, l'opinion majoritaire considérait que les contrats gaziers à long terme resteraient longtemps la clé de la politique d'approvisionnement. Le choix du gazoduc ou du GNL était certes chaque fois à arbitrer mais l'idée d'acheter des cargaisons « spot », comme elles étaient pratiquées dans le secteur pétrolier, ne paraissait pas avoir de réalité. Certains gaziers pensaient que l'émergence de cette solution aux États-Unis pour assouplir les chaînes gazières pouvait servir de modèle. Mais la plupart auraient pu se ranger derrière cet avis : « *Ce concept est tout à fait inadapté à la situation d'approvisionnement des marchés européens ... où la sécurité maximale d'approvisionnement à long terme doit rester une préoccupation centrale des entreprises gazières* »[22]. Les contrats spot et de court terme (moins de 4 années) sont bien entrés dans le jeu de l'utilisation des méthaniers, dont la flotte a parfois été sous-utilisée au regard de l'offre commerciale. Un quart du GNL est négocié aujourd'hui par ces contrats. L'origine des cargaisons est assez équilibrée entre le Moyen-Orient (44 %), le bassin Atlantique (40 %) et le bassin Pacifique (16 %). La destination prioritaire est l'Asie (70 %) largement devant l'Europe (12 %) et l'Amérique du Sud (12 %)[23].

---

[22] *Revue de l'énergie*, n° 393, juin 1997, p. 327. Opinion émise par Yves Gouni, directeur à la direction générale de Gaz de France.

[23] Établi à partir des données du Rapport 2012 du GIIGNL (International Group of Liquefied Natural Gas Importers).

Si la technologie des méthaniers doit beaucoup aux constructeurs européens, la souplesse commerciale des échanges de GNL est plutôt le fait des économies neuves de l'aire extrême orientale. Signe d'une demande spécifique et d'opportunités géographiques liées à la montée en puissance de nouveaux producteurs (Qatar, Nigeria, Trinidad), les contrats spot et de court terme sont passés d'un volume global de 5 millions de tonnes en 2000 à 18 en 2005 et 62 en 2011 ! Des besoins moins pérennes mais ajustés à des contraintes économiques fluctuantes ou à l'effet d'opportunité que permet l'évolution du prix du gaz ont ainsi été satisfaits. La tendance s'est développée alors que l'éloignement géographique croissant entre les pays producteurs et les foyers consommateurs s'accentuait. De fait, la distance accrue joue en faveur du méthanier et du GNL et elle peut soutenir le marché spot au profit de nouveaux acteurs, comme en témoigne ce commentaire :

> Les importations via des contrats spot et à court terme se sont inscrites en forte hausse... Elles représentent 18,9 % du commerce mondial du GNL en 2010 [...]. Elles ont bénéficié de l'activité en plein essor d'acteurs n'appartenant pas à ce secteur, notamment les institutions financières et les entreprises de courtage pétrolier, ainsi que d'un nombre important de réexportations de livraisons. Au total, 19 livraisons ont été réexpédiées au cours de l'année [...]. Le Qatar a ravi la première place à Trinidad... les nouveaux volumes flexibles en provenance du Qatar ont représenté 45,3 % des nouveaux volumes spot et à court terme du marché[24].

Lorsqu'exactement trente ans après la mise en service du terminal méthanier du Havre l'on considérait en 1995 que le GNL avait pris une place de 25 % du commerce mondial de gaz, il paraissait logique d'avaliser les espoirs fondés dans son internationalisation. Celle-ci est bien devenue une réalité et elle s'est même renforcée à la veille du cinquantenaire des premiers transits maritimes de gaz naturel liquéfié. Elle se caractérise par la pluralité des points qui articulent des routes maritimes sur la planète. Elles rejoignent pour partie les sillons tracés depuis bien plus longtemps par les navires pétroliers. Elles mettent d'ailleurs en relation certains acteurs qui jouent un rôle principal dans les deux hydrocarbures. Le temps où l'on pouvait écrire que « *le GNL n'évoquait que beaucoup de scepticisme dans l'industrie pétrolière* »[25] est révolu. En à peine un demi-siècle, l'on est passé d'une technologie très improbable à la puissance des méthaniers qui contiennent presque dix fois plus de gaz que n'en pouvaient transporter les navires expérimentaux. La puissante chaîne énergétique qui a été construite donne raison au pari d'ingénieurs qui imaginaient déjà de déployer l'industrie du gaz naturel sur une autre

---

24 *Gaz d'Aujourd'hui*, n° 4, 2011.

25 Y. Delavesne, « Une industrie adolescente : le gaz naturel liquéfié », *op. cit.*, p. 1.

échelle que celle des adductions par gazoducs. Pleinement inscrits dans les courants de la mondialisation des ressources et de leur usage, les méthaniers participent désormais aux grands axes d'échanges maritimes. L'ouverture de nouvelles routes que les enjeux géostratégiques autorisent ou imposent et la concentration de moyens techniques plus performants comme le navire méthanier qui se ferait lui-même terminal – l'idée était déjà évoquée il y a cinquante ans – engagent une nouvelle histoire. Elle n'est pas écrite mais elle pourrait bien rendre concret ce que l'on estimait au sein de la Direction des affaires générales économiques et financières de la Commission européenne en 1964 : « *Il n'est pas exclu que l'amélioration des techniques de transport par navire méthanier conduise, à long terme, à l'importation de quantités relativement élevées de gaz liquéfié (naturel ou de pétrole) de provenance extérieure. Le risque est en effet moindre dans ce domaine, car il est possible de diversifier les sources d'approvisionnement* »[26].

Annexes

Les six premiers fournisseurs de GNL (10^9 m^3)

1980	**Indonésie**	**Brunei**	**Algérie**	**Abu Dhabi**	**Libye**	**États-Unis**
32,46	11,9	8,30	6	2,70	2,10	1,45
2012	Qatar	Malaisie	Australie	Nigeria	Indonésie	Trinidad Tobago
218,07	96,15	29,28	25,43	24,75	24,27	18,19

[26] Archives historiques de la Commission européenne, CECA, CEAB 9, n° 2623. *Problèmes et perspectives du gaz naturel dans la communauté économique européenne*, 1964, f°104.

Le commerce international du GNL (10^9 m^3)

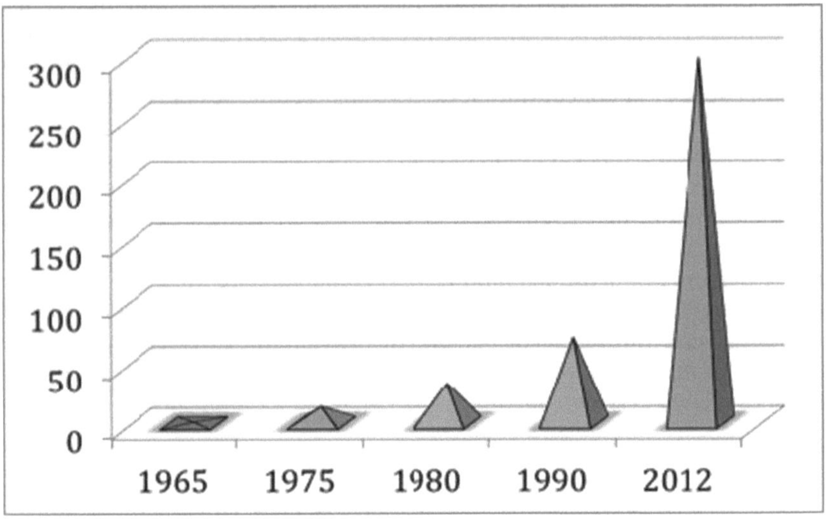

La répartition de la capacité de transport des méthaniers en 2012[27]

Capacité m^3	Nombre de navires	% de la flotte
< 25 000	21	5
25/50 000	2	< 1
50/75 000	8	2
75/100 000	6	< 2
100/125 000	2	< 1
125/150 000	238	62
150/175 000	63	16
200/225 000	32	8
250/275 000	14	4

[27] D'après Rapport 2012 du GIIGNL (International Group of Liquefied Natural Gas Importers), p. 12.

L'approvisionnement de la France en pétrole par voie maritime

Total et Elf Aquitaine entre impératifs économiques et obligation de pavillon[1]

Benoît DOESSANT

Total et Université Paris-Sorbonne

La France a eu la particularité, jusqu'au tournant des années 2000, de posséder deux grandes sociétés pétrolières nationales, Total et Elf Aquitaine. L'histoire et l'aventure industrielle de ces deux champions s'inscrivent souvent en parallèle – les deux sociétés exploitent des zones géographiques différentes et complémentaires, Moyen-Orient pour la première, Afrique pour la seconde – mais également en concurrence – les deux compagnies se livrent à une compétition féroce pour développer leurs réseaux de distribution respectifs, sur le territoire français notamment. À l'origine de cette rivalité, la volonté de l'État français de disposer d'outils capables d'organiser l'approvisionnement en pétrole et de trouver des gisements pétroliers en France ou dans l'Empire français. Total, sous son ancien nom Compagnie française des pétroles (CFP), puise ses racines dans la Première Guerre mondiale ; créée en 1924 à l'initiative des pouvoirs publics, elle est prévue pour construire une politique française du pétrole et assurer à la France une certaine indépendance, en cas de conflit grâce aux gisements irakiens[2]. Or la Seconde Guerre mondiale a montré que la France était trop dépendante du pétrole du Moyen-Orient ; de plus, la CFP désire, à l'instar des majors anglo-saxonnes, suivre une stratégie d'entreprise fondée sur la construction à long terme d'un équilibre ressource-débouchés à partir de ses actifs existants. La volonté

[1] Cet article s'appuie principalement sur les archives historiques du groupe Total. Les fonds, importants et d'une grande richesse, conservés au siège social de la société, permettent de reconstituer de manière précise les activités maritimes des deux sociétés : filiales de transports maritimes, directions centrales en charge des affrètements et des relations avec les administrations, etc.

[2] En juillet 1924, à sa création, la CFP reçoit 23,75 % de l'Iraq Petroleum Company, part offerte à la France au traité de San Remo au titre des réparations de guerre.

de diversifier les sources d'approvisionnement devient l'élément central de la politique française des hydrocarbures dès 1945. Ainsi émerge progressivement une situation de concurrence interne où l'État met en place les instruments d'une politique volontariste orientée massivement vers la recherche de pétrole dans les territoires français, ou sous contrôle français, grâce à des sociétés publiques ou parapubliques (SNPA, BRP, RAP, etc.) qui jetteront les bases d'un nouveau groupe intégré avec la création d'Elf ERAP en 1966 devenu Société nationale Elf Aquitaine (SNEA) en 1976, à côté de la CFP-Total.

La question des transports maritimes devient rapidement un enjeu essentiel pour les deux groupes pour une raison simple : les sources de production sont séparées par les mers des principales zones de consommation. Les transports maritimes sont donc une fonction vitale de l'industrie pétrolière, à mi-chemin entre les activités amont (production) et les activités aval (raffinage). Total et Elf Aquitaine, groupes intégrés par excellence « du puits à la pompe », ont dû à la fois assurer leur indépendance sur le plan maritime pour accompagner le développement de leurs activités à travers le monde, mais également répondre aux impératifs fixés par l'État français dans le cadre de sa politique pétrolière. En effet, ce dernier ne peut se désintéresser complètement de la question des transports maritimes pétroliers car il souhaite sécuriser les approvisionnements pétroliers en temps de paix et réquisitionner la flotte nationale en cas de conflit. Ainsi, l'État français, tirant les conséquences des difficultés d'approvisionnement en produits pétroliers pendant la Première Guerre mondiale, a fixé tout au long du XXe siècle des règles contraignantes aux compagnies pétrolières en matière d'importation : obligation d'importer pour leurs besoins la moitié du pétrole brut sous pavillon français en 1937[3], puis les deux tiers en 1950[4] et enfin obligation de disposer d'une capacité de transport en 1993[5]. Total et Elf ont donc été mis dans l'obligation d'approvisionner en pétrole brut leurs raffineries sur le territoire français en passant par des navires sous pavillon national ; Total crée en 1931 sa filiale de transport maritime, la Compagnie navale des pétroles (CNP), tandis qu'Elf Aquitaine, plutôt que de constituer une

---

3 *JORF*, décret du 2 octobre 1937, article 8 : « Les titulaires de licences d'importation de pétrole brut sont tenus d'importer au moins 50 % de leurs besoins sur des navires leur appartenant en propre (ou importé sur des navires dont les chartes-parties sont approuvées par le Gouvernement) ».

4 *JORF*, décret du 1er septembre 1950, article 6, relatif à l'attribution d'autorisations spéciales d'importation de pétrole brut, dérivés et résidus : « Le titulaire doit justifier qu'il importe les deux tiers du tonnage de pétrole brut nécessaire à la fabrication des produits destinés au marché intérieur ».

5 *JORF*, décret du 4 mars 1993 fixant à 5,5 % le rapport entre la capacité de transport qui doit être maintenue sous pavillon français et les quantités de brut entrées en raffinerie.

flotte organique, préfère, en 1963, prendre le contrôle d'un armement déjà existant, la Compagnie nationale de navigation (CNN)[6]. Les deux compagnies pétrolières dominent rapidement le marché des transports maritimes pétroliers français ; elles possèdent entre un tiers et la moitié de la flotte française selon les périodes et affrètent une partie importante de leurs besoins en tonnage à des armateurs indépendants français. Leurs flottes chargent principalement du pétrole brut depuis leurs gisements du Moyen-Orient pour Total et d'Afrique du Nord et de l'Ouest pour Elf Aquitaine en empruntant les principales routes pétrolières mondiales : golfe Persique, Méditerranée, canal de Suez, route du Cap.

Si l'État cherche à protéger ses approvisionnements, il n'en demeure pas moins que l'obligation de pavillon s'avère être un problème récurrent pour les compagnies pétrolières françaises tout au long du XXe siècle en raison des coûts d'exploitation élevés de la flotte française. En effet, l'industrie du transport maritime a toujours eu une dimension mondiale, ponctuée parfois d'importants profits (quand les taux de frets sont exceptionnellement élevés) mais également de grands désastres (surplus de capacité disponible de transport maritime de produits pétroliers par rapport aux besoins réels), où la recherche d'un prix de revient de la tonne de pétrole transportée à moindre coût est fondamentale. Or, « le coût d'exploitation des navires français a toujours été supérieur à celui des navires concurrents. En d'autres termes, quand la conjoncture est bonne, les navires français font moins de profit que leurs concurrents ; quand la conjoncture est mauvaise, ils perdent plus d'argent qu'eux. Il s'agit là d'un phénomène endémique qui a toujours pesé sur la marine marchande française »[7]. La gestion économique et financière, la composition et l'utilisation de la flotte sont donc des éléments importants pour obtenir un prix de revient compétitif alors qu'émergent les pavillons économiques (appelés également pavillons de complaisance) dès les années 1950. Le principal challenge pour les armateurs du commerce pétrolier repose donc sur des décisions d'investissements et de désinvestissements en phase avec les aspects cycliques du marché : passer commande, vendre, désarmer, ferrailler, etc. À ces décisions d'ordre commercial et financier

---

6 L'Union générale des pétroles (UGP devenu Elf France en 1967) passe une convention le 6 mars 1963 avec la CNN. L'accord précise que l'UGP « désire être replacée dans une situation aussi voisine que possible de celle où elle serait si elle était elle-même armateur exploitant dans de bonnes conditions une flotte adaptée à ses besoins ». L'UGP s'engage à recourir à la CNN pour assurer 70 % de ses besoins en transports maritimes ; de son côté la CNN s'engage à ce que l'UGP demeure son principal client dans la proportion de 70 % de son activité. Cet accord est complété par un protocole entre actionnaires, l'UGP entrant au capital de la CNN à hauteur de 35 %.

7 Jacques Marcheray, *Quarante-sept années au service de l'industrie des transports maritimes, Souvenirs*, Paris, Imprimerie Shiffer, 1982, p. 10-11.

s'ajoutent des mesures de sécurité et des normes environnementales contraignantes qui ne cessent de se renforcer à mesure que les catastrophes maritimes se succèdent[8].

Pour répondre à ces défis, la réponse des compagnies pétrolières françaises va être de s'orienter tout au long de la période vers des unités de plus en plus grandes, moins chères à construire et aussi plus économiques à exploiter. Ce mouvement vers les grands navires a d'abord été lent et progressif avant de s'accélérer après la fermeture du canal de Suez consécutive à la guerre israélo-arabe de 1967, en imposant aux pétroliers venant du golfe Persique le détour par Le Cap pour atteindre l'Europe et les États-Unis. Cette fermeture a favorisé le développement de tankers géants, seuls capables de contourner l'Afrique dans des conditions économiques acceptables. Or, cette course au gigantisme va brutalement se fracasser sur les crises pétrolières des années 1970 qui vont complètement bouleverser les modalités d'exploitation des flottes pétrolières (surcapacité alors que la demande en produits pétroliers stagne puis s'effondre en Occident) jusqu'à la sortie des principaux acteurs – les compagnies pétrolières – de l'industrie des transports maritimes. Cet article tente de comprendre les stratégies maritimes déployées par Total et Elf Aquitaine à partir de 1967 pour acheminer dans les meilleures conditions économiques possible, malgré les contraintes du pavillon français, le pétrole depuis les zones de production vers les zones de traitement, les réponses que les deux compagnies françaises vont apporter à la grave crise de surcapacité des flottes des années 1970-1980. Il s'agira surtout d'étudier comment elles en sont venues à vendre leurs flottes respectives au tournant des années 1990.

La course au gigantisme

La fermeture du canal de Suez en 1967, suite de la guerre des Six Jours, oblige les armements européens à faire le tour de l'Afrique par Le Cap pour aller chercher les hydrocarbures au Moyen-Orient à partir du golfe Persique. Cette fermeture a des conséquences immédiates sur les programmes de transport de produits pétroliers. « Désormais, la distance golfe Persique-Europe du Nord, qui était de l'ordre de 4 200 milles marins via Suez, devient par Le Cap de 11 000 milles et le tonnage nécessaire pour transporter sur ce trajet 1 000 000 de tonnes de pétrole par an double en passant de 95 000 tonnes à 190 000 tonnes »[9]. Avec la fermeture prolongée du canal de Suez pour plusieurs années,

[8] La France est confrontée à plusieurs marées noires dans les années 1960-1990 : *Torrey Canyon*, *Amoco Cadiz*, *Tonio*, *Erika*.

[9] Étienne Dalemont (président de la CNP), « Transport de l'énergie : cas du pétrole et du gaz naturel », *Total Information*, n° 58, 1974, p. 25.

les armateurs cessent de se préoccuper de donner à leurs bateaux des caractéristiques permettant un passage par Suez et donnent une nouvelle impulsion aux commandes de navires bien au-delà des 200 000 tonnes de port en lourd (tpl), faisant pression sur les chantiers navals pour obtenir leurs grands navires économiques dans les meilleurs délais possible. En effet, les VLCC – *Very Large Cude Tankers* – permettent des économies sensibles dans plusieurs secteurs : coûts de construction d'un navire (le coût à la tonne baisse de manière importante avec la taille des navires grâce au progrès de la construction navale, surtout sur les chantiers japonais), coûts d'entretien (réparation et entretien de la machine notamment) et frais d'équipage (identiques pour un pétrolier de 200 000 tpl et un pétrolier 30 000 tpl). De la même manière, les gains de productivité sont nombreux : accroissement de la vitesse (13 à 16 nœuds), augmentation des cadences de pompages (la durée de séjour dans les ports reste constante malgré l'accroissement de la taille des navires), moindre consommation par tonne transportée (à vitesse égale, la résistance à la propulsion diminue quand la dimension du navire augmente). Seul poste à augmenter durant cette période, celui de l'assurance, suite à l'accident du *Torrey Canyon*[10]. Enfin, la compétitivité de cette classe de navire écrase les autres : lorsque la taille du navire augmente, la baisse des coûts de transport est d'autant plus sensible que la distance d'acheminement est plus longue, même si l'exploitation de ces navires ne va pas sans poser des problèmes de logistique (ports de chargement, ports de déchargement, taille des raffineries et des stockages, passage des détroits, etc.). Les sociétés pétrolières comptent utiliser les plus de 200 000 tpl avec chargements partiels sur les ports secondaires, ce qui doit nettement élargir le champ d'action des navires de ce type. De nouveaux ports, appelés « ports-relais », sont ouverts en Europe pour accueillir ces *supertankers* (Bantry Bay en Irlande en 1968 et Antifer au Havre en France en 1976).

Au début des années 1970, le marché des transports pétroliers est sous tension avec une croissance rapide de la consommation européenne et japonaise, un développement limité des ressources de brut proches des lieux de consommation et le maintien des longues routes maritimes, le canal de Suez étant fermé et aucun grand pipeline n'étant construit au Moyen-Orient. Les principaux circuits d'approvisionnement sont alors les suivants : golfe Persique-Europe, Afrique de l'Ouest-Europe et Méditerranée-Europe. Le groupe Total enlève du brut dans les terminaux en eau profonde de Das (Émirats arabes unis), Tripoli (Syrie), Koweït,

10 Le *Torrey Canyon*, navire battant pavillon libérien, s'échoue le 18 mars 1967, à proximité des îles Scilly (Grande-Bretagne) déversant dans la mer 120 000 tonnes de brut qui viennent s'échouer principalement sur les côtes françaises de Bretagne.

Kharg (Iran) pour décharger à Fos (France), Le Havre (France) et Rotterdam (Pays-Bas), mais également depuis l'Algérie. De son côté, Elf Aquitaine s'approvisionne principalement en Algérie et au Nigeria. L'année 1971 marque un tournant important pour les deux compagnies françaises avec la nationalisation du pétrole algérien : elles sont obligées de substituer le pétrole algérien par du pétrole du Moyen-Orient principalement à partir du golfe Persique et donc de tenir compte de l'allongement des distances d'approvisionnement. Elles se retrouvent surtout dépendre presque exclusivement des bruts du Moyen-Orient, Total par ses gisements historiques et Elf Aquitaine par les contrats d'approvisionnement à long terme passés avec des producteurs tiers (notamment l'Arabie saoudite) en attendant que ses recherches en Afrique de l'Ouest et en mer du Nord ne portent leurs fruits. Cette situation conduit à une recrudescence, en 1971-1972, des commandes de *supertankers* notamment par leurs filiales toujours à la recherche d'économies d'échelle. Elles se lancent dans une course vers le gigantisme avec des commandes portant sur des navires de plus de 200 000 tpl (la CNP reçoit l'*Émeraude* de 223 000 tpl en 1970 et la CNN s'enrichit du *Brumaire* de 240 000 tpl en 1971).

Les besoins des deux compagnies françaises se font sentir dans un contexte de forte tension sur les capacités de transport de pétrole brut disponibles offertes par les flottes maritimes. Compte tenu de l'évolution à terme des besoins de tonnage qui vont, pense-t-on alors, continuer à augmenter et de l'allongement des délais imposés par les chantiers de construction, les compagnies pétrolières cherchent à se couvrir et mènent des politiques d'affrètement à temps (time-charters) massifs de deux, cinq ou huit ans. De ce fait, le marché des affrètements au voyage (*spot*) reste marginal et ne cesse de diminuer passant de 9,5 % du transport total de pétrole en 1966 à 6 % en 1971, les navires appartenant aux grandes compagnies internationales (Esso, Shell, BP, Gulf Oil, Mobil, etc.) ne couvrant globalement que 30 à 40 % de leurs besoins en transport[11]. Ce marché a connu des fluctuations de grande amplitude en 1947-1948, en 1951-1952 (guerre de Corée), en 1956-1957 (crise de Suez), en 1967 (guerre des Six Jours) et en mai 1969 – avril 1970 (fermeture du Tapline de l'Aramco qui relie les champs pétrolifères d'Arabie saoudite à la côte méditerranéenne et présence d'un hiver prolongé). Conscients du caractère fortement variable de la hausse des frets de 1970, les armateurs optent pour des solutions financières et commerciales plus stables par l'affrètement à moyen ou long terme, quitte à renoncer à des gains importants dans l'immédiat. Plusieurs autres raisons peuvent expliquer cette attitude. Les relations tendues entre pays exportateurs

[11] Philippe de Dietrich et Yves Poulizac, « Le prix du transport maritime du pétrole », *Revue française de l'énergie*, novembre 1971, p. 138.

et compagnies pétrolières incitent ces dernières à se prémunir contre le risque d'interruption brutale de livraisons de la part du Moyen-Orient ou d'Afrique du Nord. De plus, les affrètements à temps permettent de faire la soudure et d'échapper partiellement à la hausse des coûts d'exploitation maritime. En 1973, les ordres de construction de navires atteignent 100 millions de tonnes de port en lourd, dont 80 % pour le compte des armateurs indépendants. Les prix de construction pour un navire de 200 000 tpl ont doublé entre 1968 et 1971 passant de 70 à 140 dollars par tonne. Il s'agit donc de se placer pour commander de nouvelles unités afin de pouvoir, le moment venu, disposer d'une capacité de transport plus économique que le voisin.

L'industrie pétrolière française à son sommet

Avec 135 millions de tonnes de pétrole brut importées et raffinées en France en 1973, pour 128 millions de tonnes réellement consommées, l'industrie du pétrole est à son sommet. Le marché français progresse en volume de près de 12 % par an. La politique pétrolière de la France est extrêmement volontariste : les groupes pétroliers français – Total et Elf Aquitaine – doivent produire dans le monde un tonnage égal à la consommation française. Ils doivent alimenter entre 50 et 55 % du marché français, les groupes internationaux alimentant à partir de leurs raffineries situées en France, 45 à 50 % du marché intérieur. L'octroi de ces parts de marché par l'État sous-entend qu'en cas de crise, les groupes français ou internationaux privilégient leurs raffineries françaises, ou au moins les traitent à égalité avec les autres raffineries.

> La sécurité d'approvisionnement était fondée pour une première part sur la diversité des approvisionnements, diversité aussi bien géographique que politique [...] La politique de sécurité par la diversité s'appuyait pour une deuxième part sur l'existence d'une flotte pétrolière française et d'un raffinage français. L'expérience des crises pétrolières depuis 1956 a en effet prouvé que s'il était impossible de se procurer alors des produits pétroliers, on pouvait trouver du pétrole brut à condition d'aller le chercher là où il était et le raffiner ensuite sur le territoire français. Cette politique était fondée sur l'obligation faite aux raffineurs de transporter (en tonnes-miles) les 2/3 de leurs approvisionnements en pétrole brut dans les bateaux battant pavillon français et sur l'obligation faite à la distribution de s'approvisionner à 90 % auprès des raffineurs (nationaux ou internationaux) installés sur le territoire français[12].

La provenance du pétrole brut acheminé en France montre cependant une grande dépendance des compagnies pétrolières françaises du

[12] Archives Total 87.1/17, Lacunes, incertitudes et contradictions de la nouvelle politique pétrolière française, Comité exécutif de la CFP du 23 octobre 1978.

Moyen-Orient. En 1973, 80 % du brut écoulé par la CFP en France provient du Moyen-Orient : Irak, Iran, Irak, Qatar, Abu Dhabi, Dubaï et Oman sans compter les contrats de long terme passés avec la société nationale irakienne INOC (10 ans) et la société nationale iranienne NIOC (20 ans). Côté Elf Aquitaine, cette proportion est de 75 % avec des contrats de fourniture à long terme avec des sociétés nationales de pays exportateurs. Parfois les deux groupes français se rejoignent dans des contrats d'achat communs : le contrat triennal entre la société saoudienne Petromin et la société française Sofracop (50 % SNEA, 50 % CFP) est renouvelé tout au long des années 1970 pour une quantité de 12 millions de tonnes par an.

L'appareil de transports maritimes pétroliers est en mesure en 1973 de faire face à tous les besoins, de s'adapter aux besoins futurs de croissance en brut et de répondre à l'obligation de pavillon pour la France. Si les politiques suivies par les deux groupes français convergent pour édifier des flottes modernes et économiques constituées dans une proportion élevée de grands navires de 220 000 à 280 000 tpl afin de satisfaire leurs besoins de transports globaux toujours plus importants, elles divergent sur la question des navires de la classe des 300 000, voire 500 000 tpl. « La sagesse ne serait-elle pas également de poursuivre une politique de prudence tant en ce qui concerne les affrètements de durée que les commandes de navires neufs ? Car le moment est par trop favorable aux armateurs et aux chantiers navals » note-t-on dans un rapport de mai 1970 côté Total[13] alors que le souvenir de la crise de Suez (1956) est encore dans les esprits. Le manque de navires avait provoqué une tension des frets et un afflux de commandes aux chantiers navals, suivi d'une hausse du prix du navire. Puis, la vague de constructions amena des excédents ; les frets furent déprimés ; les commandes devinrent insuffisantes et une vive concurrence entre les chantiers conduisit rapidement à une baisse des prix des navires accompagnée de progrès notables dans la construction navale. La CNP préfère, avec mesure, concentrer ses besoins en transports maritimes sur les navires de gros tonnage de 200 000 tpl beaucoup plus économiques afin de remplacer progressivement ses navires plus petits (50 000 tpl). D'autres armateurs n'ont pas cette précaution et passent commande d'ULCC – *Ultra Large Crude Tankers* ; la filiale française de la Shell annonce, en 1971, la commande aux chantiers de Saint-Nazaire de deux *sisterships* de 540 000 tonnes (415 mètres sur 63 mètres) pour livraison en 1976, le *Batillus* et le *Bellamya*. Elle est suivie par la CNN, pour Elf Aquitaine, qui commande deux pétroliers de plus de 550 000 tonnes respectivement en 1973 et 1974, le *Pierre Guillaumat* pour

[13] Archives Total 93AH180/176, Marché des frets et grands pétroliers, mise à jour des études sur la flotte, 29 avril 1970.

livraison en 1977 et le *Prairial* pour livraison en 1978[14]. Ces programmes sont engagés pour la période 1971-1974 dans l'euphorie de l'expansion sans limite des besoins d'approvisionnement en pétrole brut de la France et alors que certains signes annonciateurs pointent déjà le déséquilibre potentiel des transports maritimes pétroliers français.

Dans les années 1970, tandis que les pétroliers représentent entre 40 et 50 % de la flotte mondiale, la proportion est de deux tiers (75 %) pour la Marine marchande française. La France est la huitième nation maritime dans le monde et possède environ 4 % de la flotte mondiale de navire-citerne. Pourtant au milieu de l'euphorie générale, des doutes sur la viabilité du commerce maritime pétrolier commencent à se faire jour. Depuis longtemps, on constate un écart important entre la production de pétrole qui augmente de 8 à 9 % chaque année, et l'accroissement de la flotte pétrolière de 13 à 16 % par an. Bien qu'il n'y ait pas de proportion rigoureuse entre production et besoins de transport, le rapprochement de ces chiffres fait apparaître un important déséquilibre. La rigidité structurelle de l'offre qui réside principalement dans les longs délais de construction de navires est l'autre facteur d'interrogation pour le secteur. En effet, celui-ci s'accommode mal de la flexibilité naturelle de la demande qui dépend de facteurs prévisibles, de type saisonnier par exemple (comme un hiver rigoureux sur l'Europe), mais aussi d'impondérables de type politique et stratégique que l'on a déjà connus par le passé : guerre de Corée en 1951-1952, affaire de Suez en 1956-1957, guerre des Six Jours en 1967. Ce dernier facteur va se révéler dramatique pour le secteur des transports pétroliers pour les deux décennies qui viennent alors que s'annonce le Premier Choc pétrolier suite à la guerre du Kippour.

Les mesures d'ajustement face à la crise de surcapacité de la flotte

À partir de fin 1973, le monde entre soudain dans une pénurie apparente d'énergie. L'arrêt de l'augmentation de la consommation des produits pétroliers dans les pays occidentaux est brutal et de ce fait apparaissent rapidement des surcapacités importantes dans le raffinage et les transports maritimes pétroliers alors même que les programmes d'investissements ont été engagés avant la crise pour satisfaire une croissance de 7 à 8 % par an. La flotte pétrolière mondiale passe ainsi d'un tonnage de port en lourd de 195 millions de tonnes début 1973 à 335 millions de tonnes à la fin

14 Seuls les chantiers de l'Atlantique et de La Ciotat sont capables de construire des supertankers car ils s'équipent de cales sèches permettant la construction de pétroliers jusqu'à 700 000 tonnes pour le premier et 400 000 tonnes pour le second. Le *Prairial* et le *Pierre Guillaumat* sont les deux derniers pétroliers construits dans l'histoire des Chantiers de l'Atlantique.

1979 alors que la consommation en produits pétroliers stagne pendant la même période. L'état d'équilibre relatif entre l'offre et la demande en 1973 fait rapidement place à une situation de surcapacité de la flotte pétrolière mondiale. La fin d'année 1974 marque un tournant car pour la première fois depuis la Seconde Guerre mondiale, les chantiers de construction navale dans le monde ne reçoivent aucune commande de pétrolier. Dès le début, les acteurs du secteur – compagnies pétrolières, armateurs, courtiers maritimes et chantiers navals – s'accordent à prévoir une crise profonde et de longue durée. Dans les faits, celle-ci va durer pendant près de 20 ans jusqu'au début des années 1990 et se révéler particulièrement dramatique pour les compagnies de transports maritimes françaises.

Avec la crise naissante, les armateurs prennent rapidement des premières mesures d'ajustement avec le ralentissement général de la marche des navires (*slow steaming*) de 3 et 4 nœuds afin de réduire la consommation en fuels lourds et de diminuer le nombre de rotations. Le ralentissement des navires ne suffisant généralement pas, ils procèdent à des décisions plus radicales : désarmements de navires pétroliers, annulations de commandes, envoi de navires à la démolition, utilisation de navires comme stockage flottant. En 1976, l'excédent de la flotte pétrolière mondiale est 100 millions de tpl, soit environ le tiers de la flotte existante. Les ajustements des compagnies pétrolières s'effectuent au détriment des armateurs indépendants qui assurent les besoins non couverts par leurs flottes en propre. À partir du moment où les contrats d'affrètements viennent à expiration, le tonnage excédentaire est supporté par ces indépendants qui exploitent à perte leurs navires, la surabondance de tonnage disponible provoquant l'effondrement du marché des frets maritimes. À rebours, les compagnies pétrolières subissent également les conséquences de cet effondrement qu'elles ont elles-mêmes en partie initiées ; le niveau des prix de transport maritime des armateurs indépendants est tellement bas qu'elles se retrouvent avec des charges d'exploitation trop élevées de leur flotte dans le contexte de crise mondiale du transport maritime. En 1977, les frets sur le marché au voyage sont de l'ordre d'un tiers du coût d'exploitation des navires appartenant aux compagnies pétrolières[15].

La situation du pavillon français devient rapidement critique en raison de la crise de surcapacité, de l'augmentation des coûts variables (frais de soutes notamment) et de la surcharge liée aux frais fixes (équipage). Au milieu des années 1970, le handicap du pavillon français par rapport au pavillon économique de type libérien est de 22 % supérieur pour un

[15] Archives Total 87.1/15, Comité exécutif du 12 décembre 1977. Lettre de l'Union des chambres syndicales de l'industrie du pétrole, Lignes d'action à moyen terme de l'industrie du raffinage et de la distribution, 9 décembre 1977.

pétrolier de 50 000 tpl et de 11 % pour un pétrolier de 250 000 tpl. Quant au pavillon britannique (avec des équipages pakistanais encadrés par des officiers britanniques), son coût est à peine supérieur à celui du pavillon économique : 21 % pour un 50 000 tpl et 10 % pour un 250 000 tpl[16]. La crise du pavillon français est sans précédent alors que les importations françaises en produits pétroliers de 135 millions de tonnes en 1973 baissent à 115 millions de tonnes en 1978. Total est obligé de retarder la livraison de ses navires (*Onyx*, *Opale*), d'accélérer la sortie de ses derniers navires de 50 000 tpl et de 100 000 tpl et de passer certains navires sous pavillon économique via sa filiale Matracor. La situation est encore plus difficile chez Elf Aquitaine qui doit prendre livraison coup sur coup de ses deux navires de 550 000 tpl en 1977 et 1979, le *Pierre Guillaumat* et le *Prairial*, dont on sait à l'avance qu'ils seront inutilisables. Les premières remises en cause de l'obligation de pavillon apparaissent chez les pétroliers alors que l'ensemble des verrous de la loi de 1928 sur les importations de pétrole est en train de disparaître sous le coup des mesures successives de déréglementation et de libéralisation de la distribution qui suppriment une à une les protections du raffinage français. Ce dernier subit de lourdes pertes sous l'effet conjugué de nombreux facteurs : accroissement des coûts de pétrole brut sous l'effet de la dépréciation du franc par rapport au dollar, coûts industriels dus aux surcapacités par rapport au niveau de consommation, accroissement des charges financières et des charges de salaires, implantation géographique trop française, mais surtout surcoût lié à l'obligation de pavillon. « Notre industrie de raffinage est compétitive et relativement moderne. Mais elle supporte la surcharge du monopole de pavillon et d'une implantation géographique déterminée dans un autre contexte. Si l'on n'allège pas les obligations liées au pavillon français, notre raffinage, handicapé, n'est plus compétitif. Si l'on allège cette obligation, la probabilité la plus grande est que cela se fera au détriment de la flotte pétrolière »[17]. L'État, au tournant des années 1980, se trouve dans une position difficile en raison de nombreux facteurs contradictoires (flotte excédentaire, chômage au sein de la marine marchande, crise des chantiers navals, etc.) alors que, dans le même temps, les pays européens instituent des régimes de pavillon-bis, permettant l'embarquement de marins asiatiques tout en conservant le bénéfice des mesures d'incitations financières et fiscales.

[16] Archives Total 93AH180/175, Note pour M. Granier de Lilliac (PDg de la CFP), 17 juillet 1975.

[17] Archives Total 87.1/17, Lacunes, incertitudes et contradictions de la nouvelle politique pétrolière française. Comité exécutif du 23 octobre 1978.

La fin programmée des supertankers

Le bouleversement apporté aux flux pétroliers à la suite du Second Choc pétrolier va porter le coup de grâce à l'armement pétrolier, l'élément déterminant étant la chute brutale de la consommation de produits pétroliers dans le monde occidental. En 1979, environ un milliard de tonnes sont expédiées à partir du Moyen-Orient, principalement à partir du golfe Arabo-Persique. En 1984, le chiffre d'exportation tombe à 450 millions de tonnes dont une part importante est expédiée par pipeline en mer Rouge ou en Méditerranée orientale, les enlèvements du golfe Persique ne représentant qu'environ 350 millions de tonnes. La crise de surcapacité de la flotte pétrolière est dramatique dans les années 1980, alors qu'elle n'a toujours pas absorbé la crise de 1973. Le Second Choc pétrolier occasionne une chute impressionnante de 58 % du trafic maritime mondial de pétrole brut entre 1979 et 1985. La crise des transports maritimes est à la fois la conséquence de la baisse des besoins d'approvisionnements de l'Europe et de la diminution importante des importations en provenance du Moyen-Orient. Elle marque la fin de l'utilisation des *supertankers* qui a caractérisé la dernière décennie. En temps de crise, les VLCC et les ULCC transportent des cargaisons partielles lorsqu'on n'arrive pas à les remplir et il devient impossible d'éviter les double, triple, voire quadruple, chargements dans plusieurs ports. La crise a annulé tous les bénéfices qui permettaient de passer par des doubles ports de chargement : la réduction des coûts devient de plus en plus difficile car il n'existe plus le puissant facteur qu'est la progression constante de la taille des navires. Or l'ensemble des armateurs intégrés s'est positionné sur ce type de navires pour des raisons de coût. Les choix effectués au milieu des années 1960 avec des classes de navires toujours plus grands s'avèrent rapidement inadaptés à la nouvelle situation, alors que de nombreux paramètres viennent encore fragiliser les transports maritimes : réouverture du canal de Suez (1975), développement des pipelines (Iran-Méditerranée, SUMED Suez Alexandrie) et rapprochement des centres d'extraction (pétrole de la mer du Nord, Afrique de l'Ouest, Mexique, etc.).

Jusqu'en 1981, la flotte pétrolière française, bien que fortement excédentaire par rapport aux besoins, a été à peu près utilisée grâce à une exploitation à vitesse très réduite de la flotte et au niveau encore élevé des importations en provenance du golfe Arabo-Persique, tout en entraînant des charges financières considérables pour les utilisateurs. Mais à partir de 1982, les besoins de capacité de transport se réduisent de telle façon qu'il n'est plus possible dorénavant, pour les armateurs intégrés, d'éviter des retraits de la flotte à la vente ou à la démolition. L'exemple le plus symbolique reste celui du *Pierre Guillaumat* de la CNN, « né pour être économe », dont l'exploitation n'aura duré que six années (à rapporter à des navires dont l'exploitation peut durer de 20 à 25 ans). Mis en service en 1977 pour effectuer, avec son *sistership* le *Prairial*, la relation Ras Tanura (Arabie saoudite) – Antifer (France), il subit de plein fouet la diminution du tonnage à enlever dans le golfe Persique qui fait exploser ses frais d'exploitation. Le *Pierre Guillaumat* est définitivement arrêté le 30 juin 1983 et vendu à un chantier de démolition au prix de la ferraille[18]. Mais les surcapacités persistent pour les armateurs français malgré l'accélération des désarmements de navires et la démolition d'unités neuves. En 1986, la flotte pétrolière française est composée de 26 navires avec un port en lourd de 5,6 millions de tpl dont près de 1 million de tpl se trouvent désarmés. Total et Elf Aquitaine doivent profondément restructurer leurs filiales de transports maritimes et rapidement élaborer de nouvelles politiques alors que la survie même de la flotte pétrolière française est posée au milieu des années 1980.

La redéfinition des politiques maritimes

Total est la première à réagir dès 1978 en refondant sa filiale de transport maritime sous le nom de Total Compagnie française de navigation (TCFN) issue de la fusion de deux armements, la CNP et la CAN (Compagnie auxiliaire de navigation). L'objectif affiché est d'apporter une économie de taille sur les frais administratifs des sièges, l'exploitation optimisée des deux flottes mais également une réduction du ratio effectif du personnel navigant par rapport aux postes embarqués. La nouvelle filiale exploite une flotte de 3,5 millions de tpl et se place au premier rang des armateurs français. Cette flotte moderne (dix ans de moyenne d'âge) transporte en 1978 près de 21 millions de tonnes et assure ainsi le transport de 68 % des besoins en pétrole brut de sa filiale de raffinage, la Compagnie française de raffinage (CFR), contre 32 % sous pavillon étranger (norvégien, grec, japonais, iranien et soviétique principalement). La réflexion générale sur la place des transports maritimes dans le Groupe ne s'arrête pas à la simple fusion des deux flottes, mais porte également sur les modalités de rattachement de l'armement du Groupe à une unité opérationnelle, alors que les problèmes de transport maritime sont importants, complexes et divers en raison de leur caractère international. Dans les faits, le Groupe dispose, d'une part, d'une flotte affrétée pour son commerce international hors France et, d'autre part, d'une flotte en propre exclusivement sous pavillon français qui, du fait de son coût, ne peut être utilisée que par sa filiale de raffinage afin répondre à son obligation de pavillon. La direction des transports maritimes (DTM) est créée en 1978 afin de prendre en charge l'ensemble de la gestion des transports maritimes (France et international) nécessaire au Groupe. Il

18 Archives Elf, Boite 810045, Protocole d'accord entre CNN et SOMARELF sur l'indemnité de résolution de charte, 26 août 1983.

s'agit d'une unification des centres de décisions concernant les transports maritimes autour d'une direction opérationnelle, à l'instar de ce qui se fait chez les autres majors anglo-saxonnes avec un rapprochement entre les activités de commerce international de pétrole (*Trading*) et de transport (*Shipping*). Cette structure jette les bases de la politique des transports maritimes du groupe Total pour les prochaines décennies.

De son côté, Elf Aquitaine accumule les déboires avec la CNN et se retrouve en première ligne pour gérer une situation périlleuse alors qu'elle avait resserré ses liens capitalistiques juste avant la crise de 1973, mettant à mal le maintien initial du caractère indépendant de sa filiale (la CNN apparaît dans les comptes consolidés d'Elf). Les sujets de préoccupation ne manquent pas : déséquilibre de la flotte (pertes abyssales avec l'exploitation de ses deux ULCC), grèves à répétition du personnel pour s'opposer au désarmement ou à la vente de navires, impossibilité de fréter ces navires à des tiers en raison d'un marché déprimé, etc. « Le Groupe se trouve disposer d'une flotte excédentaire dans un marché mondial excédentaire. Par suite de la diminution des tonnages traités et du rapprochement des sources d'approvisionnement, les besoins de transports de DGRD (raffinage-distribution) n'étaient en 1983 guère plus que le quart des besoins de 1980 (436 millions de tonnes-jours contre 1548). On ne prévoit pas de reprise avant 5 ans »[19]. Elf Aquitaine souhaite à la fois réduire ses engagements avec la CNN afin de limiter ceux-ci à 30-40 % de ses besoins (au lieu de 70 %) et clarifier sa position à l'égard de sa filiale de manière à distinguer son rôle d'actionnaire et son rôle de client. Elf, à l'instar de Total quelques années avant, pousse la CNN à se rapprocher d'autres sociétés, comme la SFTP (Société française de transports maritimes) chez qui elle affrète également de nombreux navires, afin de ramener sa participation à 25 % avec à la clé la renégociation de la convention de 1963 sur les besoins de transports maritimes plus adaptée à ses besoins du moment[20]. En effet, « la diminution du nombre de navires à la fois chez la SFTP et chez la CNN atteint un seuil anti-économique et socialement ingérable. Tout laisse à prévoir que cette situation ira encore en s'aggravant [...] Une addition des efforts des uns et des autres permettrait d'atteindre une échelle plus grande et serait source d'économie non négligeable »[21]. La diminution de sa participation dans la CNN est d'autant plus souhaitable sur le plan financier qu'Elf immobilise des capitaux qui lui rapportent

[19] Archives Elf, boîte 44871, Comité exécutif du groupe Elf, 10 juillet 1984.

[20] Archives Elf, boîte 44871, Lettre Jean Barnaud (Worms) à Gilbert Rutman (vice-président directeur général Elf), 7 février 1985.

[21] Archives Elf, boîte 44871, Note sur « papier blanc » sur un éventuel regroupement de la SFTP et de la CNN, 18 février 1985.

peu de dividendes alors qu'elle doit fournir des efforts notamment dans l'Exploration-Production (golfe de Guinée, mer du Nord) et que, d'autre part, Elf a une obligation de consolidation des résultats de la CNN.

Total et Elf Aquitaine se retirent de l'exploitation maritime

Sur le marché français, où l'État engage un important programme nucléaire, les importations françaises de pétrole brut, qui avait baissé de 5 % en six ans entre 1973 et 1979, s'effondrent de 50 % en huit ans de 1979 à 1987 (de 126 millions de tonnes à 66 millions de tonnes). Malgré les mesures décidées pour réduire la surcapacité des transports maritimes du Groupe (ferraillage du *Pierre Guillaumat* et vente du *Prairial*), Elf n'est plus en mesure de satisfaire l'obligation de recours à la CNN qui résulte de l'accord de 1963, c'est-à-dire l'obligation d'affréter les navires de la compagnie à hauteur de 70 % alors que le taux effectif est tombé en 1983 à 48 %. Elf souhaite donc ajuster aux mieux ses besoins de transport et surtout avoir de la souplesse pour affréter des navires à d'autres armateurs français afin de comparer la qualité et le prix des services obtenus de la CNN, voire d'affréter *spot* sur le marché international. Cette remise en cause de la règle de 70 % des besoins de transports maritimes par le pavillon français est dangereuse aux yeux des dirigeants de la CNN car elle réduit automatiquement d'un tiers les engagements d'Elf Aquitaine : « la survie de notre compagnie se trouverait aussitôt mise en cause »[22]. Cette demande est d'autant plus grave que la CNN risque de voir disparaître son seul client, Elf, alors que l'on parle de plus en plus de la suppression de l'obligation de pavillon. Le 30 septembre 1985, Elf dénonce les accords du 6 mars 1963[23] et les négociations débouchent le 9 juillet 1986 sur une nouvelle convention d'une durée de 10 ans entre Elf France (filiale de raffinage d'Elf Aquitaine) et la Compagnie navale Worms (CNW) avec à la clé la fusion des activités de la CNN et de la SFTP.

> Elf s'engage à prendre en affrètement à temps des navires de CNW[24] dans des conditions de prix définies ci-après, pour environ 50 % des besoins de transport de pétrole brut du groupe Elf Aquitaine à destination des raffineries alimentant le territoire français métropolitain. À l'intérieur de ce pourcentage, la capacité de transport des navires battant pavillon français est fixée à environ 70 % des besoins soumis à l'obligation réglementaire de transport sous pavillon français (soit actuellement 70 % X 2/3 = 46,6 %) pour autant que soit maintenue une telle obligation.

---

[22] Archives Elf, boîte 44871, Lette de la CNN à Elf, 22 juillet 1985.

[23] L'accord du 6 mars 1963 ne comportant pas de durée, celui-ci peut être dénoncé à tout moment par chacune des parties sous un motif valable.

[24] La Compagnie navale Worms a repris le nom de la Compagnie navale de navigation après la cession des titres que détenait le groupe Elf dans l'ancienne CNN.

La nouvelle Compagnie nationale de navigation (CNN) du groupe Worms est alors la grande société française souhaitée aussi bien par les acteurs privés que publics ayant une vocation générale de service à l'industrie pétrolière dans les domaines des transports de brut et d'assistance aux opérations d'exploration-production. Elle marque le désengagement complet d'Elf Aquitaine de l'activité de transport maritime direct pour se concentrer sur les activités purement affréteur afin de couvrir ses besoins pour le marché français et international.

Au début des années 1990, le danger d'une disparition complète de la flotte pétrolière française est toujours très fort. Le salut passe, d'une part, par le passage au registre « bis » TAAF (Terres australes et antarctiques françaises) ou pavillon Kerguelen en 1992[25] et, d'autre part, par la mise en place du nouveau régime pétrolier français. La loi du 31 décembre 1992 succède à la loi du 30 mars 1928 relative au régime d'importation du pétrole. Tout en libéralisant l'ensemble des opérations pétrolières sur le territoire national, la loi de 1992 fait obligation aux sociétés pétrolières de détenir une capacité de transport sous pavillon français : « tout propriétaire d'une unité atmosphérique dans une usine exercée de raffinage de pétrole brut en France métropolitaine est tenu de disposer, en propriété ou par affrètement à long terme, d'une capacité de transport maritime sous pavillon français proportionnelle aux quantités de pétrole brut qui entre dans ladite usine »[26]. Cette capacité de transport, visée par cette loi, est fixée à 5,5 % des quantités de pétrole brut entrées dans une usine de raffinage au cours d'une année civile. Il ne s'agit non plus d'une obligation de transport de brut par une flotte sous pavillon (contrairement au texte de 1937) mais d'une obligation de disposer d'une capacité de transport sous pavillon national qui pèse de ce fait toujours sur les raffineurs français. Dans tous les cas, les raffineurs ont intérêt à affréter des superpétroliers afin d'atteindre le quota de 5,5 % avec un minimum de navire VLCC qui ne feront presque jamais escale dans les ports français (contrairement aux anciennes règles).

Il est temps pour Total de revoir sa politique de transports maritimes à l'instar des autres majors. Trois options s'offrent alors au Groupe : maintenir le statu quo (opérateur-armateur/affréteur), devenir un affréteur pur (à l'instar d'Elf Aquitaine) ou continuer une activité armateur-opérateur en association avec un partenaire combiné à un rôle d'affréteur (opérateur armateur en association/affréteur). La première option présente trois inconvénients majeurs : une exposition directe du Groupe en cas de pollution, pouvant remettre en cause sa pérennité, une

25 *JORF*, Arrêté du ministère de la Mer du 3 novembre 1992.

26 *JORF*, Article 6 de la loi n° 92-1443 du 31 décembre 1993, loi portant réforme du régime pétrolier.

taille de la flotte inférieure à la taille critique et, à moyen terme, une flotte âgée avec un coût de renouvellement élevé. La deuxième option présente à la fois des avantages (élimination du risque opérateur en cas de pollution) mais également des inconvénients : les chartes longues reflétant le coût en capital des navires, il y a peu de gains par rapport au marché spot en période de fret élevés ; à l'opposé, de fortes pertes en cas de dépression des taux ; enfin une perte de contrôle stratégique dans la chaîne pétrolière (sous-traitance) et une perte de savoir-faire. La troisième option permet d'organiser les activités shipping, armateur-opérateur d'une part, et affréteur d'autre part, comme des centres de profits indépendants, de diluer les risques et les coûts opérateur en s'alliant à un autre armateur et évite de vendre les navires dans un marché déprimé (a contrario de l'option 2). Cette dernière option semble la plus intéressante car elle permet de développer une flotte contrôlée, en propriété et en affrètement à temps. Elle permet également de conserver et développer au sein du Groupe une activité commerciale de *Trading-Shipping* adossée aux activités aval du Groupe (brut, produits et GPL). Le groupe Total regarde aussitôt du côté du groupe Worms, premier armateur français, qui semble être le partenaire idéal auquel s'associer depuis qu'il a repris la filiale d'Elf Aquitaine (il bénéficie en outre d'une bonne image sur le marché international avec une localisation de sa force commerciale à Londres, centre actif du shipping). C'est cette dernière option qui prévaut et en septembre 1993, au terme d'un accord avec la Compagnie nationale de navigation, Total apporte ses deux derniers pétroliers battants pavillon français, y ajoute deux navires de 280 000 tpl à double coque qui doivent être prochainement mis en service, contre 14 % du capital de la filiale maritime du groupe Worms. Par le même accord, Total confie à la CNN la gérance de ses cinq navires sous pavillon économique (Libéria et Bahamas). Cette vente intervient en même temps que la vente par BP France de sa filiale maritime à la même CNN et fait de la filiale de Worms le premier armement français. Du point de vue social, la totalité des personnels navigants employés par Total est transférée au groupe CNN. Après Elf Aquitaine en 1986, Total se retire de l'exploitation d'une flotte pétrolière et pour la première fois depuis le lancement de sa filiale de transport en 1931, le Groupe n'est plus propriétaire de navires pétroliers.

La flotte pétrolière française, à son apogée dans les années 1970, a aujourd'hui pratiquement disparu sans que ni les compagnies pétrolières, ni les armateurs y soient vraiment pour quelque chose. Avant 1973, le transport de brut était partie intégrante de la chaîne d'activités gérée par les compagnies pétrolières maîtresses de leurs gisements et de leurs flottes. Les deux chocs pétroliers ont créé un énorme excédent de tonnage pétrolier pendant quasiment vingt ans. Dans ces conditions, et avec l'écroulement des niveaux de frets tombant en dessous des coûts d'exploitation des navires les plus économiques, Total et Elf Aquitaine n'ont eu d'autres choix que de se séparer de leurs navires qui sont partis essentiellement à la vente ou à la casse. Leur modèle économique, fondé sur une baisse des coûts liée à la taille des navires, s'est écroulé avec la baisse de la consommation en produits pétroliers et le rapprochement des gisements de production des lieux de consommation, l'importance relative du Moyen-Orient ayant diminué dans les années 1980, au profit de nouveaux horizons comme l'Afrique de l'Ouest ou la mer du Nord. À partir de cette période, les transports maritimes sont définitivement décorrélés du pétrole que les compagnies produisent ou raffinent car s'approvisionnent principalement sur le marché *spot*. Le brut est acheté sur le marché libre et chargé partout où il est disponible, ce qui rend extrêmement complexe son transport que seul le marché, par la souplesse qu'il offre, peut garantir. Le temps où les compagnies pétrolières contrôlaient à la fois la production et le raffinage, transportaient leur pétrole sur leurs propres navires, pour le raffiner dans leurs propres installations, est désormais révolu. Il est devenu rare pour une compagnie pétrolière de traiter son propre brut dans ses propres raffineries ; le ratio pour le groupe Total, issu du rapprochement avec Elf Aquitaine, est de 10 % seulement au début des années 2000, alors qu'il était proche de 100 % au sortir de la Seconde Guerre mondiale[27]. Les compagnies pétrolières se sont renforcées comme experts internationaux dans le domaine de l'exploration et de la production, du commerce de produits pétroliers (trading), du raffinage, de la distribution de produits finis et des acteurs importants dans le secteur de la recherche et du développement (R&D). Elles ont, à de rares exceptions près, abandonné l'exploitation d'une flotte en propre.

L'essentiel de la flotte marchande mondiale relève aujourd'hui du pavillon de complaisance. Les États, pour remédier à cette concurrence, ont créé des seconds registres (*second register*) dans les années 1980 en permettant de contourner l'obligation de recourir à un équipage national et de négocier les salaires sans référence par rapport au standard européen. L'État français, face à des considérations d'ordre stratégiques liées à la sécurité des approvisionnements énergétiques, a de tout temps contraint les entreprises pétrolières raffinant en France de disposer d'une capacité de transport maritime de pétrole brut sous pavillon national. La question des approvisionnements a également été rejointe par la question de la sécurité maritime et de la lutte contre la pollution dans la préoccupation de l'État français. Il a tenté de favoriser la compétitivité nationale

27 Bertrand Thouili, « La nécessité d'un renforcement du contrôle des ports par les États est-elle une réponse adaptée et suffisante à la défaillance des États du pavillon », *La Revue maritime*, n° 459, mai 2001, p. 65.

grâce au pavillon « Kerguelen » et à un régime d'aide, mais sans grand succès. La question de l'efficacité de ces mesures et du maintien d'une compétence et d'un savoir-faire français dans le domaine du transport pétrolier reste encore posée. « Aujourd'hui, plus aucun armateur français n'est propriétaire ou n'a même un intérêt dans les coques des pétroliers de brut arborant le pavillon national »[28]. Le groupe Worms, à qui la plupart de l'industrie pétrolière française, à commencer par Total et Elf Aquitaine, avait confié la gestion de leur flotte, a été démantelé à la suite d'une OPA boursière en 1997 et confié à la Compagnie maritime belge. Une grande partie des entreprises françaises opérant sur ce marché sont des filiales de groupes étrangers[29] avec des centres de décision maritime (construction, achat, financement, exploitation, etc.) qui se trouvent aujourd'hui à Oslo ou à Anvers. Les autorités françaises craignent toujours aujourd'hui la disparition des derniers navires de la flotte pétrolière française alors que le secteur du raffinage français et européen connaît encore aujourd'hui une crise de surcapacité importante dans un contexte international très concurrentiel. L'exception juridique française de capacité de transport sous pavillon nationale, qui existe depuis 85 ans, est une nouvelle fois remise en cause et l'État français réfléchit encore aujourd'hui à une nouvelle réforme visant à assouplir le régime pétrolier de 1992[30].

28 Fernand Bozzoni (Armateur), « Vous avez dit soutien de l'armement français ? À propos de la loi du 31 décembre 1992 », *La Revue maritime*, n° 458, décembre 2000.

29 En 2009, les principales compagnies de transport de pétrole sont : Bromström, récemment rachetée par MAERSK (capitaux danois) ; EuroNav, capitaux belges ; SeaTankers, capitaux belges, regroupant Fouquet-Sacop (Marseille) et PetroMarine (Bordeaux) du Groupe belge SeaInvest ; V-Ships France, filiale du groupe V-Ships installé en Principauté de Monaco, qui gère plus de 1 000 navires, dont 7 sous pavillon français (RIF) ; BW MarineFrance, filiale du groupe chinois BW Group Limited ; Socatra, capitaux français (Bordeaux).

30 *Évaluation de l'obligation de détention de capacité de transport sous pavillon français inscrite dans la loi du 31 décembre 1992 portant réforme du régime pétrolier*, ministère de l'Écologie et ministère du Redressement productif, août 2013.

Oil Roads and Oil Rent

A Political Economy of French Oil Supply in the 20th Century

Julien BRAULT

Institute of International and Development Studies, Geneva, Switzerland

Introduction[1]

Roads have costs, and these costs may be evaluated thanks to economic history. An analysis in terms of rent may distinguish between the costs of transport as part of a global product price, which allows us to analyze an industrialization rent, and the biases affecting oil imports, advantaging for instance certain companies, certain spaces or social groups vis-à-vis others, which allows us to analyze a rent capture process. This chapter is drawn from an extensive empirical analysis of French international transactions from the 1920s to the 1970s, focusing for a part on oil

[1] This chapter is drawn from my PhD thesis, which presents an exhaustive analysis of French quantitative restrictions. A short version is available in English (Brault, J. (2013b), *The International Transactions of France from the 1920's to the 1970's*, PhD in International Studies, Graduate Institute of International and Development Studies, Geneva), containing two papers (Brault, J. (2013a), *"Before your Fountains." Import Substitution, Oil Quotas and Rent Seeking in France (1920's-1970's)*, Graduate Institute of International and Development Studies, Geneva and Brault, J. (2013d), *"The Whole French Interests." French Foreign Exchange Control (1920's-1970's)*, Graduate Institute, Geneva). The French version of the thesis contains more details about my research (Brault, J. (2013c), *Les transactions internationales de la France des années 1920 aux années 1970*, PhD in International Studies, Graduate Institute of International and Development Studies. My papers are also available on my website, www.julienbrault.net. I would like to thank Professors Marc Flandreau, Gopalan Balachandran and Dominique Barjot for their continuous support and guidance. Comments from Alain Beltran, André de Lattre, Olivier Feiertag and Giacomo Luciani also helped in improving this chapter substantially. I would also like to thank the participants of the Economic History Doctoral Seminar of la Sorbonne, of the "Roads of Oil" Conference of Total, of the Historical Mission of the Bank of France Seminar, of the International History and Politics Research Seminar of the Graduate Institute of International and Development Studies of Geneva, and of the International Finance Chair seminar of SciencesPo Paris. All errors remain mine.

transactions. Out of several rent indicators, prices were notably used as they could be decomposed between the different phases of oil investments, extraction, transport, taxation and sale. This lead to the collection of data on transport costs as a part of sales prices (Brault, 2013a), as well as to trade data about the origins of imports, and microeconomic data about the recipients of oil quotas, companies, social groups, geographical spaces.

This study hence allows to describe the evolution of the roads of oil and the rent they created from the point of view of the general political economy of the French oil sector during the 20th century, more specifically during the effective time span of the quotas, from the 1920s to the 1970s. This case-study of French oil products quotas leads to a critic of the classic argument about the inefficiency of this policy, concluding that the problem of this policy was not the industrialization rent, which tended to diminish over time, nor rent capture, which remained low. Its problem was, rather, the imbalance of rent capture decomposition between agents and the political risks it fostered.

The two first sections present the theoretical questions regarding quantitative restrictions (1) and a critical historiography (2). The third section presents the results of our empirical study (3). The conclusion proposes final remarks and possible extensions of this research.

1. Quantitative restrictions: a theoretical background

Since 1945, the progressive decrease in customs duties in the world has been accompanied by a parallel development of quantitative restrictions of trade and financial flows. They constituted the main tool of a largely used economic development policy, import substitution industrialization. Concerning a broad number of emerging countries, Anne Krueger and Jagdish Bhagwati's team research attracted the attention of the broad public and of the international organizations on the drawbacks of such policies (Bhagwati, 1978). Certain interpretations of their work, added to a degraded situation in Latin America, which had long adopted such policies, led, from the 1980s, to a change of course of international organizations, former supporters of these policies.

The high point of this dismissal movement was the World Bank report of 1987 which rejected quantitative restrictions as a long term development policy (World Bank, 1987). Quotas were nonetheless maintained, notably in developed countries, in agriculture and textile, throughout the 1980s. Import quotas, notably in North America, for sugar, milk products, textile, automobile and metal products, certain dating back to the 1930s, were then the subjects of many studies (Feenstra, 1989; Anderson, 2003). These macroeconomic studies, comparing many general indicators in a great number of countries, have been criticized, and researchers have been calling for historical and microeconomic studies of precise restrictions episodes (Edwards, 1993).

France used quantitative restrictions more intensely than any other country in the world during the 1930s (Whittlesey, 1932). Controls of international transactions, notably concerning oil products, played an important role from the 1930s to the 1970s. Oil products, first trade post during the period, stand, in the 1960s, for around 12% of total French imports and 10% of State income (Comité professionnel du pétrole, 1968). French oil import volumes at the end of the 1960s, of 28 billion constant francs, value 1997[2], were superior to the total Indian imports at the same period, which was of 20 b. Actors of this policy have, at the time, cast a positive look at its advantages. Before evaluating the efficiency of this policy and the different agents it advantaged or disadvantaged, we must briefly present the theoretical underpinnings of the import substitution theory.

1.1. Import substitution industrialization

Industrialization by import substitution is an economic development policy trying to stimulate domestic production of formerly imported goods. Its principle consists in planning and governmental controls trying to allocate rare imported resources to industries in need of it. According to the theory, limitation of imports must be coupled with an increase in foreign investments on national soil. The first version of the theory tries to explain the backwardness of Central European development during the interwar (Rosenstein-Rodan, 1963). The theory was then developed for Latin America by Raùl Prebisch, who directed the United Nations Commission for the region (United-Nations, 1950). A second theoretical orientation, quite linked to the first one, is the theory of protection of infant industries, notably developed by Mill and Bastable during the 19th century. Its central argument is the legitimacy to commercially protect a nascent industry suffering from a backwardness compared to another country (Kemp, 1960). A third orientation, linked to the two others, deals with the relation between this policy and external agents, development funds or trade partners, which often posed import-substitution as a condition to their help (Bhagwati, 1978).

If import-substitution has generally been praised between 1945 and the oil shocks, it has been, from the 1970s, rejected in favor of export-promotion, following the examples of Taïwan and South-Korea. The 1987 World Bank report presented import-substituting industrialization as not very efficient, because of the induced rent and anti-export biases it

2 (All monetary values are given in constant francs, value 1997, unless stated otherwise).

would create (World Bank, 1987). Opposing a slow maturation of infant industries, quick leaps to the most advanced technologies became praised.

Import-substitution critiques have been rooted from the 1970s in the rent-seeking analysis movement, initiated by Anne Krueger and Jagdish Bhagwati during the 1960s, and which came to dominate the researches on the subject during the 1970s through a series of publications of the National Bureau of Economic Research on links between trade regimes and economic development in a series of emerging countries, Ghana, Turkey, South-Korea, Philippines, India, Brazil, Colombia and Chile (Bhagwati, Desai *et al.*, 1970; Bhagwati and Krueger, 1973; Krueger, 1985). The rise of quantitative restrictions started to be explained by a low-level of capital mobility and successive devaluations in the after-war, which would have caused a rise of foreign imports linked to loans coming from developed countries, first among them the United States.

The concept of rent is broad and linked to the one of profit. As it is the subject of this chapter to detail what the rent corresponds to, we may first broadly define it as a supplementary profit which is deemed inefficient. This profit is to be analyzed as it comes from a certain regulation, in this case the oil import quotas, and more largely from the global market configuration this regulation is linked to. Thus, the analysis must be economic, and not pure company accounting for instance. The measure of rent created by import-substituting regimes has often been debated. The most obvious measure, although limited, consists in measuring prices-differences inside and outside the country. Difference is obvious in the case of the American sugar quotas of the 1930s (Whittlesey, 1937). This gap measure is not enough for the analysis, for it does not allow for a measure of the relevance of the investment choice in the long-run, probably more than a decade, which may conduct the two prices to meet. The choice of the research team led by Krueger and Bhagwati consisted in measuring the cost in domestic resources required to earn one unit of foreign currency in the considered protected industry, compared to that cost in another industry. In a situation of perfect international labor division, difference between the cost in domestic resources in the two industries is zero. The cost in domestic resources is measured as follow. It consists in measuring the bias of which the imports would be victims, to the detriment of exports. This bias corresponds to the ratio between the effective exchange rate, without the taxes, applied to imports, and the one applied to exports, without the cost of export subsidies (Edwards, 1993). Results found by Anne Krueger for Turkey in the 1950s and 1960s reveal an important difference. 6.26 $ of locally-produced concrete was generally needed to buy 1 $ of foreign concrete. In the case of more evolved products, for instance rubber, the ratio became 890 to 1 (Bhagwati, 1978).

A second type of rent measures links the trade protection rate and the industry growth rate. The trade protection rate consists in combining customs duties weighted by products, quotas, and possibly cost in well-being. For Columbia and Nigeria, Carlos Diaz-Alejandro and Oyejide find positive correlations, but it is negative in the Chilean case analyzed by Jere Behrman. The measurement of the industry growth rate poses the problems of taxes, internal subventions, authorizations and industrial planning. When quota allocations depend on production capacities, companies have an interest in falsifying data. One has to focus on yield more than capacity growth. A synthetic indicator of trade protection rate has been developed more recently (Anderson and Neary, 1994; Neary, 2005). Nominal protection rate as the difference between foreign and domestic prices is distinguished from the effective protection rate as integrating this difference plus the difference of production costs insofar as production uses equipment which is also concerned by import restrictions. This method poses a problem of access to data on prices of very diverse industrial equipments.

A third measure of the efficiency of import-substitution consists in comparing the world mean added value of the considered industry and the mean domestic added value. Applied to a series of emerging countries for the 1950s and 1960s, this gives much higher ratios than a nominal protection rate measuring only the retail prices differences. This method poses problems of access to relevant data of investments and production by companies (Edwards, 1993). Taxes may also be used to reimburse the money invested by the State into the promotion and protection of an infant industry (Krueger, 1990). It should be possible to compare the cost of an import-substituting policy to its benefits in terms of production and added fiscal revenues. In the case of the American sugar quotas of the 1930s for example, the importers' rent was heavily taxed, and the money, equivalent to 1 b. real dollars, transferred to domestic sugar producers (Whittlesey, 1937). Finally, it is possible that quotas would induce a lesser quality and innovation. Data about this aspect is rare. In India, quality seems to have been affected during the first phase of the controls, but not innovation (Bhagwati, 1978).

1.2. Rent capture, or the diverging roads of imports

Analysis in terms of rent capture do not unilaterally condemn quantitative restrictions. They seek to identify and quantify the capture of a policy by particular interests, and to evaluate if this cost exceeds the general gains allowed by this policy. Three questions then arise, concerning the application mode of a quantitative restrictions policy, the elements which gain a profit out of it, and how to go out of a rent-capture process. The second question concerning rent capture deals with the elements gaining a rent from a policy. First, administrative processes have a cost.

> Diversion of workforce, which concerns at the same time the civil servants required to accomplish additional administrative tasks, and the entrepreneurs who must spend time and energy in their discussions with governments, constitutes another cost. (...) Another cost (...) results from excessive concentration of the economic activity near the siege of power and of administrative decisions (Little, Scitovsky *et al.*, 1971).

The question to know if a quota regime may be more favorable to the political class is far from decided (Anderson and Neary, 1992). Rent capture also interests companies, as quotas would favor oligopolies and monopolies. In India in the 1950s and 1960s, big companies were receiving 85% of their quota demands, against 35% for the small companies. In the case of after-war Argentina, there was also an advantage given to large companies.

> The State Department has invested a considerable energy in order to solve foreign exchange control conflicts in Argentina, like for Armour, Swift, Standard Oil (...), while regularly putting under the desk complains from little companies which didn't have investments in Argentina. This reinforces our conviction that company size was important to give it sufficient political aura to grow in an import-substituting industrialization regime, being given the discretionary power this regime was giving to governments (Maxfield, 1990).

Isolating the domestic market from foreign competition, quotas would seem to protect existing monopolies (Krishna, Erzan *et al.*, 1991). This is true on both sides, especially in the cases where the companies operate both inside and outside the quota frontier, like in the case of Europe and its colonial or former colonial empires. In a sector dominated by big State-companies, or by heavily regulated companies, quotas have been analyzed as a tool allowing to limit at a lesser cost the growth of little companies. Quotas would tend to create dual market structures, with a small group of big oligopolistic companies and a big group of small powerless distributors, all this pushing up the prices. Considering foreign markets, it is possible to measure existing rent in producing countries. American textile imports from Hong Kong would have cost a rent of 23% of the export price for Hong Kong textile manufacturers (Krishna, Erzan *et al.*, 1991). But the most important part of the rent, between 15 and 50%, would have existed on the American side.

Rent is also to be found in places and groups. Speaking of dominant centers, in Pakistan, between 1953 and 1956, Karachi's share in quota allocations was between 57 and 89% of the total, whereas its part in the global added value was only of 30%. Diaz-Alejandro showed how the Colombian import control organization was advantaging the Bogota/Medellin companies. Literature on rent-seeking extended itself after the work of Krueger and Bhagwati to the more general links between companies and public policies susceptible to create rent, and hence to the cost and efficiency of interest groups and lobbying (Becker, 1983). Competition between interest groups has a cost which may be reduced through a limited cooperation in a specific institution or mechanism. In that sense, indicators like the localization of companies' headquarters or lobbying travel expenses have been used in order to measure the influence of interest groups on elections (Grossman and Helpman, 2001). These potential links have been tested over the 1988 US situation, authors finding a statistical link between the contributions of different industrial sectors to political parties and to political life in general, and the trade barriers concerning these sectors.

Very numerous are the questions arising from import substitution policies, as it was rooted at the core of most of the world's countries development policies during decades. It is for instance possible to enlarge the question of advantages given to dominant groups to the general question of wealth distribution. Krueger and Bhagwati's work give contradictory results in that matter. In Chile, quantitative restrictions and salary growth are correlated. Salaries fall immediately after the liberalization, then rise again. In Turkey, quantitative restrictions seem to have amplified the inequalities *inside* the working and capitalist classes, advantaging the more qualified.

Attempts at measuring rent capture in an empirical and continuous way has only given seldom estimates. In order to calculate the added price payed to buy quota-imported goods, Krueger uses a large estimate drawn from the Santhanam committee set by the Indian Congress, which estimated that a company was ready to pay between 100% and 500% of the price of an import in order to acquire its license. She nonetheless retains a far lower value for her calculation, of 75% in India, and 300% in Turkey. She then multiplies it by the total quotas, and estimates the cost of quota-induced Indian rent at 10 b. real rupees in 1964, i.e. 7.3% of the national gross product, to be compared to the rent linked to public infrastructure, 3 b., or public industrial investments, credit control or the railway system, 1 b. each. Quota-induced rent in Turkey would have been equivalent in 1964 to a third of the trade deficit, and in 1968 to 15% of GDP.

1.3. The Road to French Oil Quotas

The rent-seeking critics of import-substituting industrialization have themselves been criticized from the beginning of the 1990s. A global view on the income growth of emerging countries, excluding China and India, notably in the industrial sector, since 1970, would conduct towards reassessing the idea that the shift to an export-promotion strategy would have been really beneficial (Bruton, 1998). Most of all, Chinese practices of quantitative restrictions and foreign exchange controls were going against the recommendations of international organizations with apparent success. Qualitative studies led more precisely in South Korea and Taiwan finally drew the attention on institutional and cultural determinations which would prevent too important technological leaps.

The manners import-substituting industrialization has been analyzed have been criticized for their above-the-ground macroeconomic perspective on a supposedly centralized, government-planned coordination, without encompassing the endogeneity of the government inside the development system. A microeconomic perspective is thus required, an empirical and detailed analysis of the agents, organizations and companies concerned by these policies, seeking a profit out of it, and seeking to capture their rent. Precise historical studies of quota functioning are also very seldom. Empirical decomposition of rent capture between different entities has only been estimated through rare occasions, for particular dates, sectors and entities. A continuous measure of quantitative restrictions rent decomposition has never yet been achieved (Anderson and Neary, 1992).

Finally, the literature on the question leaves in the shadow the most important trade volumes subjects to trade restrictions during the 20th century, notably in Europe. French oil quotas bring numerous answers to the considered questions on import-substituting industrialization. The existence of an older, more deeply rooted State, of a more experienced administration, and the early construction, from the 1920s, of a quota system, lead to the hypothesis of a more efficient quota system and less imbalanced rent capture processes in France than in emerging countries. In order to understand how the quota system worked, as well as the collected data, we must first narrate briefly the complex evolution of the French oil quota system from the 1920s to the 1970s.

2. A brief historiography of the French oil quota system

The origins of the quota system, from the end of the 19th century to the 1920s, are rooted in a complex game played by States, banks and oil companies amidst growing cartelization (2.1). The law of 1928 creating the French oil quotas seems, according to the historiography, to have had positive effects on the French oil industry during the 1930s (2.2). After the Second World War, the quotas become part of a systematic and interventionist State policy (2.3). External as well as internal factors account for the end of the system (2.4). We provide here a quick narration, and invite the reader to our other works for further details (Brault, 2013a).

2.1. The origins of the quota system before 1928

The oil refining industry is, from the end of the 19th century, a leading, high-technology industry, born in the United States. Two French laws create, in 1881 and 1903, customs duties particularly favorable to the Anglo-Saxons in that matter, which leads to a limited development of refining in metropolitan France at the eve of the First World War (Philippon, 2004). Two thirds of all imports were operated by the Standard Oil of New Jersey, the last third mainly by "André et fils", a company with a dominant shareholding of Royal Dutch Shell together with Russian interests. Shell and Standard Oil largely dominate the world oil market from the First World War to the Second.

The oil expansion of the beginning of the 1920s is followed by a recession, and by growing cartelization processes. Starting at the end of the 1920s, Shell, the Anglo-Iranian and the Standard Oil of New Jersey form a cartel in the United Kingdom, effectively suppressing competition on British soil and limiting finished products imports from Baku (Jones, 2010). The informal "As Is Agreement", set at Achnacarry in 1928 by the Seven Sisters, convenes that all oil products would be sold worldwide considering their distance from the Gulf of Mexico. This created extra-revenues from Near-East oil, which was closer to Europe. Oil products exports from the United States are controlled from the end of the 1920s by the Standard Oil Export Corporation and the Export Petroleum Association, producers' associations controlling prices and fixing export quotas (Ferrier and Bamberg, 1982). The federal State tries to establish official quotas through the National Recovery Act, rejected by the Constitutional Court in 1930, the export quotas being finally instituted in 1933. The Paris conference of the Seven Sisters of 1929 sets Romanian production quotas and fixes prices of oil products from Romania at the level of oil products from the Gulf of Mexico, which was much farther. Spain creates an oil public monopoly company.

The French oil market is at the time organized around two alliances. The first alliance is organized around Paribas, probably the most powerful European bank of the time, a syndicate of bankers of Amsterdam and Paris. The "Compagnie Standard franco-américaine" (French-American Standard Company) unites Standard Oil of New Jersey and Paribas into a ten millions real francs capital company at the beginning of the 1920s (Bussières, 1992). Standard tries to fight the State monopoly and to develop its distribution network in France. Paribas wants to refine in Romania the crude extracted by the company Steaua Romana, of which it has inherited the major part from the Deutsche Bank after the First World War. Through this alliance, Standard conquers half of the French oil distribution market. Paribas makes the choice of industrial investment abroad, and takes part in the global rear-alliances strategy of the French Foreign ministry against Germany. With returns as high as 45%, the alliance proves itself economically profitable, but ultimately fails. The Romanian State bankruptcy of 1929 leads to special loans from the Bank of France and from Paribas, but the Foreign ministry imposes a deflationary policy to the country, which fails. Romania turns against its lenders and turns its favors, and oil, to Germany from 1936 (Marguerat and Jílek, 1987).

The progressive Romanian failure of the 1930s leads to a Near-East solution. The Mines engineer Ernest Mercier, admirer of the American management methods, calculates that Near-East oil would be cheaper to extract. He gradually chooses this option, supported by the Bank of Parisian Union (BUP). Contrary to the cosmopolitan Paribas, BUP was analyzed as an arm of the French banking and financial community to resist the power of British merchant banks and financiers (Bonin, 2001), and had a protectionist tendency. Strongly linked to the Finance ministry through personal links, it starts financing the Shell activities in France. The "Société française pour l'exploitation des pétroles" (French Company for Oil Exploitation), created in 1919 by Shell and BUP, is conceived as an instrument of a Near-East expansion plan designed by Béranger, head of the National Liquid Fuel Commission. Shell, a legally British-Dutch company, tries to put into competition the British and the French by promising to exchange the geographic location of its headquarters against a global diplomatic and political support. It underlines the fact that the majority of its equity is owned by little shareholders, and that the majority of those are French.

It is in this context that the "Compagnie française des pétroles" (French Oil Company) is created to manage the French part of the Irak Petroleum Company inherited from the Deutsche Bank after the First World War. The initial project of the Finance ministry, to create a company centered around the interests of France through BUP, fails, due to insufficient investments from the bank. It holds, with its allies, only 12% of the shares, and Paribas and its allies 19%. The "allies" of the two banks were little French distributers, which were actually owned mostly by Standard and Shell. In front of this failure of the project of a French-controlled company, the State has to enter to the capital for 35%, represented by a new agency, the Office national des combustibles liquides (National Liquid Fuel Office), which also came to manage the oil import quotas. The Compagnie française des pétroles (CFP) becomes the main instrument of a "national oil policy" (Poincaré). It holds a majority stake in the Compagnie française de raffinage (French Refining Company, CFR). The

State gives it a guaranteed 25% share of the French market for finished oil products[3]. The beginnings of CFP are difficult, the company starting its production only in 1934, and producing only 940,000 tons, compared to the Romanian 2.5 m. tons.

2.2. The law of 1928 and the 1930s

The laws of 1926 and 1928 creating oil import quotas are born out of a will to manage the transition from a Romanian solution to a Near-East solution where crude would be transformed, not abroad in Romania, but on metropolitan soil. The law of 1926 explains the project and institutes a special investigation comity (Noushi, 1976). The "law of 1928", prepared by the socialist MP Baron and the radical Magaine, gave its name to the quota system and to the entire French oil policy which lasted until 1992. Baron wanted a license system, and Magaine a public monopoly owned at 50% by the State. During the parliamentarian debates, the communists present the law as "an instrument for the French merchant banks, accomplices of the English and American trusts." The socialists also oppose the law, accusing the right-wing government of "presenting as a monopoly configuration a setting of dispositions which are in absolute contradiction with the principle of State monopoly." For the Radicals, the law is just a continuation of the fact that the importers already set a mutual quota agreement. The right-wing MPs go as far as presenting the law as an instrument against uncompetitive agreements, and state that the Geneva Convention of 1927 against restrictions of trade does not apply to a law which goes back to 1926.

The law is finally voted, at the end of the parlementarians mandate, so as to quash debates. It officially aims at controlling imports and refining of oil and to create the conditions of an "equitable competition in the domestic market." Production quotas are set for each refinery and each company. The law compels importers to stock 40% of their annual sales and to have at least one refinery on the west coast in case of war. Authorizations for crude are set for 20 years in order to allow the amortization of important investments. The president, half of the administration board and of its navy will have to be French[4]. The special authorization is given after the statement of a special commission directed by the head of the National Liquid Fuel Office and composed of representatives of the Finance Ministry, the Foreign Affairs Ministry, the War Ministry, the Navy Ministry

3 Archives du Ministère de l'Économie et des Finances, boîte B-0059713/1: *Régime d'importation des produits pétroliers, autorisations spéciales d'importation, procès-verbaux, listes, pour 1956-1959.*

4 *Annales de la Chambre des députés, Documents parlementaires*, tome XXIII, janvier à juillet 1928, appendixe 2589.

and the Public Work Ministry. A specific personnel builds itself, structured around the "corps des Mines", an elite administrative body selected among the best students of the Ecole Polytechnique, of which Ernest Mercier, first President of CFP, is a member. The first quotas and corresponding licenses come into force the 1st of January 1929.

The historiography gives a positive image of the effects of the quotas during the 1930s. Oil, which only accounts for 5% of total energy consumption in 1929, sees its uses rapidly expanding. The origin of crude, only American at the beginning, is in 1938 for 55% American and 45% Near-Eastern. The number of domestic refineries goes from 2 to 30, and covers 88% of supply needs at the end of the decade. The imports done by the majors are regularly growing, the sales of the Anglo-Iranian going for instance from 350,000 to 520,000 tons, but, in 1937, the imports of finished products in France only represent a fifth of crude imports. The situation is reverse in Germany and in the United Kingdom. The sales of the Anglo-Iranian in Germany go at the same time from 200,000 to 500,000 tons. The sales shares of the majors in France go down from 1928 to 1938 from 20 to 11% for the Anglo-Iranian, from 40 to 16% for the Standard, and from 38 to 20% for Shell (Bamberg, 2000). All in all, the industrialization seems more effective in France than in other European countries. Half of the crude imports are now done by the Compagnie Française des Pétroles (CFP) at the eve of the Second World War.

2.3 The quotas during and after the Second World War

The Second World War and the immediate after-war period correspond to a mutation of the sector, orchestrated by the State, around the law of 1928. The National Liquid Fuel Office becomes in 1939 the Fuel Direction of the Industry Ministry. At the same period, a Petroleum Board regroups the British companies in their war effort. Sea imports all but cease. Shell and Standard struggle to operate whatever imports are possible. The Second World War sees the beginnings of direct State industrial intervention in the oil sector. The Fuel Direction plays a key role in the evolution of the sector from 1945 to the 1970s. Its first director, Pierre Guillaumat, from the Corps des Mines, appoints at his side numerous comrades, members of the Corps, called the "Buddhas" (Philippon, 2004). The Fuel Direction also hires many of the students from the first promotion of the newly created National School of Administration (ENA). Quotas, which had been suspended and replaced by special case-per-case licenses, are re-instituted in 1950.

The Suez crisis, in 1956, deeply modifies French oil policy. It leads to an oil supply deficit of two thirds. The United States organize an emergency supply plan, conditioning it by the evacuation of the canal. All the French oil companies are directly managed by the Fuel Direction during the crisis. The cost of merchandise imports from the dollar zone gears up from 140 m. constant dollars in 1955 to 262 in 1956 and to 400 in 1957 (constant dollars value 1997). Voluntary import quotas are set in the United States as a response. The French response is twofold, thc beginning of domestic industrial extraction of natural gas in Lacq in 1956, and, most importantly, the oil discovery of Hassi Messaoud in Algeria in November. CFP, the French private company Desmarais and Esso, new name of the French-American Standard, launch Algerian investments (Murat, 1969). The conclusion of this shift is the legal transformation of Saharan oil into metropolitan French oil in 1961, putting it outside of the quota system. As a result, crude imports in value go down from 350 m. constant dollars in 1959 to 240 m. in 1960 and 170 m. in 1961, a decrease equivalent to half of the increase of the balance of trade operations.

The Algerian independence causes a third, though more limited, shift of supply sources. At the end of the 1960s, Algerian crude is flowing, extraction begins in francophone Africa, CFP starts producing in Canada, Venezuela, Lybia and the Persian Gulf. Two crises test the new French oil policy of the 1960s, the closure of the Irak Petroleum Company pipeline in 1966 and the Six-Days War in 1967. Diversification of supplies allows not to decrease consumption in France. At the eve of the oil shocks, France had found its energetic independence.

The Corps des Mines has an ambiguous link with political power in the 1950s and 1960s (Lecanu, 2010). Many of its members joined the Vichy regime, first among them the Minister of Industry Bichelonne, who played an important role in economic collaboration with Germany. Guillaumat appears in this context as a good way to restore the honor of the Corps, which takes a technocratic turn and remains "suspicious of politics" throughout the period (Lecanu, 2010). From the middle of the 1960s, and more visibly in the 1970s, the Corps is accused of having captured the French oil profits. When François-Xavier Ortoli, coming from the National School of Administration, is appointed by François Mitterand and Laurent Fabius as head of Total at the beginning of the 1980s, this is seen as the conclusion of this shift away from the Mines (Yates, 2010).

At the end of the 1960s, France had become a major producer of oil finished products. Its imports in that matter were only a quarter of the British ones, and its exports comparable to the American ones. After having described these evolutions, one has to focus on the instruments which allowed it. The evolutions of the French oil sector from 1945 to the 1970s were influenced by interventionist public policies following three axes, the development of an adapted finance, direct industrial and regulatory interventions, and imports quantitative restrictions. As this chapter focuses on import questions, one may want to refer to other works for details about the other aspects of these policies (Brault, 2013a). The third part of this chapter will give a thorough empirical analysis of the quota system. The end of the system is interesting to go through right now, as it is the part of it which has formerly been mostly documented.

2.4. The end of the quotas

Quotas died of attacks led by the European Commission, the United States, the oil majors, and French justice. The execution of the Rome Treaty of 1957 legally forces France to geographic non-discrimination in quota allocations. Paradoxically, as the United States recommends the end of the system, it sets on its soil the *Mandatory Quota Program* in 1959, limiting imports to 9% of domestic demand (Zeiler, 1990). As a reaction, Perez Alfonso, Venezuelan Oil Minister, plays a key role in the creation of OPEC in 1960. Shell brings the French quotas in the State Council in 1964, Elf initiates a press campaign, the European Commission and Court of Justice try to abolish the quotas in 1962 and 1963. Internal European Community oil customs are gradually abolished, totally in 1964. External customs for oil products remain, crude being subject to no customs. Reacting to those evolutions, most of the French oil companies, together with German oil companies, gathered around Pierre Guillaumat, send a letter asking for more time to the European Commission President Walter Hallstein. The Commission finally gives France a delay until 1971, then a new one until 1973 (Philippon, 2004).

An internal judicial affair plays a key-role in bringing the quotas down. In 1971, the head of a small oil company, Bodourian, attacks the big oil companies after his bankruptcy, accusing them of having refused him normal supplying condition. The National Enquiry Direction of the Finance Ministry deals with this affair, and concludes that many public oil markets for fuel-oil are organized by secret market-sharing agreements. The judge in charge of the affair in Marseille, Etienne Ceccaldi, is named State-attorney in a little town, Hazebrouck, in order to quash the affair. It is then transmitted to the Cartel Commission of the Finance Ministry in 1972, which proposes to "forgive and forget", providing that it doesn't happen again[5]. Following this, an opposition MP, Julien Schvartz, writes a report in which he denounces the cartels and "exactions" of the oil companies. The Cartel Commission is again seized, its report kept secret by the will of President Giscard d'Estaing (Philippon, 2004). This leads to the creation of a commission directed by Maurice Lauré, head of the Société Générale Bank, in order to examine the legislation and to provide a statement on the functioning mechanism of the oil products imports

---

[5] Mornand, Jacques, "Le scandale des pétroliers," in *Le Nouvel Observateur*, 25 February 1974.

and domestic market. Following conservative reports by the Foreign Trade and Customs Commission, the Commission chooses to maintain the quota system. This affair points at the numerous economic, social and geographical biases which were affecting the oil import system.

The decrease in oil imports starting in 1979 finally leads to the end of the quota system. The last finished products quotas run from 1965 to 1968, then are automatically increased following consumption, and are officially abolished in 1980. Last crude quotas are run between 1975 and 1985, when they are officially abolished. The State keeps the possibility to reintroduce them by decree until 1992.

Certain tendencies can be drawn from this brief historiography. Oil quantitative restrictions seem to have allowed a shift, during the 1930s, from expensive oil refined in a foreign land, United States or Romania, by foreigners like Standard Oil, allied to a capital suspected of internationalism around Paribas, to an oil extracted by French capital, cheap, refined on metropolitan soil by a company presented as a de facto French property, Shell, financed by a supposedly patriot bank, BUP. After the war, the quotas become central instruments of a far more systematic economic development policy, centralized and interventionist, aiming at answering to a finance and supply crisis. The Corps des Mines plays an important role in this policy, marked by a big industrial concentration. The Suez crisis causes a realization of the risks linked to the quotas, and of rent-seeking processes initiated by certain agents around the system. The quota policy was hence conducted in a logic of industrialization by import substitution. From its origin, the quota system appears also rooted in systems of lobbying and rent-capture by institutions, companies and groups, and this logic seems to have played an important role in the end of the system. Far from leading straight from foreign lands to France, the "roads of oil" were the stake of diverting efforts, multiple biases, favoritisms, logics of social domination, conflicting political forces, regions and companies. The effort of the economic historian consists in drawing those multiple diverging roads of oil, and in quantifying the different rents they created for many different agents. This narration now allows us to present the empirical part of our study in a more understandable manner.

3. Measuring the oil rent and its different paths

We present here the main results of our empirical analysis, focusing on the use of transport costs. For a detailed analysis of the data, sources, functioning of the quotas, as well as for extensive results and conclusions, one shall turn to our other work on the subject (Brault, 2013a). French oil import quotas have been allocated thirteen times over 50 years. A20's concern refiners, both for crude and finished products. A3's concern distributors, only for finished products. Certain products are subject to limits, other just to global authorizations. If we compare effective imports and set quotas, after the war, 1950 quotas, which correspond to less than half of the actual imports, clearly aim at dramatically reducing them. At the end of the 1950s, foreign flows of finished products are all but dried up, corresponding even to less than half of the authorized quotas. It is the refining of Algerian oil, in 1960, which creates a spectacular reprisal of imports, which go back, in just one year, to their 1950 level. Oil imports stood for a third of the deficit of the French balance of payments during the decade. After the war, they are equivalent and often superior to the global balance of trade operations, whether positive or negative[6].

Allocation dates of quotas

A20s		**1931**				**1950**					**1964**		**1975**
A3s	1929		1932	1935	1938	1950	1953	1957	1959	1962		1965	

Limitations of quotas (when empty, general authorizations, no limits)

	Asphalt	**Crude**	**Coke**	**Gas**	**Gasoil and fuel-oil**	**Heavy oil and black products**	**Light oil, mineral oil, lubricants**	**Liquefied gaz**	**Natural gaz**	**Paraffine wax, vaseline**	**White-spirit**
1929		Limit		Limit	Limit	Limit	Limit				Limit
1932		Limit		Limit	Limit	Limit	Limit				Limit
1935		Limit		Limit	Limit	Limit	Limit				Limit
1938		Limit		Limit	Limit	Limit	Limit			Limit	
1950		Limit		Limit			Limit				Limit
1953		Limit		Limit	Limit	Limit	Limit				
1957		Limit		Limit			Limit				
1959		Limit		Limit			Limit			Limit	
1962		Limit		Limit	Limit		Limit				
1965		Limit		Limit	Limit	Limit	Limit	Limit			

6 See Brault, J. (2013b), *The International Transactions of France from the 1920's to the 1970's*, PhD in International Studies, Graduate Institute of International and Development Studies, Geneva, for detailed balance of payments data.

Domestic consumption and total import quotas of crude oil and finished products in France from 1914 to 1975, from INSEE, Official Journals, National Archives, Archives of the Finance Ministry

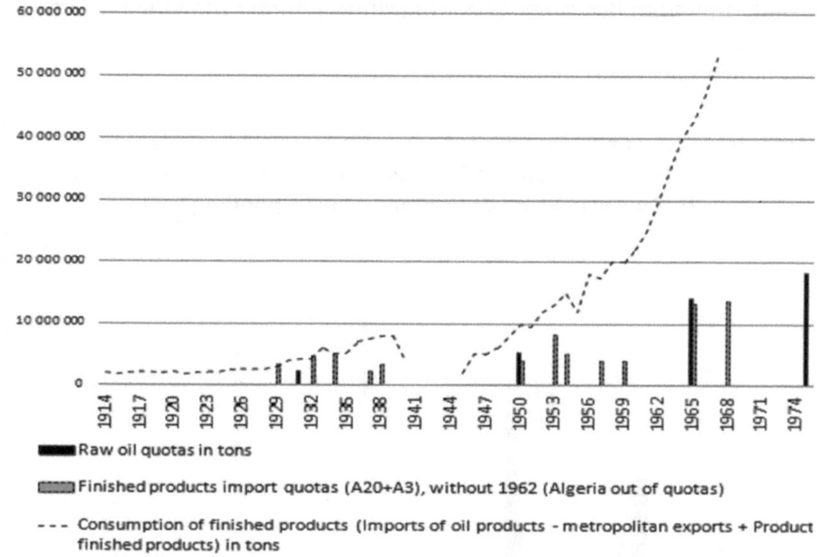

Effective imports and quotas, in tons. From INSEE, Oil Professional Committee and archives

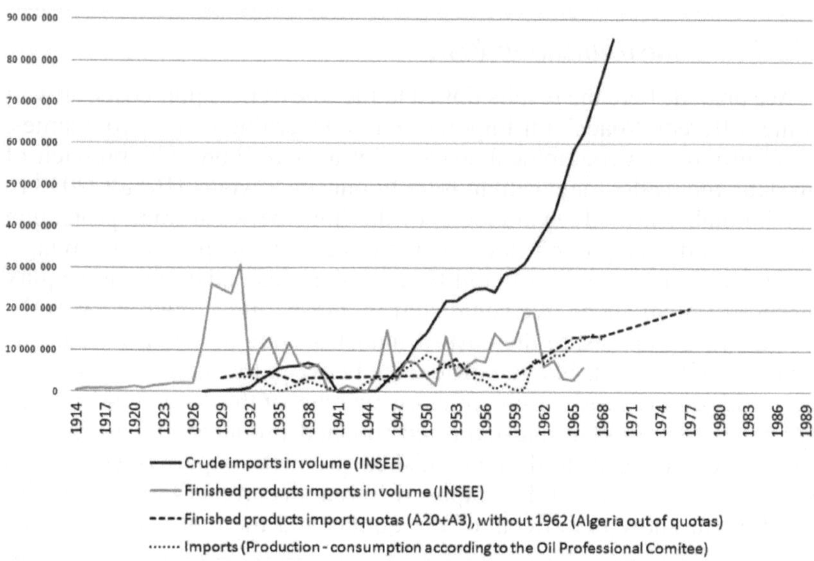

If we look at oil products imports origins, a double shift appears after the war, first from the US to the Middle-East, then towards a dual solution with the Middle-East and Africa, mostly Algeria at the time. This was strongly linked to the quota system limiting imports for certain products and certain zones, notably, after the war, from American finished products. This policy had a cost, which we tried to assess.

Import shares of oil products in France by geographic zones from 1930 to 1965 ((former) French Africa includes Algeria) From INSEE, *Tableau statistique de la France,* corresponding year

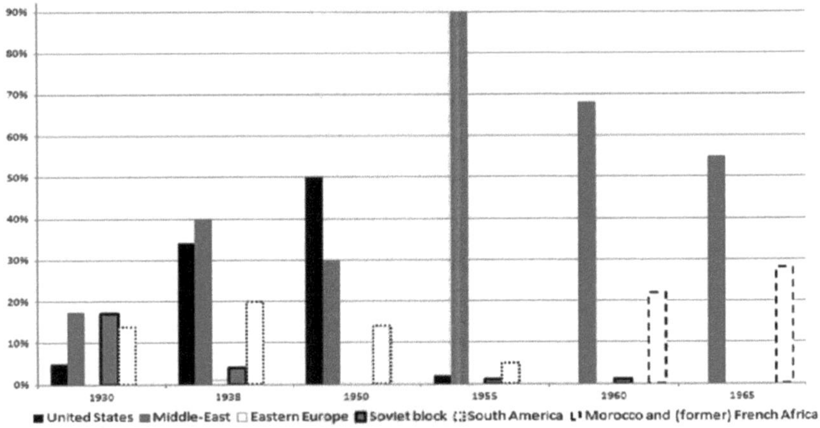

3.1. *The Industrialization Rent*

We provide here the results linked to the role of transport costs, as well as the different "roads" oil imports took, concerning certain companies, social groups or geographical spaces. For a more thorough approach of our data, the reader may want to refer to our other works (Brault, 2013a), which notably provide evaluations of the links between trade protection rates and industry growth rates, of the effects of this policy on savings, equity, investments and profitability, as well as detailed quotas and equity per industrial alliances. We could start by presenting a quick view of the several ways to measure the cost of industrialization, which we call the industrialization rent, like the difference between the imported price and the world price of crude, eight times on average, or the difference between the prices of imported and exported finished products, three times on average, or between crude and finished products import prices, seven times on average. On all the graphs, different occurrences of U curbs for the afterwar show the effects of the quotas and the rent it created. The three following graphs represent those three different possible measures. This raises the question of the origins of those costs. Was this rent the benefit of the State, the importers, or the transporters?

Ratio between the imported price and the world price of crude. Ratio between the imported price of a ton of crude oil (import in value/import in volume, Trade tables, INSEE) and the world price of crude, from the IEA

Price of a ton of imported and exported finished product from 1925 to 1967. In constant francs value 1997, from INSEE (imports) and Oil Professional Committee (Exports)

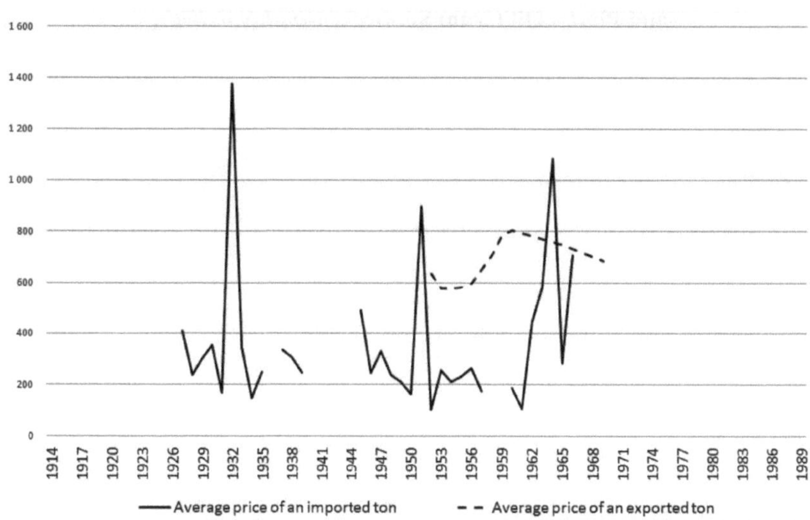

Average import price of a ton of crude oil and of finished products from 1925 to 1966. In constant francs, value 1997, from INSEE

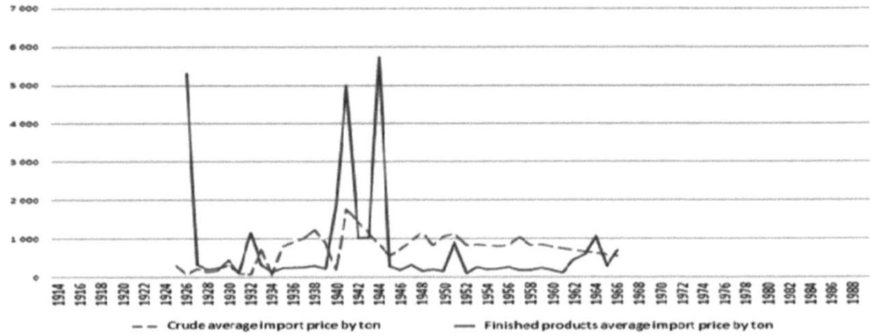

In order to answer this question, the more detailed prices analysis which we come to involves transport costs. Data concerning transport costs come from fret rates linking the oil products transport costs from a port to another to a fixed reference, the most used ones being WorldScale and IntaScale, built and archived by WorldScale in London. Prices data are complex to analyze and come mostly from industrial inventories.

Price of a ton of gas. In constant francs value 1997, from Oil Professional Committee, Lesourd's *Oil Guide* and Platt's Oil Gram Service's *Monthly bulletin*

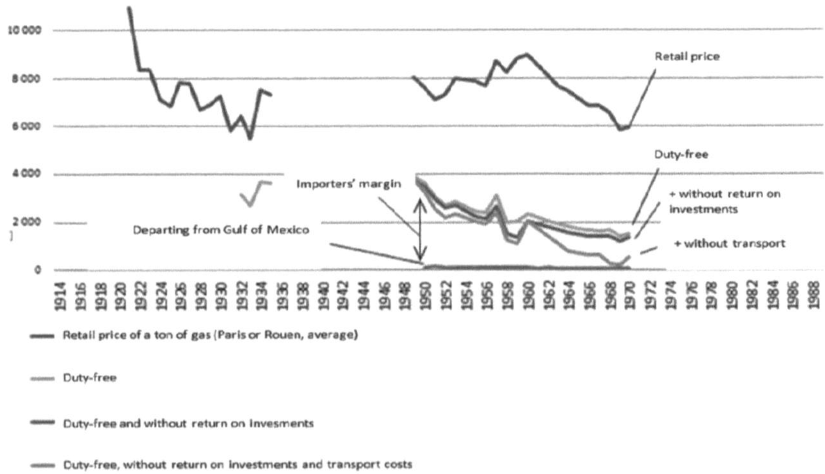

Price of a ton of gasoil. In constant francs, value 1997, from Oil Professional Committee, Lesourd's *Oil Guide* and Platt's Oil Gram Service's *Monthly bulletin*

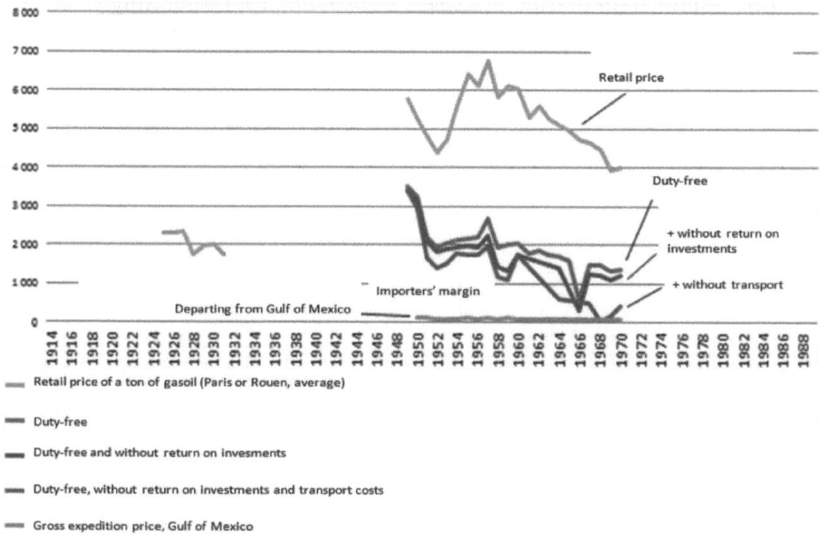

Retail price, duty-included and duty-free of a ton of gas in the UK, France and Germany from 1914 to 1989. From, for France: Lesourd, Olivier, *Guide du pétrole*, corresponding year, and Comité professionnel du pétrole, *Eléments statistiques*, corresponding year, for the UK: The Institute of Petroleum, *Historical petrol prices*, for Germany: Aral's website, accessed the 14/12/2012

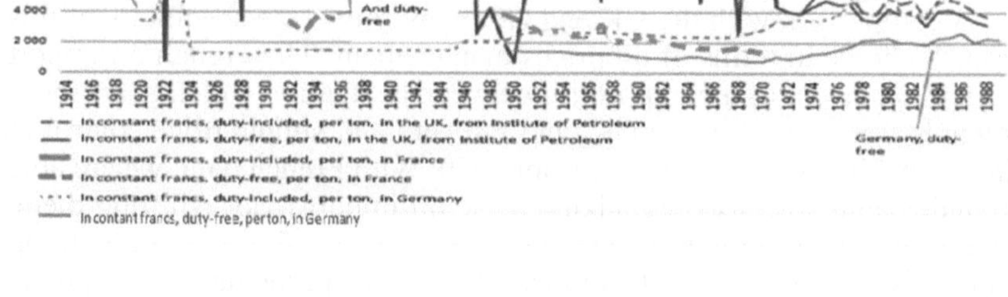

Retail duty-included and duty-free prices of a ton of gasoil in France and Germany from 1914 to 1989. From, for France, Lesourd, Olivier, *Guide du pétrole*, corresponding year, Comité professionnel du pétrole, *Eléments statistiques*, corresponding year, for Germany: website of Aral, accessed 14/12/2012

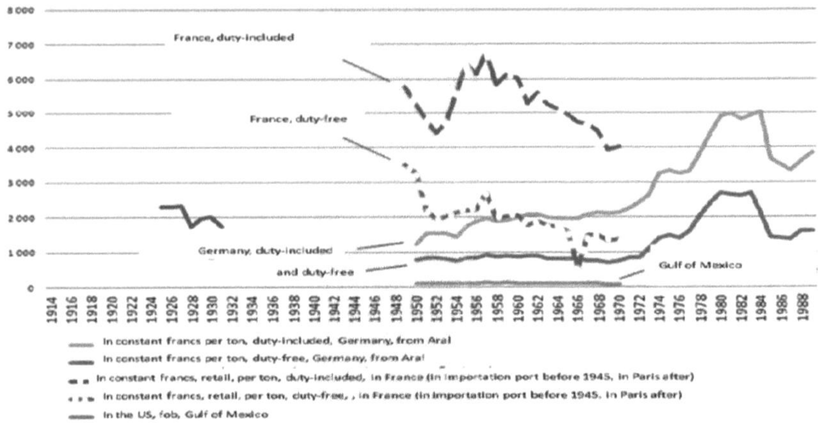

These graphs show that gas retail sales prices in Paris were 80 times higher than gross Gulf of Mexico expedition prices. The resulting margin which was earned by the importers, the companies, represented, if we substract from the import price the taxes, the return on investments and the transport costs, approximately half of the import price in 1950, but approximately nothing in 1970. Two phenomena characterize this evolution. First, taxes, which proxy the State's rent, rise until 1962, fostering a rise in prices, then stabilize, allowing the prices to decrease. Second, the decrease of the importers' margin is linked from 1960 to a swift rise of transport costs, the transporter's rent, which considerably reduces the importers' rent, towards next to zero in 1969. Everything happens as if there was a shift from a massive State and importers' rent to a second phase where State's rent remains high, where the importers see their margins decrease considerably, and where transport fees rise *relatively* to the global price.

A comparison with the UK and Germany shows the specificity of this French choice in terms of oil prices management. The French oil import policy stands out as a compromise between a situation which gears more towards free market in the UK, and a severe and simple price control in Germany, the three converging from 1970. With French data, we are able to understand who was organizing these oil import roads, shifting them, modifying them to their advantages. The roads of oil are not only going from this or that country to France, they go to particular geographical spaces, to particular companies, to particular social and administrative groups.

3.2. Rent capture

We go here past the transport problem in the narrow sense of it by trying to assess how an import policy was captured by companies, social groups and particular spaces. Concerning the favoritism given to certain companies, the official nationality of particular companies can first be taken into account, or one may turn to the big multinational, complex and transversal alliances which the historiography allowed us to identify. If official nationality is considered, the efforts of the juries to restore the position of the French groups from the interwar is clear. If we analyze the problem of big companies on a general level, quota concentration does not seem to surpass equity concentration. During the entire quota period, equity concentration appears strongly linked to effective trade protection (Brault, 2013a). Hence appears a structural link between internal competition structure and trade restrictions. One may want to refer to our other work to see how particular companies had better ratios between their quotas and their equity than other companies (Brault, 2013a).

Share of French and foreign companies in French oil products imports from 1931 to 1970 (Detailed American and British-Dutch companies not available for 1970) (Murat 1969)

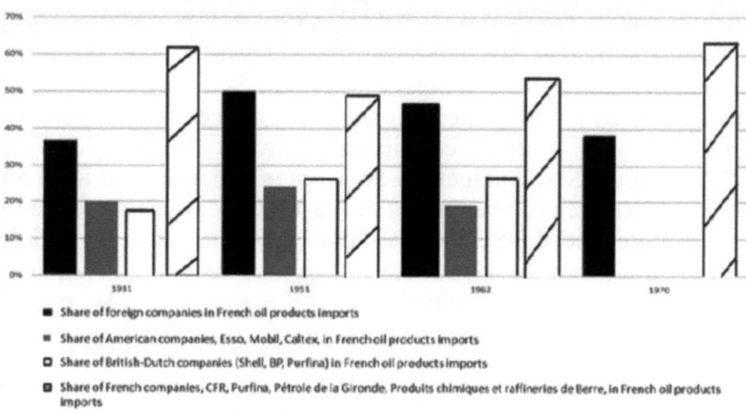

Authorized quotas and equity concentration, per particular companies and consolidated, simple Herfindhal-Hirschmann index (left axis), and trade protection rate (right axis)

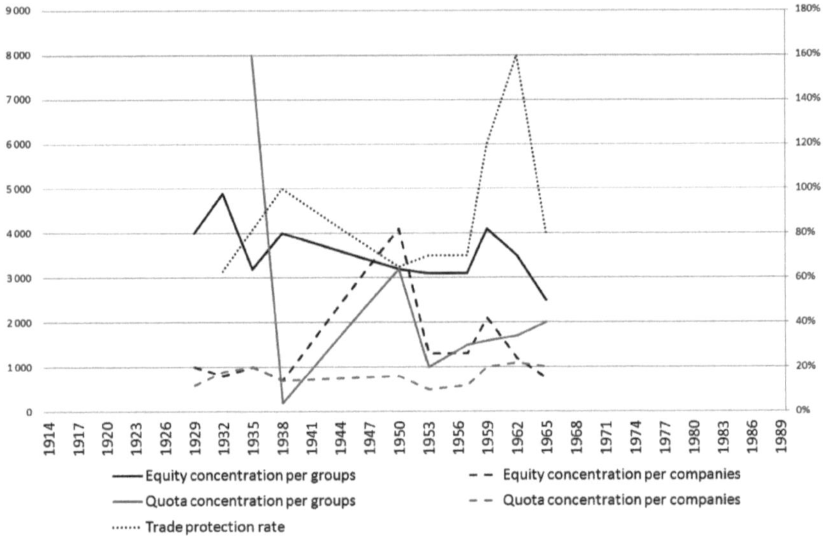

If we look at social groups, during the 1930s, the rise of Polytechnique and the Mines parallels the rise of trade protection and of the bias against small companies. Our effective trade protection rate adds up customs fees, quotas and taxes. After the war, the analysis is more nuanced. At the beginning of the 1950s, a bigger role of the SciencesPo and the ENA seems associated to less protection and more concentration. The second half of the 1950s, with an equilibrium between Polytechnique/Mines and SciencesPo/ENA, conducts to an average concentration level and a high protection rate. The beginning of the 1960s sees this protection rate rise even more, and the SciencesPos-ENA gain ground in the juries. At last, in the middle of the 1960s, advantage remains to the ENA, and the protection rate returns to average levels.

Comparison between jury composition and main indicators. Presence rate in the jurys of the alumni of Ecole Polytechnique, Mines (School or Corps), SciencesPo and ENA, effective trade protection rate (accepted quotas/demanded quota amounts + customs duties + internal oil products tax rate), Herfindahl-Hirshmann index of authorized quotas by industrial groups, and authorization rate of the demands of companies

	Presence rate Polytechnique-Mines	Presence rate Sciences Po-ENA	Effective trade protection rate	Concentration index of authorized quotas	Authorization rate of the demands of companies
1929				+5000	89%
1932	7%	24%	63%	+5000	92%
1938	26%	12%	98%		20%
1950	26%	36%	63%	3235	63%
1953	12%	46%	70%	931	11%
1957			70%	1560	
1959	44%	73%	122%		55%
1962	17%	31%	157%	1664	
1965	11%	59%	78%	2015	106%

Average ratio of authorized quota on equity for independent companies from 1929 to 1965 depending from the localization of the company

Date	Paris (and surrounding departments)	Big provincial cities (Lille, Strasbourg, Lyon, Marseille, Toulouse and Bordeaux)	Countryside (other than Paris and big provincial cities)
1929	0.001	0.003	0.001
1932	0.003	0.002	0.001
1938	0.010	0.009	0.008
1950	0.150	0.002	0.003
1953	0.485	0.008	0.014
1957	1.783	0.004	0.009
1959	0.00001	0.00000	0.00041
1962	0.039	0.001	0.014
1965	0.040	0.002	0.015

Concerning geographical spaces, if we exclude the big industrial alliances, which all had their headquarters in Paris and had numerous pressure means, results show the rise of the Parisian advantage, tenfold, especially in 1957, its high point. Curiously, companies located outside of Paris and of provincial towns, like in rural areas and small towns, are more privileged than provincial towns. It could be a political communication strategy, consisting in balancing the Parisian favoritism by favoring the countryside, a support to agriculture and its pressure groups, varied forms of local vote-catching, or a mix of these three factors, which seem particularly strong in 1959.

3.3. Synthesis

We finally attempt a general evaluation of oil rent in France for the period by building a table of rent indicators. The width of the producers' rent clearly appears, and the Parisian bias is far from neglectable. The average of those indicators are located around the rent indicator when one compares the situation with Germany, 10 b. constant francs per year, i.e. 269 b. for the 25 years of the quota system. This number is very high compared with the average added value of the sector throughout the period, which was ten times lower. On the other hand, it represents only 0.02% of general State budget during the period. The first company created by this policy, today Total S.A., generates a yearly benefit eight times higher than the yearly oil rent of the time.

Table of rent indicators and comparisons (two tables)

Rent (all numbers are in billion constant francs, value 1997)	**Rent for available years**	**Number of years where data is available (total period: 25 years)**	**Average annual rent**	**Average annual rent * 25 years**
Cost of domestic production (export prices – import prices)	13	10	1.3	32.5
Finished products replaced by crude	92.5	25	3.7	92.5
Comparison with Germany	132	14	9.4	235
Producers' rent	508	14	36	900
Big companies bias	11	9	1.2	30
Parisian bias	73	16	4.6	115
Average	138	15	9.1	229

Comparison points	**Total for available data**	**Annual**
Oil trade surplus in the middle of the 1960s		6
Oil sector added value during the 1950s and 1960s	18.8	1
General State budget 1950s – 1960s	6,000	600
Total S.A. turnover in 2012		1,206
Total S.A. benefits in 2012		82

The "industrialization rent" indicator may be the average of rent indicators, excluding the big companies rent and Paris bias indicator. The "rent capture" indicator may be the added big companies and Paris bias indicators. The importance of rent capture is very clear from 1953 to 1957. The "Algerian moment" between 1959 and 1962 seems to stop that problem, rent capture even becoming negative in 1962, and the industrialization rent starting to decrease. This important decrease of the industrialization rent explains the long life of the quota system. It is the resurgence of rent capture in 1964 which definitely causes the end of the system.

French Oil Rent between 1928 and 1970 in constant francs value 1997

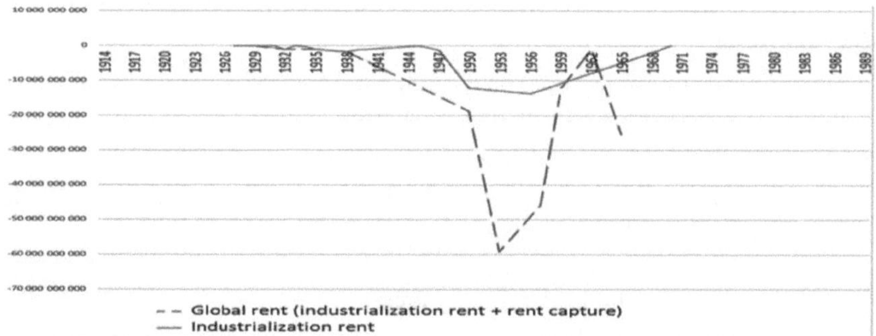

Conclusion

The conscious and active strategy of the oil quota jurys is shown by the numerous and successful geographic supply zones reorientations, and by the progressive decrease in price rents. The inclusion of transport costs, along with other variables, allows to decompose the oil prices between different rent-seekers, the State, the companies, the transporters, and, inside these groups, between different social/administrative groups and places on the geography of power. It is not the rent as the cost of import-substituting industrialization which was a problem in itself, nor the global rent-capture, both of which remained low, but the *imbalance* in rent capture decomposition, imbalances created between companies, pressure groups, geographical spaces and different parts of the administration. Managing and limiting these imbalances was the objective of the quota system. It is not because of a failure of import-substituting industrialization from the point of view of the national economy that the system mutated, but in order to end these imbalances and the political risks they created for the country.

The quota system aimed at trading-off between different roads of oil supply. These roads were of course different possible zones of supply, but also, altogether, conflicting geopolitical and economic choices, most of the time in contexts of war preparation, conduct or aftermath. They were finally, also altogether, possible roads of development, i.e. different possible choices in terms of the economic, social and political path of French development. Underlying the sometimes more physical, technical problems of transports and roads were thus the roads of the political economy of French oil. The question is to know whether this analysis may be applied to the entire French system of international transactions during the 20th century, namely to the far-reaching foreign exchange control system. We invite the reader to engage in that comparison in our other works (Brault, 2013b; 2013c; 2013d).

References

Anderson, J. and J. P. Neary (1994). *Measuring the Restrictiveness of Trade Policy*. Centre for Economic Performance, LSE.

Anderson, J. E. (2003). *The Relative Inefficiency of Quotas*. MIT Press.

Anderson, J. E. and J. P. Neary (1992). "Trade Reform with Quotas, Partial Rent Retention, and Tariffs." *Econometrica* 60(1): 57-76.

Bamberg, J. (2000). *British Petroleum and Global Oil 1950-1975: The Challenge of Nationalism*. Cambridge University Press.

Becker, G. (1983). "A Theory of Competition among Pressure Groups for Political Influence." *The Quarterly Journal of Economics* 98.

Bhagwati, J. N. (1978). *Anatomy and consequences of exchange control regimes*. Ballinger Pub. Co.

Bhagwati, J. N., P. Desai, O. f. E. Co-operation and D. D. Centre (1970). *India: planning for industrialization: industrialization and trade policies since 1951*. Oxford U.P.

Bhagwati, J. N. and A. O. Krueger (1973). "Exchange control, liberalization, and economic development." *The American Economic Review* 63(2): 419-427.

Bonin, H. (2001). *La Banque de l'union parisienne (1874/1904-1974): histoire de la deuxième grande banque d'affaires française*. Plage.

Brault, J. (2013a). *"Before your Fountains." Import Substitution, Oil Quotas and Rent Seeking in France (1920's-1970's)*. Graduate Institute of International and Development Studies. Geneva.

Brault, J. (2013b). *The International Transactions of France from the 1920's to the 1970's*. PhD in International Studies, Graduate Institute of International and Development Studies. Geneva.

Brault, J. (2013c). *Les transactions internationales de la France des années 1920 aux années 1970*. PhD in International Studies, Graduate Institute of International and Development Studies.

Brault, J. (2013d). *"The Whole French Interests." French Foreign Exchange Control (1920's-1970's)*. Graduate Institute. Geneva.

Bruton, H. J. (1998). *A Reconsideration of Import Substitution*.

Comité professionnel du pétrole (1968). "Pétrole: éléments statistiques." *Pétrole: éléments statistiques*.

Edwards, S. (1993). "Openness, Trade Liberalization, and Growth in Developing Countries." *Journal of Economic Literature* 31(3): 1358-1393.

Feenstra, R. C. (1989). *Auctioning U.S. import quotas, foreign response, and alternative policies*. National Bureau of Economic Research.

Ferrier, R. R. W. and J. H. Bamberg (1982). *The History of the British Petroleum Company: Volume 1, The Developing Years, 1901-1932*. Cambridge University Press.

Grossman, G. M. and E. Helpman (2001). *Special interest politics*. MIT Press (MA).

Jones, G. (2010). "The State and the emergence of the British oil industry," in A. Beltran (ed.), *A comparative history of National Oil Companies*. Peter Lang.

Kemp, M. C. (1960). *The Mill-Bastable Infant Industry Dogma.*

Krishna, K., R. Erzan, H. T. Ling and N. B. o. E. Research (1991). *Rent sharing in the Multi-Fibre Arrangement: theory and evidence from US apparel imports from Hong Kong*. National Bureau of Economic Research.

Krueger, A. O. (1985). *La détermination des taux de change*. Économica.

Krueger, A. O. (1990). *Perspectives on Trade and Development*. Harvester Wheatsheaf.

Lecanu, J. (2010). "Entre innovations et traditions, la conversion des ingénieurs du Corps des Mines au pétrole," in A. Beltran (ed.), *A comparative history of National Oil Companies*. Peter Lang.

Little, I. M. D., T. Scitovsky, M. F. G. Scott, O. f. E. Co-operation and D. D. Centre (1971). *Industrie et commerce international dans quelques pays en voie de développement: étude comparative*. Centre de développement de l'Organisation de cooperation et de développement économiques.

Marguerat, P. and L. Jílek (1987). *Banque et investissement industriel: Paribas, le pétrole roumain et la politique française, 1919-1939*. Université de Neuchâtel, Faculté des lettres.

Maxfield, S., et Nolt, James (1990). "Protectionism and the internationalisation of capital: US Sponsorship of Import Substitution Industrialization in the Philippines, Turkey and Argentina." *International studies quarterly* 4.

Murat, D. (1969). *L'Intervention de l'État dans le secteur pétrolier en France*. Technip.

Neary, J. P. (2005). *Simultaneous Reform of Tariffs and Quotas*. University College Dublin, Department of Economics.

Noushi, A. (1976). "L'État français et les pétroliers anglo-saxons: La naissance de la Compagnie française des pétroles." *Relations internationales* 7.

Philippon, A. (2004). Les instruments juridiques de la politique pétrolière française de 1928 à 1992: les lois de 1928, leur application et leur efficacité pour créer et maintenir une industrie pétrolière nationale dans un pays consommateur. *Séminaire État et énergie*. C. p. l. h. é. e. f. d. l. France, Paris.

Rosenstein-Rodan, P. N. (1963). *Problems of Industrialization of Eastern and South-Eastern Europe*. Center for International Studies, MIT.

United Nations (1950). *The Economic Development of Latin America and Its Principal Problems*. United Nations Department of Economic Affairs.

Whittlesey, C. R. (1932). *Exchange Control.*

Whittlesey, C. R. (1937). "Import Quotas in the United States." *The Quarterly Journal of Economics* 52(1): 37-65.

World Bank (1987). *World development report*. Published for the World Bank, Oxford University Press.

Yates, D. (2010). "Life stories and family histories of the French oil industry. The rise and fall of the Corps des Mines," in A. Beltran (ed.), *A comparative history of National Oil Companies*. Peter Lang.

Zeiler, T. W. (1990). "Kennedy, Oil Imports, and the Fair Trade Doctrine." *Business History Review* 64(02): 286-310.

Deuxième partie

Questions méditerranéennes

Second Part

Mediterranean Issues

Economic Growth and Oil Routes in the Mediterranean Countries

Silvana BARTOLETTO

Université de Naples, Italie

Introduction

Diversity and inequality are the main features of the Mediterranean area, which comprises twenty-five countries that vary from one another in economic terms, development levels and energy consumption. The Mediterranean area plays a strategic role in the energy markets for several reasons. First, for the presence of important producing and exporting countries of oil and natural gas, as Algeria and Libya; second, for its proximity to the exporting countries of the Persian Gulf, and the presence of a large network of pipelines that transport oil and natural gas from producing areas of the Middle East and former Soviet Union to consumer countries in the European Union.

In the present paper I will discuss the evolution of energy consumption and production in the Mediterranean countries during the last fifty years, comparing it with that of the major economies of the world. I will then focus on the main oil-producing countries of the Mediterranean area and their exports flows. Finally, I will analyze in detail the dynamics that have characterized oil production and consumption, and the important changes in the composition of the energy balance of the Mediterranean and the world.

1. Energy production

In 2011 fossil fuels accounted for 81.7 percent of world production. Between 2010 and 2011 the production of natural gas increased by 3.1 percent, that of coal by 5.6 percent, while the oil production by only 1.3 percent. The OECD countries and Asia represent the main producing areas. As for consumption, also for oil production there are diverging trends. In fact, while in Asia the production grew by 5.6 percent in 2011, in OECD countries there has been a decrease of 0.6 percent.

Following the energy crisis of 1973, the OECD countries have attempted to reduce their dependence on imported oil, and this has meant, for some countries, the exploration and, therefore, the exploitation of their own oil reserves, while for other countries the use of alternative energy sources.

Unfortunately, this led to a dramatic increase in the production and consumption of coal and nuclear energy, which, in its turn, resulted in the exploitation of new coalmines, and the promotion of programs for nuclear power. It will suffice to consider that, from 1971 to 1990, the production of nuclear energy has risen from 27 Mtoe to 451 Mtoe. Likewise, the production of coal has increased from 814 Mtoe in 1971 to 1,073 Mtoe in 1990[1].

At the same time, oil production intensified in the Gulf of Mexico, Norway and the United Kingdom. All these factors, combined together, have led to an increase in oil production in OECD countries. From 1990 on, the situation has dramatically changed. Oil production in the context of OECD countries reached its peak in 1997 and since then has started to shrink. In particular, oil production in Norway and the UK reached its highest levels between 1999 and 2000, in Mexico in 2005, while in Canada it still continues to grow. Meanwhile, the discovery of new reserves of natural gas has led to a strong increase in production between 1990 and 2012. As for nuclear production, it has decreased significantly following the Fukushima disaster of 2011. Consequently, the share of different fuels in OECD countries has changed over the years.

Energy production in the Mediterranean countries represents only 5 percent of total world production, when compared to 10 percent of China, 14 percent of the former Soviet Union and 13 percent of the Middle East. Nevertheless, the Mediterranean area plays a strategic role in the distribution of the main energy sources, such as oil and natural gas, because of its closeness to the main producer and exporter countries, and the presence of a great number of pipelines carrying hydrocarbons coming from the former Soviet Union, Iraq, Iran and other Gulf countries, towards the Western markets. It is estimated that about 20-25% of oil world trade passes through the Mediterranean area[2], where we can distinguish, under the energy profile, three kinds of countries:

- those that are strongly dependent on imports to satisfy their energy needs (France, Italy, Spain, Portugal, Greece);
- those, which produce and export significant quantities of oil and gas, such as Libya and Algeria;

---

1 1 Toe=10,000,000 Kcal=41,868 Gigajoules; 1 Mtoe=10^6 Toe; 1 ktoe= 10^3 Toe.

2 Ministère de l'environment (1995); AA.VV. (1995).

- finally, those countries which serve as corridors of transit for energy products such as Jordan, Israel, Lebanon, Egypt, Syria and Turkey[3].

Important changes have also occurred in the composition of the energy balance within the Mediterranean region, where oil production has declined and simultaneously natural gas production has increased. Not only that, but the severe political and economic upheavals that have occurred in the major producing countries have led to a drastic reduction in both production and exports of oil. In Libya, the revolution, which preceded and followed the end of the Qadhafi's regime, led to a strong decrease in the production of both oil and natural gas. As a result, the supply of energy resources by the Mediterranean countries declined (Fig. 1)[4]. The revolts broken out in countries which play a strategic role in energy markets, such as Libya, Egypt, Syria and Algeria, are giving cause for concern in terms of the security of energy supply.

Fig. 1. Energy production in the Mediterranean countries. Years 2000-2012 (ktoe)

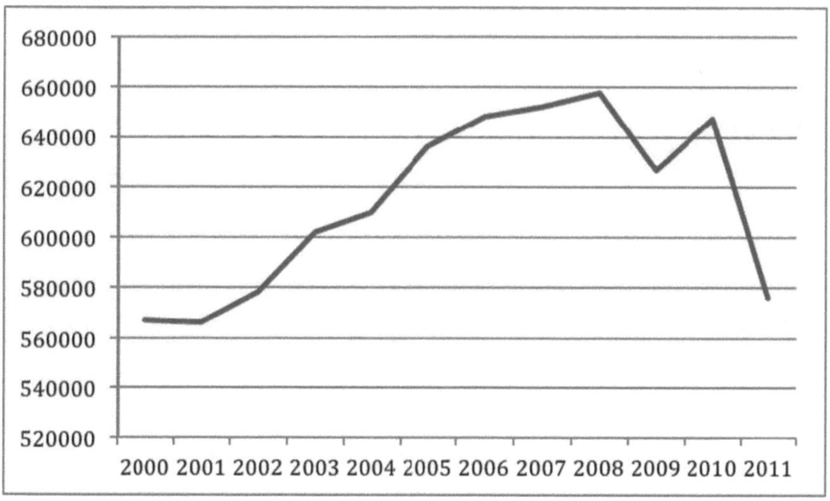

Source: International energy agency (Iea), 2013.

[3] Bartoletto (2005).

[4] For data on energy production in the Mediterranean countries during the period 1971-2011 see also the Appendix, Tables 1-2.

2. The exporting countries

The main exporting countries of the Mediterranean area are Libya and Algeria. Libya's economy is heavily dependent on hydrocarbons. According to the International Monetary Fund, in 2012 oil and natural gas accounted for 98% of export revenue[5]. Libya is a member of the Organization of the Petroleum Exporting countries and holds the largest amount of proved crude oil reserves in Africa. As a producer of natural gas, Libya is less important. The trend of oil production and exports is shown in figure 2. As we can see, after the peak of 1971, there has been a large reduction in oil production and exports, even before the two energy crises of 1973 and 1979. Following the second energy crisis, both the production and exports settled at much lower levels than in the early 1970s. A recovery was recorded between 2002 and 2008. Later, first the global economic crisis of 2007-08, and then the clashes that led to the collapse of Qadhafi's regime have caused a sharp reduction in both production and exports.

Fig. 2. Libya: Oil production and exports, 1971-2011 (Ktoe)

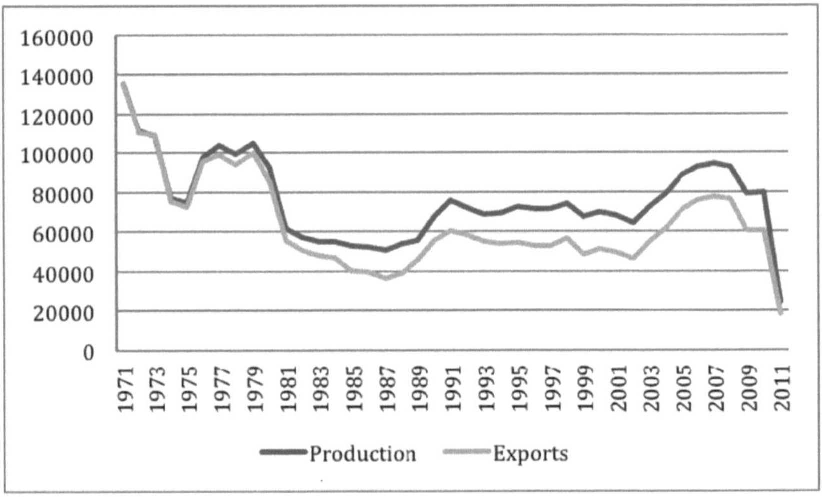

Source: Iea, 2013. For data on energy production during the years 1971-2011 See also the Appendix, tab. 1.

Libya produces large quantities of light, sweet (low sulfur) crude oil that mostly exports to European markets[6]. Libya's oil production and

[5] U.S. Energy information administration, *Libya*, October 10, 2013.

[6] See also Carli (2011, 2012); Toscano (2012-13).

exports have been strongly affected by events that preceded and followed the end of the Qadhafi's regime. Libya's oil production was disrupted for most of 2011 because of the civil war, but it began to recover rapidly by the end of that year, following the end of nearly all hostilities[7]. Libya's oil production recovered in 2012, but it still remained at lower levels than those prior to the civil war. According to sector analysts, Libya could quickly resume its production. Making predictions, however, appears quite difficult. Indeed, the new riots that broke out towards the end of 2013 have once again thrown the Libyan oil sector into disarray because of the closure of loading ports, oil fields and pipelines.

Libya exports most of its oil production to European countries (about 71% in 2012). Libya's oilfields are connected to Mediterranean terminals by an extensive network of pipelines. Its main partner is Italy, to which the major oil flows (23%) are directed. Other important recipients of Libya's oil exports are Germany (13%), China (12%), France (10%), and Spain. However, we can note a significant change in the geography of supply, which is strongly affected by changes in the affirmation of new powers, such as China, in the international energy markets. In particular, while in 2008 Libya exported to China just 4 percent of total exports, in 2012 the share had grown to 12 percent. Conversely, the Italian share has fallen from 35 percent to 23 percent. Therefore, when comparing the data of 2012 with those of 2008, we can see that the European share has declined at the advantage of the Asian countries, first of all China (Fig. 3-4).

Unfortunately, in 2013 the political situation in Libya precipitated again, with important implications for the oil industry. Because of internal unrest, and despite having huge reserves of oil and natural gas, Libya was forced to buy diesel and fuel oil from neighboring countries in order to fuel its power plants. Eni, which was the first foreign operator in Libya, still resists, while other companies, such as the American Exxon Mobil, or the Anglo-Dutch Shell, reduced their activities in the country[8].

In order to remedy the drastic drop in imports from Libya, Italy in particular had to trigger a rather expensive diversification of supply, since oil is now acquired on the spot markets at a higher price, to which it should be added the cost of oil tankers and insurance costs, which have significantly increased. Meanwhile, Azerbaijan, which produces crude oil similar to Libya's, has very recently emerged as Italy's leading oil supplier. As a consequence, Libya has lost its supremacy as the largest producer of oil in the Mediterranean region to Algeria, which has become the first producer.

---

7 Ce (2012).

8 Bongiorni (2013).

Libya's natural gas production and exports increased substantially after 2003, thanks to the Western Libya Gas Project and the opening of the Greenstream pipeline, which is operated by Eni and Noc. The Greenstream pipeline came on line in 2004 and runs from Libya to Gela in Sicily (Italy). Exports via Greenstream were totally suspended for several months in 2011 as a consequence of the civil war. As for oil, exports recovered during 2012 but at lower levels than those of 2010.

Fig. 3. Libya's crude oil exports, by destination, 2012

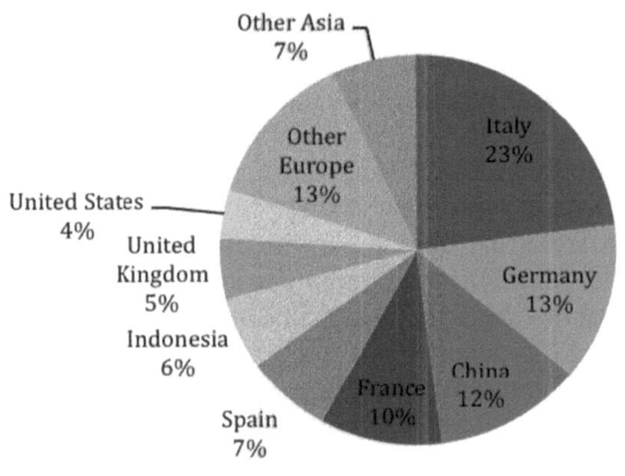

Source: Eia (US Energy information administration), 2013.

Fig. 4. Libya's crude oil exports, by destination, 2008

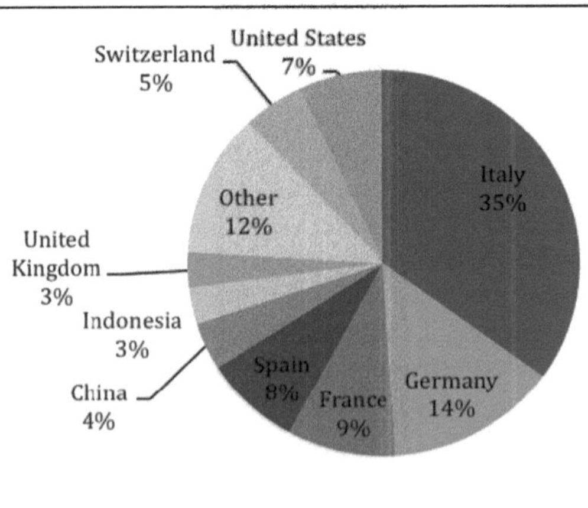

Source: Eia (US Energy information administration), 2013.

In 2012 Algeria was the top oil and gas producer of the whole Mediterranean region. Oil production began in 1958 and in 1969 Algeria became member of Opec. This country is also the first natural gas producer and the second biggest oil producer in Africa. Algerian crude oil is of a high quality with very low sulfur and mineral content. The vast majority of Algerian crude oil exports, about 85%, goes to Europe and North America (Fig. 5).

Fig. 5. Algeria's crude oil exports, by destination, 2012

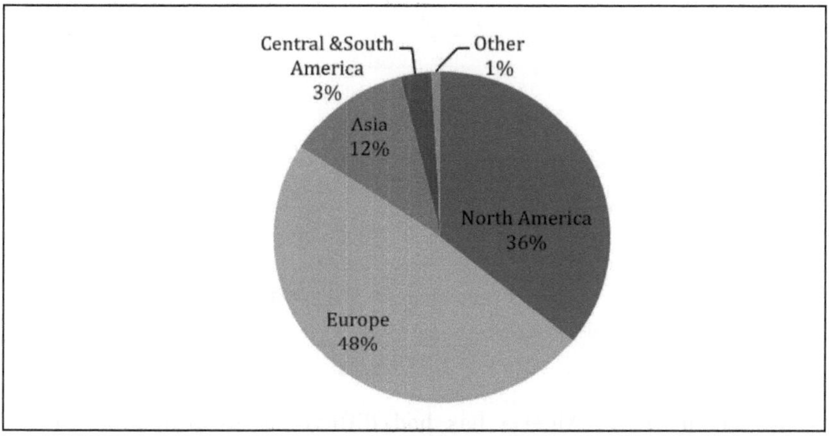

Source: Eia, 2013.

The United States has been the main destination for a decade but after a peak in 2007, Algeria's crude oil exports have declined in the last five years, for several reasons among which the growth of light crude oil production in the United States. According to the International Monetary Fund, the hydrocarbon sector accounted for 70 percent of government's budget revenue and about 98 percent of export earnings in 2011.

Algeria does not have transcontinental export oil pipelines. The country exports crude oil through seven coastal terminals. Unlike Libya, in Algeria the gap between production and exports has remained large and has grown over the years (Fig. 6), following the country's economic growth, which has led to an increase in consumption of energy and, therefore, a reduction of the surplus to exports. Besides, in recent years new production and infrastructure projects have been delayed. As a consequence, natural gas production has declined and crude oil production has been stagnant[9]. The main company is Sonatrach, which owns about

9 U.S. Energy Information Administration, *Algeria*, May 20, 2013.

80 percent of total hydrocarbon production. The Italian Eni owns roughly 3 percent, while the French Total about 2 percent.

Fig. 6. Algeria: Oil production and exports (Ktoe)

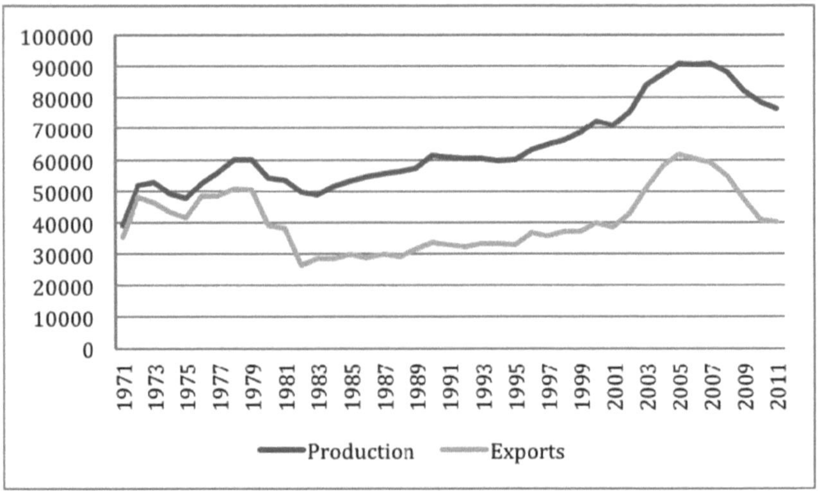

Source: Iea, 2013.

In recent years, Algeria has had difficulties in attracting foreign investments. Militant attacks to natural gas installations and more generally a non-secure environment have discouraged foreign investment in the energy sector. All of the proven oil reserves are held onshore, because the offshore exploration has been limited. The largest oil field is Hassi Messaoud, located in the eastern part of the country, near the Libyan border. Other major oil fields are Ourhoud and Hassi Berkine, which, together with Hassi Messaoud, account for half of Algeria's total crude oil production. But Algerian oil fields are mature and have begun to decline. Also natural gas production has steadily declined since 2005 because the country's main fields are mature and depleting[10]. Algeria's main transcontinental natural gas pipelines are the "Enrico Mattei", which runs from Algeria to Italy via Tunisia (1,023 miles of length, start year 1983); the Pedro Duran Farrell pipeline, which runs from Algeria to Spain via Morocco (324 miles of length, start year 1996); and the Medgaz pipeline, which runs from Algeria to Spain via the Mediterranean Sea (125 miles of length, start year 2011). There are also two planned transcontinental pipelines. The first is the Galsi Pipeline that should run

10 U.S. Energy Information Administration, *Algeria*, May 20, 2013.

from Algeria to Italy. The second one is the Trans-Saharan Gas Pipelines, which should run from Nigeria to Algeria and link the Medgaz to Spain. However, this project could be changed because of militant groups and related security risks.

Egypt is the largest non-Opec oil producer in Africa. Egypt's oil consumption has outpaced production since 2010. After the peak of the 1980s, oil exports have declined (fig. 7). In 2012 most exports were sent to India (46%), the United States (32%), and Italy (17%). Egypt plays a vital role in the international energy markets through the operation of the Suez Canal and the Suez Mediterranean (SUMED) pipeline. About half of the oil produced in the world is traded by sea and for this reason maritime straits play a key role in the analysis of energy security. From this point of view, Egypt plays an important role in the energy market through the Suez Canal, which connects the Red Sea and the Gulf of Suez to the Mediterranean Sea. In particular, the Suez Canal is an important transit point for ships traveling to the North, from the countries of the Persian Gulf to Europe and North America on the one hand; on the other hand, for ships traveling to the South, from producing countries of North Africa to Asia.

The Sumed pipeline, also known as the Suez-Mediterranean pipeline, which connects the Red Sea to the Mediterranean Sea through northern Egypt, is the only alternative to transport crude oil to the Mediterranean countries in case the ships are not able to cross the Suez Canal.

Fig. 7. Egypt: oil production and exports in 2012 (ktoe)

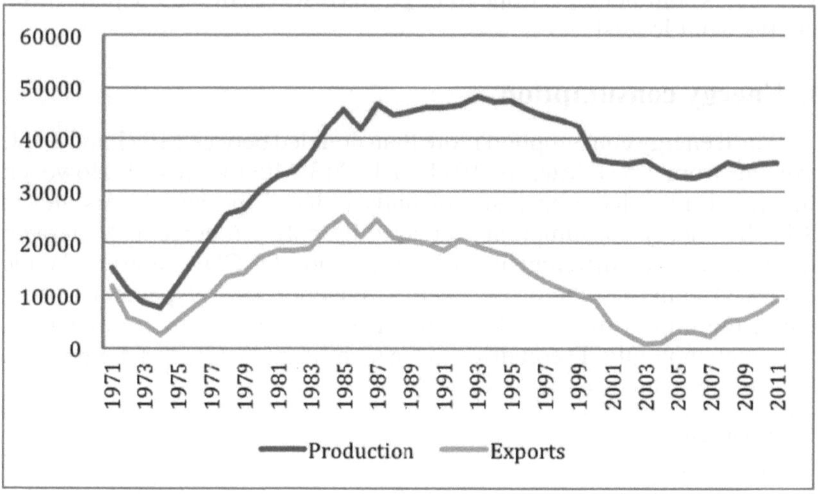

Source: Iea, 2013.

In the past, Syria was a major producer of oil, but now this is no longer the case. In recent years, the Syrian exports have been affected by the sanctions of the United States and the European Union. However, Syria's position is strategic because it is located in proximity of pipelines and sea lanes that carry the majority of crude oil. To the south west of Syria there is the Suez Canal, which connects the Red Sea and the Gulf of Suez with the Mediterranean Sea[11]. Another regional oil route potentially exposed to the Syrian crisis is the Sumed that, as mentioned before, carries oil from the Persian Gulf to the Mediterranean.

To the north of Syria there is Turkey, which has the Kirkuk-Ceyhan oil pipeline that carries the majority of Iraqi oil to the Mediterranean, and the Baku-Tblisi-Ceyhan pipeline, which transports oil from Central Asia. Oil prices increased when these two pipelines were sabotaged. To the east of Syria there are the oil fields of the North-Iraq, which is a major oil producer. Hence, we can say that the strategic importance of the Mediterranean is not limited to the presence of important producing countries, but, more generally, to the geopolitics of energy.

Turkey is a "corridor", which connects the Black Sea with the Mediterranean, the main outlet for Asian oil pipelines[12]. The country thus plays an increasingly important role in the transit of oil, because it is strategically located between the rich producing countries of the former Soviet Union and the Middle East on the one hand, and the importing European countries on the other hand. Above all, the Turkish Straits are a checkpoint through which in 2010 about 2.9 million barrels transited per day[13]. Turkey plays a strategic role for natural gas because it connects continental Europe to large gas reserves of the Caspian Basin and the Middle East.

3. Energy consumption

World energy consumption more than doubled between 1971 and 2011, growing from 5,531 Mtep in 1971 to 13,113 Mtep in 2011[14]. However, the growth rates have been significantly reduced in recent years and in 2011 the energy consumption increased by only 1.6 percent. Moreover, the trend is very different in OECD and non-OECD countries. While in OECD countries there has been a reduction of 1.9 percent mainly due to the impact of the Fukushima disaster on the Japanese economy, conversely non-OECD countries saw a significant increase of 4.3 percent.

11 Philbin (2013).

12 Gadaleta (2008).

13 U.S. Energy information administration, *Turkey country analysis brief.*

14 Bartoletto (2011).

Over the years, the distribution of consumption between the different areas of the world has significantly changed. While in 1971 the OECD accounted for 61 percent of total consumption, it currently accounts for about 41 percent. Within the OECD countries, the United States has a dominant position, because it covers alone 41 percent of the regional total, slightly less than in 1971. Besides, also in the Middle East energy consumption has greatly increased, for in 1971 it represented only 1% of the world total while in 2011 represented about 5 percent. But the greatest increase occurred in Asia, where consumption has more than doubled. If in 1971 accounted for 13 percent of the world total, it currently makes up 33%. This growth is driven by China, which in 2011 accounted for 21 percent of total consumption, followed by the United States.

In the Mediterranean area lives a population of about 500 million inhabitants. About 37 percent of the population lives in the few countries of the Latin area (France, Italy, Spain, Portugal), where about 70 percent of total GDP is produced and about 60 percent of total energy is consumed (Bartoletto, 2011). In the Mediterranean countries, the consumption of primary energy has more than doubled from the 1970s until today, from about 393 to about 955 Mtoe.[15] The average annual growth rate was 2.4 percent from 1971 to 2009. During the 1970s, the average annual growth rate was 4 percent. In contrast, over the decade 2000-2009 it has fallen to 1.3 percent[16]. After the economic and financial crisis of 2007-2008, also in the Mediterranean countries there has been a further reduction of growth rates of energy consumption, even though this decrease (about −0.9%) was lower than the reduction that occurred in the rest of the world (about 1.9 percent).

The reduction of growth rates of energy consumption has mainly involved all the countries of Latin area, namely Italy, Spain, France, Portugal, and within the Anatolian-Balkan region, Greece. On the contrary, in other countries, such as Turkey, they have significantly increased. The different trend of growth rates is an expression of a change in the gap between the different regions of the Mediterranean and, in particular, of a decline of European countries that are part of the Latin area compared to other economies of the Mediterranean area. In fact, the trend of growth rates is very different within each macro-region. Until the crisis of 2007-2008, the highest rates of growth have occurred in the Maghreb region and in Libyan-Egyptian area (Tab. 1).

[15] For data on energy consumptions in the Mediterranean countries during the years 1971-2011 see also the Appendix, tables 3-4.

[16] Bartoletto (2012).

Tab. 1. Rates of growth of energy consumptions in the Mediterranean region (1971-2009)

	1971-1979	1980-1989	1990-1999	2000-2009	1971-2009
Mediterranean region	4.0	2.5	2.0	1.3	2.4
Latin area	3.2	1.7	1.8	0.3	1.6
Adriatic area	5.4	2.7	-2.6	1.7	1.6
Anatolian-Balkan area	6.2	4.5	3.3	2.9	4.1
Middle East area	6.8	4.6	5.2	2.4	4.7
Libyan-Egyptian area	9.7	8.2	3.8	4.2	6.3
Maghreb area	12.1	5.6	3.3	3.9	5.9

Source: our data processing on Iea, 2011. See also Bartoletto (2013).

Fig. 8. Energy consumption in the Mediterranean countries by sources in 2011 (%)

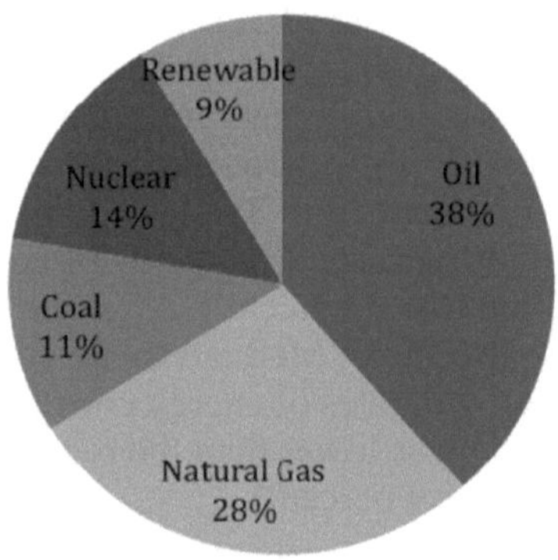

Source: Iea, 2013.

The energy balance of the Mediterranean region is still dominated by fossil fuels, which in 2012 represented 80% of the total energy consumption. Oil is still the main energy source with a percentage of about 38% of total consumption, followed by natural gas, with a share of 28% (Fig. 8). Nuclear power is the third largest source in order of importance, although its consumption, amounting to 131,952 ktoe, is concentrated almost entirely in France (115,288 ktoe), while only a small part is consumed in Spain (15,045 ktoe) and in Slovenia (1,620 ktoe). Coal, instead, keeps a much more marginal role in the Mediterranean region, accounting for 11 percent of the total. The countries with the greatest consumption of coal are Turkey (33,925 ktoe), Italy (15,911 ktoe), Spain (12,438 ktoe), and France (10,277 ktoe). Unfortunately, renewable energies continue to play a marginal role in the Mediterranean countries (9 percent), but even if very slowly, their consumption continues to grow[17].

This is the actual energy balance, but from the 1970s on there have been important changes in its structure. In particular, there has been a decrease in the consumption of oil in favor of natural gas, whose consumption continues to grow. The greatest reduction occurred in countries belonging to the Latin area (Fig. 9).

Fig. 9. Oil consumptions in the Latin area. Years 1960-2012 (ktep)

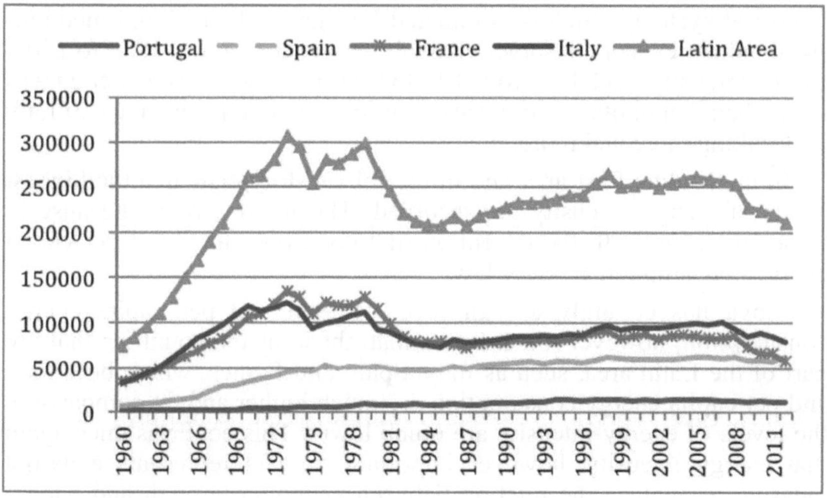

Source: Iea, 2013.

These important changes in the structure for sources affected not only the economies of the Mediterranean, but also other countries. Oil remains the main energy source in the world, but its share has fallen from 44 percent in 1971 to 32 percent in 2011. The increase in natural gas consumption has been remarkable, for it has risen from 16 to 21 for percent. The share of coal has increased in recent years, and in 2011 it reached a peak of 29 percent, even higher than the peak of 26 percent in 1971. On the other hand, as we have seen, coal maintains a marginal role in the Mediterranean region.

The Mediterranean region is composed of twenty-five countries with levels of development and energy consumption that are very different from one another. These differences are also reflected in the levels of

[17] For further details on renewable energies see also SRM (2013).

energy intensity[18]. In some countries, the levels of energy intensity have been reduced over the years, while in other countries they have increased. Particularly significant was the reduction in France, where since the 1980s has gone from 0.19 to 0.15, thanks to the production and consumption of electricity of nuclear origin. Compared to other European countries, Italy is one of the countries with the lowest levels of energy intensity. Low energy intensity characterizes the economy of various countries around the Mediterranean, where average temperatures are quite high and the energy consumption for heating is lower. In Italy, in particular, low levels of energy intensity also depend on the specific character of the industrial system, which is dominated by light and small and medium-sized industries that consume relatively less energy. From 1980 to 2008, energy intensity has fallen from 0.13 to 0.11. However, this reduction was lower than that of other European countries. The initial advantage of Italy is shrinking more and more.

In the Middle East area and in the Libyan-Egyptian area the highest levels of energy intensity are recorded. The figure strikes, because in these countries, with the exception of Libya, both total and per capita energy consumption are very low.

Libya has certainly a high level of total and per capita energy consumption, however much lower than those of the countries that are part of the Latin area, such as Italy, Spain and France, where both total and per capita energy consumption are much higher and, in comparison, the levels of energy intensity are much lower. This confirms once again that energy intensity, however important, in fact represents a partial measure to analyze the relation between economic growth and energy consumption.

A decisive role in the level of energy intensity is played by the technological level, the energy mix consumed, and the price of fuels. It's mainly thanks to technological progress that it has become possible to have further economic growth with decreasing energy intensity. This makes us more optimistic about the future framework: the depletion of fossil energy sources can, at least in part, be offset by greater technical efficiency. A decisive role in energy intensity trend is also played by the price of fuel. When the latter increases, the energy intensity tends to decrease, for a more efficient use of energy. In fact, the reduction in energy means saving energy per unit of output and is caused, first of all, by the desire to save money in the production process in order to maintain or increase profits, as demonstrated by past experiences. During the

18 The energy intensity expresses the energy consumption required to produce one unit of income and is calculated using a ratio, which has energy consumption as numerator and gross domestic product as denominator. For further details see Bartoletto (2010).

1950s and 1960s of the 20th century, when the available energy was cheap and abundant, energy intensity was high. Following the oil crises of the 1970s and the rise in oil prices, energy intensity has decreased worldwide. The reduction in energy intensity and oil consumption in the industrial sector was remarkable. Within the Mediterranean region, while in 1971 petroleum products accounted for 57 percent of total energy consumption in industry, they currently account for only 21 percent. In contrast, in the transport sector the petroleum products continue to be confirmed as the main source of energy (Bartoletto, 2013).

4. The energy dependency

The Mediterranean countries are very dissimilar in economic size, level of development and energy consumption. There is not only a gap between the Northern and Southern countries, but also within each area the differences are considerable. The Mediterranean area is not self-sufficient in terms of energy. The primary energy consumption, amounting to approximately 973,000 ktoe, is far superior to the production, which corresponds to about 576,000 ktoe. Data are more evident when we look at Figure 10, which clearly shows that the Mediterranean countries meet most of the energy demand through imports. To be more precise, from 2000 to 2012 the share of imports on consumption has always been between 74 and 76 percent[19].

[19] Bartoletto, *L'energia. La dipendenza energetica nei paesi del Mediterraneo.*

Fig. 10. Comparison between consumptions and imports in the Mediterranean countries. Years 2000-2012 (ktoe)

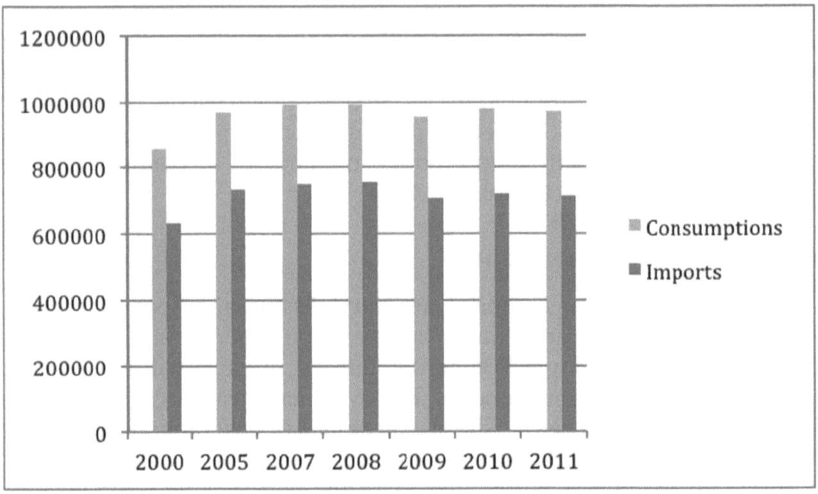

Source: Iea, 2013.

Energy is chiefly imported from abroad, especially from the former Soviet Union and the Middle East. Only in the Maghreb area and in the Libyan-Egyptian area production values exceed those of consumption, while in all the other macro-regions there is a clear energy deficit, particularly severe in the countries of the Latin area, which consume three times what they produce. The variables that affect the magnitude of the energy deficit are the population and the levels of development. In major advanced economies such as France and Italy and in developed countries such as Spain and Israel, per capita energy consumption is higher and therefore the deficit is greater. In fact, Italy and France are respectively placed in the seventh and eighth position in the classification of the major oil importers countries (IEA, 2013). The level of energy dependence for France is 51% and for Italy 84% (Fig. 11). France had the second-largest economy in Europe in terms of nominal gross domestic product (GDP), after Germany, and the fifth largest in the world in 2012.

France was the world's 12th largest oil consumer in 2012. France imports crude oil through three major sea ports (Marseille, Le Havre, and Saint-Nazaire) and the South European Pipeline System (SPSE). The main French oil company is Total, one of the largest publicly owned oil and gas companies in the world. Total operates five of the country's nine crude oil refineries and manages more than half of the country's crude oil refining capacity. Italy's main crude oil suppliers are Libya,

Azerbaijan, Saudi Arabia, and Russia. The majority of Italy's natural gas imports come from Algeria and Russia. A significant portion of Italy's imported natural gas comes from Algeria and Libya through the Trans-Mediterranean (also known as Enrico Mattei) and Greenstream pipelines respectively, as already mentioned.

Recent occurrences have highlighted the fragility of Mediterranean Europe's dependence on energy imports, particularly oil and gas outages in Libya, and militant attacks in Algeria. All countries are faced with the problems of differentiation, not only in terms of the energy sources used, but also of provisioning areas. Currently, about 84% of crude oil and 53% of gas imports of Southern Europe come from Ex-Soviet Union and the Middle East.

Fig. 11. Energy dependency in the Mediterranean countries (percentage)

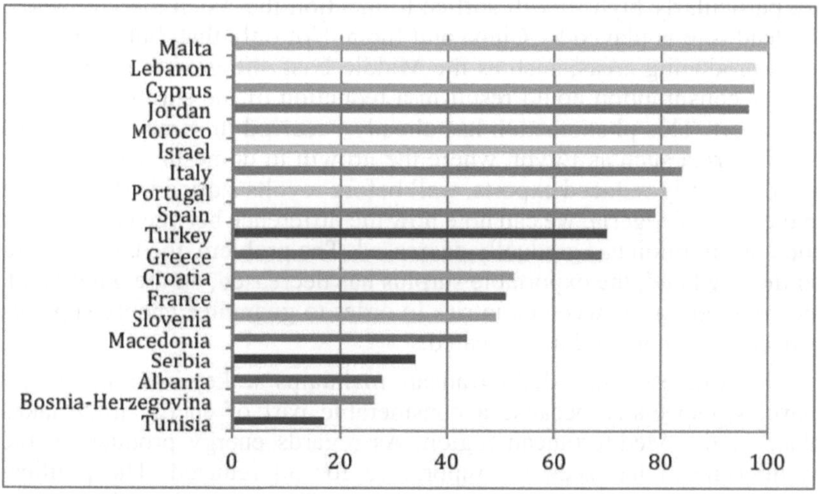

Source: Iea, 2013. Data refer to 2009.

Concluding remarks

The global energy scenario is rapidly changing. While in OECD countries there has been a reduction in energy consumption, non-OECD countries have seen a significant increase. A similar trend can be also observed in the Mediterranean region, characterized by the presence of both countries with advanced economies and developing countries. As for the countries of the Latin area, the growth rates of energy consumption have been reduced, especially after the economic crisis that began in 2007-08, while in other areas they continue to grow. This has contributed to narrowing the gaps between the different countries that are part of the Mediterranean region.

The drastic reduction in Libyan exports, together with Syria and Egypt crises have once again drawn the attention to the problem of security of energy supply. Italy is the Mediterranean country that mostly depends on imports of oil from Libya, therefore the sharp contraction of flows from this country has once again required the diversification of both areas and sources of supply. Clearly the problem is not just Italy, but also other economies where energy consumption is particularly high, such as France and Spain.

The issue of security of energy supply is much wider, since the demand for energy continues to grow worldwide. Along with the advanced economies, emerging economies are gaining positions in the global energy scenario, within which the growth rates of energy consumption are particularly high. It will suffice to mention the Asian market, where the lead role is played by China and India. Not only that, but also in the main producing areas, such as the Middle East, the growth in domestic energy consumption could result in a reduction of the surplus available for export. This phenomenon has already occurred in some countries of North Africa such as Egypt, where the growth in domestic consumption had drastically reduced exports, well before revolts started in 2011. Even in the case of Algeria, we can note how the difference between production and consumption has gradually decreased. The problem, then, is twofold: on the one hand, the exportable surplus has decreased, on the other hand, the competition between countries in order to guarantee energy supplies is becoming more and more heated.

Nevertheless, the Mediterranean maintains a key role in energy markets, especially because a considerable part of energy trade takes place in the Mediterranean region. As regards energy production, the Mediterranean has seen its importance for oil reduced. The political unrest of recent years has mainly affected the major oil producers like Libya and Egypt. Algeria, too, is now experiencing internal turmoil with serious consequences in terms of political and social stability. Although Europe continues to favor a strategy of diversification of supply areas, the growing political instability in some countries is placing renewed emphasis on the problem of energy dependence, a problem that appears in all its seriousness when we consider the growth of energy consumption in the emerging economies.

Appendix

Tab. 1. Energy production in the Mediterranean countries. Years 1971-2009 (Mtoe)

	1971	1975	1980	1985	1990	2000	2005	2007	2009
Portugal	1.38	1.33	1.48	1.94	3.39	3.85	3.58	4.62	4.89
Spain	10.45	13.36	15.77	26.47	34.58	31.68	30.13	30.33	29.72
France	47.61	43.57	52.60	93.32	112.46	132.15	137.77	135.45	129.5
Italy	19.53	20.98	19.90	22.77	25.31	28.17	27.85	26.38	27.01
Malta	0.00	0.00	0.00	0.00	0.00	0.00	0.00	0.00	0.00
Ex Yugoslavia	14.37	16.02	18.82	25.92					
Slovenia					3.07	3.10	3.51	3.47	3.54
Croatia					5.13	3.58	3.80	4.05	4.07
Bosnia-Herzegovina					4.60	3.08	3.65	3.94	4.47
Serbia					13.40	11.43	9.52	9.75	9.44
Macedonia					1.26	1.54	1.58	1.50	1.61
Albania	2.42	2.91	3.43	2.81	2.45	0.99	1.17	1.06	1.25
Greece	2.08	2.93	3.70	6.93	9.20	9.99	10.31	12.15	10.08
Turkey	13.81	16.26	17.14	21.86	25.81	25.86	23.93	27.27	30.28
Cyprus	0.01	0.01	0.01	0.01	0.01	0.04	0.05	0.07	0.08
Syria	5.32	9.68	9.50	9.70	22.32	33.59	27.76	24.36	23.58
Lebanon	0.17	0.18	0.18	0.16	0.14	0.18	0.24	0.21	0.17
Israel	5.94	6.58	0.15	0.28	0.43	0.65	2.12	2.66	3.27
Jordan	0.00	0.00	0.00	0.00	0.16	0.29	0.26	0.28	0.29
Egypt	16.36	13.25	33.48	51.21	54.87	56.45	76.90	82.27	88.19
Libya	137.51	78.79	96.55	57.22	73.17	75.08	94.64	101.59	87.14
Tunisia	4.65	5.40	6.67	6.55	5.73	6.63	6.68	7.90	7.81
Algeria	41.51	53.04	65.74	80.76	100.12	142.25	166.67	164.30	152.29
Morocco	0.62	0.75	0.88	0.87	0.77	0.57	0.64	0.65	0.78
Total	323.73	285.03	346.00	408.78	498.39	571.14	632.77	644.26	619.46

Source: Iea 2009, 2011.

Tab. 2. Primary energy production by sources in the Mediterranean countries in 2011 (ktoe)

	Oil	Gas	Coal	Nucl	Hydro	Geo	Bio	Solar	Total
Portugal	0	0	0	0	992	202	3,230	880	5,304
Spain	102	45	2,649	15,045	2,631	17	6,291	4,997	31,778
France	1,048	506	93	115,288	3,854	83	13,865	1,338	136,074
Italy	5,581	6,918	58	0	3,941	5,014	8,128	1,916	31,556
Malta		0	0	0	0	0	47	1	48
Slovenia	0	2	1,201	1,620	306	38	583	14	3,764
Croatia	706	2,006	0	0	386	7	657	23	3,786
Bosnia-Herzegovina	0	0	4,061	0	377	0	182	0	4,621
Serbia	1,124	405	7,825	0	745	6	1,069	0	11,174
Macedonia	0	0	1,458	0	123	12	190	0	1,784
Montenegro	0	0	434	0	104	0	253	0	791
Albania	895	12	2	0	358	0	208	12	1,486
Greece	89	6	7,505	0	345	26	1,113	520	9,605
Turkey	2,342	625	17,840	0	4,501	2,059	3,661	1,036	32,064
Cyprus	0	0	0	0	0	1	21	74	96
Syria	16,947	6,376	0	0	282	0	7	0	23,612
Lebanon	0	0	0	0	69	0	120	17	206
Israel	20	3,522	30	0	2	0	13	1,117	4,705
Jordan	1	134	0	0	5	0	5	130	275
Egypt	35,421	49,890	0	0	1,112	0	1,617	168	88,209
Libya	24,371	6,419	0	0	0	0	172	0	30,962
Tunisia	3,534	2,595	0	0	5	0	1,390	9	7,533
Algeria	76,198	69,589	0	0	43	0	16	0	145,846
Morocco	9	50	0	0	161	0	490	60	770
Total	168,388	149,099	43,154	131,952	20,344	7,467	43,328	12,314	576,047

Source: Iea, 2013.

Tab. 3. ***Energy consumptions in the Mediterranean countries. Years 1971-2009 (Mtoe)***

	1971	1975	1980	1985	1990	2000	2005	2007	2009
Portugal	6.28	7.69	9.99	10.96	16.74	24.67	26.44	25.07	24.1
Spain	42.60	57.50	67.69	70.93	90.09	121.95	141.83	143.95	126.52
France	158.57	164.96	191.77	203.82	224.48	253.22	271.41	263.72	256.22
Italy	105.40	116.76	130.84	129.30	146.70	170.67	182.88	178.16	164.63
Malta	0.21	0.21	0.32	0.34	0.70	0.68	0.86	0.87	0.8
Former Yugoslavia	21.91	25.51	33.71	41.13					
Slovenia					5.67	6.42	7.30	7.33	6.97
Croatia					9.01	7.79	8.90	9.32	8.7
Bosnia-Herzegovina					7.01	4.36	5.05	5.60	5.95
Serbia					19.35	13.31	15.03	15.81	14.45
Macedonia					2.48	2.67	2.90	3.02	2.78
Albania	1.70	1.97	3.05	2.71	2.66	1.77	2.31	2.17	1.72
Greece	8.69	11.74	14.98	17.55	21.44	27.09	30.25	32.18	29.44
Turkey	19.54	26.76	31.44	39.32	52.76	76.35	84.38	100.01	97.66
Cyprus	0.59	0.57	0.87	0.92	1.36	2.14	2.22	2.44	2.51
Syria	2.63	3.46	5.11	8.66	11.38	17.43	17.50	19.64	20.77
Lebanon	1.70	1.99	2.33	2.67	2.25	4.93	5.43	3.99	6.63
Israel	5.74	7.02	7.82	7.57	11.59	18.45	20.47	21.96	21.55
Jordan	0.48	0.74	1.50	2.60	3.26	4.93	6.67	7.20	7.45
Egypt	7.77	9.81	15.16	25.72	31.83	45.17	60.84	67.25	72.01
Libya	1.57	3.67	6.89	9.98	11.33	16.58	17.56	17.82	20.41
Tunisia	1.66	2.17	3.27	4.16	4.95	7.31	8.23	8.84	9.2
Algeria	3.47	5.52	11.21	17.75	22.20	27.03	32.32	36.86	39.76
Morocco	2.43	3.42	4.87	5.58	6.94	10.24	13.10	14.36	15.08
Total	392.94	451.46	542.82	601.66	706.15	865.14	963.87	987.57	955.31

Source: Iea 2009, 2011.

Tab. 4. Primary energy consumptions by sources in the Mediterranean countries in 2011 (ktoe)

	Oil	Gas	Coal	Nucl	Hydro	Geo	Bio	Solar	Elect.	Total
Portugal	10,884	4,462	2,210	0	992	202	3,211	880	242	23,083
Spain	54,814	28,984	12,438	15,045	2,631	17	7,168	4,997	-524	125,570
France	75,556	37,031	10,277	115,288	3,854	83	14,250	1,338	-4,852	252,827
Italy	62,703	63,796	15,911	0	3,941	5,014	10,201	1,916	3,933	167,416
Malta	810	0	0	0	0	0	46	1	0	857
Slovenia	2,557	737	1,467	1,620	306	38	618	14	-109	7,249
Croatia	3,614	2,569	703	0	386	7	475	23	662	8,439
Bosnia-Herzegovina	1,690	227	4,747	0	377	0	182	0	-128	7,095
Serbia	3,759	1,902	8,758	0	745	6	1,038	0	-24	16,185
Macedonia	973	110	1,481	0	123	12	190	0	230	3,120
Montenegro	285	0	424	0	104	0	490	0	134	1,437
Albania	1,231	12	72	0	358	0	208	12	281	2,173
Greece	12,434	3,971	7,887	0	345	26	1,261	520	278	26,723
Turkey	30,420	36,778	33,925	0	4,501	2,059	3,661	1,036	78	112,459
Cyprus	2,240	0	7	0	0	1	46	74	0	2,368
Syria	13,141	6,579	3	0	282	0	7	0	-25	19,986
Lebanon	5,900	0	165	0	69	0	126	17	72	6,349
Israel	10,629	4,101	7,750	0	2	0	18	1,117	-363	23,254
Jordan	5,909	872	0	0	5	0	6	130	142	7,064
Egypt	31,555	42,319	1,039	0	1,112	0	1,594	168	-138	77,649
Libya	8,732	4,442	0	0	0	0	172	0	-4	13,342
Tunisia	3,789	4,313	0	0	5	0	1,390	9	-3	9,504
Algeria	16,726	24,783	296	0	43	0	16	0	-12	41,852
Morocco	12,487	712	2,977	0	161	0	490	60	396	17,283
Total	372,838	268,702	112,537	131,952	20,344	7,467	46,864	12,314	268	973,286

Source: Iea, 2013

References

AA.VV. *Mediterraneo. Città, territorio, economie alle soglie del XXI secolo*, Vol. I. Roma, Cresme, 1995.

Bartoletto S. *L'energia* in *Rapporto sulle economie del Mediterraneo. Edizione 2010*, a cura di P. Malanima. Bologna, il Mulino, 2010.

— *L'energia. L'intensità energetica nei paesi del Mediterraneo* in *Rapporto sulle economie del Mediterraneo. Edizione 2010*, a cura di P. Malanima. Bologna, il Mulino, 2010.

— *L'energia. L'evoluzione della domanda e dell'offerta di energia nei paesi del Mediterraneo (1971-2010)*, in *Rapporto sulle economie del Mediterraneo. Edizione 2011*, a cura di P. Malanima. Bologna, il Mulino, 2011.

— *L'energia. La dipendenza energetica nei paesi del Mediterraneo*, in *Rapporto sulle economie del Mediterraneo. Edizione 2012*, a cura di P. Malanima. Bologna, il Mulino, 2012.

— *L'energia. I consumi finali nei paesi del Mediterraneo*, in *Rapporto sulle economie del Mediterraneo. Edizione 2013*, a cura di P. Malanima. Bologna, il Mulino, 2013.

Bongiorni R. "Libia sull'orlo del caos: crolla l'export di petrolio, major in fuga. L'Eni intenzionata a restare." In *Il Sole 24 ore*, 31 Ottobre 2013.

Carli M.R. *Il commercio estero. Gli scambi di prodotti petroliferi nel Mediterraneo* in *Rapporto sulle economie del Mediterraneo. Edizione 2011*, a cura di P. Malanima. Bologna, il Mulino, 2011.

— *Il commercio estero. L'impatto della crisi politica ed economica sugli scambi petroliferi* in *Rapporto sulle economie del Mediterraneo. Edizione 2012*, a cura di P. Malanima. Bologna, il Mulino, 2012.

Ce B. "Petrolio meno caro in vista della ripresa dell'export libico." In *Il Sole 24 ore*, 3 Gennaio 2012.

Gadaleta L. *Stretti: quando l'oro nero non passa* http://limes.espresso.repubblica.it, 10 marzo 2008.

International Energy Agency (Iea). *Energy Balances of non-OECD Countries*. Paris, OECD, 2013.

— *Energy Balances of Oecd Countrie*. Paris, OECD, 2013.

Ministere de l'Environnement. *L'environnement méditerranéen*. Contribution française, s.l., 1995.

Philbin B. "Where Syria Fits in the World's Oil Supply System." In *The Wall Street Journal*, 27 Agosto 2013.

SRM. *Lo sviluppo delle energie rinnovabili nel Mediterraneo: scenari economici e prospettive* in *Le relazioni economiche tra l'Italia e il Mediterraneo. 3° Rapporto annuale*. Napoli, Giannini editore, 2013.

Toscano E. *Organizzazioni internazionali e liberalizzazione del mercato energetico: il caso dell'Unione Europea*. Napoli, Università degli Studi di Napoli Parthenope, tesi di laurea, a.a. 2012-13.

U.S. Energy information administration (Eia). *Turkey Country Analysis Brief*. www.eia.gov, February 1, 2013.

U.S. Energy information administration (Eia). *Algeria Country Analysis Brief*. May 20, 2013.

U.S. Energy information administration (Eia). *Egypt Country Analysis Brief*. July 31, 2013.

U.S. Energy information administration (Eia). *Libya Country Analysis Brief*. October 10, 2013.

The 1967 Closure of the Suez Canal and Mediterranean Oil Unity

John Vincent Bowlus

Georgetown University, Washington, DC, États-Unis

Historians agree that the 1967 Arab oil embargo did not undermine Western control over Middle East oil in the short-term. Western governments and oil companies prevented oil shortages in Western Europe, the primary consumer of Middle East oil, by rerouting supplies from the Western Hemisphere, as they had during the Suez Crisis from 1956 to 1957. The Arab producing countries, on the other hand, lost three months of oil rents without winning higher prices or tax rates.[1] Although the 1967 embargo did not undermine Western control over Middle East oil, the June 1967 War and the closure of the Suez Canal, the artery through which two-thirds of oil destined for Western Europe passed, changed the patterns and strategies for transporting oil from the region.

Prior to the closure of the Suez Canal in 1967, ninety percent of Persian Gulf oil destined for Europe passed through either the Canal or transnational pipelines from Iraq and Saudi Arabia on its way to the Mediterranean. Oil companies paid transit fees for every barrel passing through the four Arab oil-transit countries: Egypt, Lebanon, Jordan, and Syria. The closure of the Canal, however, caused Anglo-American oil companies to embrace the use of supertankers to transport oil from their most important holdings in the Persian Gulf around Africa to northwestern Europe, a strategy only possible because of Anglo-American naval power assured security on the high seas. European oil-consuming countries such as France, Italy, Spain, and West Germany, on the other hand, could not rely on supertankers because few Mediterranean ports could handle them. The closure of the Canal also made Mediterranean oil – that is to say oil that is exported directly to the Mediterranean from North Africa,

1 M.S. Daoudi and M.S. Dajani, "The 1967 Oil Embargo Revisited," *Journal of Palestine Studies*, 13/2 (1984), pp. 65-90. The authors concede the embargo failed but argue that the experience gained by the Arab oil-producing countries in 1967 helped them succeed in 1973.

Iraq, and the Soviet Union – cheaper than Persian Gulf oil because of lower transportation costs.[2] Mediterranean oil not only traveled a shorter distance than Persian Gulf oil but it also did not have to pass through the Arab oil-transit countries, which incurred the risk of blockage or sabotage.

The new patterns in oil transportation and the economic attractiveness of Mediterranean oil created unity among its buyers, transporters, and sellers after June 1967. France, Italy, Spain, and West Germany built ties to Algeria, Libya, Iraq, and the Soviet Union, and Mediterranean oil-transit countries such as Egypt, Israel, Syria, and Turkey facilitated ties between Mediterranean oil-consuming countries and Mediterranean oil-producing countries either to gain access to new oil supplies themselves or earn transit fees. Mediterranean oil unity helped Libya win higher prices and tax rates for Mediterranean oil in 1970 and 1971 and weakened Western control over Middle East oil.

Origins of Mediterranean Oil Unity

The origins of Mediterranean oil can be traced to the discovery and production of oil in Algeria and Libya in the late 1950s and early 1960s. The Suez Crisis had alerted the West to the threat to European oil supplies by the closure of oil transportation routes. Egypt had closed the Suez Canal, and Syria blocked the flow of oil from Kirkuk in northern Iraq to the eastern Mediterranean through the Iraq Petroleum Company (IPC) Pipelines. (The Trans-Arabian Pipeline, or TAPLINE, which pumped Saudi oil to the eastern Mediterranean, remained open during the crisis.) Since North African oil did not have to pass through the Canal or transnational pipelines, it provided security as well as cost savings to European consumers. Algerian oil was first discovered in 1956 and became France's most important source of supply because it was denominated in francs and did not deplete France's dollar reserves. Algerian oil began flowing in 1959 while the fight for Algerian independence raged, and French imports grew from 13.9 million tons in 1962 to 27 million tons in 1970.[3] Oil was discovered in 1959 in Western-allied Libya, and the country became the world's sixth largest producer by 1965. Libya's light, sweet crude was also cheaper to refine than Persian Gulf oil.[4] North African

---

2 Until the early 1970s, the majority of Iraq's exports came from Kirkuk in northern Iraq, which were pumped through Syria and Lebanon to the eastern Mediterranean. Soviet oil was shipped from the Black Sea through the Turkish Straits to the Mediterranean.

3 André Nouschi, "De la dépendance à l'indépendance? La France, le pétrole et les Algériens de 1956 à 1965," *Les Cahiers de Tunisie*, XXIX/117-118 (1981), pp. 345-366.

4 Daniel Yergin, *The Prize: The Epic Quest for Oil, Money, and Power*, New York, Simon & Schuster, 1991, p. 515. The gravity or density of a particular type of oil determines whether it is deemed "light" or "heavy." Light oil is more valuable than

oil production spurred the construction of two new pipelines to bring oil from the shores of the northern Mediterranean to the heart of Western Europe: (1) the South European Pipeline, commissioned in 1962, which carried oil from Marseilles through Switzerland, ending in Strasbourg in Alsace; and (2) the Trans Alpine Pipeline, commissioned in 1967, which pumped oil from Trieste across Austria, terminating in central Bavaria.[5]

The Soviet Union also provided new sources of oil to the Mediterranean after the Suez Crisis, and Western European countries signed an increasing number of supply deals after 1958. Between 1959 and 1970, Italy bought more Soviet oil than any other country. The Soviets were equally eager to sell their oil to a hungry European market and offered lower prices than the Western oil companies to induce Italian and West German purchases. The European-Soviet oil relationship prompted the latter to construct the Druzhba (Friendship) pipeline from the Volga oil fields in 1958. The pipeline system was commissioned in 1964 and enabled Soviet oil to reach Europe either from Baku to the Black Sea and onward to Mediterranean ports or from the Baltic Sea to markets in northwestern Europe.[6]

Despite the new supplies of Mediterranean oil, demand in Europe and worldwide continued to rise during the 1960s, and studies in 1965 showed that the Suez Canal would reach full capacity by 1970. The oil companies and oil-producing countries would have to invest in building new pipelines to bring Persian Gulf oil to the eastern Mediterranean, expand the capacity of the IPC Pipelines and TAPLINE, or widen the Suez Canal to accommodate rising demand. The competition between potential oil-transit countries to transport these increases began to shape politics in the eastern Mediterranean. In 1965, Israel held secret meetings with its primary supplier, Iran, and the West German government about financing a new pipeline through its territory from Eilat in the Gulf of Aqaba, which was deep enough to handle supertankers, to the Israeli

---

heavy oil because it is cheaper to refine and more useful components, which can be turned into gasoline or diesel fuel. Sweet oil has a low sulphur content, which also makes it cheaper to refine than oil with high levels of sulphur.

5 For the South European Pipeline, see Société du Pipeline Sud-Européen, "Corporate History," http://www.spse.fr/en/accueil/index.html; and Bechtel Corporation, *Building a Century*, Chapter 4, "1960-1969: Structuring for a New Era," http://www.bechtel.com/BAC-Chapter-4.html. Bechtel says that the South European Pipeline "shortened the total tanker-pipeline transit time from North Africa to Central Europe by five days, lowered total transportation costs, and made possible a major refining center in the Alsace-Upper Rhône area." For the Transalpine Pipeline, see Transalpine Pipeline, "Transalpine Pipeline – From the Adriatic to the Centre of Europe Through the Alps," http://www.tal-oil.com/en/tal-group/our-history.html; and Bechtel Corporation, *Building a Century*.

6 Marshall I. Goldman, "The Soviet Union," in Raymond Vernon (ed.), *The Oil Crisis*, New York, Norton and Company, 1976, pp. 129-130.

Mediterranean coast. Western oil companies and governments, however, did not find the politics and economics of the scheme attractive, and the Shah of Iran could not commit to the project.[7]

Israel's pipeline proposal threatened to undermine the competitive advantage of the Suez Canal, so Egypt explored either building a pipeline of its own from the Red Sea to the Egyptian Mediterranean coast or expanding the Canal. Egypt had already completed a Canal expansion in 1965 so that the Canal could handle tankers of 153,000 deadweight tons (dwt) in ballast, but the oil companies moved to using 170,000-dwt tankers in 1965 and 200,000-dwt tankers in 1966 to transit Persian Gulf oil around Africa and avoid the high transit fees imposed by the Suez Canal Authority in 1965. In February 1967, Egypt decided to widen the Suez Canal further so that by 1972 it could handle 200,000-dwt tankers.[8] Iraq also explored building new pipelines in the spring of 1967 after Syria had willfully closed the IPC Pipelines from December 1966 to March 1967, cutting off Iraq's exports from Kirkuk. Iraq wanted to construct a pipeline either through Turkey or south from Kirkuk to Basra for export from the Persian Gulf.[9] Though the schemes would have ended Iraq's dependence on Syria, the majority Anglo-American member companies of the IPC were uninterested in either scheme.

The June 1967 War, however, created a new set of conditions for actors to consider their oil transportation strategies. In response to Israel's attack and erroneous reports that the United States and Britain were aiding the Israelis, Nasser closed the Suez Canal, Iraq the IPC Pipelines, and Saudi Arabia TAPLINE. Iraq, Kuwait, Libya, Saudi Arabia, and Syria also shut down production. The flow of Arab oil was reduced by 60 percent. Algeria did not participate in the embargo but it nationalized the operations of U.S. oil companies, Esso and Mobil, on 31 August 1967.[10] The embargo

---

7 Uri Bialer, "Fuel Bridge across the Middle East-Israel, Iran, and the Eilat-Ashkelon Oil Pipeline," *Israel Studies*, 12/3 (2007), pp. 36-43.

8 D.A. Farnie, *East and West of Suez: the Suez Canal in History, 1854-1956*, Oxford, Clarendon Press, 1969, p. 744; Elie Podeh, "Making a Short Story Long: The Suez-Mediterranean Oil Pipeline in the UAR, 1967-1977," *The Business History Review*, 78/1 (2004), p. 65; and United States Department of State, National Archives and Records Administration, Record Group 59, Central Files (hereafter cited as DSCF), 12 March 1968, RSF-1, "The Significance of the Suez Canal, Giant Tankers, and Pipelines for the Supply of Middle East Oil to Europe," PET 27 ARAB-ISR.

9 DSCF, 14 Dec. 1966, Baghdad to State, A-1111, PET 15-2 SYR; Central Records of the French Foreign Ministry, 35-23-14-133, 27 Feb. 1967, Ankara to Paris and 7 April 1967, Ankara to Paris 487/EU; and DSCF, 1 Aug. 1967, Adana to State A-3, PET 18-1 IRAN-TUR.

10 Yergin, *Prize*, pp. 554-555; United States Department of State, *The Foreign Relations of the United States, 1964-1968*, Volume 19, *Arab-Israeli Crisis and War, 1967*, Washington, Government Printing Press, 2004, Document 214 (Hereafter cited as

failed to cause a supply shortage in Europe, as the West rerouted supplies from the Western Hemisphere. Seeing the futility of the embargo, Kuwait and Saudi Arabia resumed production by mid-June, with Iraq and Libya following suit in early July, although the countries continued to refuse to send oil to the United States, Britain, and West Germany. Iraq and Syria delivered oil to France, Italy, Spain, and Turkey because of these countries' political support for the Arabs. French President, Charles de Gaulle, condemned the Israeli strike and refused to deliver 50 Mirage jets Israel had already purchased. Turkey did not allow the United States to use its airbase at Incirlik in southeastern Turkey to refuel and resupply Israel.[11] France, West Germany, and Turkey also exerted independence from the Anglo-Americans and openness to new oil relations with the Arabs by abstaining from a final vote on coordinating supply and consumption during the crisis.[12]

In response to the Canal's closure, Anglo-American governments and oil companies turned to supertankers – tankers of 200,000-dwt or larger – to carry oil around Africa, a strategy undergirded by Anglo-American naval supremacy on the high seas. Supertankers made the trip around Africa economic and were preferable to pipelines because they provided flexibility. Shipbuilding increased dramatically in the second half of 1967, and, by the end of the year, the majority of Persian Gulf oil no longer passed through the Mediterranean on its way to Europe.[13]

FRUS followed by year, volume number, document number); *FRUS*, 1964-1968, 34, 233; and The National Archives of the United Kingdom, British Foreign and Commonwealth Office (hereafter cited as FCO) 67/427, 2 November 1970.

11 United States Department of the Interior, Office of Oil and Gas (hereafter cited as DOI), *The Middle East Petroleum Emergency of 1967*, Washington DC: U.S. Government Printing Office, 1969; DSCF, 24 June 1967, Ankara to State 6352, PET 17 SYR-TUR; DSCF, 27 June 1967, Ankara to State 6389, PET 6 TUR; and *FRUS*, 1964-1968, 34, 253; Nouschi, *La France et le monde arabe*, pp. 99-102 and Nasuh Uslu, *The Turkish-American Relationship Between 1947 and 2003: The History of a Distinctive Alliance*, New York, Nova Science Publishers, 2003, p. 78.

12 Yergin, *Prize*, p. 556.

13 DOI, *The Middle East Petroleum Emergency of 1967*; Bennett H. Wall, *Growth in a Changing Environment: A History of the Standard Oil Company (New Jersey) 1950-1972 and Exxon Corporation 1972-1975*, McGraw-Hill, 1988, pp. 625-626; Stephen Howarth, *A Century in Oil: the "Shell" Transport and Trading Company, 1897-1997*, London, Weidenfeld & Nicolson, 1997, p. 290; and Noël Mostert, *Supership*, London, Book Club Associates, 1975, p. 66.

Map 1: Free World International Flow of Petroleum Prior to the June 1967 War[14]

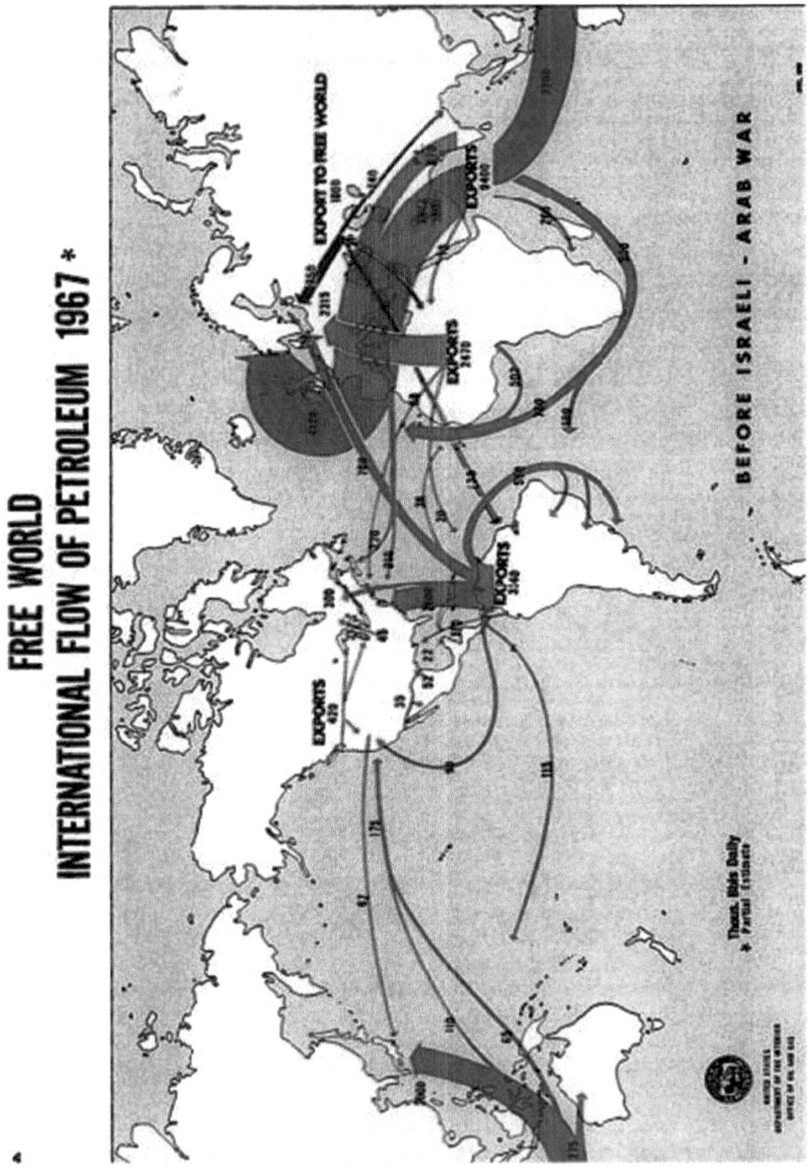

---

[14] DOI, *The Middle East Petroleum Emergency of 1967*, p. 4.

Map 2: Free World International Flow of Petroleum After the June 1967 War[15]

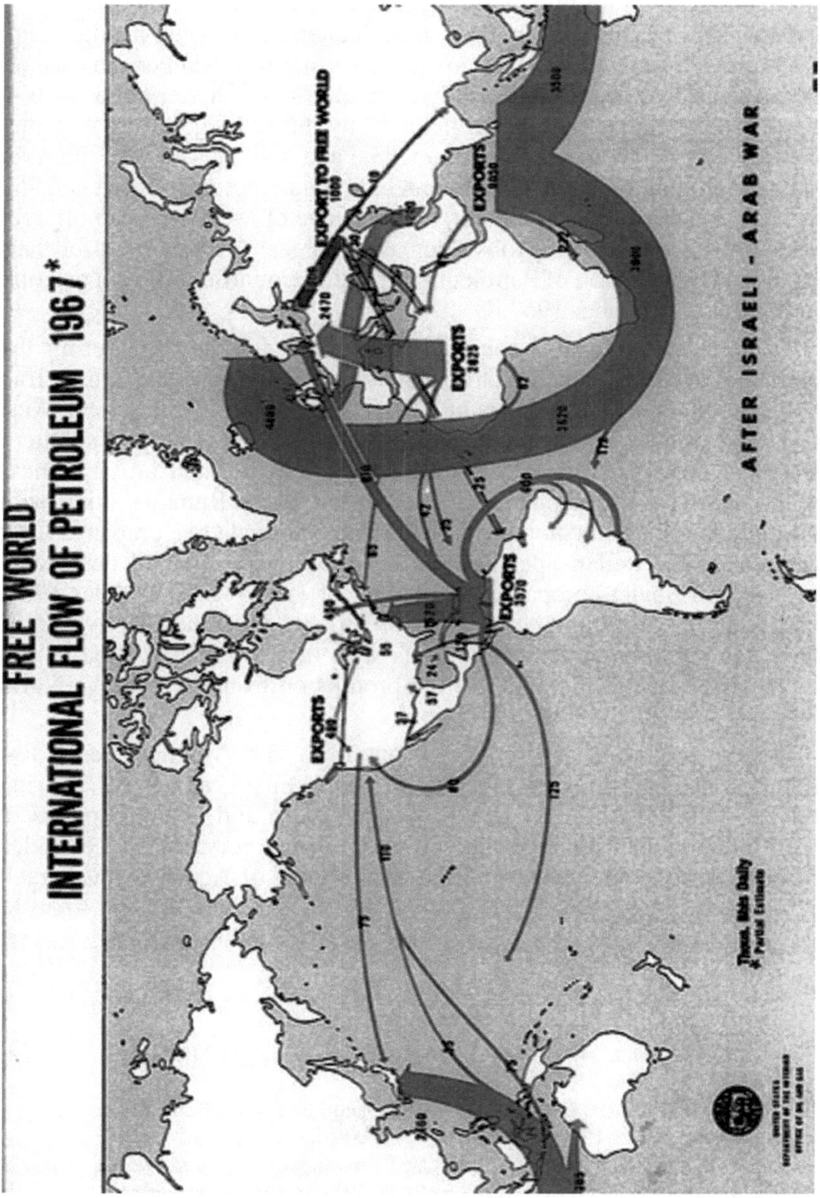

[15] DOI, *The Middle East Petroleum Emergency of 1967*, p. 5.

European countries importing oil from the Mediterranean – France, Italy, Spain, and West Germany – forged inroads to producers and transporters of Mediterranean oil for two reasons. First, these countries could not rely on supertankers because few ports in the Mediterranean could handle them. Second, Mediterranean oil was now cheaper for them than Persian Gulf oil because the costs were significantly lower due to the shorter trip as well as the skyrocketing tanker rates brought on by the embargo. More than any country, France pursued close commercial and political ties with the Arab states, including Iraq and the Persian Gulf monarchies, after the June 1967 War.[16] Recognizing the comparative advantage of Mediterranean oil over Persian Gulf oil, Iraq and Libya demanded higher posted prices for their oil at the Organization of Petroleum Exporting Countries (OPEC) meeting in Rome in September 1967.[17]

Algeria and Iraq also sought new markets for their oil during the embargo. Algeria gained market share in West Germany, while Iraq approached France, Italy, Spain, the Soviet Union, Turkey, and West Germany to help exploit the massive North Rumaila oilfield in southern Iraq and buy Iraqi oil.[18] In August 1967, Iraq reached an agreement with the Italian oil company ENI to exploit North Rumaila along with Hispanoil, a Spanish company, and the Iraq National Oil Company.[19] Iraq abandoned the Italian-Spanish deal fell through in favor of deals with French and Soviet companies at the end of 1967.[20] In December 1967, Iraq secured an oil supply contract with Turkey.[21] Over the next five years, Iraq also signed a series of oil deals with the Communist Bloc to sell its nationalized oil, including future production from the massive North Rumaila oilfield, to Eastern Europe.[22]

European countries importing oil from the Mediterranean also financed new oil pipeline schemes in Israel, Egypt, and Syria to bring oil from the Persian Gulf to the Mediterranean and assure supplies in the Mediterranean. In July 1967, West Germany embraced Israel's idea to build an oil pipeline from Eilat in the Gulf of Aqaba to the Israeli

16 David Styan, *France and Iraq: Oil, Arms, and French Policy Making in the Middle East*, London, I.B. Taurus, 2006, pp. 81-94.

17 Benjamin Shwadran, *The Middle East, Oil and the Great Powers*, New York, J. Wiley, 1973, p. 510.

18 *FRUS*, 1964-1968, 34, 210; and J.E. Hartshorn, "Oil and the Middle East War," *The World Today*, 24/4 (1968), pp. 154-155.

19 FCO 54/30, 14 Aug. 1967, Rome to London, and 7 Sep. 1967, Rome to London 1534; and DSCF, 13 July 1967, Beirut to State A-29, PET 6 IRAQ.

20 Edith Penrose and E.F. Penrose, *Iraq: International Relations and National Development*, Boulder, CO, Westview Press, 1978, p. 427.

21 DSCF, 3 Jan. 1968, Beirut to State A-563, PET 4 IRAQ-TUR.

22 *FRUS*, 1969-1976, E-4, 297; and FCO 67/774, 29 March 1972.

Mediterranean coast, which would be supplied by Iran.[23] ENI allowed Israel to buy oil from its operations in the Gulf of Suez to ship through the pipeline. Uri Bialer calls the agreement "one of Israel's greatest diplomatic coups" because it supplied 3 mta for the Eilat-Ashkelon Pipeline in 1970 and 4 mta for several years thereafter.[24] Furthermore, Mediterranean oil-consuming countries took interest in Egypt's proposal for a pipeline from the Red Sea to the Mediterranean, known as the Suez-Mediterranean Pipeline (SUMED). The West German firm Mannesmann offered to finance SUMED in May 1968, and a European Consortium made up of five French companies, three Italian, one British, one Spanish, and one Dutch began negotiations with the Egyptian government to build the pipeline in July 1969.[25] Finally, ENI's subsidiary, Snam Progetti, which had built the Karatchouk-Tartous Pipeline to transport Syrian oil to the Mediterranean coast, was awarded the contract to build a new refinery at Homs in August 1967.[26]

The formation of the Organization of Arab Petroleum Exporting Countries (OAPEC) in February 1968 revealed both the division in pricing between Mediterranean and Persian Gulf oil as well as differing approaches to using Arab oil as a political weapon. Saudi Arabia, Kuwait, and Libya, the "conservative" oil-producing monarchies, publicly supported the Arab cause but favored gradualism in their efforts to win greater revenues from the oil companies and formed OAPEC in order to separate politics from oil. The "radical" republics including Algeria, Egypt, Iraq, and Syria, on the other hand, wanted to use Arab oil to enact political goals. The dichotomy of radical and conservative is quite useful in describing the differing approaches of the two groups of oil-producing countries. Tensions between these two groups regarding using the oil weapon emerged as early as 18 June 1967 at a meeting of the Arab League.[27] However, underlying economic and geographic differences on oil prices – derived from different transportation costs and strategies – also divided them into two geographic regions: the Mediterranean and Persian Gulf.

23 Bialer, "Fuel Bridge," pp. 43-50.

24 *Ibid.*, p. 55.

25 *Middle East Economic Survey* (hereafter cited as *MEES*) 11/30 (24 May 1968); and DSCF, 25 May 1968, Cairo to State, A-72, PET 18-1 UAR; Podeh, "Making," p. 69; and *MEES* 12/38 (18 July 1969).

26 Ente Nazionale Idrocarburi Archives (hereafter cited as ENIA) U.IV.6/154/2FBB, 9 Aug. 1967.

27 Mary Ann Tétreault, *The Organization of Arab Petroleum Exporting Countries: History, Policies, Prospects*, Westport, CT, Greenwood Press, 1981, pp. 43-51.

Mediterranean Oil Crisis and Victory

Upon taking power in September 1969, the Libya's Muammar Qaddafi, exposed the regional differences in OAPEC on oil prices and transformed the organization to include the Mediterranean oil-producing countries. In January 1970, Libya sponsored Algeria's entrance into OAPEC and, later in the month, called for an increase of 43 cents/barrel in the posted price of Libyan oil. Qaddafi threatened to shut down production altogether if his demands were not met. This caused grave concern in Western Europe, which received 30 percent of its oil from Libya.[28] In the same month, Algeria, Iraq, Libya, and Egypt – all Mediterranean oil-producing countries – signed a technical and information exchange agreement.[29]

In May 1970, Syria deliberately closed TAPLINE, and Libya ordered production cutbacks, initiating the worst supply crisis since the Suez Crisis. Western officials believed that Syria's actions were intended either to undermine Nasser, who had offered dialogue with the United States and Israel on 1 May 1970, or to blackmail Saudi Arabia or TAPLINE.[30] Meanwhile, Libya reduced production by 800,000 barrels/day and demanded an increase in the posted price of its crude form $2.21 to $2.65 retroactive to 1961. Syrian and Libyan actions may have been coordinated – the only evidence of collusion was Syria's receipt of a substantial aid donation from Libya in 1971.[31] Regardless of collusion, the combined actions made Mediterranean oil scarce. Tanker rates tripled, as the oil companies scrambled to reallocate tankers and make up for the loss of Mediterranean oil. Senior Vice President and Director of Exxon George Piercy later told the U.S. Senate's Committee on Foreign Relations: "At that time the industry was strained, very strained on transportation, very strained."[32]

The crisis unified the Mediterranean-exporting countries and gave them leverage against the oil companies and Persian Gulf-exporting countries in OAPEC. Algeria was admitted to OAPEC in May 1970, and

---

28 Wall, *Growth*, pp. 753-754 and 760; and Yergin, *Prize*, pp. 577-578.

29 DSCF, 13 Jan. 1970, Tripoli to State 88, PET 6 OAPEC.

30 DSCF, 4 May 1970, Beirut to State 3452, PET 18-1 Near East; and DSCF, 5 May 1970, Beirut to State 3507, PET 18-1 NEAR E; DSCF, 7 May 1970, Beirut to State 3561, PET 18-1 NEAR E; DSCF, 9 May 1970, Beirut to State 3606, PET 18-1 NEAR E; and DSCF, 7 June 1970, Jidda to State 2221, PET 18-1 NEAR E.

31 Paul Stevens, "Pipelines or Pipe Dreams? Lessons from the History of Arab Transit Pipelines," *Middle East Journal*, 54/2 (2000), p. 233.

32 U.S. Senate, Committee on Foreign Relations, Subcommittee on Multinational Corporations, *Hearings on Multinational Petroleum Companies and Foreign Policy*, (hereafter cited as *MNC Hearings*) 93rd Congress, 2nd Session (Washington, 1974), Part 5, pp. 195-196; and *FRUS*, 1969-1976, 36, 45, 13 May 1970.

on the sidelines of the meeting the oil ministers of Algeria, Iraq, and Libya announced the formation of a tripartite united front and a mutual support fund. Iraq applied for membership to OAPEC in June, but the council adjourned without acting on the application. Algeria and Libya were able to scrap the idea to build an OAPEC tanker fleet, which would suit the oil transportation interests of the Persian Gulf-exporting members. Libya also opposed the construction of SUMED as an OAPEC pipeline, an idea championed by Saudi Arabia.[33]

The crisis even spurred cooperation between Iraq and Syria to build a pipeline from North Rumaila to the Syrian coast. Two weeks after Syria closed TAPLINE, Iraq had detained a TAPLINE employee to signal its political support.[34] In June, the two countries agreed on general terms.[35] ENI completed a feasibility study for the project and in July 1970 Thyssen (West Germany), SOCEA (France), Saipem (Italy), and Montubi (Italy), and Technoexpert (Soviet Union) joined a consortium to finance and construct the pipeline.[36]

In September 1970, Libya succeeded in forcing the Anglo-American oil companies to pay higher prices for its Mediterranean oil. Qaddafi demanded a unilateral increase of 30 cents/barrel in the posted price of Mediterranean crude and an increase in Libya's share of the oil profits from 50 to 55 percent. By the end of September, all of the oil companies operating in Libya caved to Libyan demands. On 27 September, Esso announced that the price of Mediterranean crude would increase by 30 cents in Libya and 20 cents for all grades at Banias, Tripoli, and Sidon.[37] Director of the U.S. Department of State's Office of Fuels and Energy James Akins later told the U.S. Senate that he sympathized with Libyan demands for higher prices because of the difference in transportation costs between the Mediterranean and Persian Gulf.[38] It was a remarkable victory for Mediterranean oil. Moreover, it was the turning point in shifting power in Middle East oil from the Western oil companies to the oil-producing countries.[39]

Libya's victory also launched a process called leapfrogging, whereby the Mediterranean-exporting countries and Persian Gulf-exporting countries sought better terms for their oil than the other. In November

---

33 DSCF, 11 July 1970, Kuwait to State 628, PET 3 OAPEC; and DSCF, 15 January 1969, Tripoli to State 96, PET 18-1 LIBYA.

34 DSCF, 26 May 1970, Amman to State 2288, PET 18-1 NEAR E.

35 Penrose and Penrose, *Iraq*, p. 441.

36 ENIA BA.I.6/170/15A1, 13 Apr. 1970; and 9 July 1970.

37 TOCA 82.7/34, 28 Sep. 1970, IPC Telegram from Baghdad to London.

38 *MNC Hearings*, Part 5, pp. 1-4.

39 Yergin, *Prize*, p. 580.

1970, the Shah won a 55 percent taxation rate from the Iranian Consortium member companies. Libya then made new demands in early January 1971 for higher taxation rates. At negotiations in Tehran between twenty two oil companies and six Persian Gulf oil producing countries, the major stumbling point was Mediterranean oil. The negotiations temporarily broke down when Iraq refused to undercut the Mediterranean position by agreeing to terms for its Mediterranean oil as part of a package deal for oil from the Persian Gulf.[40] On 14 February 1971, after five weeks of negotiations, the Tehran Agreement was signed. The oil companies accepted a 55 percent tax rate as well as immediate and future increases in posted prices. Iraq signed the Tehran agreement and accepted the terms of the agreement for Basra oil exported from the Persian Gulf.[41] The price difference between the Persian Gulf and the Mediterranean was now official.[42]

The Mediterranean-exporting countries – Algeria, Libya, Iraq, and Saudi Arabia – then met in Tripoli to negotiate an increase in the price and tax rate of Mediterranean oil. On 24 February, in the middle of the negotiations, Algeria made a strong show of support by nationalizing 51 percent of the French oil companies operating in the country. The Tripoli Agreement, signed on 2 April 1971, increased the posted price of Mediterranean oil by 90 cents, allowed for a 2.5 percent annual price increase plus inflation allowance and raised the tax rate to 60 percent of the posted price, 5 percent higher than the tax rate for Persian Gulf oil. In June 1971, the U.S. Department of State described the agreement as a victory for Mediterranean oil unity: “On the oil front, the Tripoli-Algiers-Baghdad alliance must now be considered to have proven itself in the heat of battle, and it will almost certainly continue over at least the near future.”[43]

In addition to the Tripoli Agreement, new pipeline agreements increased the cost of transporting oil by pipeline to the eastern Mediterranean. In order to reopen TAPLINE, the company agreed in January 1971 to pay a retroactive settlement bonus of $9 million to each of the four transit countries and an increase in future annual royalty payments from $4.5 million to $8.5 million, almost doubling overall transit fees. After the TAPLINE agreement was signed, Syria approached the IPC for a similar agreement, which was reached in July 1971.[44]

40 DSCF, 22 Jan. 1971, Paris to London 617.

41 Penrose and Penrose, *Iraq*, p. 403.

42 *MNC Hearings*, Part 5, p. 87.

43 *FRUS*, 1969-1976, E-4, 285.

44 Penrose and Penrose, *Iraq*, p. 441; Stevens, “Pipelines,” p. 228; and DSCF, 26 January 1971, Beirut to State 720, PET 18-1 NEAR E.

The Tripoli Agreement and pipeline agreements raised the price and transportation costs of Mediterranean oil, making it uncompetitive with Persian Gulf oil in the short-term. During the crisis, oil companies and Persian Gulf-exporting countries had invested heavily in supertankers, so much so that by January 1971 the tanker market was oversupplied and rates began to plummet. Low rates combined with higher prices for Mediterranean oil made it cheaper to transport Persian Gulf oil around Africa rather than use the IPC Pipelines or TAPLINE. By the summer of 1971, Mediterranean oil exports dropped significantly, while Persian Gulf oil production rose 18 percent from the spring of 1971 to the end of the year.[45] Low tanker rates also stifled progress on SUMED as well as European-Iraqi-Syrian plans to build a pipeline from North Rumaila to the Syrian coast, although political differences between Iraq and Syria were more significant in undermining the scheme.[46]

The setback for Mediterranean oil was temporary, as projects to transport oil from or through the Mediterranean were realized in the coming years. Iraq nationalized its oil industry in June 1972, freeing it to build new pipelines to the eastern Mediterranean. In August 1973, Iraq and Turkey agreed to build a new oil pipeline from Kirkuk in northern Iraq to Ceyhan on the Turkish Mediterranean coast. After the fourfold increase in the price of oil following the OAPEC embargo, supertankers became more expensive than pipelines because they ran on oil.[47] Routes through the Mediterranean became more attractive economically. In the spring of 1974, as Egypt and Israel were forging peace, Egypt began clearing the Suez Canal, which reopened in June 1975. An Italian-led consortium began constructing SUMED in October 1974. In April 1975, while a West German-led consortium began building the Kirkuk-Ceyhan Pipeline from Iraq to Turkey in April 1975. Both pipelines were completed in early 1977.

Conclusion

The role of oil transportation in shaping the history of Middle East oil is underappreciated. Before 1967, the Mediterranean was integrated into the flow of oil from the Persian Gulf to Europe, as the price of Mediterranean oil was the Persian Gulf price minus transportation costs.

45 DSCF, 11 January 1972, RECN-2, Intelligence Note, "Oil Tanker Politics," PET 18-2; *MEES* 14/49 (1 Oct. 1971); and Jean-Jacques Berreby, "Le pétrole, enjeu stratégique autour de la Méditerranée," *Politique étrangère*, 36/5-6 (1971), p. 522.

46 *MEES* 14/40 (30 July 1971), 14/49 (1 October 1971), and 14/52 (22 October 1971).

47 Giacomo Luciani, "The Mediterranean and the Energy Picture," in Giacomo Luciani (ed.), *The Mediterranean Region: Economic Interdependence and the Future of Society*, St. Martin's Press, 1984, p. 17.

However, the closure of the Suez Canal and the use of supertankers divided the Mediterranean and Persian Gulf and created two distinct price structures for Middle East oil and made Mediterranean oil cheaper and more valuable to the Mediterranean oil-consuming countries to import. These countries in turn backed Mediterranean oil-producing countries and oil-transit countries in order to assure the flow of Mediterranean oil. Jean-Jacques Berreby wrote in 1971: "France and Italy, have been the first to react positively in quickly creating powerful state agencies to direct and spearhead an active oil policy. A similar awareness has been noticed on the southern shore of the Mediterranean in the Arab countries…the current reality in oil has not created dependence but rather interdependence."[48] Mediterranean oil unity after 1967 allowed Libya to challenge the control of the Western oil companies and helped shift power to the oil-producing countries.

[48] Berreby, "Le pétrole," p. 520.

The Transmediterranean Gas Pipeline

A Political History

Marta Musso

University of Cambridge, Great-Britain[1]

Introduction

The Transmed gas pipeline connects the hydrocarbon resources of Hassi R'Mel in Algeria to the North of Italy, running for 220 km across Tunisia, the Mediterranean sea and Italy. It was built between 1978 and 1983 and it is the largest gas pipeline in Southern Europe. It is also one of the world's first major infrastructures built specifically for gas, at a time when the gas market was developing from second class fuel consumed regionally to major energy source[2].

At the present time, it is still one of the most important Italian energy hubs, with some 30.2 bcm of natural gas imported every year, making Algeria the most important gas supplier to Italy[3].

The history of the Transmed is interesting for a number of reasons. Firstly, despite its relevance, the pipeline can be considered the smaller outcome of a larger plan to supply Europe via the Sahara desert, that France and Italy tried to implement in the early 1960s, right after Algeria's independence. Secondly, the bumpy history of the negotiations between Italy and Algeria for the set-up of the pipeline and the supply contracts is extremely indicative of the difficult relations between European oil

1 Marta Musso is a PhD student in Economic History at the University of Cambridge. She is secretary of CUEN, the Cambridge University Energy Network and webmaster of Eogan, the European Oil and Gas Archive Network.

2 Hayes, M.H. (2005), *Algerian Gas to Europe: The Transmed Pipeline and Early Spanish Gas Import Projects*, p. 5.

3 Comaschi, C., Di Giulio, E., Sormani, E. (2007), "Natural gas demand and supply in Italy," in *Proceedings of the 25th International Conference of the System Dynamics Society and 50th Anniversary Celebration.* Italy is the 7th world importer of oil and the 4th world importer of gas; today Algeria is the first supplier of Italy with 36% of annual gas, followed by 31% from Russia and 13% from the Netherlands.

companies, the American giants, and newly independent countries. It also shows the lack of a common European energy strategy in negotiating energy supplies and in trying to promote stable relations with Northern African countries. In fact, after many setbacks, the Transmed project was eventually carried out not because of the international strategy under which it was conceived, but thanks to the insistence of the local government in Sicily, which was hoping to bridge the industrial gap with the North by establishing a major South-South agreement with Africa.

1962-1965: A cooperation project for the Sahara

The vast oil and gas reserves of the Sahara were discovered in 1956, two years after the outbreak of hostilities between France and the Algerian independence movement.

The proven oil reserves were considerable (2.5 billion tons); but the 4.5 trillion cubic meters of gas made the Sahara one of the richest areas of the world[4].

These quantities were enough to completely overturn France's energy paradigm[5]. Up to that moment, much like the rest of Europe, the country had been heavily dependent on oil supplies from the Middle East; supplies that were mostly controlled by the cartel of American oil companies that operated in the area since the 1920s[6]. The reserves of the Sahara could allow France not only to gain energy independence, but to turn into a producer country; the De Gaulle administration had the opportunity to be in full control of France's energy needs[7].

One major obstacle in the exploitation of the Sahara was that its climate conditions and the distance from any market outlet would make the investments for the development of the gas fields sustainable only at full exploitation.

At the time though, with the interesting exception of Italy, Europe did not have a market for gas. Spain, Germany and the UK had no production or use; in general, outside Canada and the US, gas was still considered a byproduct of oil consumption rather than an energy source[8]. In order to promote Saharan products, De Gaulle planned to imitate Italy in the set-up of a national oil company like Eni, a major body that controlled every aspect of Italy's energy supplies, from research to refinement and

---

4 ASE. Fondo ENI S.p.A., Eni, Sahara NUA A2, Report from the Paris Office.

5 ASE. Fondo ENI S.p.A., Eni, Sahara NUA A2, Report from the Paris Office.

6 Kapstein, E. B. (1990), *The Insecure Alliance: Energy Crises and Western Politics since 1944*, USA, Oxford University Press.

7 ASE. Fondo ENI S.p.A.

8 Hayes, M.H. (2005), p. 8.

distribution[9]. Under the ambitious leadership of the former Christian Democrat MP Enrico Mattei, Eni was carrying out an aggressive expansion policy abroad, signing contracts directly with producer countries for oil and gas supplies with the aim of decrease its dependence from the private American companies.

In addition, Eni was the only European company with advanced technologies and an advanced market for gas. In 1944, important quantities of gas were discovered in the Po Valley, in the north of the country, conveniently close to the most industrialized areas. After bitter arguments with the private sector, Enrico Mattei was able to establish Eni precisely to manage the gas resources of the Po Valley as a State monopoly instead of giving access to private companies. By the 1960s, Italy was the largest gas producer and consumer in Western Europe. Gas met 10% of the country's total primary energy need and Eni was able to control its price level independently of the foreign oil companies[10]; its gas pipeline network was by far the most extended in Europe and the third largest in the world[11].

However, these resources remained concentrated in the North and consumed locally. Research in the rest of the country had not discovered any other relevant fields, and various studies for the transportation of the Po Valley gas to the South all proved not to be economically viable[12]. Indeed, the energy gap between North and South was contributing to the divide in the industrial development of the country[13].

Eni's energy policy and its early move to gas could have made the company the closest ally of De Gaulle in the Sahara, especially considering that the Po Valley reserves were going towards depletion[14]. Instead, Mattei adopted an openly hostile attitude towards France, presenting himself and the company as champions of the anti-colonial movements. This strategy had paid off both in Morocco and Tunisia, where Eni was able to take

[9] ASE. Fondo ENI S.p.A., Eni, Sahara NUA A2. It is worth of notice that the CFP, Compagnie Française des Pétroles, was set up in 1924 as the French National oil Company. However, the government only controlled 45% of the shares and the company had most of its interests in the Middle East; it was therefore not willing to move these investments towards the Sahara.

[10] Zanardo, A. (2012), *Dall'autarchia all'austerity. Ceto politico e cultura d'impresa nell'industria nazionale del metano (1940-1973)*, Rome, Aracne, p. 65 and Hayes, M.H. (2005), p. 8.

[11] Samorè, F. (2010), *La piramide del gas. Distribuire energia al territorio (1945-2009)*, Milan, Bruno Mondadori, p. 55.

[12] Zanardo, A. (2012), p. 45.

[13] Zanardo, A. (2012), p. 46.

[14] Briatico, F. (2004), *Ascesa e declino del capitale pubblico in Italia*, Bologna, Il Mulino, p. 296. It was calculated in 1965 that reserves would only be sufficient for 8 more years.

over several important oil concessions previously belonging to France; and it was now applied to Algeria, where from 1958 the company tried to establish permanent contacts with the National Liberation Front[15]. Mattei's "freedom fighter" strategy was very successful. After the independence, Algeria saw Eni as a privileged commercial partner, and the guarantor for new commercial relations with Europe from a more powerful position.

Italy's moves in Algeria caused a series of frictions between Italy and France. However, the country was not willing to replace France as the dominant power in the area, but simply to expand its control on the area, and it sought France's partnership.

During the negotiations for the Évian Accords, one of the thorniest problems was the control over the Saharan resources. Algeria adopted the suggestion of Eni in not giving up on the territorial sovereignty of the area, but accepting the foundation of a Franco-Algerian company for the technical management of its hydrocarbon resources[16]. Eni's ultimate goal was to convince France to accept an agreement proposed by Mattei in 1958, for which both in Morocco, Tunisia and Algeria tripartite joint-ventures made by the Italian and French national companies and the local states would manage the resources to create a European hydrocarbon market[17].

LNG or Pipelines: Political technologies

After the independence, both France and Algeria seemed willing to implement this energy strategy for the Sahara with the help of Eni[18]. As the negotiations between the three countries continued, the problem of how to transport Saharan gas to Europe was both a major technical and a major political conundrum. Since its discovery, many different ideas on how to bring the gas across the sea and to Europe had been studied. An initial hypothesis was based on the conversion of gas into high volt electricity carried through power lines across the sea. However, the power loss was too high for it to be economically viable and it was soon discarded[19]. A second hypothesis was Liquid Natural Gas technology, LNG, which required liquefactions and gasification plants to be built on the respective coasts and then gas shipped through purpose-built gas tankers. The third hypothesis was the construction of offshore pipelines.

15 Pirani, M. (2012), *Poteva andare peggio. Mezzo secolo di ragionevoli illusioni*, Milan, Mondadori.

16 Hayes, M.H. (2005), p. 4.

17 ASE. Fondo ENI S.p.A., Eni, Sahara NUA A2.

18 Pirani, M. (2012).

19 ASE. Fondo ENI S.p.A.

Both offshore pipe-laying and Liquid Natural Gas were in their infancy at the beginning of the 1960s, but so far only LNG was used because it required smaller initial investments and it was more flexible. In fact, once built the plants could process gas coming from (or going to) different areas; a pipeline would necessarily create a fixed flux between the producer and the seller. Furthermore, pipelines often included transit countries, requiring more partners to be involved in the negotiations. On the other hand, pipelines were a much more scalable and much cheaper means of transport; once the long-term, "marriage-like" deal was accepted, every increase in unit transport corresponded to a decrease in the costs[20].

In 1962 the available technology did not allow for an offshore pipeline as deep as the one required in the Mediterranean. Algeria, strongly relying on hydrocarbon revenues to provide the basis for economic independence, started to invest immediately in LNG technology. In 1964, the world's first commercial gas liquefaction plant was completed at Arzew, shipping liquid natural gas to the UK and the United States[21].

However, with the long-term focus of building stable relations with Algeria and to access the cheapest possible form of gas, the construction of offshore pipelines remained a priority for both Italy and France[22]. Between 1962 and 1965, two main pipeline projects were considered. The first route, the "Eurafrigas project, would cross Morocco, pass through the Strait of Gibiltrar and Spain and then reach France, where it would divide in four segments to reach Germany, Italy and the North of England[23].

The second solution, the "Transmed" project, would pass through Tunisia and plunge into the Mediterranean sea for 155 km up to the Sicilian coast and then mainland Italy, Germany and France.

The first solution was technically easier because it required a much smaller offshore segment. It was also preferred by France, because this way the country would be more in control of the fluxes towards Europe[24]. However, this was the same reason why Algerians were hostile to the project, fearing that this would put them in a subordinate position[25]. Also, unlike Italy, Spain did not have a domestic market to accommodate large quantities of gas (at the time, the Lombardy area alone consumed more

20 Hayes, M.H. (2005).

21 Hayes, M.H. (2005).

22 Giuntini, A., Pozzi, D. (2003), *Enrico Mattei e l'industria del metano in Italia*, Milan, Giona, 2003.

23 ASE. Fondo ENI S.p.A.

24 Briatico, F. (2004), p. 296.

25 Briatico, F. (2004), p. 32.

natural gas then the whole of Spain[26]). Finally, the dispute between Morocco and Spain over Western Sahara made the negotiations impossible.

The "Transmed" seemed more viable from a political perspective, but the technological obstacles and the initial investment required made it an extremely risky pioneering project. The world record for offshore pipe laying at the time was 150 m deep; the Transmed would require a depth of 600 m, plus the technology to carry out any maintenance and repair in remote control. On the other hand, the Transmed represented for Italy an opportunity to have gas supplies directly from the South, bridging the energy gap between the two areas and solving its provision needs for decades to come.

Either way the Transmed solution did not exclude the Eurafrigas solution and vice versa; while several feasibility studies for the pipelines continues, parallel negotiations for more immediate LNG supplies continued[27].

1965-1969: Halt in the negotiations

All the discussions over the future of the Saharan resources were going in parallel with Algeria's dramatic post-colonial situation. Between 1960 and 1963 the country's GDP contracted by 35%[28]. Under the governments of Ahmed Ben Bella first and Houari Boumédiène later, a series of purges within the Algerian establishment opened the way to advocates of a hard line against France and the West in general, leaving Italy and France without a permanent political interlocutor[29]. The former President Ferhat Abbas was arrested and Bachir Boumaza, the Minister of Economics who was one of the strongest proponents of the negotiations with Italy and France, fled the country. In October 1962, Enrico Mattei died in a place crash; without his personal prestige, Eni stopped being perceived as a guarantor for new economic relations between Europe and Northern Africa[30]. Algeria was established as a socialist country and both Ben Bella and Boumédiène cancelled the Évian accords in order to proceed to a nationalization of the oil and gas resources that was completed in 1971. Meaningful political participation virtually disappeared from the country and power concentrated in the small circle of bureaucrats and

---

26 Samorè, F. (2010), p. 6.

27 Zanardo, A. (2012), p. 308.

28 Ruedy, J. (1992), *Modern Algeria: The origins and development of a nation*, Indianapolis, Indiana University Press, p. 195.

29 Briatico, F. (2004), p. 33/34.

30 Briatico, F. (2004), p. 33.

technocrats loyal to the colonel[31]. In particular Sonatrach, the Algerian State Company founded in December 1963, gradually assumed the control of the entire hydrocarbon industry, concentrating upon itself vast economic and political powers and depriving the "Organisme Miste" of any room for action[32].

These actions compromised the relations not only with France, but with Italy as well. The new President of Eni Eugenio Cefis grew more and more tepid about investing a large amount of resources in a long-term project with an unstable country. Furthermore, Eni's financial position at Mattei's death was quite weak. In 1962 the company had invested most of its financial resources in the construction of the Genoa-Ingolstadt pipeline and distribution network that would sell Eni's oil from Persia to Germany. The company was strongly undercapitalized and it had a ₤700-billion debt with Italian and European banks. Furthermore, a credit crunch carried out by the international monetary authorities in 1963 made borrowing for new investments more difficult[33].

The series of negotiations occurring during 1965 clearly show the waning interest of Eni to commit to long-term projects. In January, Sonatrach made a contract proposal for LNG imports to the South of the country. The company demanded to carry out directly the gasification and distribution operations in the South of the country, leaving Eni to manage only its pre-existing network in the North. Eni not only refused categorically to allow Sonatrach to operate in the Italian territory, but its counter proposal to the Algerians was provoking rather than appeasing, demanding complete freedom in the purchase of the quotas and leaving high margins of risks upon the Algerians. In fact, the contract also refused[34].

In general, the spirit of cooperation amongst countries had worn off. Far from being a small detail, Eni's refusal in allowing the Algeria company to operate in the South of the country denoted that the strategy of integration of the Algerian energy industry within Europe had been abandoned after Mattei's death and Boumédiène seize of power.

Finally, in the November 1965 all negotiations came to a halt when Exxon announced the signing of a major contract with the Italia company for the import of LNG gas from Libya to the coast of Panigaglia, in the North-West of the country. The contract had a broad resonance on the international press; although it did not cover completely the Italian gas

[31] Ruedy, J. (1992), p. 195.

[32] Ruedy, J. (1992), pp. 216-218. The process culminated in 1971 with the acquisition of 51% of the oil sector and 100% of the gas sector, placing Algeria far ahead compared in the control over the hydrocarbon industry than other Opec countries.

[33] Briatico, F. (2004), p. 35.

[34] ASE, ENI S.p.A., Segreteria del Presidente Raffaele Girotti, UDC 254, NUA 47D5.

requirements, it was the largest import contract ever signed for natural gas, with a total supply of 56 bcm over 20 years. The contract included the construction of a liquefaction plant in Libya by Exxon at the terminal or Marsa El Brega and two gas tankers; Eni would finance the construction of the gasification plant in Panigaglia using Exxon's technologies[35]. The gas price offered by Exxon was extremely convenient, making Libyan gas much cheaper than what the US and Great Britain paid to Algeria. Indeed, Algeria vehemently protested that the price offered by Exxon had nothing to do with free market but was a deliberate plan to halt the development of an independent hydrocarbon industry in producer countries. By accepting such a contract, Eni was betraying its promises of cooperation for a new European market to ally with the American giants. "El Moudjahid", the most important Algerian newspaper, started a strong anti-Italian campaign[36]. Despite Eni's reassurances that the Panigaglia terminal was planned with a capacity that would allow to receive gas from Algeria as well, over the next four years all negotiations between Italy and Algeria were interrupted.

1967: A Sicilian project

The contract between Exxon and Eni did not arouse indignation in Algeria only; in Sicily also it fuelled a series of polemics between the national company and the local government. The terminal for LNG transport would arrive in the North, giving once again the precedence to the industrialized part of the country to the detriment of the South. In 1967 Graziano Verzotto, head of the Sicilian Christian Democratic Party and Head of Public Relations in Sicily for Eni, resigned from the company in opposition to Cefis' management and became President of the EMS (Ente Minerario Siciliano), a local regional body founded in 1963 for the independent management of the Sicilian mineral resources. The company was considered a local subsidiary of Eni in Sicily; but under Verzotto's presidency it became effectively a competitor of the national body, implementing an independent energy strategy.

Verzotto was a strong advocate of the Transmed project and as President of the EMS he immediately tried to start new negotiations with Sonatrach. The reasoning was that, if Eni did not want to build a Pan-European gas pipeline anymore, Sicily and Algeria could still start a smaller-scale project for the region. The smaller pipeline would be part of a larger industrialization process on the island which would use the Algerian gas not only to expand its energy consumption at a much lower price, but to

[35] ASE, ENI S.p.A., Press Review 1965. Articles from *The Guardian*, *The Times*, *Petroleum Weekly*.

[36] ASE, ENI S.p.A., Press Review 1965. Articles from *El Moudjahid*.

set up a series of petrochemical complexes around the territory which would allow Sicily to absorb the entire pipeline capacity[37]. After Eni's refusals, a partnership with Sicily could represent an ideal doorway to Italy for Sonatrach. In November 1967, the equally shared joint-venture Sonems was set up by EMS and Sonatrach, with the objective of carrying out a series of feasibility studies for a pipeline to Sicily.

At first, Eni deemed the deal signed between Sicily and Algeria as a ludicrous operation. On the contrary, the Minister of the Foreign Affairs Amintore Fanfani, who was close to Mattei's views on a European policy for Africa and was worried about the state of the Italian relations with Algeria, saluted the operation and pushed Eni to get involved. The presence of Sicily could help recomposing the relations between Italy and Algeria that were problematic not only for Eni, but for any other Italian industry interested in investing in Algeria[38]. Eni was more interested in the new contracts it was negotiating with the Netherlands and with Russia; but under the insistence of the government and under fear of losing control over the gas market in Sicily, in 1969 Eni accepted to take over 20% of Ems's shares in Sonems, recapitalizing the company and thus officially entering the Transmed operation[39]. Verzotto protested against this move, deeming it a "colonialist action" upon Sicily on part of Eni and of the central government[40]. In reality, it is obvious that Sicily alone could never have the financial capacity or the gas market to make the construction of a gas pipeline across the Mediterranean sustainable, and it is hard to believe that Verzotto could think this would be the case. The independent accords carried out with Algeria were probably just a mean of pressure to force the State to carry out an energy plan for the South and to finance the operation.

1973: The Transmed contract and the European Community

After Eni entered the company, Sonems commissioned a feasibility study to the American engineering company Bechtel; meanwhile, talks about the import options between Italy and Algeria resumed. Initially, Eni tried to propose to Algeria a contract for 2 bcm for 20 years through LNG gas, with the construction of the gasification plants in Sicily[41]. But the

37 Brancati, S. (1997), *Enrico Mattei? Un pescatore di trote…*, Palermo, Ila Palma, p. 219 and Verzotto, G., Citton, G. (2008), *Dal Veneto alla Sicilia. Il sogno infranto: il metanodotto Algeria-Sicilia*, Padova, La Garandola, p. 109.

38 Atti parlamentari (1977), *Camera dei deputati. Seduta di Venerdì 4 febbraio 1977.*

39 Atti parlamentari (1977), *Camera dei deputati. Seduta di Venerdì 4 febbraio 1977.*

40 Verzotto, G., Citton, G. (2008), p. 207.

41 ASE, ENI S.p.A., Segreteria del Presidente Raffaele Girotti, UDC 254, NUA 47D5.

local Sicilian government was strongly against this option, considering the construction of the pipeline as the only real way to access large quantities of cheap gas. In fact, Snam studies at the time showed that the delivered cost of pipeline gas to Northern Italy would be greater than LNG transport and gasification. However, these studies did not take into account that while crossing an area the pipeline can supply that area through direct connections at a very low price for the consumers[42].

Algerians were also much more in favor of the pipeline. Not only it would have secured them a stable market for their gas, but the LNG plants of Arzew and Skikda were revealing not to be a good deal. Major costs overrun and fixed price contracts eroded profits significantly and were starting to affect the State revenues[43].

On part of Eni, doubts over the technical and political reliability of Sonatrach persisted and the presence of Tunisia as a transit country was also complicating the negotiations, but when in 1972 Bechtel's response was positive, the company decided to go ahead and sign the contract for the construction of the pipeline. It is interesting to note that at that point, the EMS was completely excluded from the negotiations. Verzotto protested vehemently, but a few months later he left Italy to escape corruption charges on unrelated projects carried out by the EMS[44].

The contract signed in 1973 had again a great echo in the international press; it included the import of 12 bcm per year over a period of 25 years, making it equal to the contracts signed by Eni with Russia and the Netherlands combined[45]. More importantly, it required the construction of a unique piece of infrastructure.

After finally committing to the construction of the pipeline, Eni also decided to develop the technology for offshore pipe laying, instead of relying on other companies. The ratio behind it was that the development of transport technologies would be fundamental for the future of the natural gas industry. On the other side, this was truly a strong technological challenge, requiring the pipeline to lay at four times the lowest depth ever reached and without Eni having any experience of offshore pipe laying[46]. Saipem, Eni's subsidiary for drilling and service provider, immediately started with the first tests in the Strait of Messina, reaching a depth of

42 Verzotto, G., Citton, G. (2008) and Hayes, M.H. (2005), p. 10.

43 Hayes, M.H. (2005), p. 12.

44 Verzotto, G., Citton, G. (2008).

45 ASE, ENI S.p.A., Segreteria del Presidente Raffaele Girotti, UDC 254, NUA 47D5.

46 Hayes, M.H. (2005), p. 10.

350 m in 1974. In parallel with the successful testing, Saipem developed a new ship, the Castoro 6, to carry out major pipe laying operations[47].

In order to develop the Castoro 6, Saipem invested up to 20 times its revenues[48].

Eni too invested heavily financially. According to the contracts with Algeria and Tunisia, Sonatrach would be in charge of the pipeline segment from Hassi R'Mel to the Tunisian border; a tripartite joint-venture formed by Eni, Sonatrach and the Tunisian government would be responsible for the segment crossing Tunisia. Another joint-venture between Eni and Sonatrach would manage the segment on the Strait of Messina and the Strait of Sicily; the final segment through mainland Italy would be managed by Eni alone[49].

However, Eni provided nearly all of the financing for the project, guaranteeing for both joint-ventures as well as for the Algerian line managed by Sonatrach.

The company could do so thanks to the backing of the Italian State and of the European Community. The EEC promoted the gas pipeline mostly because the announcement for such a large-scale project came in the middle of the storm provoked by the 1973 oil shock. The diversification of energy sources and the reduction of the dependence on oil became absolute priorities, and so was the need to decrease Europe's dependence from both Russian and Middle East supplies. At the time, gas prices were not linked to oil and both Algeria and other countries rich in gas were taking advantage of the oil crisis to expand their gas market as a cheap alternative to oil[50].

For all these reasons the European Community was willing invest in a major gas artery. However, this strong financial commitment was not accompanied by the development of a common European strategy when gas prices started to rose along with those of oil. On the contrary, the price war that first Tunisia and then Algeria would start in the second half of the 1970s became once more a reason for frictions and divisions amongst European countries, especially Italy and France. The lack of intervention on part of national or international bodies almost halted the Transmed project before it was concluded. Once again, it was Sicily that insisted for the completion of the project.

47 Hayes, M.H. (2005), p. 10.

48 Rosa, G. (2011), Interview, March 14, Milan, Italy.

49 Zanardo, A. (2012), p. 46.

50 Samorè, F. (2010), p. 88 and Hayes, M.H. (2005), p. 17.

1975-1983: The Price Wars

By committing to such major investments, Eni had reluctantly left an immense bargaining power to Tunisia and Algeria, which both countries used when gas prices started to raise along those of oil[51].

The first crisis occurred in 1975. Thanks to new gas discoveries on the coast of Gabés, Tunisia was able to become independent from Algerian gas. Therefore, instead of a quota of gas, the country demanded a strong increase in the transit fee. The new Minister of Economics Abdelaziz Lasram, who had replaced Chadly Ayari, the man who had followed the Transmed negotiations on part of Tunisia, asked for a 12% increase[52], essentially holding the project in hostage.

At first, ENI sought a reduction in the gas price delivered to the Tunisian border to compensate, but Sonatrach was unwilling to accept this clause[53]. Eni proposed other solutions in terms of prices and transported volumes but the negotiations were extremely complicated by the worn-out relations between Algeria and Tunisia for a dispute over territorial waters; Eni had to conduct the talks with the two countries separately. Furthermore, within Tunisia the negotiations for the transit had to be dealt separately with each regional governor, dispersing each proposal made by Eni into a myriad of smaller proposals[54].

The project stalled and eventually, at the end on 1976, the contract for the Transmed expired. Unable to reach an agreement with Tunisia, Eni signed a new contract with Sonatrach for 8.5 bmc of LNG imports from Arzew to the Tuscan terminal of Livorno, in the North of the country[55]. This decision caused an uproar on part of Sicilian MPs of all political parties, accusing the company of using the incident with Tunisia as a mere excuse not to carry out the construction of the pipeline, once again excluding the South from the country's energy network. During a fiery Parliamentary debate where Pietro Sette, the President of Eni at the time, had to testify, they accused the Tunisian government of following orders given by France to boycott the Transmed project[56]. In fact, in the same period that the Transmed contract was expiring, a new agreement between France and Spain had been signed for the construction of a pipeline from Algeria to Spain and France which bypassed Morocco[57]. They asked Sette to state whether it was true

---

[51] Hayes, M.H. (2005), p. 18.

[52] ASE, Fondo ENI S.p.A., Direzione Estera, UDC 200, NUA 1704.

[53] Hayes, M.H. (2005), p. 11.

[54] Atti parlamentari (1977), *Camera dei deputati. Seduta di Venerdì 4 febbraio 1977.*

[55] Verzotto, G., Citton, G. (2008), pp. 119-120.

[56] Atti parlamentari (1977), *Camera dei deputati. Seduta di Venerdì 4 febbraio 1977.*

[57] Hayes, M.H. (2005). Eventually the agreement failed.

that Eni would have preferred to simply buy the gas from France rather than investing in the Transmed[58]. Although Sette denied that the company preferred the LNG solution to the pipeline, having already invested a big amount of time and of money in the project, he did not reassure the Sicilian government over a future continuation of the works; he promised that an LNG plant would be set up in Sicily as well and that the parallel accords between France and Spain had no correlation to the suspension of the Transmed project[59]. Whether this was just a bluff or a real plan between Eni and Sonatrach is uncertain; but the regional Sicilian government started parallel talks to the Tunisian government[60] and eventually, in July 1977, the country renounced the price increase, although it was able to win some concessions[61]. Lasram did not obtain the 12% price increase he had sought; however, Tunisia obtained 5.6% share of total gas shipment as a transit fee, along with full ownership over the Tunisian section of the pipeline after the works were carried out by the joint-venture[62].

A second crisis occurred in 1981 and 1982, when the engineering works were practically completed and pipeline had been laid down. After the sudden death of colonel Boumédiène in 1978 from a blood disease, Sonatrach underwent a major restructuring under the new leadership of colonel Chadli Benjedid and of Belkacem Nabi as the new Minister of Energy and Industry. Algeria's economy was in high waters; the focus on heavy industry imposed by Boumédiène over the past decades was resulting in little job creation, heavy fiscal pressure and a stronger dependency on foreign supplies and expertise. Ending years of austerity in favor of the promotion of domestic occupation and consumption required a demand of capital that was beyond Sonatrach's earning capacity. In order to increase revenues from hydrocarbons, they decided to increase prices rather than the volumes of exports[63]. In 1981, Sonatrach announced to Italy that it would have demanded $7 dollar more per mmBTU (million barrels British thermal unit)[64].

This treatment had not been reserved for Italy only; a revision of the contracts was imposed also to the United States, France and Belgium, with different outcomes. The negotiations with El Paso, the American buyer, ended rapidly as the US Department for Energy stepped in and

58 Atti parlamentari (1977), *Camera dei deputati. Seduta di Venerdì 4 febbraio 1977* and ASE, ENI S.p.A., Press Review 1965, Articles from *El Moudjahid*.

59 Atti parlamentari (1977), *Camera dei deputati. Seduta di Venerdì 4 febbraio 1977.*

60 Verzotto, G., Citton, G. (2008), e rassegna stampa.

61 Hayes, M.H. (2005), p. 12.

62 Hayes, M.H. (2005), p. 12.

63 Ruedy, J. (1992) and Hayes, M.H. (2005).

64 Hayes, M.H. (2005), p. 21.

cancelled the contract altogether. Algerian supplies counted for a fraction of the US supplies and a change in the contract with the African country could have provoked a revision of the more important contracts with Mexico and Canada[65].

Eni too, at first, refused to agree to the new terms. Even with the Transmed lying empty, the company could count on the production of the Po Valley, still the most lucrative resource for the company[66]. In addition, new contracts with Phillips for the North Sea and with Russia protected the country from immediate energy shortages[67].

France also tried initially to ignore the price increase imposed by Sonatrach and kept paying the originally contracted prices. Sonatrach responded by shipping only the fraction of gas corresponding to the new tariff[68]. At the same time, both the Netherlands and Russia decided to take advantage of the occasion to increase their fares[69]. At this point, Belgium's Distrigaz agreed to pay Sonatrach a higher price. The company thought to be protected by the "most-favorite company" clause that would allow Belgium to claim the lowest price subsequently negotiated by Sonatrach with any other company. However, instead of protecting Belgium, Distrigaz's agreement put France in an even weaker position. In the end, the French government intervened in the negotiations and agreed to provide a direct subsidy to Gas De France to cover for the difference in price demanded by Algeria[70].

After France signed the agreement with Algeria, the Italian government stepped in. Italy was worried that a further delay in the Transmed supplies would turn into a higher dependence of Italy from Russia's resources; furthermore, the umpteenth delay in gas supply to the South was again being accompanied by protests in Sicily[71]. But apart from these reasons, another important factor in the decision of the Italian government to step in was that rather than considering the agreements made by Belgium and France as the lack of a common strategy amongst Europea countries, Italy perceived the agreement as a move on part of France to establish closer relations with Algeria at the expenses of Italy. The industry and trade unions pushed for a quick agreement before France ousted Italy from the industrial plans it was making with the Algerian government[72].

---

[65] Hayes, M.H. (2005), p. 22.

[66] Hayes, M.H. (2005).

[67] Briatico, F. (2004), p. 294.

[68] Hayes, M.H. (2005), p. 13.

[69] Hayes, M.H. (2005), p. 10.

[70] Hayes, M.H. (2005), p. 22.

[71] Briatico, F. (2004), p. 435.

[72] Briatico, F. (2004), p. 294 and Hayes, M.H. (2005), p. 23.

On September 1982, a ministerial meeting was called in Rome and in only four day the Italian Minister of Foreign Trade Nicola Capria and Belkacem Nabi signed an agreement for the delivery of Algerian gas based on the same formula imposed to Gas De France; as in France, the government promised Eni to cover for the price difference[73].

Eni protested for the agreement and accepted to reinforcing it only after the Italian government passed an official act stating that the price government would be covered through a excise tax on petrol[74]. Finally, after a conquering a monumental technical challenge and an even more costly political battle, the first BTUs of gas were delivered through the Transmed pipeline in June 1983.

The signing of the agreement represented a victory for Algeria, which feared that an iron hand on part of the Italian government would also cause France to try and renegotiate the clauses[75]. Nothing of this sort happened. On the contrary, the Italian political and industrial world welcomed the news of the agreement as a renewed pact for cooperation with Algeria.

Conclusions

Today, 30 years after the inauguration of the Transmed, it is possible to affirm that the insistence of the Italian State and of the Regione Sicilia for its construction paid off handsomely. By 1986, the battle for higher prices engaged by Sonatrach against Europe proved to be a fiasco; only four years after the agreements, oil prices were dropping, economic growth and global demand slowed down, and Italy was able to negotiate lower prices[76]. Over the years, the Transmediterranean gas pipeline has provided a constant and cheap flux of gas to Italy, so much so that a parallel line was built in 1994 to double the capacity. Neither the turmoil faced by Algeria in the 1990s, nor the recent revolution in Tunisia during the Arab Spring has disrupted the constant supply. The bet of developing its own niche technology for offshore gas pipe laying allowed Eni to remain a world leader in the field of designing and building deep sea pipe laying worldwide[77]. Having a direct source of imports, Sicily was able to bridge the gap of the technological surplus of the gas industry in the North, making the Italian energy system more balanced[78].

---

73 Hayes, M.H. (2005), p. 24.

74 Hayes, M.H. (2006), "The Transmed and Maghreb projects: gas to Europe from North Africa," in *Natural Gas and Geopolitics*, Cambridge University Press; and Briatico, F. (2004).

75 Hayes, M.H. (2006).

76 Hayes, M.H. (2006), p. 63.

77 Hayes, M.H. (2005), p. 10.

78 Zanardo, A. (2012), p. 94.

Overall, natural gas is rapidly gaining geopolitical importance thanks to its lower environmental impact. World gas consumption is projected to more than double over the next three decades, rising from 23% to 28% of world total primary energy demand by 2030 and surpassing coal as the world's number two energy source and potentially surpassing oil as well[79].

However, this historical overview of the genesis of the Transmed reveals the change from a pan-European project for a common energy strategy in concert with North Africa to a much more localized project centered on bilateral negotiations between Italy and Algeria – or even on a smaller scale, Sicily and Algeria. Despite the financial help provided by the European Community during its construction, the lack of a common energy policy in Europe became particularly clear during the price crisis started by Sonatrach in the early 1980s, where each country signed separate agreements often at the detriment of the others. The control of Europe supply gradually shifted from the American oligopolies to Russia and to the nationalized industries of Opec countries, without European companies being able to find a common strategy to exert their own policy.

This paper attempted to give an overview of the issues and problems related to the conception, planning, and construction of a major energy infrastructure project such as the Transmed. The reasons for a lack of a common European energy policy remain not fully understood and open to further research. The same applies to the energy relationships between Northern Africa and post-colonial Europe, and the political, economic, and cultural aspects that they entail.

References

ASE (Eni's Historical Archive). Fondo Eni – Direzione Estera; Rassegna Stampa; Presidenza Mattei; Presidenza Girotti.

Atti parlamentari (1977). *Camera dei deputati. Seduta di Venerdì 4 febbraio 1977.*

Brancati, S. (1997). *Enrico Mattei? Un pescatore di trote...* Palermo: Ila Palma.

Briatico, F. (2004). *Ascesa e declino del capitale pubblico in Italia.* Bologna: Il Mulino.

Comaschi, C., Di Giulio, E., Sormani, E. (2007). *Natural gas demand and supply in Italy*, in: *Proceedings of the 25th International Conference of the System Dynamics Society and 50th Anniversary Celebration.* Presented at the 25th International Conference of the System Dynamics Society and 50th Anniversary Celebration, USA, Boston.

Direzione Generale per l'energia e le risorse minerarie (2012). *Importazioni di gas mensili per paese di origine.* Ministero dello sviluppo economico. [Excel

79 Hayes, M.H. (2005), p. 5.

Document] Available at: http://dgerm.sviluppoeconomico.gov.it/dgerm/importazionigas.asp [Accessed 02 September 2013].

Eni (2012). *Transmed* [WWW Document] Available at: http://www.eni.com/it_IT/innovazione-tecnologia/progetti/transmed/transmed.shtml [Accessed 09 February 2013].

Hayes, M.H. (2005). *Algerian Gas to Europe: The Transmed Pipeline and Early Spanish Gas Import Projects*. Program on energy and sustainable development, Stanford University.

Hayes, M.H. (2006). "The Transmed and Maghreb projects: gas to Europe from North Africa," in *Natural Gas and Geopolitics*. Cambridge University Press.

Giuntini A., Pozzi D. (2003). *Enrico Mattei e l'industria del metano in Italia*, Milano, Giona, 2003.

Kapstein, E. B. (1990). *The Insecure Alliance: Energy Crises and Western Politics since 1944*. USA: Oxford University Press.

Mannozzi, A. (2008). *La SNAM e i grandi accordi internazionali per il gas naturale*. Pisa: Università di Pisa.

Pirani, M. (2012). *Poteva andare peggio. Mezzo secolo di ragionevoli illusioni*. Milan: Mondadori.

Pirani, M. (2012). Interview, June 05. Rome, Italy.

Pirani, M. (2014). Interview, December 02. Rome, Italy.

Rosa, G. (2011). Interview, March 14. Milan, Italy.

Ruedy, J. (1992). *Modern Algeria: The origins and development of a nation*. Indianapolis: Indiana University Press.

Samorè, F. (2010). *La piramide del gas. Distribuire energia al territorio (1945-2009)*. Milan: Bruno Mondadori.

Siddi, M. (2013). *Lo stallo del gasdotto Galsi* [WWW Document] Meridiani Relazioni Internazionali. Available at: URL http://www.meridianionline.org/2013/07/16/gasdotto-galsi/ [Accessed 22 October 2013].

Sonatrach: gasdotto tra Algeria e Italia ancora rinviato – Il Mondo [WWW Document] (2013) URL http://www.ilmondo.it/esteri/2013-05-18/sonatrach-gasdotto-algeria-italia-ancora-rinviato_257425.shtml [Accessed 22 October 2013].

Verzotto, G., Citton, G. (2008). *Dal Veneto alla Sicilia. Il sogno infranto: il metanodotto Algeria-Sicilia*. Padova: La Garandola.

Zanardo, A. (2012). *Dall'autarchia all'austerity. Ceto politico e cultura d'impresa nell'industria nazionale del metano (1940-1973)*. Rome: Aracne.

Troisième partie

Le Moyen-Orient

Third Part

Middle-East

Le transport du pétrole du golfe Persique à la Méditerranée

L'enjeu de la route de Suez (XXe-XXIe siècles)

Caroline Piquet

Université de Paris-Sorbonne, France

Introduction

Le canal de Suez a d'abord été un passage sur la route des Indes ; au XIXe siècle, il s'inscrivait dans la maîtrise des routes de l'océan Indien, tourné vers le commerce avec l'Asie. Au XXe siècle, la découverte du pétrole au Moyen-Orient modifie sa vocation ; le golfe Persique devient grâce à ses ressources pétrolières le cœur battant de l'économie mondiale ; l'intérêt géostratégique de la voie égyptienne s'en trouve redoublé, tout comme les tensions autour de son contrôle. Avec l'essor du transport du pétrole du Moyen-Orient, le canal s'affirme en effet comme l'une des routes pétrolières les plus importantes du monde. Il est dès lors confronté à de nouveaux défis : ceux-ci sont d'abord de nature technique avec l'évolution de la marine marchande et pétrolière qui le pousse à de réguliers programmes d'adaptation et d'agrandissement. Par ailleurs, la situation tourmentée du Moyen-Orient au XXe siècle pèse sur son évolution. La guerre des Six Jours constitue un moment charnière qui fragilise sa position de route pétrolière. Après sa réouverture de 1975, le canal de Suez est soumis à de nouveaux impératifs pour récupérer sa place au sein du commerce des hydrocarbures en s'adaptant à un environnement technique et concurrentiel changé. Ainsi, il s'agira de voir comment le canal de Suez s'est inscrit dans l'évolution générale des routes du pétrole au cours des XXe et XXe siècles et combien les conflits régionaux ont pesé sur son statut de voie pétrolière. Cette étude repose sur l'analyse de tous les bulletins du canal de Suez jusqu'à la fin de la décennie 2000, répertoriant notamment l'évolution des marchandises et des flottes, sources complétées par les rapports des Chambres de commerce des pays du Golfe.

I. L'affirmation de la route pétrolière (1945-1967)

a. Le canal de Suez et l'essor du pétrole du Moyen-Orient

Au début du XXe siècle, la vocation du canal de Suez évolue considérablement ; depuis sa création en 1869, il avait assuré le trafic des marchandises entre les zones asiatiques et l'Europe ; l'Inde représentait ainsi l'essentiel du trafic de marchandises des flux sud-nord. La découverte du pétrole au Moyen-Orient change la donne. Le pétrole est découvert en Perse en 1908 et son exploitation par *l'Anglo-Persian Oil Company* débute quatre ans plus tard. En 1912, est également fondée *la Turkish Petroleum Company* (TPC) pour exploiter le pétrole du nord de l'Irak. À la fin des années 1920, les ressources augmentent : l'*Irakian-Oil Company* qui a remplacé la TPC exploite les gisements de Kirkuk au nord de l'Irak. Par ailleurs, durant l'entre-deux-guerres, les pays du Golfe deviennent des pays producteurs : Bahreïn est le premier pays de la région à exploiter son pétrole dès 1935. Les prospections ont commencé chez ses voisins : c'est le cas au Qatar en 1932 grâce à l'accord de concession signé avec la *Gulf Oil Corporation* ou bien au Koweït en 1934 selon un accord avec la *Kuweit Oil Company*. L'année suivante, l'Arabie saoudite conclut à son tour un accord avec la *Standart Oil California* pour effectuer des prospections pétrolières ; en 1938, d'immenses champs pétrolifères sont mis en exploitation dont le fameux gisement de Dharan. Dans le trafic du canal de Suez, l'importance de la région du golfe Persique se confirme : la région représente 8 % des flux sud-nord en 1913 ; en 1938, cette part monte à un tiers du trafic sud-nord (31 %). Par ailleurs, le pétrole a pris le dessus sur les autres produits dans les flux sud-nord avec 25 % du trafic, suivi des oléagineux (19 %), des céréales (15 %), des minéraux (7,6 %), des textiles et autres produits[1].

Dans le même temps, l'évolution des flottes accompagne l'essor du trafic du pétrole transitant par Suez. Le passage de la machine à vapeur au moteur diesel entraîne un changement dans le combustible d'alimentation ; le charbon cède devant le mazout. Combustible dérivé du pétrole, le mazout est essentiellement utilisé sur les bâtiments militaires après la Grande Guerre ; à la veille de la Seconde Guerre mondiale, il propulse environ 30 % du tonnage mondial. La généralisation du moteur diesel associée à la découverte de gisements pétrolifères favorise l'essor des navires-citernes destinés au transport du pétrole. Le pétrole du golfe Persique représente une manne pour Suez. Celui-ci est transporté par navires-citernes dès 1915, lorsque la compagnie d'Abadan affrète elle-même ses bateaux, créant la *British Tanker* en 1915 pour acheminer sa

[1] André Siegfried, Suez, *Panama et les routes maritimes mondiales*, Paris, Armand Colin, 1948, p. 101-103.

marchandise vers la raffinerie de Skewen au pays de Galles. En 1922, cette compagnie effectue déjà 38 traversées dans le canal de Suez. Sur cet itinéraire, les pavillons russes et autrichiens ont disparu avec la Première Guerre mondiale et la marine britannique occupe une place quasi exclusive (90 % en 1923 contre 54 % dix ans plus tôt)[2].

Durant l'entre-deux-guerres, le canal acquiert une position dominante sur l'itinéraire entre le Golfe et l'Europe, même si elle doit affronter la concurrence du cap de Bonne-Espérance et des premiers oléoducs. La suprématie de Suez sur le cap de Bonne-Espérance ne s'impose qu'en 1880, où pour la première fois le volume des cargaisons de Calcutta transitant par Suez est plus important que celui passant par le Cap[3]. Mais l'avance acquise par ce dernier reste fragile et la route africaine demeure une rivale potentielle, et ce encore au XXe siècle. Lors des périodes de crise, la concurrence des deux voies réapparaît : c'est le cas en 1930, quand les armateurs agitent la menace de reprendre l'itinéraire du Cap pour faire baisser les tarifs du canal de Suez, ou bien à la veille de la Seconde Guerre mondiale lorsque les risques en Méditerranée élèvent le prix des assurances. Au milieu des années 1930, le canal subit en outre la concurrence de l'oléoduc acheminant le pétrole irakien vers Tripoli au Liban et Haïfa sur la côte palestinienne. Le pipe-line mis en service en 1935 a toutefois une capacité limitée d'environ quatre millions de tonnes et sert surtout à acheminer le pétrole brut ; les autres variétés, essence et mazout, continuent d'emprunter le chemin de Suez. En outre, la baisse du pétrole irakien est compensée par l'exploitation des gisements de Bahreïn. À veille du second conflit mondial, le Moyen-Orient fournit 5,6 % de la production mondiale de pétrole ; la part de ce dernier dans le trafic sud-nord du canal passe de 2 % en 1913 à 25 % en 1938, ce qui renforce l'importance géostratégique de cette route.

Lors des deux guerres mondiales, le canal devient un enjeu de la défense de la Méditerranée, même si cela heurte les conventions internationales qui prévoyaient une neutralité de la voie maritime en cas de conflit. Pendant la Première Guerre mondiale, l'or noir devient un combustible utilisé pour l'alimentation des marines de guerre ; or, le canal de Suez assure l'approvisionnement du pétrole perse, ainsi que l'acheminement des troupes d'Inde et d'Australie. De même, durant le second conflit mondial, le canal assure l'approvisionnement en pétrole des bases alliées en Méditerranée. Lors de ses deux épisodes, les Britanniques tiennent fermement le contrôle de l'Égypte. Du point de vue

---

2 *Le Canal de Suez*, bulletin décadaire de la Compagnie universelle du canal maritime de Suez, 23 juillet 1923.

3 Douglas A. Farnie, *East and West of Suez, The Suez Canal in history, 1854-1956*, Oxford, Clarendon Press, 1969, p. 362.

du commerce, ces conflits ne représentent pas des ruptures – lors de la Première Guerre, le canal de Suez n'a été bloqué que quelques jours et son activité commerciale enregistre une hausse dès le début de l'année 1918 ; lors du conflit suivant, le trafic repart dès 1943. En revanche, d'un point de vue géostratégique, les deux guerres mondiales sont des moments-clés qui confirment l'enjeu du canal de Suez comme voie pétrolière.

b. L'apogée du trafic du pétrole dans le canal de Suez (années 1950-1960)

L'essor du commerce maritime durant les Trente Glorieuses et la forte demande en hydrocarbures profitent pleinement au canal de Suez. Après la Seconde Guerre mondiale, une part du pétrole d'Irak emprunte les oléoducs qui traversent la Mésopotamie pour rejoindre la côte du Levant mais la production d'Iran, du Koweït, de Bahreïn et de l'Arabie saoudite passe par le canal. Suez bénéficie en outre du double passage des navires-citernes : venant du nord, ils empruntent la voie maritime sur lest, c'est-à-dire vides, pour effectuer le chemin inverse une fois chargés de leur cargaison[4]. Dans les années 1960, la part de pétrole dans le canal poursuit son envolée. Cette conjoncture favorable s'accompagne de la découverte de nouveaux gisements dans le golfe Persique, avec notamment l'exploitation du pétrole à Abu Dhabi en 1962, à Dubaï en 1969 ou en Oman en 1967. Ces années correspondent à la période où culmine le trafic pétrolier passant par Suez : la part du pétrole dans le trafic total du canal passe de 64 % en 1955 à 72 % pour les années 1959-1966. Transitent par Suez 36 % du pétrole du golfe Persique et un tiers des importations d'hydrocarbures de l'Europe occidentale.

Par ailleurs, l'essor du pétrole du Golfe entraîne une forte augmentation de la navigation ; entre 1938 et 1954, le nombre de navires par jour a doublé. En 1953, près de quatre millions de tonnes transitent dans le canal dans le sens sud-nord ; la flotte pétrolière domine alors largement le trafic et représente 60 % des usagers. Les pays importateurs s'équipent ; ainsi la France dispose en 1954 de 119 tankers contre 44 dix ans auparavant. De plus, l'essor du pétrole a accéléré la motorisation ; la proportion du tonnage mondial utilisant des combustibles liquides en 1953 est de 87 % ; le charbon est tombé à 13 % (contre 97 % en 1914)[5].

De plus, la hausse du trafic s'accompagne de l'apparition de bateaux de plus en plus imposants. Au milieu des années 1950, le groupe de navires des 6 000-8 000 t domine ; mais la plus grande partie du tonnage

---

4 Michel Homolle, « Répercussions de la guerre sur le trafic du canal de Suez », *Bulletin de la société belge d'études et d'expansion*, 1948, p. 239-245.

5 Rapport du supplément du *Lloyd's Register of Shipping*, édition 1954, cité dans la revue publiée par la Compagnie du canal de Suez, *Le Canal*, n° 11, avril 1954, p. 26-27.

construit depuis la guerre se classe dans la catégorie 10 000-15 000 t. Les navires au-delà de 28 000 t, les supertankers, affirment également leur présence. En 1952, les deux plus gros sont français : le *Bérénice* et le *Bethsabee* ont été construits pour un transport à pleine charge de 31 400 t. Leur rayon d'action leur permet d'effectuer le voyage aller-retour de 17 000 miles du Havre au golfe Persique sans escale. Quelques mois après, leurs performances sont déjà dépassées par le *World Unity* de la compagnie *World Tanker Corporation.* À la même époque, l'*Anglo-Saxon Petroleum Company* met en service quatre navires de 28 000 t et de 10,36 de tirant d'eau construits en vue de franchir le canal. Ils sont destinés à alimenter les deux raffineries de la Shell à Haven sur la Tamise et à Stanlow sur le canal de Manchester. Chaque navire peut transporter annuellement 200 000 t en huit rotations vers le golfe Persique. L'année suivante, le *Tina Onassis*, tanker sous pavillon libérien baptisé du nom de la fille du célèbre armateur, traverse le canal avec une capacité à pleine charge de 45 000 t d'huile[6].

Les services du canal observent avec inquiétude les passages toujours plus nombreux de ces tankers de nouvelle génération car leurs dimensions ralentissent la navigation. En août 1954, le *Janita* s'amarre en raison d'une avarie de machine ; sa largeur et son tirant d'eau ne permettent pas aux convois de passer ; l'incident provoque un retard de 12 heures sur le trafic. La voie d'eau ne semble plus adaptée à ces bâtiments ; en outre, sa capacité, comme celle d'autres infrastructures de transport maritime, freine l'évolution technique des flottes. Dr. Walter L. Green, président du Bureau américain de la navigation, le souligne : « Dans les projets intéressant les navires de grandes dimensions, le principal facteur à considérer reste la limitation des tirants d'eau imposés par les installations de chargement et de déchargements ainsi que la profondeur des canaux rencontrés sur la route des pétroliers »[7].

Le trafic de pétrole en grande quantité pose de redoutables problèmes au canal : cette matière inflammable est soumise au phénomène de dilation ; elle nécessite, outre une coque en acier, des caissons d'expansion et des mécanismes de pompage. Malgré ces équipements, la traversée d'un pétrolier demeure hautement dangereuse, le moindre heurt pouvant se transformer en accident dramatique en raison des risques d'incendie et d'explosion. Cela demande des investissements constants dans des programmes de travaux. Plusieurs programmes d'élargissement de la cuvette sont menés entre-deux-guerres ; un 7e programme se termine en 1954. À peine est-il achevé qu'apparaissent les supertankers de plus de 30 000 t avec des capacités de chargement à 36 pieds. Dès

6 *Le Canal*, n° 9, Noël 1953, p. 1.

7 *Le Canal*, n° 5, avril 53, p. 2-3.

1955, la Compagnie du canal se penche sur un 8e programme destiné à les accueillir. En juillet 1956, un 9e programme est déjà à l'étude pour s'adapter aux nouveaux tankers mais les crises géopolitiques freinent cette évolution.

c. Tensions autour de la route pétrolière

Durant la deuxième moitié du XXe siècle, le canal de Suez pâtit de la situation troublée de la région ; son statut de route pétrolière est fragilisé par les conflits israélo-arabes ainsi que les tensions suscitées par la volonté des pays producteurs de récupérer les revenus de leurs ressources naturelles. En 1951, lors de la crise d'Abadan provoquée par la nationalisation de *l'Anglo-Persian Oil Company*, la production iranienne d'hydrocarbures est fortement ralentie ; la part du pétrole perse dans les flux sud-nord du canal de Suez tombe à 17 % (contre 53 % en 1947). Mais la hausse reprend dès 1952 grâce à un trafic intense de pétrole en provenance d'Arabie saoudite, du Koweït et d'Irak vers l'Europe et les États-Unis. En 1954, la production d'Abadan repart à la hausse et, l'année suivante, le canal enregistre un accroissement du tonnage net en provenance de cette destination de 13 %[8].

Cinq ans après la crise d'Abadan, la nationalisation de la gestion du canal de Suez provoque à son tour une violente crise internationale, de juillet à novembre 1956. Après les bombardements français et britanniques dans la région, la remise en état de la voie maritime est prise en charge par l'ONU et, dès 1957, le trafic peut reprendre. Néanmoins, une leçon importante est tirée de cette crise : le canal de Suez constitue une route pétrolière vitale pour la reconstruction de l'Europe. Lors de la crise de Suez, Anthony Eden le résumait ainsi : « la vie industrielle de l'Europe occidentale dépend littéralement du maintien de la liberté de navigation dans le canal » ; « c'est une question de vie ou de mort pour nous »[9].

Si les crises d'Abadan en 1951 et de Suez en 1956 ont fait trembler les chancelleries européennes, elles ont en réalité peu affecté le trafic de pétrole dans le canal. En revanche, la troisième guerre israélo-arabe, dite guerre des Six Jours, affecte bien plus gravement le statut du canal de Suez comme route pétrolière. À partir de 1967, le canal cesse en effet d'être une artère commerciale durant huit ans. Même au cours des deux guerres mondiales, il restait une voie de passage pour le transport des troupes et du pétrole. En 1967, la situation est tout autre ; la voie d'eau

---

8 Rapports de l'Assemblée générale, juin 1954 et juin 1955, Archives de la Compagnie du canal de Suez, 1995060 0025, Centre des Archives du Monde du travail, Roubaix.

9 « Discours d'Anthony Eden à la chambre des Communes, 2 août 1956 » et « Discours radiodiffusé d'Antony Eden, 8 août 1956 », *Documents relatifs au canal de Suez*, La Documentation française, n° 2205, août 1956.

demeure complètement fermée. Les répercussions pour le transport maritime sont énormes : d'un jour à l'autre le ravitaillement de l'Europe est perturbé et les coûts du transport maritime s'envolent. La hausse des coûts tient à l'allongement des trajets pour des armateurs désormais contraints d'emprunter la route du Cap. L'itinéraire vers les gisements du golfe Persique à partir de Rotterdam s'allonge de 75 % ; au départ de Gênes, il augmente de 140 %. De plus, les taux de fret s'élèvent pour répondre à la demande accrue d'espace de transport sur les navires. À ces frais, s'ajoutent le relèvement des assurances et l'apparition de primes « spécial fermeture du canal ». Dès juin 1967, les compagnies d'armement réclament en effet un supplément de 25 % en raison de rallongement des lignes par le Cap, taxe progressivement réduite dans les mois suivants.

Le secteur le plus pénalisé par la fermeture de Suez demeure le transport des hydrocarbures. En 1966, plus d'un cinquième du trafic pétrolier interrégional transite par Suez. L'armement pétrolier était alors excédentaire depuis de nombreuses années ; sa flotte au niveau mondial se montait à plus de 100 millions de tonnes. En quelques mois, cette situation vacille. À la fin de l'année 1967, 1,4 million de tonnes sont désarmées et 4 millions sont reconverties pour le transport des céréales[10]. Parmi ces pertes, il faut compter les quinze tankers bloqués dans le canal depuis la fermeture. D'autre part, de graves perturbations affectent la géographie des zones de production : la volonté de s'émanciper d'une trop forte dépendance au pétrole du Moyen-Orient entraîne le développement des exportations d'Afrique du Nord et d'Afrique occidentale ; la Libye, l'Algérie et le Nigeria sont les pays les plus concernés. Les prospections se multiplient aussi en mer du Nord et en Alaska.

L'équivalent de la valeur deux milliards de dollars de pétrole change de provenance entre 1967 et 1973. Ces bouleversements entraînent une hausse du coût du transport, qui se répercute sur les prix de la denrée brute. Les compagnies pétrolières élèvent aussi la facture en taxant leur production d'un « supplément canal de Suez ». En 1971, deux accords passés pour l'extraction du pétrole avec les gouvernements algériens et libyens prévoient un supplément de 12 cents par tonne tant que la voie maritime restera fermée. De même, *l'Irakian Petroleum Company* applique une taxe de 0,5 dollar par tonne selon les mêmes clauses, dans un accord avec le gouvernement syrien pour la production acheminée par oléoduc.

Enfin, la fermeture de Suez conduit à une accélération des changements techniques. Une nouvelle étape est en effet franchie dans la construction des tankers géants. La hausse du tonnage pétrolier dû à l'arrêt de Suez est

---

10 *Les Conséquences économiques de la fermeture du canal de Suez*, New York, Nations unies, 1973, p. 9.

estimée à 24 millions de tonnes. Contraints de prendre à nouveau la route du Cap, qui rallonge la distance entre les ports européens et le Golfe de 25 jours environ[11], les armateurs optimisent leurs coûts en accroissant les tonnages. La tendance à la construction de plus gros navires, déjà présente avant 1967, s'accélère brutalement avec le blocage du canal : les demandes de navires neufs augmentent de 45 % entre le milieu et la fin de l'année 1967. Au début de 1972, la moitié des navires-citernes et des cargos mixtes en service ou en chantier jauge plus de 200 000 t alors qu'en 1967, 80 % de la flotte mondiale se situait en dessous de cette jauge. Le coût du pétrole du Golfe acheminé vers l'Europe sur des navires géants passant par le Cap devient alors moins onéreux que celui qui passait par Suez sur de plus petits tankers[12].

Ainsi, pour l'économie internationale, la fermeture du canal provoque un petit séisme : les frais de transport augmentent, les zones de productions sont bouleversées, les lignes perturbées. Les conséquences sont aussi d'ordre écologique ; davantage d'accidents de pétroliers sont répertoriés en raison du contournement du Cap et de l'allongement des parcours[13]. En outre, le verrouillage de Suez, avec les surtaxes appliquées au tarif des hydrocarbures, contribue au relèvement des prix de l'or noir qui précède le choc pétrolier de 1973. Pour tous les acteurs de la scène mondiale, il devient urgent de débloquer la situation ; après la guerre du Kippour, l'Égypte et Israël engagent des négociations qui permettent la réouverture de la voie maritime en juin 1975. Cependant, le commerce maritime a bien changé ; le transport des hydrocarbures s'est réorganisé autour des oléoducs et de navires-citernes super-géants. Le canal de Suez a perdu la position qu'il avait acquise dans le trafic du pétrole du Golfe.

II. Repenser la place du canal de Suez au sein des routes du pétrole (1975 à nos jours)

a. *Face aux évolutions du transport maritime, un retard préoccupant*

Pour le canal de Suez, le retour à la paix ne signifie pas le retour à la compétitivité. En 1976, le tonnage taxé est inférieur de 160 millions à celui de 1966, ce qui correspond à une chute de 58 %. Il faut attendre 1980 pour que le tonnage de 1966 soit dépassé, et encore faiblement, de

11 La distance entre un port européen et un port du golfe Persique est d'environ 6 500 milles marins par Suez et de 11 200 milles par le Cap ; la durée d'un aller-retour est respectivement de 40 et 65 jours.

12 *Les Conséquences économiques de la fermeture du canal de Suez*, rapport cité, p. 2.

13 Hervé L'Huillier, « Pétrole et relations internationales depuis 1945 », *Questions internationales*, La Documentation française, n° 2, juillet-août 2003, p. 6-17.

2,5 %. Le canal peine à retrouver la place qu'il tenait dans le commerce maritime avant la guerre des Six Jours ; il a perdu ses atouts en prenant un retard considérable sur l'évolution de la marine marchande. En 1967, 80 % de la flotte-citerne pouvait y transiter ; en 1975, le tiers seulement[14]. Au cours des années 1960, une course au gigantisme naval s'engage avec l'apparition des supertankers. La Suez Canal Authority avait anticipé un programme d'élargissement au début de l'année 1967 ; mais le verrouillage brutal de Suez accélère l'apparition de navires géants destinés à croiser le Cap avec de grosses cargaisons.

C'est parmi les pétroliers que l'évolution est spectaculaire : à la fin de l'année 1971, 85 % des nouveaux tankers jaugent plus de 200 000 t[15]. Désormais, le transport maritime adopte une catégorisation des navires par tonnage : les bâtiments de 10 à 50 000 t sont appelés les *Handys*. Les 50 000 à 100 000 t, qualifiés de *Panamax* et d'*over-Panamax*, sont surtout réservés aux céréales et au charbon ; les *Aframax*, entre 80 000 t et 125 000 t servent plutôt au pétrole. Puis apparaissent les *Capesize* de 100 000 à 160 000 t pour le transport du minerai de fer et les *Suezmax* (125 000 à 160 000 t) pour le pétrole brut. Enfin, au-delà de ce tonnage, on parle de *Very Large Crude Carriers* (VLCC), *Very Large Bulk Carriers* (VLBC) ou encore d'*Ultra Large Crude Carriers* (ULCC) pour les plus de 300 000 t. Avec le tonnage, ce sont aussi les dimensions qui évoluent ; entre les années 1970 et le début du XXIe siècle, les longueur et largeur moyennes de ces navires passent respectivement de 200 et 30 m à 400 et 50 m. Le retard pris par le canal au cours des 1970 se situe à la hauteur de ces changements.

D'autre part, au cours des années 1970, se développe un transport de type mixte, jusqu'alors expérimental. Ce transport conduit à pratiquer un trafic triangulaire pour pouvoir ramener le temps passé du navire sur lest à moins de la moitié. Il est lié à l'apparition de vraquiers combinés comportant des aménagements pour le transport de marchandises de différentes natures. Ces navires polyvalents peuvent transporter du pétrole comme des biens alimentaires s'ils sont équipés de compartiments frigorifiques, ou encore être convertis en porte-conteneurs et rouliers. C'est ainsi qu'un navire au départ du golfe Persique chargé en pétrole rejoindra Rotterdam, puis naviguera sur lest entre Rotterdam et Narvik, au nord de la Norvège ; il se chargera alors en minerai qu'il transportera jusqu'au Japon ; enfin, il retournera vers le golfe Persique. Le développement de ce type de transport est bien moins favorable au canal que ne l'étaient, avant 1967, la plupart des mouvements entre le

---

14 Jacques Charlier, « Statistiques et perspectives », *Pétrole et technique*, novembre 1986, n° 328, p. 57-60.

15 *Les Conséquences économiques de la fermeture du canal de Suez*, rapport cité, p. 51.

golfe Persique et l'Europe avec des navires chargés à l'aller et vides au retour.

b. Le canal de Suez face à ses concurrents

La part des hydrocarbures dans le trafic global du canal, de 72 % à la veille de la guerre des Six Jours, est tombée à 28 % en 1976. La reconquête des navires-citernes se fait progressivement, contrariée par le second choc pétrolier de 1979 ; elle s'effectue en outre au rythme des programmes d'élargissement. La part du pétrole s'accroît et atteint 38 % du trafic en 1983 ; on est encore loin du niveau de 1966, mais la tendance est à l'optimisme. Cependant, l'embellie dure peu ; le transport du pétrole chute fortement en 1984 et 1985 sous l'incidence de la guerre Iran-Irak. La baisse du tonnage s'explique également par les limites techniques du canal, incapable d'accueillir les nouvelles générations de navires géants. Malgré les programmes de travaux permettant aux bateaux de 160 000 t à pleine charge de passer, les limites techniques de la voie d'eau demeurent préoccupantes au début des années 1990 : environ la moitié du pétrole chargé sur tankers ne peut plus l'emprunter[16]. Le canal peine à suivre l'évolution des pétroliers, ce qui profite aux voies concurrentes.

Les itinéraires de Panama et du cap de Bonne-Espérance sont devenus des rivaux plus dangereux qu'au milieu du siècle en raison de l'incapacité technique du canal à accueillir les tankers géants. Le Cap bénéfice très largement de la fermeture de 1967 et les armateurs ont adapté la capacité de leur flotte au contournement de l'Afrique avec des superpétroliers de 350 000 t. Quant à Panama, il profite du développement des mouvements triangulaires entre le Golfe, l'Europe et le Japon ou l'Extrême-Asie. Il est surtout emprunté par les navires partant du nord de l'Europe et de l'est de l'Amérique du Nord vers l'Australie et la Nouvelle-Zélande. Le trajet entre la côte est des États-Unis et l'Asie s'avère cependant plus long que par Suez et les conditions climatiques de la région augmentent le coût des assurances. Toutefois, les tarifs de passage moins élevés et l'instabilité de la mer Rouge jouent en sa faveur ; ses performances devraient en outre s'accroître avec le projet d'équipement en nouvelles écluses et dont le terme est prévu en 2014[17].

Au cours des années 1970, la concurrence des oléoducs menace elle aussi la compétitivité du canal. Dès 1934, les oléoducs présentaient une alternative potentielle avec la mise en service du pipeline de *l'Irakian Petroleum Company* qui relie les gisements de Kirkuk en Irak aux ports de Tripoli et Haïfa sur la côte méditerranéenne. En 1951, un nouvel

---

16 Jacques Charlier, « Le second souffle du canal », *Transport*, n° 341, mai-juin 1990.

17 Robert Lacoste, « Les nouvelles échelles du transport maritime », *Note de synthèse*, Isemar, n° 91, janvier 2007.

oléoduc parallèle au premier est construit pour porter à six millions par an les volumes transportés ; le terminal d'Haïfa est abandonné en raison de la création d'Israël au profit de Banyas en Syrie. Cependant, cette voie souffre des tensions régionales : en 1972, les régimes irakiens et syriens la nationalisent ; la rivalité entre les deux pays conduit quatre ans plus tard à l'arrêt du transport du pétrole irakien vers le terminal syrien. Après une brève reprise, Damas la ferme en 1982 en raison du conflit engageant l'Irak contre l'Iran. Un nouvel oléoduc en 1977 relie les gisements de Kirkuk à Ceyhan, sur la côte méditerranéenne de la Turquie ; mais les relations tendues entre les deux pays aboutissent à de nombreuses fermetures, notamment en 1991 lors de l'invasion du Koweït.

Autre sujet d'inquiétude pour Suez : l'oléoduc Tapline construit en 1949-51 entre les gisements d'Arabie saoudite et le terminal de Zahrani près de Saïda au Liban, avec une capacité de 23,5 millions de tonnes par an. Son fonctionnement est saboté et suspendu à plusieurs reprises ; l'Arabie saoudite le ferme lorsque la Jordanie apporte son soutien à l'Irak dans la première guerre du Golfe[18]. Depuis lors, le pipeline demeure à l'arrêt. Les mêmes vicissitudes politiques entravent le fonctionnement de l'oléoduc Tipline construit entre Ashkelon sur la Méditerranée et Eilat sur la mer Rouge. Depuis 1979, il sert au transport du pétrole égyptien vers Israël mais il pourrait servir à acheminer le pétrole de la péninsule Arabique du golfe d'Aqaba vers le nord. Avec une capacité de 10 millions de tonnes de brut/an, cette concurrence est prise très au sérieux par Suez, bien que le golfe du Tiran soit peu adapté aux pétroliers géants. Ainsi, l'utilisation des oléoducs de la région est estimée à seulement un tiers de leur capacité totale[19]. Si tous les pipelines fonctionnaient à leur capacité maximale, le canal perdrait une partie conséquente du transport de pétrole. Paradoxalement, les conflits de la région jouent en sa faveur : la paix menacerait sa compétitivité.

c. *Récupérer son rang au sein des routes pétrolières*

Au début des années 2000, l'Égypte veut redevenir la principale route pétrolière entre l'Europe et le Golfe ; elle souhaite récupérer les tankers géants passant par le Cap et la part de pétrole transitant par les oléoducs. Un nouveau programme est donc à l'étude en 2000 pour accueillir les bâtiments de 350 000 t à pleine charge. Les services égyptiens entreprennent de creuser le chenal de 18,9 m de profondeur à 20 m en 2007, avec une prévision de 24 m pour les cinq années suivantes.

18 Louis Blin, *Le Pétrole du Golfe : guerre et paix au Moyen-Orient*, Paris, Maisonneuve et Larose, 1996, p. 91-92.

19 Ahmed Ouazzani, *La Gestion du canal de Suez par les Égyptiens depuis 1956*, thèse de doctorat, Université Bordeaux IV, 2008, p. 238.

Sa largeur à la surface de l'eau oscille entre 300 et 365 m et sa longueur totale, avec les chenaux d'accès aux ports et les dédoublements, est portée à 193 km. Pour faire face à la concurrence, la *Suez Canal Authority* adapte aussi sa politique tarifaire : la base des tarifs depuis le XIXe siècle reposait sur un calcul strict à partir du tonnage net, avec comme seule distinction les bateaux circulant chargés ou sur lest. Après 1975, la politique tarifaire repose sur la catégorisation des bâtiments ; l'administration peut désormais définir une stratégie commerciale. C'est ainsi que voulant récupérer les pétroliers empruntant le Cap, elle leur propose au cours des années 1980 des tarifs attractifs ; de même, dans la décennie suivante, elle offre des rabais aux tankers géants, les *Capezise Carriers*[20].

D'autre part, conserver sa compétitivité dans le domaine du transport du pétrole implique de s'inscrire dans un réseau de voies pétrolières en jouant la carte de la complémentarité avec les oléoducs. Ces derniers peuvent en effet constituer des supports à l'activité du canal : c'est le cas du Petroline et du Sumed. L'oléoduc Petroline a été conçu pour sécuriser le transport du pétrole extrait en Arabie saoudite. Ouvert en 1981, il achemine la production de Ras Tanura sur la côte est au port de Yanbu situé sur la côte ouest bordant la mer Rouge ; le pétrole emprunte ensuite par navire la direction du nord pour passer le canal de Suez. L'armateur gagne ainsi du temps en évitant le contour de la péninsule Arabique et s'émancipe de tout problème de blocage des détroits d'Ormuz et Bab el-Mandeb que menacent les conflits avec l'Iran ou la piraterie. Sa capacité d'un million de barils par jour pourrait être augmentée par la mise en service d'une ramification entre le nord de l'Irak et Yanbu. Construit en 1985 afin de se dégager d'une trop forte dépendance vis-à-vis de la Turquie, ce segment est interrompu avec la guerre du Golfe. Sa réouverture contribuerait à accroître le pétrole débarqué à Yanbu et passant par Suez.

Quant à l'oléoduc Sumed (oléoduc adjacent Suez-Méditerranée), il relie les ports égyptiens d'Aïn Sokhna sur la mer Rouge au terminal de Sidi Krir sur la côte méditerranéenne, non loin d'Alexandrie ; il double en quelque sorte le canal. Il a d'abord été conçu par le gouvernement égyptien comme une alternative à la voie d'eau lors du blocus de 1967. Par la suite, il permet de fonctionner en complément avec elle en récupérant le pétrole des navires trop lourds pour la traverser. L'oléoduc permet à Suez d'accueillir des navires de plus de 300 000 t sur lest. Le Caire a donc parié sur la complémentarité plutôt que sur la rivalité entre les

[20] Discours à Paris de M. Ezzat Adel, président et directeur général de la Suez Canal Authority, 1994, publié dans *Centenaire de la mort de Ferdinand de Lesseps, 1894-1994*, Paris, 1995, p. 36.

deux voies, permettant ainsi à l'Égypte de demeurer au cœur des routes pétrolières. Un accord de coopération est scellé en 1997 entre la Suez Canal Authority et l'Arab Petroleum Oleoduc Company, propriétaire du pipeline, afin d'aligner les tarifs entre les deux infrastructures[21]. Cette combinaison a permis à Suez de garder son rang dans le transport du pétrole : en 2011, 113 millions de tonnes de pétrole y transitent qui se montent à 170 mt en combinaison avec Sumed, essentiellement en direction de la Méditerranée (seuls 300 000 barils/jour y transitent en sens inverse, de l'Afrique du Nord vers l'Asie)[22].

Conclusion : De la route pétrolière à celle des produits manufacturés

Route des Indes au XIXe siècle, le canal s'est transformé des années 1930 aux années 1960, en voie pétrolière. Au milieu du XXe siècle, il s'affirme comme la première voie du transport de pétrole du golfe Persique vers la Méditerranée. Aujourd'hui encore, le canal de Suez demeure une route pétrolière majeure ; dans un Moyen-Orient en ébullition, il représente une alternative plus sûre que celle des oléoducs. Pour le commerce avec les pays du Golfe en particulier, le canal conserve une importance stratégique avec l'essor du gaz liquéfié et la hausse du trafic de méthaniers. Ceci explique d'ailleurs que les pays du Golfe se montrent très sensibles à l'évolution politique de l'Égypte, avec même des rumeurs (démenties depuis) de rachat du canal de Suez par le Qatar[23].

Néanmoins, le transport du pétrole passant par Suez a nettement reculé ces dernières décennies ; les hydrocarbures représentent moins du quart de son activité à la fin du XXe siècle (contre trois quarts dans les années 1950-60). Au milieu des années 1960, Suez acheminait 176 millions de tonnes de pétrole ; ce chiffre tombe à 72 millions en 2008[24]. Il ne s'agit pas uniquement de l'effet des conflits régionaux et des détournements pour d'autres voies concurrentes puisque la même tendance se constate pour la route du Cap par où passaient 650 millions de tonnes de pétrole en 1976, et seulement 60 millions en 1989[25].

Les flux ont changé de direction : l'affirmation des pays asiatiques, grands demandeurs d'énergie fossile, modifie le sens des échanges. Le

21 *Suez Canal Annual Report*, Suez Canal Authority, Ismaïlia, 2001.

22 Françoise Ardiller-Carras, Philippe Boulanger et Didier Ortolan, *Hydrocarbures et conflits dans le monde*, Paris, Éditions Technip, 2012, p. 198.

23 « Maghreb : à quoi joue le Qatar », *Jeune Afrique*, 12 juin 2013.

24 Données annuelles, 2008, *Suez Canal Trafic Statistics*, www.suez,canal.gov.eg.

25 Hervé Coutau-Begarie, *Géostratégie de l'océan Indien*, Paris, Economica, 1993, p. 19-20.

canal pâtit de la hausse du commerce entre le golfe Persique et l'Asie tandis que les échanges ont diminué entre l'Europe et le Golfe. Le golfe Persique représentait en 1950 la première région commerçant avec l'Europe via Suez, en réalisant les deux tiers des flux du canal (73 %)[26] ; à la fin des années 2000, sa part dans le tonnage du Sud (imports-exports) tombe à 19,7 % avec un chiffre plus bas qu'en 1938 (31 %)[27]. En revanche, les échanges entre le Golfe et l'Asie connaissent une forte croissance. Au cours des années 1980, le Japon s'impose comme le premier client des pays du Golfe. Au début du XXIe siècle, l'Extrême-Orient conserve son rang de premier partenaire commercial des pays du Golfe ; le Japon concentre à lui seul 60 % exportations du pétrole brut de cette région[28].

Par ailleurs, on constate ces dernières années une nette hausse des produits manufacturés : en 2012, les cargaisons conteneurisées dominent largement le trafic (54 %), suivies de loin par les produits pétroliers (19,5 %)[29]. Ces chiffres confirment la première vocation du canal : le transport de marchandises manufacturées produites en Asie et en Europe. Le tanker est ainsi relégué au second rang derrière le porte-conteneurs. Cette évolution conduit également à un changement des acteurs impliqués dans la sécurité de la région, avec une présence plus affirmée des puissances asiatiques dans la sécurité du canal de Suez et des eaux du golfe Persique.

---

26 *Le Canal de Suez*, bulletin décadaire de la Compagnie universelle du canal maritime de Suez, 1951.

27 Largement devancé par l'Asie du Sud-Est et l'Extrême-Orient (45,3 %). Données d'octobre 2008, *Suez Canal Monthly Report*, Suez Canal Authority, Ismaïlia, octobre 2008.

28 *The Direction and Magnitude UAE Foreign Trade with Reference to Asian Countries*, Abu Dhabi Chamber of Commerce & Industry, Abu Dhabi, 1994 ; *Some Aspects of UAE Economy*, Abu Dhabi Chamber of Commerce & Industry, 1994 ; *Supplément économique du golfe arabo-persique*, Minefi, Dree Tresor, n° 6, octobre 2002.

29 *Suez Canal Trafic Statistics*, www.suezcanal.gov.eg.

Annexes

1. Part du pétrole dans le trafic sud-nord du canal de Suez

1913	2 %
1938	25 %
1955	64 %
1959-1966	72 %
1976	28 %
1983	38 %
2001	16 %
2012	19,5 %

Sources : *Le Canal de Suez, bulletins décadaires de la Compagnie universelle du canal maritime de Suez (CUCMS)*, années 1921 à 1939 ; *Le canal de Suez. Documents statistiques*, CUCMS, Impr. E. Desfossés, Paris, 1936-1937 ; *Le canal de Suez*, bulletin décadaire de la CUCMS, 1951 ; CUCMS, Assemblée générale des actionnaires, juin 1955 et juin 1956 ; *Suez Canal Reports*, 1956-2008, Suez Canal Authority, Ismaïlia, Égypte ; 2012, Suez Canal Trafic Statistics, www.suezcanal.gov.eg.

2. Part du golfe Persique dans les flux sud-nord du canal de Suez

1913	8 %
1938	31 %
1955	73 %
2008	19,7 %

Sources : *Le Canal de Suez, bulletins décadaires de la CUCMS*, années 1921 à 1939 ; *Le canal de Suez. Documents statistiques*, CUCMS, Impr. E. Desfossés, Paris, 1936-1937 ; CUCMS, Assemblée générale des actionnaires, 12 juin 1956 ; *Suez Canal Monthly Report*, Suez Canal Authority, Ismaïlia, october 2008.

Two New Pipelines for the Middle East

Ilaria TREMOLADA

University of Milan, Italy

The political, diplomatic and financial balance of the relations between the West and the Middle East was significantly upset by the Suez crisis. Financially, there were serious consequences for the western world. The closure of the Suez Canal and cutting off pipelines carrying oil from the fields of the Middle East had vast short and long term consequences.[1] In the immediate future, the difficulty in obtaining oil led several countries to find solutions to bring a drastic reduction in consumption. The crisis also forced the big oil companies that owned the concessions in the Middle East, and the British and U.S. governments to reflect deeply on the issue of oil supply from that area.[2] The birth of Israel and the subsequent outbreak of the Arab-Israeli conflict had made that area, one of the richest in oil in the world, extremely unstable. The fact that the pipelines and the Suez Canal crossed the areas more actively involved in the fight for the Palestine consequently gave the Arabs an important weapon with which pressure could be placed on the West.[3]

Clearly, the Suez crisis was a demonstration of what has just been said because in addition to the closure of the canal as determined by Nasser, western countries had also suffered the closure of the pipelines from Syria.[4] Except for the southern arm of the pipeline of the IPC, the structures present in that area until then crossed Syrian territory. The northern arm of the same structure – which connected Haditha to the Lebanese coast – the Iraqi oil pipeline built in the early 1950s linking the

1 The National Archives (Tna), London, Foreign Office (FO), 371/127200, file (f), UEs 1171/10, attached to letter from John Maud to Paul Gore-Booth, 14.1.1957, p. 2.

2 Tna, London, FO, 371/127200, f. UEs 1171/1, Draft telegram to Washington, secret, 12.31.1956, pp. 1-2.

3 P. Stevens, "Pipelines or Pipe Dreams? Lessons from the History of Arab Transit Pipelines," in *The Middle East Journal*, Volume 54, number 2, Spring 2000, pp. 224-239.

4 R. Kandiyoti, *Pipelines Flowing Oil and Crude Politics*, London, I.B. Tauris, 2008, pp. 64-65.

fields to the north of the country up to the Syrian city of Baniyas, and the Trans-Arabian pipeline ending in Lebanon all crossed Syrian territory.[5] Their operation was therefore in the hands of this state. Given that most of the oil used by the most important European countries came from the Middle East, the question became of particular significance after the Suez crisis.[6]

Before the canal crisis oil production in the Middle Eastern region was about 3,700,000 barrels per day. Of these: around 800,000 (22 percent) were sent through the Iraqi pipeline system or via the Saudi Tapline; around 1,500,000 (40 percent) were shipped through the Suez Canal, while the balance, around 1,400,000 (38 percent) were shipped by tanker from the ports in the Persian Gulf.[7]

The strategic importance of the Canal, as demonstrated by the significant disruption caused by its closure, demanded deep and careful consideration. This came from the British government in the days following the outbreak of the crisis. In December 1956 the British Foreign Office prepared a *Report on long-term requirements for the transport of oil from the Middle East*. The introduction explained that the purpose of the report was: "to set out briefly the problems of transporting rapidly increasing quantities of oil from the Middle East in the medium and longer term, including the problem of insuring against interruption of oil supplies, and to suggest preliminary steps for further consideration of these problems."[8]

After presenting the problem as a key issue for the economic and industrial growth of western countries, the paper analyzed the problem from a political perspective, highlighting the fact that the circumstances which caused the cut-off following the Suez crisis were real threats that would characterize the future in an unpredictable way:

---

5 R. Ghosn, "La pianificazione e costruzione di una infrastruttura energetica. Il caso della trans-arabian pipeline (tapline)," in "Novecento," *La fine del petrolio*, 2011, pp. 41-58.

6 S.H. Ali, "Energizing Peace: The Role of Pipelines in Regional Cooperation," *Bookings Doha Center Analysis Paper*, Number 2, July 2010, http://www.brookings.edu/~/media/research/files/papers/2010/7/middle%20east%20ali/07_middle_east_ali.pdf, p. 9 and Appendix 2.

7 Tna, London, FO, 371/127201, f. UEs 1171/43, *Mankind's Stake in Middle East Oil*, An Address By D. Brewster Jennings, Chairman of the Board of Directors of Socony Mobil Oil Co. Inc., Before the Annual Meeting of the American Institute of Mining, Metallurgical and Petroleum Engineers, Inc. in New Orleans, attached to letter from Miles Reid to Selwyn Lloyd, 26.2.1957, p. 8.

8 Tna, London, FO, 371/127200, f. UEs 1171/8, *Report on long-term requirements for the transport of oil from the Middle East*, attached to letter from Paul Gore-Booth to Francis Hopwood, 1.9.1957, p. 1.

It is of course hazardous, especially in present circumstances, to attempt to judge the political factors which may apply some years hence. In any circumstances, however, the most certain means the transport must be the use of tankers round the Cape. The use of the Canal must be assumed to be vulnerable, and the use of pipelines no less so. Admittedly closure of the Canal while leading to serious reductions on offtake from the Persian Gulf does not reduce the availability of oil while the destruction of pipelines may do so e. g. as in Northern Iraq today: but on the other hand the existence of several pipelines does spread the risk to some extent. in any case however, it has to be recognised that there is no way in which the risk of serious interruption of supplies can be wholly avoided. Because of the physical and economic limitations on the construction of tankers designed for the cape route, or additional pipelines, maximum use of the canal will in any foreseeable conditions be essential. For similar reasons, maximum use of the existing pipelines at least will similarly be essential. Accordingly, the first necessity must be so to conduct our policy towards the Middle East in co-operation with our friends and allies, as to minimise the risk of interruption in the flow of oil."[9]

Then, in general, from a financial viewpoint:

the costs of moving oil west of Suez by the various possible routes will always tend to some extent to equate themselves. The cost of moving oil through the pipelines or through the Canal is, at present, roughly equivalent. The factors affecting the use of the Cape route are, however, more complicated. At present, there are few tankers in service larger than about 40,000 d.w.t., as this is the biggest that can pass through the Canal fully loaded. On the basis of the present level of Canal dues, it is considerably more expensive to operate a tanker of this size round the Cape than through the Canal. The difference would, however, diminish with an increase in the size of the tankers used for the Cape route. The point where costs would be equated is difficult to determine, but it is noteworthy that a number of tankers of 60,000 d.w.t. are already on order, and the presumption is that these could be operated round the Cape at a cost roughly comparable to that of operating a tanker of 40,000 d.w.t. through the Canal at present. If still bigger tankers were used, the balance would swing in favour of the Cape route; and this would be still more the case if Canal dues were increased. Similarly, the cost of transporting oil from the pipeline terminals would diminish the larger the size of tankers that were used – the lower operating costs per ton of oil and the smaller number of tankers required offsetting the higher capital cost per tanker.[10]

It was later said a pipeline presented the least expensive delivery method in absolute terms, compared with carriage via the Canal or the transport costs associated with rounding the Cape of Good Hope.

9 *Ibid.*, p. 4.

10 *Ibid.*

However, the pipeline remained a politically "highly vulnerable method of transport."[11]

> (a) in providing the necessary additional facilities to move the oil required west of Suez, to aim to build the maximum number of tankers capable of economic operation round the Cape, and to regard pipelines as the residual means of transport. This policy would be substantially more expensive in terms of steel and capital expenditure (although not necessarily in terms of overall costs throughout the life of the tankers). (The alternative policy, of making the maximum possible use of pipelines in normal circumstances, but of creating in addition a reserve of tankers capable of economic operation round the Cape, is not to be contemplated. Apart from the many technical difficulties, it is inconceivable that, if the extra tankers were to be build, they would not to be used.) It may well be however, that, given the magnitude of the resources required and relative cheapness initially of pipelines, insurance will have to take second place to providing sufficient resources to transport all the oil required. But to the extent to which there may be a choice in practice, the construction of tankers for the Cape route is to be preferred to pipeline development;
>
> (b) a second possibility might be to build up sufficient oil stocks in Western Europe (to ride) over any temporary interruption of the Canal or pipelines. This would certainly involve very substantial physical and technical problems, which would increase according to the length of the temporary interruption to be safeguarded against; and it could be expected to be successful on a substantial scale only if it were adopted by European countries as a whole. The practical problems which would arise, and the question whether the cost of such a policy would be greater or less than that of providing an insurance through transport facilities, will require further consideration before it can be determined if this course would be worth pursuing;
>
> (c) the third possibility would be to encourage United Kingdom oil companies to develop alternative sources of supply. This however, is likely to be of limited practical significance. Such alternative sources would have to be very largely in the Western Hemisphere; and additional supplies becoming available in the Western Hemisphere are likely to be more than offset by the growing requirements of the United States, which may in future need to look more to the Middle East for supplies."[12]

The construction of a new system of pipelines – a shipping method thought most vulnerable – was not at all considered because too risky from a political perspective and not conclusive. The report was then sent to the U.S. State Department. A few days later a telegram was sent to the same recipient. It began by saying that the British government considered it essential to establish a close relationship with the U.S. government and the oil companies with the ultimate goal of ensuring:

---

11 *Ibid.*, p. 5.

12 *Ibid.*, p. 9.

an assessment of the plans of the oil companies, and of tanker owning and of ship-building interests world wide to meet these transport requirement;

an agreed basis for settling priorities as between the canal, pipelines and tankers, and for deciding the extent to which any scheme of insurance against interference with the canal and/or pipelines is desirable or possible;

broad agreement on the proportion of the various types of tanker which might be needed;

an appreciation of productive capacity and of steel availability for tankers and pipelines;

an appreciation of the capital required for the transport of oil on the scale envisaged and of the extent to which these requirements, together with the requirements of the oil industry for the development of production, refining and distribution, can be met by traditional methods.[13]

The telegram concluded by emphasizing the importance of establishing a partnership capable of addressing the problems and finding appropriate solutions.[14]

On 8 January 1957, the Foreign Office and the Ministry of Fuel and Power arranged a meeting with Francis Hopwood, Chairman of the Shell Oil Company and Neville Gass, Deputy Chairman of British Petroleum. The urgency with which the government wanted to address the problems arising from the break in oil shipments caused by the Suez crisis was explained and they were asked to cooperate in studying the matter and finding a solution. Hopwood said that the British companies would in the following weeks take part in round-table discussions with American oil companies to debate in generic terms the future of the oil industry, the relations with the Middle East, and the opportunities to build a new pipeline to pass through Turkey.[15] The latter had already been identified as a solution by the oil companies and the US State Department which incidentally had a different viewpoint from that of the British government, as previously noted. The numerous meetings held with representatives of Shell and British Petroleum convinced the US government that the plan that was devised by the companies could be successful. The opinion of Americans was in this sense equally important. Particularly important were the considerations made by Brewster Jennings, Chairman of the Directors of Socony Mobil Oil Company, at the Annual Meeting of the American Institute of Mining, Metallurgical and Petroleum Engineers, held on 26 February 1957 in New Orleans. After explaining, in the first

---

13 Tna, London, FO, 371/127200, f. UEs 1171/1, Draft telegram to Washington, secret, 12.31.1956, p. 1.

14 *Ibid.*, p. 2.

15 Tna, London, FO, 371/127200, f. UEs 1171/1, attached to letter from Paul Gore-Booth to John MAud, 1.14.1957, pp. 1-2.

part of its speech how vital the Middle East was to Western economy, Jennings focused his attention to the fact that access to such basic resources was influenced by geopolitical factors of great weight. The control of pipelines, for example, was largely in the hands of Syria and Lebanon, that did not produce oil and accordingly they were not so much interested in ensuring its delivery but in how it could be used as a political weapon against the West. The solution to this problem, Jennings argued, was therefore twofold:

> The first [approach] would to be establish and maintain such relations with the Middle East countries that they will not arbitrarily deny their oil to us. [...]
>
> The other approach, I think, must be along the line of achieving a reasonable dispersal of our commitments. The best of friends can and do fall out on occasion, and it is foolish to become unduly dependent on a single individual or nation. There is much that we can do better disperse our operations. We can do built additional pipelines, and over routes which will avoid the possibility that all can be shut down by one government. More pipelines will reduce the importance of the Suez Canal.[16]

To discuss these important issues, representatives from seventeen oil companies met in London from 18 to 20 March and later from 13 to 16 May 1957. Present were: the Independent Oil Company, the Atlantic Refining Company, Compagnie Francaise des Petroles, Getty Oil Company, Gulf Oil Company, Hancock Oil Company, Richfield Oil Corporation, San Jacinto Petroleum Corp., Signal Oil and Gas Company, Socony Mobil Oil Company, Standard Oil Company of California, Standard Oil Company of New Jersey, Standard Oil Company of Ohio, Texas Company, Tidewater Oil Company, Royal Dutch/Shell and British Petroleum Company.[17]

On 27 March, Francis Hopwood and Neville Gass met John Maud, Permanent Under-Secretary of the Ministry of Power, Paul Gore-Booth of the Foreign Office and Dennis Rickett of the Treasury and described with these words the outcomes of the conference held in March:

> The companies had come unanimously to the following conclusions: –
>
> Work should be started as soon as possible on two new pipelines, 34" to 36", which would be link up north-eastern Saudi Arabia, Kuwait, Iraq and Iran and

16 Tna, London, FO, 371/127201, f. UEs 1171/43, *Mankind's Stake in Middle East Oil*, An Address By D. Brewster Jennings, Chairman of the Board of Directors of Socony Mobil Oil Co. Inc., Before the Annual Meeting of the American Institute of Mining, Metallurgical and Petroleum Engineers, Inc. in New Orleans, attached to letter from Miles Reid to Selwyn Lloyd, 26.2.1957, pp. 10-11.

17 Tna, London, FO, 371/127207, f. UEs 1171/129, telegram number 991 from Foreign Office to Ankara, 5.13.1957.

should issue at the Mediterranean end in Turkey, avoiding Syria. One should be completed in 1960, the other in 1962.

The companies would wish these pipelines to be protected by intergovernmental treaties covering the concessions granted to the companies.

Sub-committee had been set up to study the organisational, financial and legal and engineering aspects of the proposal, and would report to another meeting on May 13.[18]

The project was estimated to cost from 300 to 350 million pounds and would be funded from outside the companies, for example by the international banks. The new system of pipelines would have a capacity of 1,200,000 barrels per day and would be built and operated by a new company whose capital would be divided among the companies that participated in the project. The oil companies, therefore, would have built and operated – although through a third company – the new structure while the governments of the countries involved in addition to Britain and the United States, France and the Netherlands, as well as the Arab countries on whose territory the new pipelines would pass, would have ensured, with a multilateral treaty – named Umbrella – the safety of its operation.[19]

At the same time the strategic importance of Middle Eastern oil and the problems related to its transport to the West were carefully evaluated at the Bermuda conference, held in March 1957. U.S. President Eisenhower and British Prime Minister Macmillan agreed on that occasion:

> that there should be undertaken as a matter of urgency a study of the present situation and probable future developments throughout the Middle East, dealing first with those aspects of the problems bearing upon the supply of oil to the free world, with a view to making recommendations for furthering the common interests of the two Governments in this area.[20]

During the following weeks the British Ministry of Power investigated the likely growth of oil usage in the West in order to predict future Middle Eastern production, mostly attempting to envisage how an increase in energy demand from western countries could be met by a safer and more efficient transport system. To achieve this outcome – as reported in the document prepared for Joint Anglo-American Appreciation – it was necessary to reduce the vulnerability of the West against any interference by Arab countries in managing the oil's flow either by: relying on other

18 Tna, London, FO, 371/127204, f. UEs 1171/98, attached to minutes from S. Falle to D.R. Collard, secret, 16.4.1957, p. 1.

19 *Ibid.*, pp. 2-5.

20 Tna, London, FO, 371/127210, UEs 1171/211, *Transport of Oil from the Middle East*, draft for Joint Anglo-American Appreciation, confidential, p. 1.

sources of oil or reducing the power of control held by certain Arab countries. In the latter direction, suggesting the studies conducted by the Ministry of Power, an important outcome could be achieved by building a new pipeline system. The British government too had come to the conclusion suggested by both companies and the U.S. Government a few weeks earlier.[21]

In the months following the March conference, the companies worked on the project through its study committees created at the meeting, while the British and the U.S. governments worked on the text of the multilateral treaty. At the same time, the British ambassador in Baghdad presented the project to the Iraqi Prime Minister Nuri al-'Said. For the practical implementation of the new system of pipelines it was essential to get the approval of the two most involved countries – Iraq and Turkey. For this reason, Nuri al-'Said's thoughts were considered important. He reacted positively saying that he was favorable in principle but he also said to the British Ambassador that the Syria's likely reaction made him feel nervous. In particular he was afraid that, instigated by the Soviet Union, the government of Damascus might block the IPC pipeline as soon as the works for the construction of new pipelines were started. Consequently Nuri al-'Said demanded that the first portion to be built should be that in Turkey.

The considerations of the head of the Iraqi government were carefully studied back at the Foreign Office. In particular, the Ambassador pointed out concerns that Iraqi relations with Syria and with the Arab world in general would be damaged by this project and suggested the refinement of a strategy that considered the delicate political balance existing between Middle Eastern countries of substantial importance:

"It seems essential first to establish that the new project is in addition to existing pipelines which will be worked to capacity. It will be clear that laying of new route through Turkey will be much more expensive than laying additional lines through Syria, and if it can be demonstrated that there are any bottlenecks along Syrian route which make it seems desirable to choose another route, this would be useful. Second, it seems desirable to consider if, to soften the blow for Syria, there is any parallel action which could be undertaken. B.P. told me" wrote the British Ambassador in Baghdad, "(Bridgeman) yesterday that it had occurred to him that it might be advisable to introduce into the plan the idea of a link from Basra to the existing Syrian pipeline which would make it possible to pump oil by that route initially from Basra field but possibly later from Kuwait, etc. as a supplement to the flow through Kurkuk and Turkey. He thought that possibly Iraq Government might wish to propose this as

21 *Ibid.*

a condition to agreeing to main project. If this addition is economically sound I agree it might appeal to the Iraqis and it would aid in showing them to their neighbours as protectors of Arab interests. It is possible there may be other ways in which oil companies could adjust the proposals so as to avoid causing a nationalist storm, and I trust that they will keep this political aspect of the matter clearly in mind."[22]

The Iraqi position relative to the new pipelines system gave some hope the project could still be carried out. In contrast, however, the considerations made by the British Ambassador emphasized that the outcome would be achieved only on the condition that the Arabs and their internal balance would not be damaged. The latter did not seem easily achievable in the light of decisions made at the conference of Arab oil exporting countries held in Cairo at the end of April 1957.

There it was established that the Arab States, through whose territory oil pipelines pass, must adopt a common policy towards the oil companies, namely: "(a) Oil companies will not be allowed to prospect for oil in Arab States until they have no evidence that their Governments in their share capital. (b) Arab oil must only pass through Arab territory and be shipped through Arab terminals. (c) Oil-producing Arab countries must undertake necessary measures so as to help Arab Governments through whose territory the oil passes to get their share of profits from transporting oil companies."[23]

It was quite clear that the situation had become more complex after the decisions made at the conference of Arab oil exporting countries although the Western countries had until that moment nursed the hope of being able to build the new system of pipelines. Iraq had not attended the conference and it was concerned that Kuwait had taken part, as Nuri revealed to the British Ambassador. Moreover, the decisions made at the conference had augmented Iraqi fears that Syria would obstruct the passage of oil through its territory if the new pipeline were built.[24] In a context where at that time the oil world was undergoing significant transformation, the misgivings of the Iraqi Prime Minister had to be taken very seriously. While the creation by Western companies of a new system of pipelines would boost the extent of the power already held by them, it seemed clear that the producing countries wanted the opposite.

22 Tna, London, FO, 371/127203, UEs 1171/80, telegram from H.M. Ambassador, Baghdad, attached to letter from Stock to Drake, 4.11.1957, p. 1.

23 Tna, London, FO, 371/127205, UEs 1171/116, telegram from Beirut to Foreign Office, 4.30.1957, p. 1.

24 Tna, London, FO, 371/127207, UEs 1171/126, telegram from Baghdad to Foreign Office, confidential, 5.12.1957, p. 1.

Since the end of the Second World War the wind of decolonization and liberation had been sweeping across the countries that were still subject to various forms of control imposed by Western powers. This was also affecting the oil industry which developed at the beginning of the 20th century thanks to investments made by Anglo-American companies. From the inception of the activities until the 1950s, dealerships had managed profitable research rights without empowering the producer countries which had been marginalized and relegated to a fee-collecting role. The perception of a significant imbalance led those countries to demand in the second half of the 1940s: (i) a renegotiation of the terms of the concession, (ii) to be allowed to actively participate in the processes of political determination and production, and (iii) a more equitable distribution of the profits. The concessions made by the companies, however, did not help stabilize a situation that was constantly changing. Producers were not satisfied with the economic benefits received through the application of the 50/50 arrangement – in force with all Middle Eastern countries since the early 1950s – and soon put forward new demands.[25]

Through the leadership of the General Secretariat of the Arab League, Middle Eastern countries formed the Permanent Petroleum Bureau – a multinational organization founded in 1956 but planned a few years earlier – aimed at coordinating the countries' oil policies and maintaining relationships with foreign companies. The new office examined the contracts that bound member countries and major players and concluded that it would be more appropriate for the producers to collect 75 percent of the profit rather than 50 percent as they were currently receiving.[26] This was the principle on which several Middle Eastern governments worked, perfecting a new contractual formula aimed at obtaining the producer countries' active participation in the research. This was an outcome those governments set out to achieve through the formation of joint ventures that would extract and work the crude oil while sharing expenses, gains and responsibility. The first country to employ this form of cooperation was Egypt. Concurrently, Iran's economic development, and in particular the expansion of the oil industry, was utilized to obtain an active partnership with foreign companies operating in their territory. In the summer of 1956, the National Iranian Oil Company (NIOC) proposed to British Petroleum (a major international consortium shareholder operating since

25 Tna, London, Ministry of Power (Powe), 33/2200, *Memorandum on 50/50 and related matters*, attached to letter number EA 15310/33, from Moberly to Beckett, 12.11.1957, p. 1.

26 Tna, London, Powe, b. 33/2106, letter number 104/E, from Beirut Ambassador to Winston Churchill, 6.10.1953; document number 4915 titled *Recommendations of the Petroleum committee of the Arab League. July 1953*, 8.18.1953; telegram, confidential, from Bahrain to Foreign Office, 1.30.1956.

1954 on concessions previously belonging to the Anglo-Iranian Oil Company) an agreement which involved the formation of a joint venture for the exploitation of certain areas. The British, however, rejected the proposal and in so doing 'pushed' the Iranians towards the Ente Nazionale Idrocarburi, the Italian state-owned energy company.[27]

In the wake of Egypt and Iran, numerous Arab states began following a new oil policy and cooperating with countries including Italy, Japan and Germany, as well as a number of independent American companies such as the Pan American Oil Company. Saudi Arabia was along with Iran one of the most dynamic countries in that period. In December 1957 it reached an agreement with the Japan Petroleum Export Company whereby, in addition to having twenty percent of the shares of the new management company, it would receive 56 percent of the profits rather than 50 percent.

Because of its importance, the position of the Arab countries was one of the issues addressed at the conference organized by the oil companies in London between 16 and 19 May 1957. It was said that the approach to the Arab countries had to be as soft as possible not to alarm even those with a pro-Western leaning. On the contrary, it was clear that Britain and the United States had to earn the trust of the more skeptical states. The conference later examined the results of both technical and financial study commissions but mostly took care of processing the "Umbrella" – the Multilateral Treaty of Guarantee. At this point it was clear that the position of the companies was far from that of the governments involved. In the introduction to the text it was said the Treaty: "is not restricted to the protection of pipelines, but covers also existing oil concessions and all other classes of foreign property. The parties to it would be, it is hoped, on the one hand, the investing States (i.e. France, the Netherlands, the United Kingdom and the United States) and, on the other hand, the States in which the new investment is to be made (i.e. Iraq and Turkey in the first instance and other Middle Eastern States if lines from such States form part of the pipeline system)."[28] The companies, that had already raised the opposition of the Arab countries and in particular the concern to their presence in the Treaty as the guarantor together with the Western countries, asked to be provided, for the producer countries, a different role and greater protection from the risks related to the construction of new infrastructure. Furthermore, the producer countries perceived the new pipelines system as a new attempt to exercise control over them and therefore refused it. The participation in the project of countries such as Iraq and Saudi Arabia

27 *Ibid.*, p. 256.

28 Tna, London, FO, 371/127207, UEs 1171/119, *Treaties of Protection*, confidential, 4.17.1957, p. 1.

would have created a split within the Arab world. This threat rendered the project impractical and it was abandoned at the beginning of 1958.

A January 1958 summary document prepared by the Foreign Office explained the reasons for the abandonment of the project as:

> So far it has not been possible to agree with the oil companies on a draft treaty which might be negotiated with the countries concerned, the main reason being that the companies wish to obtain more protection by these treaties than we and the State Department (and French and Dutch Governments) believe to be practicable given the present nationalist feeling in these countries. Consequently no attempt has yet been to negotiate such a treaty with any Middle Eastern state.[29]

The standpoint of the companies was then explained as follows:

"5. Our view, which is supported by that of United States, French and Dutch officials, is that the oil companies as a whole are not currently interested in the Turkish pipeline, though Shell (who from the beginning were more enthusiastic supporters of the project than B.P.) maintain that, if they could get the treaty protection desired, they would still wish to see the pipeline constructed. Shell are no doubt attracted to the pipeline concept because the capital cost is less than the capital cost of tankers required to move the same quantity of oil. There are, however, other additional reasons, apart from the question of treaty protection, for the companies' present attitude, viz:

1. they do not feel the same sense of urgency now that the impetus of the Suez crisis has been removed;
2. the rate of increase in demand for oil has slackened;
3. tankers are viewed with more favour than pipelines as the sea route round the Cape is not vulnerable to political disturbances. Tankers provide better insurance than any number of diverse pipelines;
4. there is general Arab opposition (in Iraq and Kuwait as well as Syria and Saudi Arabia) to sending Arab oil across non-Arab territory;"[30]

The conclusions were therefore:

"6. There is no possibility at present of obtaining the sort of treaty protection the companies want. Their present lack of enthusiasm for the Turkish project is such that there is likewise little likelihood of persuading them to modify their treaty demands to the extent necessary to make these demands acceptable to the Arabs. Even if they were to do so,

---

[29] Tna, London, FO, 371/133880, V1532/2, *Turkish Pipelines Project*, Appendix to Annex H, confidential, p. 1.

[30] *Ibid.*, p. 1.

Arab opposition to this project would be strong and it would probably be dangerous for the oil companies to proceed against it. In view of this, and other developments referred to in paragraph 5 above, it is recommended that we should seek to agree with the United States Government (and subsequently with the French and Netherlands Governments) that the following line be taken with the oil companies:

(a) that we still attach importance to diversification and a pipeline through Turkey although not at the expense of additional tankers which give a higher degree of flexibility than a pipeline; but

(b) we see no possibility in present circumstances of Arab Governments being ready to concede the measure of treaty protection which the companies now require;

(c) that, pending developments which would induce Arab governments to agree to adequate treaty protection for the companies, we would not object if the companies decided not to push ahead with the Turkish pipeline;

(d) that public comment should be designed to avoid giving any impression that the project is dead, but that it is "still being considered" along with other possibilities for the diversification of transport arrangements for Middle East oil."[31]

A project that perhaps in other times would have been accomplished was all but dead. The framework offered by a region undergoing profound transformation and looking for a decisive separation from the big oil companies could not have allowed it.

31 *Ibid.*, p. 2.

De l'enclavement à l'achèvement du « pipeline stratégique »

Le transport pétrolier au cœur de la politique énergétique nationale irakienne, 1957-1976

Philippe TRISTANI

Université de Paris-Sorbonne, France

Au lendemain de la Seconde Guerre mondiale, trois données structurantes pour l'industrie pétrolière internationale s'affirment.

Premièrement, le Moyen-Orient devient rapidement le premier espace de production et d'exportation pétrolières au monde en dehors des États-Unis et de l'URSS. Cet essor résulte des efforts d'exploration et de mise en valeur des ressources pétrolières moyen-orientales par les grandes compagnies pétrolières intégrées occidentales, les Majors[1]. Leur activité au Moyen-Orient repose sur la création de holdings dans chacun des quatre grands pays producteurs : l'Iraq Petroleum Company (IPC) en Irak, l'Arabian American Oil Company (ARAMCO) en Arabie saoudite, le Consortium international en Iran et la Kuwait Oil Company (KOC) au Koweït. Formant un cartel pétrolier, les « sept sœurs » contrôlent largement le marché mondial du pétrole par le biais de leurs filiales et par un quasi-monopole des concessions pétrolières dans les pays producteurs. Elles régulent ainsi la production pétrolière mondiale afin de stabiliser les prix pétroliers.

---

1 Le terme désigne les sept plus importantes compagnies pétrolières du monde, constituant un cartel informel de compagnies intégrées verticalement et contrôlant durant notre période les neuf dixièmes de la production mondiale de pétrole brut et les deux tiers des capacités de raffinage et des pipelines en dehors des États-Unis et de l'URSS. Les « sept sœurs » sont composées de cinq compagnies américaines : Standard Oil (of New Jersey qui devient en 1972 Exxon), Mobil Oil, Texaco, Gulf Oil, Standard Oil of California, d'une britannique et d'une anglo-hollandaise : Anglo-Persian Oil Company (qui prend le nom d'Anglo-Iranian Oil Company (AIOC) en 1935 puis British Petroleum ou BP en 1954) et Royal Dutch Shell. On parle parfois d'une huitième Major à propos de la Compagnie française des pétroles (CFP, devenue Total en 1991).

Deuxièmement, l'Europe occidentale est le principal débouché du pétrole produit au Moyen-Orient. Il couvre 85 % des besoins européens en 1955.

Troisièmement, les flux pétroliers qui se développent entre l'Europe et le Moyen-Orient le font à partir de trois principaux axes qui aboutissent à des terminaux pétroliers en Méditerranée orientale : le canal de Suez, le réseau de pipelines de l'IPC et le Trans-Arabian Pipeline (Tapline). En 1955, près de la moitié du pétrole produit par les pays du golfe Arabo-Persique transite par le canal de Suez, dont 33 millions de tonnes (Mt) destinées à l'Europe occidentale. Par voie terrestre, l'IPC achemine par ses pipelines 24 Mt de pétrole brut irakien jusqu'en Méditerranée orientale. Si l'on ajoute les 16 Mt de brut saoudien acheminés par le Tapline, c'est 25 % de la production de pétrole brut du Moyen-Orient qui sont acheminés par pipelines jusqu'en Méditerranée orientale.

Le canal de Suez et le système de pipelines de l'IPC et de l'ARAMCO constituent donc les axes d'approvisionnement pétrolier majeurs de l'Occident et plus particulièrement des pays de l'Europe occidentale.

Or, la crise de Suez, qui s'ouvre avec la nationalisation de la Compagnie universelle du canal de Suez par Nasser le 26 juillet 1956, aboutit à la fermeture du canal et à l'arrêt de la circulation du pétrole dans le système d'oléoducs de l'IPC par la Syrie dès les mois d'octobre et de novembre 1956. Ces mesures prises par les deux principaux pays de transit pétrolier révèlent la vulnérabilité de ces infrastructures pétrolières dans un contexte international marqué par la guerre froide et la décolonisation.

La nécessité pour les pays et les Majors occidentaux est donc de développer de nouvelles infrastructures de transport pétrolier sécurisées à la fois pour permettre de répondre aux besoins énergétiques des pays industrialisés et éviter toute dépendance vis-à-vis des pays de transit prosoviétiques. Dans ce dispositif, l'Irak occupe une place particulière en raison de sa situation géographique qui place le pays au cœur de l'espace de production du Moyen-Orient tout en disposant d'un réseau de pipelines aboutissant en Méditerranée et d'une ouverture maritime sur le golfe Arabo-Persique.

En nous appuyant sur les archives du groupe Total, de la British Petroleum et du ministère des Affaires étrangères, nous nous proposons de montrer qu'au lendemain de la crise de Suez l'Irak devient incontournable dans les projets de restructuration des principaux axes terrestres d'exportation de la production pétrolière du Moyen-Orient. Nous exposerons également que le développement des moyens d'exportation de la production pétrolière irakienne est un enjeu majeur pour le développement du pays. Celui-ci s'inscrit dans le contexte de la lutte que se livrent l'IPC et Bagdad pour le contrôle des gisements d'hydrocarbures de l'Irak à partir du renversement de la monarchie hachémite par Abdel Karim Kassem et jusqu'à l'achèvement du « pipeline stratégique » voulu par Saddam Hussein en 1976.

I. L'Irak, carrefour pétrolier du Moyen-Orient

Lorsque le 9 novembre 1956, après que le canal de Suez ait été fermé et les pipelines de l'IPC sabotés, l'Arabie saoudite annonce sa décision de mettre un embargo sur les livraisons de pétrole destinées à la Grande-Bretagne, à la France et aux Pays-Bas, l'approvisionnement pétrolier de l'Europe occidentale est amputé de près de 73 Mt. La France est ainsi privée de 19,1 Mt, soit 72 % de ses importations pétrolières[2].

Bien que les Majors et les gouvernements occidentaux, sous commandement étatsunien, mettent en place un système d'approvisionnement de substitution en faveur de l'Europe occidentale, ce n'est qu'en raison de la fin des hostilités que les effets de la pénurie pétrolière ne se sont pas fait pleinement sentir[3]. Deux enseignements peuvent être tirés de cette crise. Le premier est que les États-Unis sont le seul pays occidental à exercer véritablement un *leadership* sur le Moyen-Orient, ce que les Britanniques reconnaissent définitivement lors de la conférence des Bermudes en mars 1957. Le deuxième est que la production pétrolière du Moyen-Orient est vitale pour les pays européens et par voie de conséquence pour les États-Unis, ce qui implique pour ces derniers de garantir à l'Occident l'accès à ces ressources.

Or, une étude de prospective du Département d'État prévoit qu'en 1965 les besoins de l'Occident seront de 23 millions de barils par jour (Mb/j), soit 9 Mb/j de plus qu'en 1955[4]. En cas de nouvelle crise, les États-Unis ne pourront donc pas fournir de substantielles quantités à partir de leur propre production sans que cela n'entraîne un rationnement drastique de leurs besoins internes. De plus, la majeure partie de ces quantités devrait transiter par l'Égypte et la Syrie. Cette tendance est d'ailleurs confirmée dès 1957 : les 773 tankers qui sont passés par le canal en décembre 1957

---

2 Archives diplomatiques du ministère des Affaires étrangères (ADMAE), papiers des directeurs, 1944-1974, série AEF, sous-série Directeurs-Wormser (DW), Afrique-Levant (AL), microfilm 94, P10752 : Canal de Suez, pétrole 1956-1957, note sur les « Mesures de pression économique ou financière » évoquée par les ministres des Affaires étrangères français, britannique et américain, le 4 septembre 1956.

3 Sur les aspects pétroliers de la crise de Suez, voir : Philippe Tristani, « De la fermeture du canal de Suez au sabotage des pipelines de l'Iraq Petroleum Company. L'Occident face à l'arme pétrolière, novembre 1956-juin 1957 », Beltran, Alain (dir./ ed.), *Le pétrole et la guerre/Oil and War*, Bruxelles, PIE Peter Lang, p. 123-159, 2012.

4 *Foreign Relations of the United States* (*FRUS*), 1955-1957, vol. XII : « Near East Region », *Backround paper prepared in the Department of State*, 19 avril 1957, n° 223, p. 515.

représentent 69 % du tonnage net ayant transité par Suez, contre 66 % en décembre 1955.

Le renforcement de cette dépendance est d'autant plus préoccupant que la crise de Suez a démontré la vulnérabilité des infrastructures pétrolières acheminant le pétrole du Moyen-Orient vers l'Europe, que ce soit la route maritime du golfe Arabo-Persique, le canal de Suez, le Tapline ou les oléoducs de l'IPC. Ces moyens de transit restent menacés par l'activité et l'influence de l'URSS en Syrie, en Égypte et au Yémen, par la politique « subversive » de l'Égypte et de la Syrie menée au Liban, en Jordanie et dans les États du golfe Arabo-Persique, par les tensions liées au conflit israélo-arabe.

La première possibilité pour réduire ces menaces serait de diversifier les sources d'approvisionnement. Sur le continent américain, le Venezuela peut être une source alternative intéressante. Pour l'hémisphère oriental[5], l'Afrique du Nord est l'espace le plus prometteur avec les gisements algériens et libyens proches du marché européen et en dehors de la zone dollar. En Extrême-Orient, l'augmentation de la production pétrolière de l'Indonésie peut être envisagée. Cependant, rendre ces autres sources d'approvisionnement attractives demandera plusieurs années d'effort.

Dans l'immédiat, le Moyen-Orient reste le seul espace susceptible de répondre à l'augmentation de la demande énergétique européenne. Dès mars 1957, lors de la conférence des Bermudes, les gouvernements américain et britannique s'engagent conjointement à trouver des solutions pour garantir l'approvisionnement du « monde libre » à partir du pétrole du Moyen-Orient[6].

Un des principaux volets de cette politique est de faire en sorte que les ressources pétrolières des quatre principaux pays producteurs de la région, l'Iran, l'Irak, le Koweït et l'Arabie saoudite augmentent au moins au même rythme que la demande européenne et qu'elles puissent transiter vers l'Occident sans dépendre de l'Égypte ou de la Syrie. D'où trois possibilités pour Washington : développer le canal de Suez pour qu'il atteigne une capacité de transit de 3,2 Mb/j en 1960 et de 5,5 Mb/j en 1965, mais le problème resterait le même en cas de fermeture, augmenter le nombre de navires, développer la capacité des oléoducs existants et développer de nouveaux pipelines qui éviteraient aux pays producteurs de faire transiter leur pétrole par l'Égypte et par la Syrie[7].

---

5 Dans le langage pétrolier, le monde se divise en deux espaces : le continent américain, qui devient l'hémisphère occidental, et le reste du monde, l'hémisphère oriental.

6 *Ibid.*, Paper ageed upon at the conference of Bermuda, 23 mars 1957, n° 204, p. 473.

7 *Ibid.*, Memorendum from the acting secretary of State (Herbert Hoover Jr.) to the President (Eisenhower), 21 novembre 1956, n° 148, p. 343.

La crise de Suez a souligné l'importance d'avoir des navires supplémentaires pour faire face à l'augmentation du trafic maritime provoqué par l'interruption des moyens de transport du Moyen-Orient. Le problème financier que soulève cette politique pourrait être en partie réglé par la construction de super pétroliers de 60 000 à 80 000 tonnes permettant d'amortir le coût du fret par les quantités importantes transportées. Ils seraient 80 en 1965 dont 15 à 20 qui transporteraient 100 000 b/j de pétrole du Moyen-Orient jusqu'en Europe occidentale et en Amérique du Nord en passant par le cap de Bonne-Espérance. Cependant, en cas d'interruption du trafic de Suez et des pipelines, ils ne pourraient assurer que 50 à 60 % du trafic normal et ne changeraient rien aux mouvements pétroliers. Qui plus est, San Pedro et San Francisco sont les deux seuls ports au monde à pouvoir les recevoir en 1957[8]. La construction de ces pétroliers géants ne peut donc être envisagée que dans le cas d'un développement parallèle des infrastructures portuaires et de l'abandon des projets d'agrandissement du canal de Suez et de l'extension des réseaux d'oléoducs.

La future politique concernant les quantités de pétrole à transporter du Moyen-Orient vers l'Ouest par pipeline, en complément des tonnages enlevés par voie maritime, est étudiée sous plusieurs aspects comprenant les aspects techniques, financiers et juridiques. Deux projets majeurs sont envisagés : la dérivation d'une partie du pétrole des champs de Kirkoûk vers la Turquie et vers le golfe Arabo-Persique et le Middle East Pipeline ou Metline. Dans les deux cas, l'Irak est au cœur du nouveau système d'oléoducs envisagé au Moyen-Orient.

Entre le 18 et le 20 mars 1957, 17 compagnies, dont 14 américaines, se réunissent à Londres et passent un accord pour la réalisation d'un pipeline reliant le golfe Arabo-Persique à la Turquie via l'Irak et transportant le pétrole des quatre principaux pays producteurs du Moyen-Orient. Ce projet permettrait d'accroître les capacités de transport, et donc de production, dans une zone qui serait davantage sécurisée puisque le Metline éviterait l'Égypte et la Syrie et traverserait les pays signataires du pacte de Bagdad (cf. document 1). Cet itinéraire serait 25 % plus économique que le transit effectué depuis le golfe Arabo-Persique jusqu'en Grande-Bretagne via Suez.

En mai 1957, les conditions techniques et économiques de la construction du Metline sont à l'étude. La première section de ce gigantesque oléoduc, composée de deux lignes d'un diamètre de 34-38 pouces (86 à 96 centimètres) ou de 38-40 pouces (96 à 101 centimètres), devrait transporter 1,4 Mb/j sur 2 500 km, de Kirkoûk au terminal turc d'Iskanderun (Alexandretta) sur la Méditerranée. La

---

8 *Idid.*, National Intelligence Estimate, 8 octobre 1957, n° 266, p. 594.

deuxième section relierait Kirkoûk aux champs de Rumailah au sud de l'Irak. La partie terminale du projet relierait les champs pétroliers du sud de l'Irak au port en eau profonde et à la raffinerie koweitiens de Mina el Ahmadi. De la sorte, la production des champs du sud de l'Irak, Rumailah et Zubair, pourrait être accrue considérablement et exportée sans difficulté au cas où les champs du nord seraient à nouveau coupés de la Méditerranée.

Une dernière extension du réseau se ferait par une ligne construite sur le territoire iranien et qui relirait le sud du pays à Kirkoûk puis suivrait l'alignement de la conduite de l'IPC vers le port turc. Cette ligne devrait fournir une quantité de pétrole iranien identique aux quantités de pétrole provenant de la filiale sud du groupe IPC en Irak (cf. doc. 2), la Basrah Petroleum Company (BPC) et du Koweït. Le tronçon Alexandretta-Iran-Koweït parcourait 5 000 km. Une dernière extension permettrait une connexion avec le Tapline. Enfin, le système de pipelines en territoire syrien serait renforcé pour approximativement doubler les exportations de pétrole de la BPC et du Koweït en Méditerranée. L'ensemble du projet devrait être achevé dans la seconde moitié de 1962 pour un coût global de 904 millions de livres sterling (M£)[9].

Les Majors insistent par ailleurs sur la nécessaire protection du gouvernement américain pour la réalisation de ce projet et sur son appui pour la création d'une filiale qui serait propriétaire du pipeline et responsable des négociations avec les pays concernés. La sécurité des investissements serait garantie par la mise au point d'un traité assurant la sécurité des installations et la pérennisation des conditions d'exploitation. Pour les compagnies pétrolières européennes, il s'agirait d'un traité général multilatéral englobant la protection de tous les pipelines du Moyen-Orient tandis que les compagnies américaines envisagent un traité à la portée plus restreinte ne concernant que le futur pipeline[10].

---

9 Fonds British Petroleum (FBP), CRO : 5B 8138 : IPC and associated companies, Middle East pipelines, General I, mai 1957, Confidential Persian Gulf mediterranean pipelines via Iraq and Turkey, mai 1957 et ADMAE *op. cit.*, Compte rendu de mission de M. R. Floc'h (attaché financier de l'ambassade de France au Liban) : la situation économique et financière de l'Irak, 12-19 avril 1957.

10 *FRUS*, *op. cit.*, Memo of a conversation, Department of State, 4 avril 1957, n° 210, p. 482.

Document 1 : Middle East pipeline project

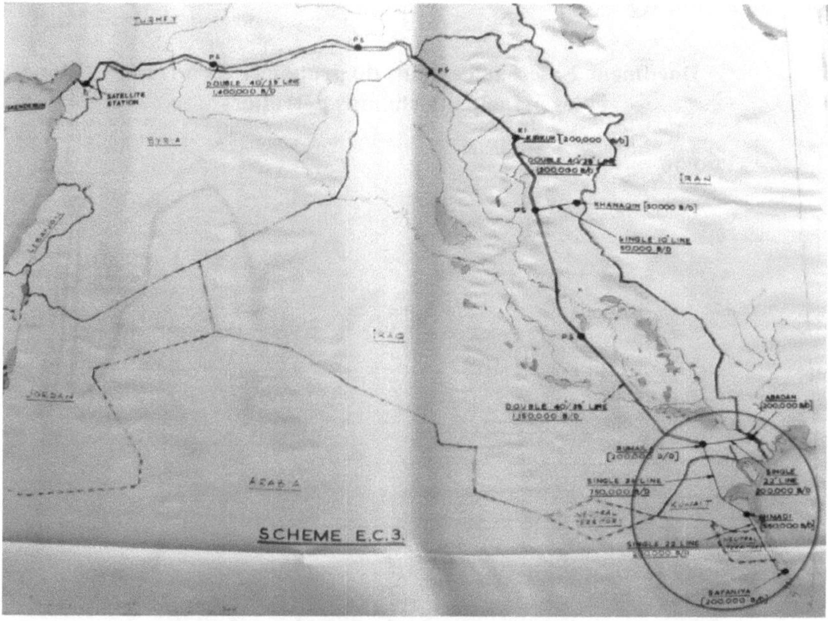

Source : FT 92.36/258 : Ingenierie Middle East pipeline project.

Si la Turquie est très favorable à ce projet, il n'en va pas de même pour les pays arabes. En Irak, ce dispositif est attaqué par l'opposition nationaliste qui accuse le Premier ministre Nuri Saïd de vouloir priver un « État arabe frère » de revenus pétroliers. Un front arabe uni se dessine pour empêcher que le pétrole arabe, acheminé par un pipeline arabe, n'aboutisse dans un pays non arabe. De plus, le Metline apparaît comme le pipeline du pacte de Bagdad, ce qui est d'autant moins acceptable pour les pays de la Ligue arabe.

En dehors de ces conditions politiques, les pays producteurs ne sont pas tous intéressés par le Metline. Pour l'Arabie saoudite, le Tapline est le moyen le plus économique de transporter le pétrole vers la Méditerranée, de Darhan vers Sidon, via la Syrie. Or, si l'Arabie saoudite ne désire pas s'associer au projet, il en va de même pour le Koweït : ce dernier est peu disposé à prendre le risque que l'Irak contrôle l'écoulement de sa production[11]. En raison de ces différentes oppositions, une alternative au projet du pipeline transarabique est envisagée par l'accroissement

[11] *Ibid.*, Memo from the Deputy under Secretary of State for Administration (Henderson) to the Secretary of State, 20 juin 1957, n° 247, p. 548.

des capacités d'écoulement du tronçon irakien et donc de la production pétrolière de l'Irak.

Document 2 : les concessions du groupe IPC en Irak et les principaux champs pétroliers

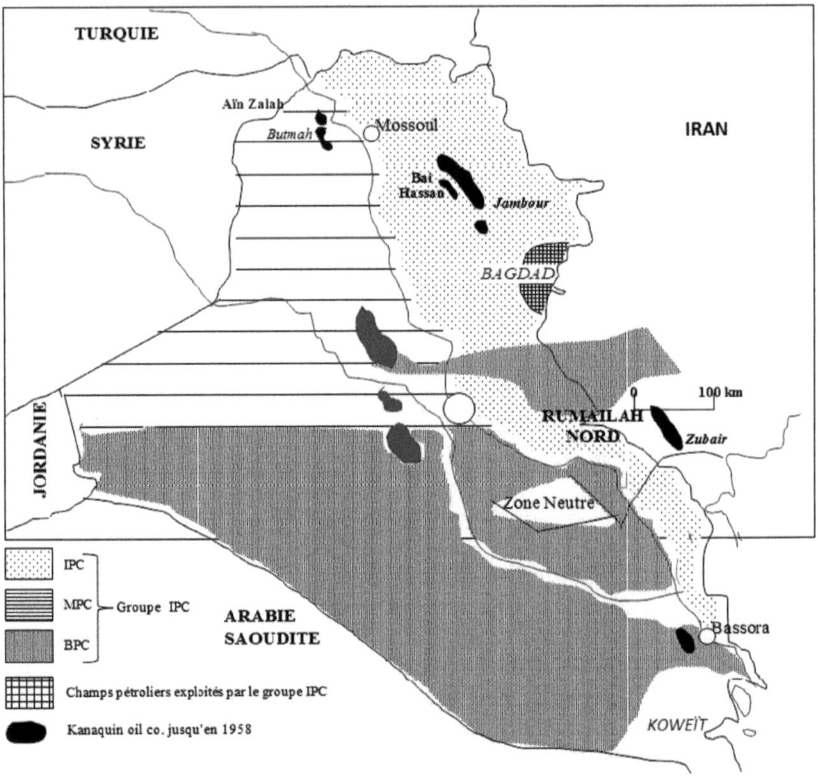

Réalisation P. Tristani d'après Waleed Al-Hasheme, *L'Irak et son pétrole depuis 1968*, thèse d'études politiques, Université de Montpellier I, décembre 1985.

Le document 3 permet de visualiser les trois nouvelles sections qui renforceraient le système de pipeline de l'Irak. Le premier objectif est de développer la production du champ géant de Kirkoûk pour que le tonnage de pétrole exporté passe de 25 Mt à 35 Mt en renforçant la capacité des conduites syriennes. Outre qu'il est le moins cher et le plus rapide pour augmenter la production, le gouvernement irakien est particulièrement favorable à ce projet pour éviter tout nouveau conflit avec la Syrie dont l'Irak reste largement tributaire pour le transit des marchandises et des biens d'équipement destinés aux régions industrielles du nord du pays.

Concrètement, il s'agirait d'adapter partiellement le système de pompage actuel de l'IPC depuis la station T1[12] en Irak en renforçant la station de pompage T3 en Syrie. Dès 1958 les travaux commencent pour porter la capacité du pipeline jusqu'à 30 Mt. Cependant, un réseau de dérivation vers la Turquie pour contourner la Syrie en cas de crise est également à l'étude. La nouvelle ligne, d'une capacité de 20 à 25 Mt, serait installée entre K1 et un port turc. L'ensemble pourrait être achevé au début de 1960 et porterait la production de Kirkoûk à 50 Mt.

Le second objectif est de remédier à l'absence de port en eau profonde dans le Shatt al Arab qui handicape la production du sud de l'Irak. Il est alors prévu de relier par une nouvelle ligne le champ géant de Rumailah au sud de l'Irak à K3 et à Kirkoûk[13]. Parallèlement, la décision est prise en 1957 de construire une ligne reliant les champs de Rumailah et de Zubair vers un port en eau profonde qui serait creusé à proximité de Fao. Ces réalisations permettraient de porter la capacité de production à 22 Mt vers la fin de 1961 contre 12 Mt en 1958. Outre l'augmentation de la capacité de production de la BPC, il s'agit là encore pour l'Irak de se protéger de son turbulent voisin syrien.

En juillet 1958, le ministre irakien de l'Économie, Dia Jafar, jugeait indispensable la construction de ce pipeline : « which would give an alternative outlet if things went wrong in Syria but otherwise could be used in reverse »[14]. Une troisième ligne est envisagée, doublant la précédente mais aboutissant au Liban. Au total, pour que les exportations pétrolières irakiennes atteignent 73 à 74 Mt par an, le coût serait de l'ordre de 88 millions de livres sterling (M£)[15]. La connexion des principaux gisements de pétrole irakiens dessinerait ainsi un gigantesque système d'oléoducs de direction nord-sud et sud-nord possédant trois à quatre débouchés méditerranéens et un débouché dans le golfe Arabo-Persique. Cet ensemble permettrait à la fois de développer significativement la production pétrolière de l'Irak pour répondre aux besoins européens et américains et de rendre son écoulement indépendant du canal de Suez et de la Syrie.

---

12 Les stations de pompage le long des pipelines sont indexées par une lettre majuscule suivie d'un chiffre croissant indiquant leur position depuis le champ pétrolier vers le débouché portuaire. Ainsi, la ligne reliant Kirkoûk à Haditha est la ligne K1-K3, la ligne qui traverse la Syrie jusqu'au port de Banias et de Tripoli est T1-T4…

13 FBP, Box IPC 255, Secret note on Mediterranean pipelines, 27 février 1957.

14 FBP, Box IPC 48, IPC pipelines. General. Février 1947-31 mai 1973, Extract from notes of meeting with Minister of Economics in Baghdad on 5th July 1958.

15 Fonds Total (FT) 82.7/5 : Relations de la Compagnie Française des Pétroles avec l'Iraq Petroleum Company (1948-1972), Étude sur le coût de production Irak/Kuwait. Exportation d'huile à travers Kuwait. Correspondance IPC. 1956, note CFP Paris, Iraq – Estimates of Net Production for 1959, 19 février 1958.

Si la plupart des projets mentionnés ci-dessus répondent à la prise de conscience qu'a provoqué la crise de Suez chez les Occidentaux, les solutions envisagées ne sont pas récentes. Il existe dès 1948 une Middle East Pipeline Company (MEP), appartenant à 60 % à l'Anglo-Iranian Oil Company et à 40 % à des compagnies pétrolières américaines, qui propose un trajet à peu près identique à celui du Metline. Le projet est abandonné en 1950 en raison de la dévaluation de la livre sterling de 1949 qui fait passer le coût de construction de 15 à 85 M£, la multiplication des tankers de 28 000 t et le surplus de pétrole brut américain[16].

Document 3 : Projets de développement des pipelines de l'IPC en Irak

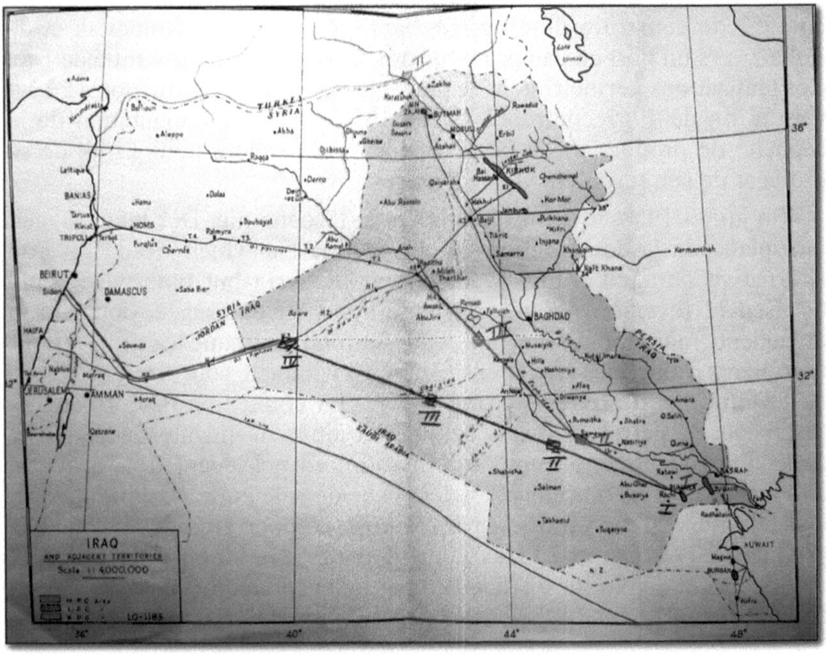

Source : FT 92.36/233 : Étude générale sur les pipelines du Moyen-Orient, 1939-1966, note CFP Paris du 2 mai 1956 « Iraq pipelines long term developments ».

De son côté, la Compagnie française des pétroles (CFP) défend depuis 1947 le projet de la construction d'un pipeline turc de 30 pouces (") depuis Kirkoûk jusqu'à Alexandretta. Ce sont les autres partenaires de l'IPC qui s'y sont alors opposés pour sauvegarder leur monopole de distribution de

[16] FBP, archives AIOC n° 23208 : Middle East Pipeline Co., 17 janvier 1950-1er mai 1950.

produits pétroliers en Turquie[17]. C'est encore la CFP qui, en juillet 1950, critique l'utilisation de vieilles pompes sur la ligne Kirkoûk-Banias-Tripoli et propose de redéployer de nouvelles pompes plus performantes qui pourraient doubler la capacité de l'oléoduc de 12"[18]. D'une manière générale, la CFP est le seul partenaire de l'IPC[19] à vouloir l'augmentation de la production pétrolière de l'Irak. Créée par le gouvernement français en 1924 pour gérer ses parts dans la Turkish Petroleum Company, la CFP reste fidèle à sa mission initiale : garantir le ravitaillement pétrolier de la France à partir du seul accès direct qu'elle possède au Moyen-Orient – et ce jusqu'à la découverte du pétrole saharien et par la suite africain. La logique de ses partenaires anglo-américains est tout autre.

Les Majors américaines et anglaises ont une stratégie industrielle et commerciale globale, les gisements qu'elles possèdent au Moyen-Orient ne représentent qu'une partie de leurs ressources. Maîtres de la quasi-totalité des marchés pétroliers, en dehors du bloc communiste, les Majors ajustent la production du Moyen-Orient strictement en fonction des impératifs de la loi de l'offre et de la demande. Ceci explique, contrairement à la CFP, leur peu d'empressement à développer des infrastructures puissantes pour évacuer le pétrole des pays producteurs du Moyen-Orient en général et de l'Irak en particulier qui est à la croisée des flux pétroliers terrestres et maritimes du Moyen-Orient.

Réduire les débouchés de la production irakienne permet ainsi de limiter la production d'un pays qui possède à lui seul 10 % des réserves

---

17 FBP, Box IPC 38 : International pipeline from Persian Gulf to Mediterranean, mars 1957-28 avril 1960.

18 FBP, Box IPC 256 : IPC pipeline system – technical report, mars-août 1950.

19 À la fois consortium pétrolier international et société britannique, l'IPC est mise en place en juillet 1928 comme successeur de la Turkish Petroleum Company qui possédait une concession en Irak. Depuis sa création, l'IPC est à la fois l'émanation des grands groupes pétroliers occidentaux et la concrétisation de la politique pétrolière au Moyen-Orient des grandes puissances occidentales que sont les États-Unis, la Grande-Bretagne et la France. C'est un consortium de production pétrolière, dont les activités se déroulent essentiellement en Irak, dans lequel prédominent les Anglo-Américains. Il résulte d'accords de groupes entre huit compagnies pétrolières et un actionnaire minoritaire : Royal Dutch Shell, Anglo-Persian Oil Co., Partex (fondée par Gulbenkian, « Monsieur 5 % »), Compagnie française des pétroles (CFP) et les groupes américains qui se réunissent dans la Near East Development Corporation (NEDC) qui comprend : la Standard Oil of New Jersey (50 % de la NEDC), la Standard Oil of New York (ou Soconi Vacuum, Mobil en 1966), La Pan-American Petroleum & Impor Co., la Gulf Corporation, l'Atlantic Refining Company quittent la NEDC en 1929. Un accord entre les groupes, le *working agreement*, fixe définitivement, à partir de 1928, les participations aux niveaux suivants : Anglo-Persian : 23,75 %, Royal Dutch Shell : 23,75 %, CFP : 23,75 %, NEDC : 23,75 %, Gulbenkian : 5,00 %.

pétrolières mondiales et 15,7 % des réserves du Moyen-Orient[20]. Ainsi, en limitant les capacités d'exportation des pays producteurs du Moyen-Orient, les Majors ont volontairement créé des goulots d'étranglement dans le système de transport pétrolier et ont donc contribué à aggraver la crise d'approvisionnement déclenchée par la crise de Suez.

Cette stratégie malthusienne va contribuer, avec les conséquences de la crise de Suez, à déstabiliser la monarchie irakienne et à provoquer le coup d'État du 14 juillet 1958 par Abdel Karim Kassem. Les relations qui se tendent rapidement entre l'IPC et le nouveau pouvoir irakien ainsi que l'explosion de la production pétrolière mondiale vont aboutir à la poursuite du contingentement de la production pétrolière de l'Irak.

II. « L'enclavement pétrolier » de l'Irak : l'utilisation de l'arme pétrolière par l'IPC, 1959-1967

Malgré une forte consommation de produits pétroliers, on assiste dès la fin des années 1950 à une saturation des marchés européens.

Entre 1945 et 1956, la demande de pétrole s'est accrue rapidement, en moyenne de 7 à 8 % par an. Cet accroissement et les prévisions alarmistes largement répandues qu'il serait de plus en plus difficile de satisfaire les besoins énergétiques futurs ont eu pour conséquence l'augmentation considérable des activités de recherche pétrolière[21]. En 1959, la production mondiale de pétrole brut atteint 997 Mt, soit une augmentation de 7,5 % par rapport à 1958[22]. En termes absolus, excepté pour l'année 1955, l'accroissement de 1959 est supérieur à celui de toutes les années d'après-guerre.

Parallèlement, les réserves pétrolières mondiales progressent de 8 %, le Moyen-Orient représentant à lui seul 61 % de ces réserves, puis 68 % en 1960. En effet, après 1954, tous les grands équipements développés dans cette région sont opérationnels.

En même temps que la production de pétrole brut du monde se concentre à 90 % dans les quatre régions principales que sont les États-Unis, la zone caraïbe, le Moyen-Orient et l'URSS, de nouvelles

[20] Pour plus de précision sur la politique des Majors anglo-américaines en Irak voir : Philippe Tristani, « L'Iraq Petroleum Company, les États-Unis et la lutte pour le leadership pétrolier au Moyen-Orient de 1945 à 1973 », *Revue d'Histoire Économique et Sociale*, juin 2010.

[21] FT 89.14/29 : Notes diverses sur la constitution de la Compagnie française des pétroles (CFP), historique de la Compagnie française des pétroles, Iraq Petroleum Company (IPC), Historique CFP/OPEC, mémorandum 1962.

[22] Documents sur l'exercice CFP, 1959 ; *Petroleum Press Service* (*PPS*), janvier 1960.

zones pétrolières entrent en production dans de nombreuses parties du monde[23].

L'année 1959 est ainsi marquée par l'entrée en production des gisements africains et par les découvertes importantes faites en Libye. Ce pays devient en 1961 le premier producteur de pétrole de l'Afrique du Nord avec 24 Mt. La production algérienne progresse de près de 190 % pour atteindre 1,16 Mt, puis 6 Mt en 1960 et 15,64 Mt en 1961. Si l'on excepte le Sahara, la production a commencé depuis deux ou trois ans dans trois autres territoires africains, l'Angola, le Gabon et le Nigeria. En Amérique latine, la production de l'Argentine progresse de 30 % et au Brésil le renforcement des installations pétrolières permet de prévoir un accroissement de la production. En Extrême-Orient, si le Bornéo britannique reste stationnaire aux environs de 5,5 Mt/an, en raison de ses réserves limitées, la production de l'Indonésie augmente de plus de 13 % en deux ans pour atteindre 17 Mt.

La pression sur les différents marchés est encore accrue par la réapparition du pétrole soviétique dans le commerce international qui se fait nécessairement au détriment des fournisseurs occidentaux. La production soviétique augmente beaucoup plus vite que la consommation intérieure (respectivement 14 et 11 % par an)[24], mettant ainsi des surplus croissants à la disposition de la centrale soviétique d'exportation, Soiuzneft Export. Les exportations pétrolières du bloc soviétique vers le « monde libre » ont ainsi été multipliées par 4,6 pour atteindre 22 Mt en 1960.

Malgré ce très faible volume des exportations soviétiques dans le total des exportations mondiales, les répercussions économiques de la politique pétrolière de l'URSS ne sont pas négligeables. En effet, le marché du pétrole est beaucoup plus restreint que le volume global des exportations mondiales. En 1960, 88 % environ des ventes de pétrole passent par le canal des Majors et de leurs raffineries dans le monde. Ces transactions ne constituent pas un marché mais des liaisons intégrées entre sociétés d'un même groupe. Le marché proprement dit, c'est-à-dire les ventes effectuées en dehors de ces grandes compagnies intégrées par des sociétés indépendantes, ne représente qu'environ 140 Mt par an pour lesquelles les apports soviétiques représentent près de 16 %.

Entre 1954 et 1965, le marché du pétrole brut connaît ainsi un effritement progressif des prix. La surabondance des ressources entraîne un retournement du marché (cf. doc. 4). Malgré une demande très soutenue

---

23 Zuhayr Mikdashi, *A Financial Analysis of Middle Eastern Concessions*, New York, Washington, London, 1966, p. 321-322.

24 B. Apremont, « La politique pétrolière de l'URSS », *Politique étrangère*, n° 6, 1960, 25e année, p. 572-583.

de produits pétroliers durant les années 1950, leur consommation augmente de 10 % par an en Europe et de 4 % aux États-Unis, le surplus de production aggrave la pression à la fois sur les prix du pétrole brut et sur ceux des produits pétroliers. La production massive entraîne une généralisation des remises sur les prix affichés et l'augmentation des investissements dans les capacités de raffinage et de commercialisation pour protéger les débouchés du pétrole brut.

Document 4 : Surcapacité approximative de production des gisements fin 1961

Zones de production	**Surcapacité (Mb/j)**
États-Unis	2,5
Canada	0,5
Reste de l'hémisphère occidental	0,7
Moyen-Orient	3,5
Reste de l'hémisphère oriental	0,8
Total	**8**

Source : Extrait de *Petroleum Industry 1961*, Chase Manhattan Bank, juillet 1962, in : FT 89.14/29.

Or, avant même que la politique américaine des quotas pétroliers ne se mette en place, l'équilibre établi par le cartel international était déjà compromis par la baisse des prix de vente sur le marché mondial qui deviennent alors inférieurs aux prix affichés[25]. Pour éviter ainsi que les compagnies ne payent des taxes sur un revenu qu'elles ne perçoivent pas, les Majors décident de réajuster les prix affichés pour qu'ils suivent la baisse des prix du marché[26].

Ainsi, dès le début de 1959, à un moment où l'offre pétrolière est surabondante, l'IPC décide unilatéralement de baisser les prix affichés (FOB) aux terminaux méditerranéens de 10 cents par baril de brut en moyenne, bientôt suivie en février 1959 par la Shell et la BP qui réduisent leurs prix affichés de 18 %. Alors que la première conférence arabe sur le pétrole, tenue au printemps 1959, insiste pour que les compagnies pétrolières ne baissent pas arbitrairement les prix affichés, le 9 août 1959,

[25] Les prix affichés forment la base sur laquelle est calculée la répartition des bénéfices entre pays producteurs et compagnies pétrolières concessionnaires. Il s'agit d'un prix de transfert pour que le profit au sein de l'industrie apparaisse à l'amont de la production.

[26] Par la même occasion, les compagnies veulent aussi démontrer au fisc américain que les revenus payés aux pays hôtes sont bien des impôts sur les bénéfices. Sur ce point, le fisc américain retient finalement la thèse de l'industrie pétrolière, in : Jules Leveugle, « Le prix du pétrole dans le monde », *Politique étrangère*, n° 4, 1975, 40e année, p. 417-445.

l'Esso Export Corporation, une filiale de la Standard Oil of New Jersey, annonce un abattement d'environ 18 % par baril des prix affichés du pétrole brut en provenance du Moyen-Orient[27].

Les autres Majors s'empressent à leur tour de réduire les prix affichés (cf. doc. 5). Le 15 août, la Shell suit le mouvement en abaissant ses prix de 5 à 15 cents par baril également. Le lendemain, c'est au tour de la BP, avec 4 à 10 cents de moins sur les prix des bruts moyen-orientaux. Les autres Majors suivent en cascade. Le 21 août, Gulf et Texaco annoncent des réductions de 4 à 14 cents, suivies peu après par la CFP, Mobil et Chevron[28]. En l'espace de deux semaines, les prix sont ramenés à leur niveau de 1950.

Document 5 : Fluctuation des prix affichés du brut du golfe Arabo-Persique depuis leur création (en dollar par baril US)

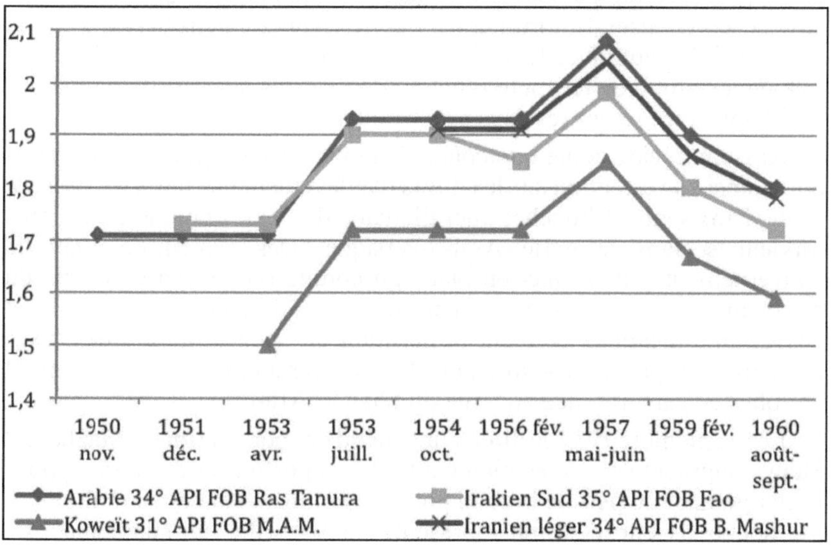

Source : d'après FT 89.14/29 : Historique CFP/OPEC, Mémorandum 1962, Annexe I.

Cette politique de baisse des prix n'est pas du tout acceptée par les gouvernements des pays pétroliers qui la reprochent aux compagnies concessionnaires car elle entraîne une diminution sensible des *royalties*, source principale de leurs recettes. On estime à 1 860 M£ la perte que les

[27] Svante Karlsson, *Oil and World Order : a Study of American Foreign Oil Policy, 1940-1980*, Göteborgs Universitet, 1983, p. 202.

[28] Pierre Terzian, *L'étonnante histoire de l'OPEP*, Paris, Les Éditions Jeune Afrique, 1983, p. 52.

six États producteurs du Moyen-Orient ont subie du fait de la diminution annuelle de 3 à 4 % des prix de vente du pétrole brut, soit 50 £ par habitant et par an[29]. En 1960, la moins-value de recettes du gouvernement iranien s'élève à 11 M$, à 23 M$ pour le Koweït et à 30 M$ pour l'Arabie saoudite[30]. En réduisant l'assiette sur laquelle étaient établis l'impôt et les redevances, les compagnies diminuent *ipso facto* le montant des recettes de l'Irak de 14 M$, contrevenant de ce fait à l'article 7 de l'accord de février 1952, sinon dans la forme du moins dans l'esprit, qui stipulait : « (...) Rien n'autorisera les compagnies à réduire leurs obligations (maintenir la production et les recettes à un niveau minimal) pour des raisons commerciales ou de convenance seulement »[31]. Au total, ces pays enregistrent une baisse de 15 % de leurs revenus[32].

Dans ce contexte, les relations entre l'IPC et le régime du général Abdel Karim Kassem se tendent. Pour les Irakiens, il s'agit tout d'abord de se procurer rapidement des ressources financières supplémentaires afin de compenser la diminution des redevances pétrolières. Pour la compagnie britannique, il s'agit au contraire de contenir les revendications irakiennes afin d'éviter toute répercussion sur les accords qu'ont passés les Majors avec les autres pays producteurs.

Kassem décide coûte que coûte d'augmenter les revenus de l'État. Il porte ainsi son attention sur les droits d'enlèvement des ports de Bassora et de Fao, seuls débouchés méridionaux des exportations pétrolières irakiennes dans le golfe Arabo-Persique. Dès septembre 1959, le gouvernement irakien met en place un comité où les représentants du directeur général des ports, du ministre des Finances, du Pétrole et des Communications étudient la question de l'augmentation des taxes portuaires du port de Bassora pour les affecter aux travaux du terminal pétrolier en eau profonde au large du Shatt al Arab.

Le 9 septembre 1959, le directeur général des ports, le major Mazhar al-Shawi, augmente considérablement les taxes portuaires de Bassora pour le chargement du pétrole brut au port de Fao. Elles sont ainsi multipliées par douze[33]. Cette décision représente pour la BPC un supplément de taxes de l'ordre de 3 M£ en quelques mois[34]. Pour la filiale de l'IPC, cette

---

29 B. Apremont, « La politique pétrolière de l'URSS », *Politique étrangère*, n° 6, 1960, 25e année, p. 579.

30 *Ibid.*, *The Guardian*, 17 octobre 1960, p. 580.

31 Documents sur l'exercice CFP, 1952, p. 46.

32 Abbas Alnasrawi, *Arab nationalism, oil, and the political economy of dependency*, New York, Greenwood Press, 1991, p. 76.

33 Documents sur l'exercice CFP 1959.

34 ADMAE DE BE 341 Irak 1944-1960, lettre de Robert de Boisseson, Ambassadeur de France au Liban, à son Excellence M. le Ministre des Affaires étrangères – Direction

mesure unilatérale constitue une rupture du contrat passé en 1955 avec la direction du port ; elle refuse donc de reconnaître ce nouveau taux.

Le 20 juillet 1960, quand Mazhar al-Shawi demande à la direction de la BPC de payer les arriérés, celle-ci lui oppose une baisse de la demande pour le pétrole brut de Bassora qui réduit les enlèvements à Fao. En somme, les acheteurs confrontés à des coûts plus élevés se tourneraient vers des sources d'approvisionnement à meilleur marché. La BPC affirme donc être obligée d'interrompre la production du champ de Rumailah et de confiner la production au seul champ de Zubair, réduisant ainsi les perspectives de production pour 1960 de 4,3 Mt par rapport à 1959, pour un total de 8 Mt[35].

Les documents sur l'exercice de la CFP en 1960 sont sans ambiguïté sur la stratégie du groupe IPC : « Compte tenu de la charge supplémentaire sur l'huile BPC, en raison de l'augmentation des *cargo dues* depuis 1959, des dispositions sont prises pour laisser sentir à l'Irak une tendance à la réduction des enlèvements à Fao »[36]. Les compagnies actionnaires sont ainsi autorisées à accumuler des retards d'enlèvement (*underlift*) illimités à la fin des trois derniers trimestres de 1960 et des trois premiers de 1961[37].

De la fin de 1959 à la fin de 1962, les négociations qui se déroulent entre le régime de Kassem et l'IPC tournent peu à peu au bras de fer. En développant une stratégie à la fois défensive et offensive fondée sur l'enlisement des négociations et sur la réduction de la production pétrolière, l'IPC va provoquer un raffermissement du patriotisme irakien. De plus en plus affaibli et isolé sur le plan intérieur, le général Kassem va se lancer dans une surenchère nationaliste, anti-impérialiste et anti-occidentale.

En décembre 1961, les pourparlers avec l'IPC qui durent depuis trois ans aboutissent à la loi 80. Elle confisque au bénéfice de l'Irak les territoires non exploités du groupe IPC et réduit ainsi de 99,55 % la superficie de ses concessions.

Pour les groupes actionnaires de l'IPC, la loi 80 est une agression caractérisée. La compagnie britannique refuse donc de reconnaître la loi 80 et entreprend d'intensifier la baisse des enlèvements. Comme on peut le voir dans le document 6, fort opportunément, la baisse de la production irakienne permet également de compenser la forte progression des exportations de

des Affaires administratives et financières, Différend entre la Basrah Petroleum Company et le gouvernement irakien, *FR/LR*, n° 1088/DE, Beyrouth, le 27 juillet 1960.

35 George W. Stocking, *op. cit.*, p. 218.

36 Documents sur l'exercice CFP 1960.

37 *Ibid.* Ceci sans aucune pénalité, contrairement à ce que prévoient les *Heads of Agreements* entrés en vigueur en 1952.

pétrole brut de l'Iran, de l'Arabie saoudite et dans une moindre mesure du Koweït, pays producteurs bien plus importants pour les compagnies anglo-américaines que l'Irak. Pour l'ensemble de 1962, la production irakienne n'augmente que de 0,5 % tandis que celle du Koweït progresse de 11,5 %, celle de l'Iran de 12 % et celle de l'Arabie saoudite de 9,2 %.

On peut également constater que la faiblesse de l'accroissement de la production pétrolière irakienne débute bien avant 1959-1960. L'Irak qui était le second plus gros producteur de pétrole après l'Iran en 1940 est surpassé dès 1946 par l'Arabie saoudite, puis en 1949 par le Koweït. Ainsi, la part de l'Irak dans la production pétrolière du Moyen-Orient passe de 16,8 % en 1958 à 15,4 % en 1965 et à seulement 11,2 % en 1971.

De la sorte, dans un marché pétrolier plus tendu à cause de l'écoulement du pétrole soviétique en Occident, de la fermeture du marché américain et, corollairement, de la recrudescence de la concurrence sur le marché européen, la production pétrolière irakienne est réduite à une simple variable d'ajustement du marché pétrolier mondial : « La diminution de la production irakienne consolidait les profits des Compagnies et, si nécessaire, elle était compensée par l'accroissement des rendements des filiales saoudiennes, koweitiennes ou des champs iraniens »[38].

Dans un mémorandum « strictly confidential » adressé aux groupes actionnaires en 1971, Geoffrey Stockwell, haut fonctionnaire responsable pour le Moyen-Orient de la BP, déclare :

> Nous avons été capables pendant ces dernières années de considérer la situation générale et d'envisager la paralysie de l'Irak comme étant non seulement un avertissement utile pour que d'autres ne prennent exemple sur la loi 80, mais également pour retirer de la circulation une certaine quantité de pétrole qui aurait pu avoir un effet dépressif sur le marché. Nous étions capables de prétexter la mauvaise conduite de l'Irak pour éviter d'investir.

Jusqu'à l'été 1967, l'IPC semble rester en position de force dans les deux pays qui sont cruciaux pour ses activités, la Syrie et l'Irak. Les revendications du premier ont été réglées à l'avantage de la compagnie, lors de l'accord du 29 novembre 1955[39], tandis que la législation expropriatrice du second est restée sans autre effet notable que la baisse de la production dans les zones appartenant encore à l'IPC.

---

[38] Samir Saul, « Masterly Inactivity as Brinkmanship : The Iraq Petroleum Company's Route to Nationalization, 1958-1972 », *The International History Review*, vol. XXIX, n° 4, November 2007, p. 790. Le groupe IPC augmente de la même façon la production de ses filiales, la QPC au Qatar et l'ADPC à Abu Dhabi, Documents sur l'exercice CFP, 1961.

[39] Sur cette question, voir : Jad Kabbanji, *L'IPC vs la Syrie et le Liban durant les années 1950. Les négociations entre l'Irak Petroleum Company, le Liban et la Syrie durant les années 1950*, Sarrebruck, Éditions universitaires européennes, 2011.

La compagnie britannique poursuit donc efficacement sa stratégie de pression qui consiste à la fois à jouer sur l'absence de cadres économiques et techniques propres à développer une politique pétrolière nationale, sur l'instabilité politique de la Syrie et de l'Irak et sur sa capacité à étrangler économiquement et financièrement ces pays pour arriver à ses fins. La nouvelle crise avec la Syrie qui s'ouvre à la fin de 1966 accroît encore les difficultés de l'Irak.

À la fin du mois d'août 1966, le gouvernement syrien de Yusuf Zuayin, arrivé au pouvoir après un violent coup d'État le 23 février et représentant l'aile extrême du parti Baas syrien, demande à l'IPC d'entamer des négociations sur la modification de la convention signée avec la compagnie le 29 novembre 1955. Il s'agit pour Damas de remettre en question en particulier la formule de calcul fondée sur le rapport quantité/distance au profit du principe du partage des bénéfices.

Document 6 : Évolution comparée des productions pétrolières de l'Irak, de l'Iran, de l'Arabie saoudite et du Koweït de 1948 à 1973 (en Mt)

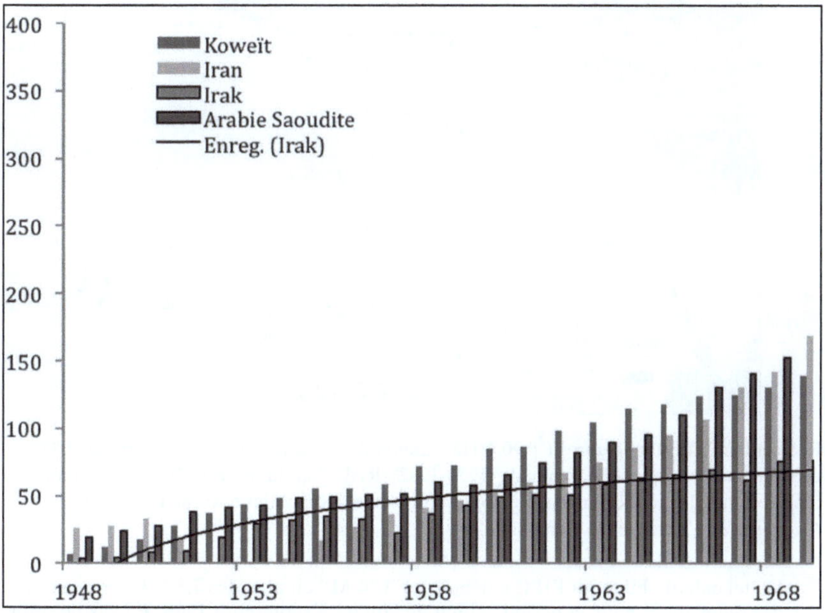

Source : *Petroleum Press Service* et http://www.opec.org/home/.

Le 23 novembre 1966, les négociations sont interrompues par la Syrie. Le 8 décembre, les Syriens, par voie législative, décrètent qu'à partir du 1er janvier 1966, les droits de transit sont portés de 4 à 5,10 shillings par tonne de brut et que les taxes de chargement au terminal de Banias passent de 1,1 shilling la tonne à 2 shillings[40]. Face au refus du groupe IPC de s'acquitter de ces nouvelles taxes, le 9 janvier Damas décide de séquestrer tous les avoirs de la compagnie en Syrie et de bloquer les chargements de pétrole jusqu'à ce que le montant supplémentaire soit réglé[41]. L'IPC interdit alors l'entrée du port de Banias aux pétroliers et les déroute sur Tripoli.

Les 12 et 13 décembre, la Syrie riposte en fermant le pipeline qui aboutit à Banias et les stations de pompage de ses pipelines méridionaux conduisant à Tripoli[42] (cf. doc. 7). Quand la compagnie britannique à son tour stoppe les opérations de pompage des champs pétroliers du nord de l'Irak, le pétrole irakien cesse d'atteindre la Méditerranée. Les exportations de pétrole sont suspendues ainsi pendant douze semaines.

Document 7 : Le tracé des principaux pipelines au Moyen-Orient en 1967

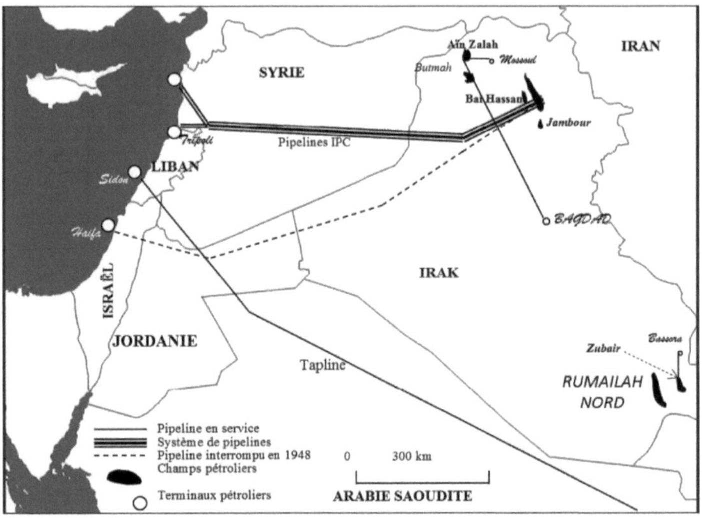

Réalisation P. Tristani d'après FT 90.4/113 : Centre de documentation et de synthèse (CDS) : économie et politique dans le monde (1950-1982), RAU, Maghreb, Iran, Turquie, politiques arabes et monde méditerranéen, idéologies, problèmes, République Arabe Unie, *Revue Française de l'Énergie*, février 1967.

[40] Un tel calcul obligerait l'IPC à débourser 3,74 M£ en plus des 7,5 M£ versés au titre des redevances pour la période allant de janvier à septembre 1966. En cas de refus, le gouvernement syrien menace la compagnie d'une demande d'arriérés de l'ordre de 40 M£ au titre des opérations effectuées depuis le 1er janvier 1956 en complément des règlements effectués en application de l'accord de 1955.

[41] *Petroleum Press Service* (*PPS*), janvier 1967 et Documents sur l'exercice CFP, 1966.

[42] Bernard Vernier, « La Syrie et l'Iraq Petroleum Company », Paris, *Revue française de science politique*, 17e année, n° 2, p. 299-307, 1967.

La crise pétrolière se termine le 2 mars 1967 quand un accord est signé entre l'IPC et la Syrie sur la base de la proposition faite en janvier par le directeur général de la compagnie[43]. Cet accord semble dû d'une part à l'intervention de la CFP et d'autre part à l'isolement de la Syrie qui est critiquée dans le monde arabe pour son manque de solidarité avec l'Irak.

L'arrêt des pipelines méditerranéens a des conséquences désastreuses pour l'Irak. Ces pipelines écoulent près de 60 % de la production pétrolière irakienne. Leur arrêt et consécutivement celui du pompage du pétrole des champs du nord du pays provoque ainsi la chute des deux tiers des revenus de l'Irak[44]. Sur l'année, la perte serait de l'ordre de 100 M£.

À la fin de décembre 1966 et de nouveau en avril 1967, l'IPC ne règle à l'Irak que les redevances calculées sur les exportations réelles, soit un peu plus de 21 M£. La compagnie britannique met en avant la fermeture du pipeline syrien qui résulte d'un cas de force majeure et ne peut lui être imputable. La différence entre ces paiements et ceux qui ont été anticipés par le gouvernement irakien représente près de 10 % du budget prévu pour 1966-1967.

Trois mois plus tard, le 5 juin 1967, la guerre des Six Jours commence. Pour définir comment les pays producteurs arabes vont se servir de l'arme pétrolière, une conférence se tient le 4 juin à Bagdad. L'Irak y déclare sa détermination à priver de pétrole tout État soutenant « l'agression » d'Israël et à mettre fin aux droits de concession de toute compagnie qui ne se soumettrait pas à cette décision. Le 5 juin 1967, face à la fermeture du détroit de Tiran par Nasser et à la menace militaire égyptienne, l'armée israélienne déclenche une offensive victorieuse et, en moins d'une semaine, écrase la Syrie et l'Égypte.

Tandis que Nasser réédite le blocage du canal de Suez, les producteurs arabes décident d'arrêter leurs exportations vers les États-Unis et la Grande-Bretagne accusés de soutenir militairement Israël. Le 7 juin, la Syrie bloque les pipelines qui traversent son territoire depuis l'Irak jusqu'au 7 juillet 1967. Au même moment, le Liban arrête le chargement du pétrole brut irakien et saoudien dans ses terminaux pétroliers. Dans les jours qui suivent, c'est au tour de l'Arabie saoudite d'interdire le chargement des pétroliers affrétés par les pays qui soutiennent les Israéliens. Sauf l'Iran et l'Algérie, les principaux pays producteurs du

43 *Ibid.*, p. 460 ; George W. Stocking, *op. cit.*, p. 296-297 ; FT 90.7/13 : Fermeture des pipes de l'IPC : commentaires divers, 1966-1967, Fermeture du pipeline (1), *MEES*, vol. X, n° 18, 3 mars 1967.

44 *Middle East and North Africa (Yearbook)* 1973-1974, p. 270 et p. 334. La production de la BPC dans le sud de l'Irak est exportée par le golfe Arabo-Persique et n'est pas affectée par l'arrêt des pipelines en Syrie.

Moyen-Orient réduisent leur production entre mai et juin : –37 % pour l'Arabie saoudite et le Koweït, –72 % pour l'Irak, –78 % pour la Libye[45].

En considérant les effets cumulés du conflit entre la Syrie et l'IPC et de la guerre des Six Jours, la production irakienne est tombée à 23,8 Mt, soit 30 % de moins que pour la même période en 1966. Pour l'ensemble des pays producteurs du Moyen-Orient, la perte est de 110 M$ pour le mois de juin 1967 alors que les producteurs de l'hémisphère occidental encaissent 50 M$ de plus par mois.

La crise syrienne offre au groupe IPC une nouvelle opportunité de résoudre à son avantage les effets de la loi 80. Le consortium britannique est tout particulièrement soucieux de reprendre pied dans les territoires explorés par ses soins et aux ressources pétrolières prouvées, bien que non exploitées. La récupération du territoire incluant Rumailah Nord est jugée particulièrement sensible. Ce gisement d'une surface approximative de 800 km² contiendrait plus de 800 Mt de réserves de pétrole brut, voire 2 milliards de tonnes (MMt) selon le géologue de la CFP, W. Bruderer. Il se classe par sa taille au 4e rang des gisements alors découverts dans le monde. Rumailah Nord serait donc un des rares champs pétroliers « super géants » de la planète. Ceux-ci sont extrêmement rentables à exploiter car leur coût d'exploration et de production est, du fait de l'importance des volumes produits, beaucoup plus rapidement rentabilisé. Néanmoins, il ne s'agit pas pour l'IPC d'exploiter cette mer de pétrole, mais bien de la soustraire aux Irakiens pour annuler la loi 80 dans les faits et ainsi restaurer ses droits de concession.

La crise syrienne permet à l'IPC de passer à la contre-offensive et d'utiliser à son compte l'arme pétrolière contre le gouvernement irakien. En effet, la compagnie pétrolière peut faire durer la crise syrienne. L'importance du pétrole irakien a beaucoup diminué depuis les évènements de Suez de 1956, à la suite de la découverte de nouveaux gisements au Koweït, à Abou Dhabi, en Algérie, en Libye, au Nigeria… Alors qu'en 1956, le pétrole arrivant d'Irak aux terminaux de Banias et de Tripoli représentait 60 % du total disponible en Méditerranée, en 1966 ce pourcentage n'est plus que de 25 %[46]. En outre, les taux d'affrètements maritimes sont presque aux plus bas niveaux jamais atteints[47].

En conséquence, l'IPC annonce qu'elle est prête à compenser son manque de pétrole irakien par d'autres sources : « Des tankers ont été déroutés pour mettre en place un nouveau circuit d'approvisionnement,

45 André Nouschi, *Pétrole et relations internationales depuis 1945*, Paris, Armand Colin, coll. « U », 1999, p. 101.

46 FT 90.4/113, Analyses et commentaires de presse, L'offensive syrienne contre l'IPC, 12 décembre 1966, Dépêche AFP de Londres, Presse-Information HB/JL, 306 D.

47 *Ibid.*

lequel peut devenir au besoin permanent et garantir aux actionnaires de la compagnie britannique d'être approvisionnés en quantités suffisantes pour qu'il n'y ait aucune interruption dans leur activité. La compagnie et ses actionnaires n'ont donc pas immédiatement besoin du pétrole de Kirkoûk »[48].

Les actionnaires anglo-américains de l'IPC n'ont aucun mal non plus à se procurer les ressources pétrolières nécessaires pour approvisionner leurs marchés. Par exemple, la Standard Oil of New Jersey ne perd que 6 Mt/an, soit 3 % de ses ressources globales de pétrole brut qui approchent les 200 Mt/an en 1967. Ces pertes peuvent d'ailleurs être très facilement compensées par les réserves de capacité dont la compagnie américaine dispose ailleurs, notamment en Arabie saoudite. Ce conflit n'entraîne donc aucune conséquence grave pour la Standard Oil qui, au contraire, peut profiter du raffermissement du marché du pétrole brut résultant de la réduction de la capacité de production disponible. De même BP peut aisément retrouver à Koweït, en Iran et en Libye les quantités manquantes en Irak[49]. Pour le vice-président de la Standard Oil, Howard Page, le temps joue en faveur de l'IPC : « [...] La situation présente qui a un effet économique significatif sur nos compagnies a également un plus grand impact sur le gouvernement de l'Irak »[50].

Ainsi, pour l'IPC, le blocage des pipelines méditerranéens peut durer indéfiniment alors que les difficultés financières qu'éprouve le gouvernement irakien résultant de la chute des redevances pétrolières s'accroissent. La seule option possible pour l'Irak serait d'augmenter, par l'intermédiaire de la BPC, la production pétrolière du sud du pays et de renforcer les capacités d'écoulement dans le golfe Arabo-Persique. Cette option permettrait au groupe IPC de mettre en avant l'exploitation du champ de Rumailah Nord pour accroître significativement et rapidement la production du sud de l'Irak. Une note de Vincent Labouret, secrétaire général de la CFP et diplomate du ministère des Affaires étrangères détaché auprès de la compagnie, va dans le même sens[51]. Pour lui,

---

48 IPC's Offer to the Syrian Government, p. 8. Mimeographed material released by IPC, in George W. Stocking, *op. cit.*, p. 296.

49 FT 86.12/33 : Archives historiques – CFP-TOTAL – Archives d'Étienne Dalemont, Crise de décembre 1966 à février 1967 et crise de juin 1967, Réunion DCAD des résultats 1966, conférence de Guilbaud sur la crise syrienne, 8 février 1967.

50 FT 91.8/74 : Correspondance sur Rumailah de de Metz avec les présidents des compagnies 1967, Lettre d'H. W. Page, Executive Vice President of the Standard Oil of New Jersey, à Victor de Metz, 2 février 1967.

51 FT 91.8/75 : Correspondance sur Rumailah de de Metz avec les présidents des compagnies 1967, Note pour la direction du Trésor de Vincent Labouret, fonctionnaire du ministère des Affaires étrangères auprès de la CFP à M. Dargenton, sous-directeur du Trésor et M. Brossolette, chef de service à la direction du Trésor, 23 mai 1967.

l'augmentation de la production de 21 à 34 Mt des champs pétroliers du sud de l'Irak n'a été réalisée que pour faire face à la crise. Elle ne peut être viable économiquement sur la longue durée tant qu'un port en eau profonde de grande capacité n'est pas construit sur le Golfe pour évacuer le pétrole brut à un prix de revient acceptable.

Mais selon Labouret : « [...] Un investissement de cette taille ne sera entrepris par l'IPC que le jour où le gouvernement irakien se résoudra à régler le contentieux né de la loi 80, dans la perspective du projet d'accord de 1965, c'est-à-dire en restituant au consortium la partie nord du gisement de Rumailah ».

Depuis juillet 1960 et la mise en œuvre par la BPC de la réduction drastique de sa production, l'Irak a ainsi pris conscience de sa dramatique dépendance à l'égard de la compagnie britannique et de l'insécurité financière qui en découle (cf. doc. 8). De cet épisode date l'angoisse du gouvernement irakien de voir se produire de longues périodes de réductions de production affectant gravement l'économie du pays. Les crises de 1966 et de 1967 concrétisent cette appréhension et replacent au cœur du débat la question de la capacité du gouvernement irakien à neutraliser l'impact considérable de la compagnie sur les revenus du gouvernement et sur le développement économique du pays.

Document 8 : Évolution de la production et des revenus pétroliers de l'Irak de 1948 à 1973

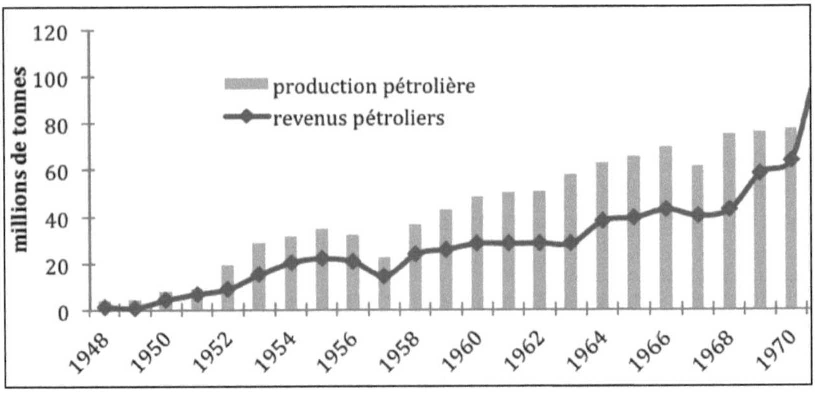

Source : *Petroleum Press Service*, des statistiques de l'OPEP et du fonds FT 92 AA060/205[52].

52 FT 92 AA060/205 : Archives historiques – CFP-TOTAL – Documents provenant de la direction de l'Information et des Relations extérieures (DIRE) (1924-1992), *Six sociétés pétrolières internationales de 1958 à 1964 – Shell-Texaco-Mobil-Gulf-Socal*, mémoire de J. Dunand 1966 (1958-1964).

III. La nationalisation de l'IPC et la construction du « pipeline stratégique »

L'enjeu pour l'Irak est de reprendre à son compte les projets de l'IPC de développer les champs et les systèmes d'écoulement pétroliers du sud du pays. C'est l'Iraq National Oil Company (INOC), créée par la promulgation de la loi 11 du 8 février 1964, qui est en charge de ces aménagements. Mais, faute de moyens financiers et des capacités techniques nécessaires, les autorités irakiennes se tournent vers l'URSS.

En juillet 1967, après le déplacement en Irak du président soviétique Nikolaï Podgorny, une des plus hautes figures politiques russes, Adib al Jader, le président de l'INOC, déclare : « Notre but doit être le contrôle total de notre richesse pétrolière »[53]. En septembre 1967, le ministère du Pétrole irakien invite les représentants soviétiques à Bagdad à élaborer un arrangement dans cette perspective. Ainsi, le 24 décembre 1967, Adib al Jader et Semyon Skachkov, le chef de la délégation soviétique et le président du comité pour les relations économiques étrangères du Conseil des ministres soviétique, signent un protocole d'accord par lequel les Soviétiques s'engagent à aider techniquement et financièrement l'Irak dans son programme de développement pétrolier :

> Le Gouvernement de l'Union des Républiques Socialistes Soviétiques accorde son assistance au Gouvernement de la République d'Irak pour le développement direct de son industrie pétrolière. Cette assistance peut être fournie par les organisations soviétiques dans les domaines suivants : forage de puits productifs dans le sud de l'Irak et fourniture d'équipements et de techniques nécessaires pour atteindre cet objectif, études géologiques de prospection pour la recherche pétrolière dans les zones du nord de l'Irak et délimitation des localisations précises dans les zones aux réserves prouvées dans le sud du pays [...]. Il est entendu que les dépenses supportées par les organisations soviétiques [...] seront remboursées par l'Irak sous la forme de livraisons à l'Union soviétique de pétrole brut produit par l'INOC[54].

Publiant le traité, le nouvel organe de presse du Kremlin, *Izvestiia*, trace à grands traits ses implications. Il est présenté comme une « coopération mutuelle et avantageuse entre pays arabes et socialistes [...] étendue

---

[53] *Middle East News, Data and Analysis* (*MEED*), novembre 1967, p. 467, in Christopher R. W. Dietrich, « Arab Oil Belongs to the Arabs, Raw Material Sovereignty, Cold War Boundaries, and the Nationalisation of the Iraq Petroleum Company, 1967-1973 », *Diplomacy & Statecraft*, 22 : 3, p. 450-479, 2011, p. 467.

[54] *MEES*, 29 décembre 1967 in Édith T. Penrose, *Iraq : International Relations and National Development*, London, Boulder, Westview Press, 1978, p. 426-427 ; « Iraq and USSR : Oil Agreement », *International Legal Materials*, vol. 7, n° 2, mars 1968, p. 307-311.

toujours davantage aux problèmes économiques, incluant la question de la création d'une industrie pétrolière nationale pour les Arabes ».

Le retour du Baas au pouvoir le 17 juillet 1968 ne fait que renforcer le nationalisme pétrolier irakien. Le 10 avril 1968, l'INOC déclare se charger seule du développement de Rumailah grâce à des capitaux nationaux fournis par des banques irakiennes. C'est dans un premier temps un programme modeste et peu coûteux : il s'agit d'atteindre une production de 5 Mt d'ici 3 ans. Dans ce but, un investissement de 16,8 M$ est prévu pour développer les capacités de forage et pour construire un pipeline de 16'' sur 130 km entre Rumailah Nord et le port de Fao. 2,8 M$ supplémentaires doivent être consacrés à la construction d'une usine qui recueillera le gaz du pétrole ; 5,6 M$ complémentaires seront investis dans le développement des capacités d'accueil et de stockage du port de Fao. Pour Adib al Jader, en raison d'un prix de revient de 56 cents le baril et d'un prix posté de 1,76 $, l'Irak devrait obtenir un bénéfice de 44,8 M$ au bout de ces trois ans[55].

Dans un second temps, un projet à long terme prévoit d'atteindre une production supplémentaire de 18 Mt/an par le forage de nouveaux puits et la construction d'un nouveau pipeline aboutissant à un terminal pétrolier en eau profonde dans le golfe Arabo-Persique. Le coût de ce projet est de 72,8 M$ et devrait être financé par le premier développement de Rumailah. Le rendement attendu serait de 140 M$ par an[56].

C'est au courant de l'été 1969 que le protocole d'accord signé en décembre 1967 avec les Soviétiques se traduit dans les faits par un programme destiné à permettre à l'INOC de réaliser pleinement ses potentialités comme compagnie nationale en développant les territoires expropriés de l'IPC. Il s'agit principalement de mettre en valeur le gisement de Rumailah Nord.

Les accords de coopération entre l'URSS et l'Irak marquent donc un nouveau tournant dans les relations du pays avec l'IPC puisque désormais l'INOC est en mesure d'exploiter Rumailah Nord, première étape indispensable pour l'Irak à la mise en place d'une politique pétrolière nationale dont l'ultime objectif est la nationalisation de l'IPC. Le 7 avril 1972, la production commerciale débute sur le champ pétrolifère de Rumailah Nord. *The Baghdad observer* titre : « Le projet Rumailah : symbole de détermination et d'une coopération amicale. Victoire triomphante de notre bataille contre les cartels pétroliers »[57].

---

55 Majid Khadduri, *Republican Iraq : a study in Iraqi politics since the revolution of 1958*, London, New York, Oxford University Press, 1969, p. 293.

56 *Ibid.*, p. 294.

57 FT 82.7/215 : Relations de la Compagnie française des pétroles (CFP) avec l'Iraq Petroleum Company (IPC), Comptes rendus de réunions avec le ministre du

Pour marquer les esprits, les autorités irakiennes font coïncider la cérémonie d'inauguration de la production de Rumailah avec les célébrations du vingt-cinquième anniversaire de la fondation du Parti socialiste arabe Baas. Le président Al-Bakr, le vice-président Saddam Hussein, l'ensemble du gouvernement irakien et deux cents invités arabes et étrangers assistent aux cérémonies. La présence d'Alexeï Kossyguine, venu pour inaugurer le début de la production pétrolière nationale irakienne, souligne l'importance de l'événement, tant au niveau des rapports irako-soviétiques que dans l'évolution des rapports entre les pays arabes producteurs de pétrole et les sociétés pétrolières occidentales.

Dans son discours, le Premier ministre soviétique déclare que « l'URSS soutient pleinement les États arabes qui luttent pour récupérer leurs propres ressources naturelles, tout particulièrement leur pétrole et pour les rendre à leurs propriétaires véritables, les peuples de ces pays »[58]. Reprenant à son compte le slogan « le pétrole arabe aux Arabes », le chef du gouvernement soviétique ajoute : « Les compagnies pétrolières capitalistes dans les pays du Proche et du Moyen-Orient ont été forcées de reculer, bien qu'elles continuent à exploiter les richesses nationales de ces pays et à réaliser des profits énormes. Ces mêmes compagnies cherchent à paralyser les efforts déployés par les pays arabes en vue de mettre sur pied une économie nationale et une industrie pétrolière »[59].

Quelques jours plus tard, le premier pétrolier russe, d'une capacité de 20 000 tonnes, charge le brut de Rumailah à Fao. Selon l'agence de presse soviétique Tass du 14 avril, un million de tonnes de pétrole irakien devrait être transporté vers l'URSS en 1972, suivi par 2 Mt supplémentaires entre 1973 et 1975[60]. Au second trimestre de 1972, l'INOC exporte depuis Rumailah 388 183 tonnes, dont la moitié vers l'URSS et un quart supplémentaire en direction de la RDA. La compagnie nationale irakienne dispose à ce moment de huit installations de forage en fonctionnement, trois équipes de sismographes et possède cinq pétroliers. Bien que ce démarrage soit modeste, avec le commencement de la production de Rumailah Nord, l'Irak débute une politique pétrolière nationale indépendante de l'IPC.

Malgré le risque de manifester ouvertement son hostilité au gouvernement irakien, et donc compromettre définitivement toute chance

---

Pétrole irakien, nationalisation de l'IPC, 1972, CFP-GR London, CFP-DMO, I.G. Macpherson to Groups, Extract from « The Baghdad Observer » of 7th April, 1972, 13 avril 1972.

58 FT 90.4/31 : Irak, pétrole, *Pétrole et Gaz Arabe*, Regards sur l'actualité, Irak, 16 avril 1972.

59 *Ibid.*

60 Oles & Bettie Smolansky, *The USSR and Iraq. The Soviet Quest for Influence*, Durham and London, Duke University Press, 1991, p. 49.

de parvenir à un compromis avec lui, l'IPC poursuit sa tactique des *warning letters* adressées aussi bien aux Irakiens qu'à chaque acheteur potentiel du pétrole de Rumailah Nord[61]. La diplomatie britannique est également sollicitée. C'est le ministre des Affaires étrangères lui-même, Joseph Godber, qui s'entretient avec l'ambassadeur brésilien à Londres pour dissuader la compagnie pétrolière nationale Pétrobras de conclure un contrat d'achat pétrolier avec l'Irak[62]. Cette « dissuasion » diplomatique et juridique atteint malgré tout ses limites. À l'approche de tankers soviétiques de Fao, il semble en effet peu opportun pour l'IPC de mettre en pratique ses menaces. Le consortium renonce de la sorte à reproduire le *Rose Mary proceeding*, c'est-à-dire arraisonner la cargaison de tout pétrolier ayant chargé du brut provenant de Rumailah Nord[63].

Lors de l'inauguration de Rumailah Nord, Saddam Hussein avait prévenu les Majors : « En pratiquant une politique d'atermoiement, en recourant aux manœuvres dilatoires, les compagnies s'imaginent qu'elles réussiront à nous faire renoncer à nos justes et légitimes revendications. Qu'elles sachent que nous ne reculerons pas, et que nous défendrons nos droits avec toutes les forces dont nous disposons »[64].

Le 1er juin 1972, l'IPC est nationalisée. L'article 1 de la loi 69 est ainsi rédigé : « Sont nationalisées toutes les opérations de l'Iraq Petroleum Company Limited dans les régions qui lui ont été désignées par la loi n° 80 de 1961. La propriété de tous les fonds et de tous les droits existants relatifs aux opérations susmentionnées reviendra à l'État »[65]. L'article 2 met en place une nouvelle compagnie pétrolière nationale, l'Iraq Company for Oil Operations (ICOO), qui se substitue à l'IPC. Dans l'article 3, le gouvernement prévoit de verser une indemnisation à la compagnie britannique, conformément à la résolution 1803 (XVII)

---

61 FT 82.7/214 : Relations de la Compagnie Française des Pétroles (CFP) avec l'Iraq Petroleum Company (IPC), 1938-1975, Règlement des litiges au Moyen-Orient, 1972, CFP-GR London, CFP-DMO, A. J. P. Doyle, Personal and confidential, Group lawyers meeting – Iraq, 17th March, 1972, 20 mars 1972 ; FT 82.7/221, Small committee meeting held on 6th April 1972, Iraq-INOC exports from North Rumaila.

62 *Ibid.*, CFP-GR London, CFP-DMO, I. G. Macpherson, Personal and confidential, Conversation between the Rt. Hon. Joseph Godber (Secretary of State) and the Brazillian Ambassador at the Foreign Office on 20th March, 1972, 21 mars 1972.

63 C'est en juin 1952 que le pétrolier italien Rose Mary est saisi dans le port d'Aden après avoir contourné le blocus pétrolier organisé par les Majors contre le « pétrole rouge » (voir lexique) iranien à la suite de la nationalisation des ressources en brut décrétée par le Premier ministre Mohammad Mossadegh en 1951.

64 FT 90.4/31, loc. cit.

65 Texte de la loi n° 69 du 1er juin 1972 relative à la nationalisation de l'IPC en Irak, in « Étude et documents sur la nationalisation de l'IPC et sur l'accord pétrolier syro-irakien », *Office arabe de presse et de documentation*, Damas, p. 16. Sur la totalité du texte de la loi 69.

prise par l'Assemblée générale de l'ONU en décembre 1962. Les sommes dues à l'Irak par le consortium seront déduites de celle-ci.

Le régime syrien du général Hafez El-Assad, par le décret n° 46, nationalise le même jour les pipelines de l'IPC qui traversent son territoire et le terminal pétrolier de Banias. Damas, qui avait conclu le 5 juillet 1971 un accord avec le consortium qui doublait presque les droits perçus sur le pétrole transitant sur son territoire, réplique ainsi à la perte financière considérable occasionnée par la chute des exportations du pétrole irakien. Bien que Beyrouth ne suive pas l'exemple syrien, la branche libanaise du pipeline de l'IPC est fermée.

Mais l'enthousiasme que déclenche dans le monde arabe la victoire des deux branches du Baas sur l'impérialisme pétrolier occidental ne rend que partiellement compte des relations entre la Syrie et l'Irak. On aurait effectivement pu attendre une solidarité entre les deux États. Or, une fois la totalité des avoirs de l'IPC nationalisée sur son sol, Damas décide de doubler les charges pesant sur le transit du pétrole irakien sur son territoire. Celles-ci passent de 22 cents/b à 45,55 cents/b. Bagdad qui n'a pas réussi à s'approprier les infrastructures syriennes pour sécuriser l'écoulement de son pétrole en Méditerranée n'a d'autre choix que d'entériner cette augmentation par un traité provisoire avec la Syrie le 8 juin.

Le 28 février 1973, un accord final est signé qui met fin à un conflit qui a duré 13 ans entre Bagdad et la compagnie britannique. Cet accord donne satisfaction à l'ensemble des revendications irakiennes[66]. Le premier paragraphe fait référence à l'ensemble de la législation pétrolière irakienne, de la loi 80 à la loi 69, que reconnaissent donc explicitement les Majors. Dans le deuxième, le groupe IPC s'engage à verser 141 M£ au titre des revendications irakiennes, dont 30 M£ payables dans la semaine suivant la ratification de l'accord par l'État irakien, le complément devant être payé par des versements ultérieurs, au taux d'intérêt de 7 %. En contrepartie de la nationalisation de ses avoirs, l'IPC reçoit 15 Mt de pétrole gratuit, livrable chaque mois à partir de mars 1973, en Méditerranée orientale (paragraphe 4), ce qui représente une valeur de 128,5 M£ basée sur la valeur comptable nette des immobilisations de l'IPC et de la BPC et comprenant une indemnité pour les réserves de pétrole prouvées de 1 cent par tonne[67]. Aux termes de cet accord, il

---

66 *Ibid.*, SP. RDG n° 88, Règlement d'ensemble entre l'Irak et le groupe IPC. Texte des « Heads of Agreement » signés à Bagdad le 28 février 1973.

67 FT 93AD063/144 : Dossier Iran-Irak – Irak nationalisation IPC, 1973-1974, CFP-TMO, N. B. Griffiths to Groups, Iraq Heads of Agreement, 4 juillet 1974 ; CFP-GR London, CFP-TMO, From CFP, Mobil, Partex, Shell to BP and Exxon, Iraq settlement etc. – Inter group letter, Revised draft du 11 juin 1974.

est également prévu que la concession de la MPC (Mosul Petroleum Company) prenne fin le 31 janvier 1973.

L'Irak, en affirmant sa souveraineté sur les gisements du nord et du sud du pays, dans des conditions conformes au droit international, se trouve désormais en mesure de commercialiser librement son pétrole. C'est dans cette perspective que l'accord du 12 juin 1973 est signé entre l'Irak et la Syrie. Il donne une toute autre ampleur aux projets irakiens. Le dessein est de porter la capacité d'exportation du pétrole brut irakien à travers le territoire syrien de 1,2 Mb/j (60 Mt/an) en juillet 1973 à 1,4 Mb/j (70 Mt/an)[68]. Les travaux à effectuer en Syrie sont financés par un prêt irakien sans intérêt de 21,9 M$, dont le remboursement s'effectue par une déduction d'un montant équivalent sur les droits de transit dus par l'Irak à la Syrie.

Au Liban, dès le 5 mars 1973, un accord est conclu entre le gouvernement libanais et l'Irak pour une durée de 15 ans selon lequel les Libanais recevront 11 cents/b de taxe de transit – contre 6 cents/b précédemment avec l'IPC. Les frais et les charges étant estimés à 2 cents/b, la majoration des droits de transit est donc de 50 % comme en Syrie. L'Irak s'engage en plus à fournir au Liban les quantités de pétrole nécessaires à la consommation intérieure, soit 1,5 Mt/an au prix de 2,55 $/b pour 1973. 40 % des exportations à partir des gisements du nord de l'Irak seront acheminés par la branche libanaise de l'oléoduc, ce qui correspond à 22 Mt/an. L'ensemble de ce dispositif doit procurer au Liban des revenus de l'ordre de 13 millions de livres libanaises (4,8 M£)[69].

En Irak, c'est l'ICOO qui a la responsabilité de l'exécution de la majeure partie des travaux prévus. Ceux-ci prévoient le forage de nouveaux puits, l'extension des unités existantes de séparation de gaz, la construction d'une nouvelle unité de stabilisation[70] de 240 000 b/j et la pose d'oléoducs reliant les nouveaux puits aux unités de séparation et de stabilisation. Sur la branche syrienne du pipeline méditerranéen, neuf nouvelles unités de pompage doivent également être installées en territoire irakien pour l'extension de la capacité de transport du pipeline Kirkoûk-Banias de 30-32".

---

68 *Ibid.*, *Le Pétrole et le Gaz Arabes*, 16 juillet 1973.

69 ADMAE DE-GE, Affaires économiques et financières, Affaires générales, 447, 1967-1975, Ambassade de France au Liban, Le conseiller financier pour le Proche et le Moyen-Orient à Monsieur le Ministre de l'Économie et des Finances, Direction du Trésor, Moyen-Orient – Accords pétroliers récents, 8 mars 1973.

70 On entend par procédé de stabilisation des pétroles bruts l'opération qui consiste à ramener la pression de l'écoulement du pétrole brut en sortie de puits, comprise généralement entre 10 et 100 bars, à la pression atmosphérique. Ce procédé s'accompagne au moins d'une étape de séparation consistant à distiller sous pression ledit pétrole brut pour extraire des hydrocarbures gazeux ou volatils contenus dans le pétrole brut.

De son côté, la BPC, en application de l'accord du 28 février, poursuit les travaux destinés à accroître les capacités d'exportation de l'Irak. Le 14 août 1973, une fois la construction achevée du troisième poste de chargement pour gros tankers, le premier chargement a lieu au terminal en eau profonde de Khor al Amaya. La première tranche de travaux pour augmenter la capacité du pipeline Zubair-Fao à 720 000 b/j par l'installation de nouvelles pompes est achevée. La seconde tranche qui doit porter les exportations à 1 650 Mb/j débute par la pose d'une nouvelle ligne de 32 pouces et la construction de trois réservoirs supplémentaires à Fao. Ainsi, alors que l'accord du 28 février prévoyait l'exportation de 35 Mt en 1973, celle-ci atteint déjà 35,7 Mt[71].

La production des champs septentrionaux et méridionaux ainsi augmentée trouve d'autant plus facilement à se placer sur le marché pétrolier international que celui-ci devient de plus en plus favorable aux vendeurs dans la période qui précède la guerre du Kippour.

La crise ouverte par cette dernière donne l'occasion de nationaliser la BPC, la dernière filiale du groupe IPC en activité sur le sol irakien. Le 7 octobre 1973, les Irakiens décident d'exercer des représailles contre les États-Unis en nationalisant, par la loi 70, avec des compensations, les intérêts américains dans la BPC, représentés par Exxon et Mobil. Le 21 octobre, c'est le tour de la part de la Royal Dutch dans la BPC avec la loi 90 à titre de « punition infligée aux Pays-Bas pour leur appui à Israël »[72]. Le 20 décembre 1973, en raison de l'attitude du gouvernement portugais vis-à-vis d'Israël et des États-Unis, c'est au tour des 5 % de la Partex à être nationalisés, le siège de la fondation Gulbelkian se trouvant à Lisbonne. Le 8 décembre 1975, le gouvernement promulgue la loi 200 qui nationalise les intérêts de la CFP, de la BP et de la Shell[73]. À cette date, l'INOC reprend totalement l'activité de la BPC.

L'objectif visé par l'INOC reste un très grand accroissement de la production et des exportations. Dans cette perspective, les terminaux portuaires du Golfe sont renforcés. Au début de 1974, de récents contrats sont conclus avec Brown and Root, une société américaine, pour la construction d'un quatrième poste à quai au terminal de Khor al Amaya près de Fao afin de développer sa capacité de 1,2 Mb/j à 1,6 Mtb/j en 1976. La même société termine en 1975 la réalisation du port en eau profonde de l'INOC à Khor al Khafga, à 35 km à l'ouest de Khor al Amaya, dont la capacité initiale est de 800 000 b/j avec extensions possibles à 1,6 Mb/j puis à 2,4 Mb/j. Le nouveau port doit être relié au gisement de Rumailah

---

71 Documents sur l'exercice CFP de 1973.

72 *PPS* de novembre 1973.

73 Benjamin Shwadran, *Middle East Oil. Issues and Problems*, Cambridge, Schenkman, 1977, p. 71.

par un pipeline de 48'' et un gazoduc de 10'' dont les sections construites sur le sol ferme sont réalisées par la compagnie Mannesman de RFA. Ce projet vise à faire passer les exportations de ce gisement de 5 Mt/an à 80 Mt/an en 1976 et, ultérieurement, à 120 Mt/an[74].

Les pipelines sont ainsi appelés à jouer un rôle important dans l'expansion de l'INOC. Conformément aux accords passés avec la CFP et l'IPC, la société française Entrepose a obtenu un contrat pour des extensions du pipeline Kirkoûk-Banias qui doivent permettre d'accroître de 60 à 70 Mt/an la capacité d'exportation sur la Méditerranée. Des sociétés italiennes liées à l'État, notamment Snam Progetti pour la supervision du projet, Saipem pour la construction de l'oléoduc et Montubi pour celle du gazoduc, toutes filiales de l'ENI, construisent un réseau de « pipelines stratégiques » de 665 km de longueur entre Rumailah-Fao dans le Sud et Hadita-Kirkoûk (K3) dans le Nord qui pourra transporter, dès octobre 1975, soit 44 Mt de pétrole de Rumailah vers la Méditerranée, soit 48 Mt de pétrole de Kirkoûk en direction du Sud, vers Fao (cf. doc. 9)[75]. Un gazoduc de 18'', parallèle au pipeline, est également prévu pour prendre du gaz de Rumailah Nord afin de servir de combustible aux stations de pompage situées sur le parcours.

Il est également prévu qu'à la fin de 1975 prennent fin les travaux du pipeline d'Elf-ERAP, d'une longueur de 170 km, destiné au transport de 160 000 à 200 000 b/j de pétrole brut provenant des gisements de la société à Buzurgan et Abu Ghirab, près de la frontière iranienne, découverts respectivement en 1969 et en 1970, jusqu'à Rumailah en vue de l'exportation au nouveau terminal en eau profonde.

Agissant dans une perspective à plus long terme, l'Irak et la Turquie parviennent à un accord en vue de la construction d'ici à la fin de 1976 d'un grand oléoduc d'une capacité initiale de 25 Mt, pouvant être portée à 35 Mt, de plus de 900 km reliant Kirkoûk à Dortyol, sur la côte méditerranéenne de la Turquie. Les principaux entrepreneurs sont ici encore Mannesman et Snam Progetti à qui l'INOC a confié l'étude de faisabilité[76].

L'ensemble de ces réalisations donneront la possibilité à l'Irak d'exporter à partir de 1977 4,3 M b/j de pétrole brut, capacité bien supérieure vraisemblablement à la production obtenue à cette date par l'ICOO et l'INOC, mais qui permettra à l'Irak de tirer profit des conditions

74 *PPS* de mars 1975.

75 *Ibid.*

76 ADMAE 447, *MEES* du 29 décembre 1972, Snam Progetti Awarded Turkish Pipeline Study Contract.

du marché et du niveau des taux de fret en exportant son pétrole soit par le golfe Arabo-Persique, soit par la Méditerranée.

Conclusion

Au lendemain de la crise de Suez, le projet des Majors de sécurisation des flux pétroliers entre Moyen-Orient et Europe occidentale par le Metline échoue. Le projet irakien est également abandonné après la révolution de 1958. Désormais, il s'agit pour l'IPC d'organiser l'« étouffement » du régime irakien.

Il revient donc au régime baasiste, dans la perspective de la lutte menée contre le consortium britannique, de reprendre le projet de faire de l'Irak une plaque tournante du pétrole du Moyen-Orient et de le mener à bien parallèlement à la nationalisation du groupe IPC. L'aboutissement de cette politique est la construction du pipeline stratégique en 1976.

À l'occasion des accords de participation et plus encore de la guerre du Kippour d'octobre 1973, les revenus pétroliers irakiens sont multipliés par dix entre 1972 et 1974. Leur contribution aux recettes générales de l'État irakien passe de 52,3 % en 1971 à 87,2 % en 1976[77]. De 1972 à 1980, les revenus de l'Irak, essentiellement pétroliers, passent de 575 M$ à 26 milliards de dollars (MM$). À la veille de la guerre contre l'Iran, le régime irakien dispose de 30 MM$ de réserves financières, d'une capacité de production de 3,4 Mb/j et de plus de 100 MMb ou 13,7 MMt de réserves prouvées[78].

Ce n'est donc qu'après la nationalisation complète des champs pétrolifères du Nord et du règlement global avec l'IPC que le régime irakien commence véritablement à tirer profit du pétrole. En 1974, le président Al-Bakr déclare, lors de la huitième conférence régionale du parti Baas : « La libération totale de l'emprise étrangère sur l'économie et les ressources de l'Irak a été et restera la base de notre stratégie de développement »[79].

---

[77] Nirou Eftekhari, « Le pétrole dans l'économie et la société irakiennes 1958-1986 », *L'Irak, le pétrole et la guerre*, *Peuples méditerranéens*, n° 40, juillet-septembre 1987, p. 52.

[78] Luis Martinez, *Violence de la rente pétrolière. Algérie-Irak-Libye*, Paris, coll. « Nouveaux Débats », Presses de Sciences Po, 2010, p. 37.

[79] Paul Stevens, « Iraqi Oil Policy : 1961-1976 », in Tim Niblock, *Iraq : the Contemporary State*, Groom Helm, p. 168-190, 1982.

Document 9 : Parcours du « pipe-line stratégique »

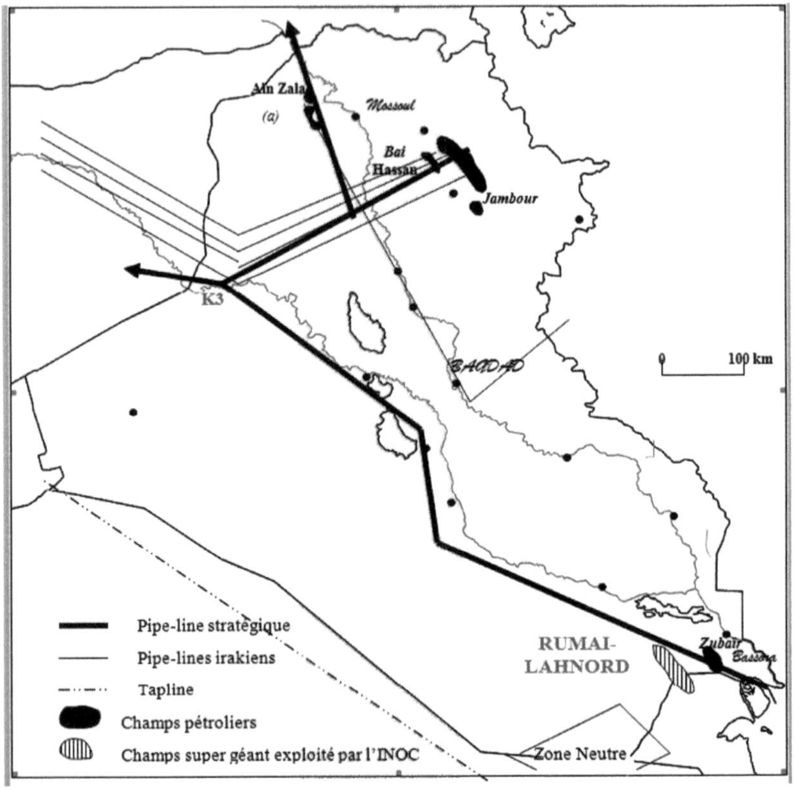

Réalisation P. Tristani

Quatrième partie

Rivalités entre grandes puissances

Fourth Part

Rivalry Between Big Powers

Pipeline-Based Geo-Economics

The Russian Example

Aymen Boughanmi

Docteur de l'Université de Paris III, France

Introduction

Since 1973, the geopolitical value of energy resources has gone from being a strategic weapon during wartime into a more subtle and permanent means of power redistribution. The commercial relations that govern their markets permanently interact with international relations and the balance of power equilibrium. In other words, energy resources and their distribution are an essential feature of geo-economics[1].

After 2000, Russia, seeking to promote its international influence, has become the champion of oil and gas diplomacy. Through a policy that combines the temptation of the carrot and the threat of the stick, Moscow has been trying to use its abundant energy resources as a tool to recover its international status, which was shaken with the collapse of the Soviet Union and its aftermath. But Russia's new path to international grandeur seems intertwined with its traditional strength: its geographical position as the "heartland" of the "world's island"[2]. Since in this "new great game"[3] based upon energy the safety and diversity of the draining routes are prerequisites for success, the pipelines, the routes they follow,

1 Geo-economics is the study of the interaction between the economic issues and the strategic stakes in the processes of power building and consolidation. See Aymen Boughanmi, *L'Impérialisme britannique du libre-échange 1846-1932: une analyse géoéconomique*, PhD Université Sorbonne Nouvelle, Paris III, July 2012, pp. 1-22. See also Pascal Lorot, "La géoéconomie, nouvelle grammaire des rivalités internationales," *L'information géographique*, Vol. 65, 1, March, 2001, pp. 43-52.

2 Edmund W. Gilbert, "Mackinder's democratic ideals and reality after fifty years," *The Geographical Journal*, Vol. 135, part. 2, June 1969, pp. 228-231.

3 This expression describes the rivalry between the West and post-Soviet Russia for the control of Eurasia's energy resources. See Lutz Kleveman, *The New Great Game: Blood and Oil in Central Asia*, New York, Atlantic Monthly, 2003.

the territories they cross and the destinations they can reach have become fundamental issues for Russian foreign policy.

In this article, I will try to analyze this combination and show both its contribution and its limits as a vehicle of Russian power. I will begin by briefly presenting the main conditions that made inevitable the development of Russian pipeline-based geo-economics. I will summarize then Russia's main achievements in this domain, especially in terms of consolidating its position as Europe's top supplier. I will conclude by showing the limits of the Russian position and explaining the negative repercussions of the use of commercial relations as a strategic instrument.

1. The conditions of pipeline-based geo-economics

Russia has pipelines and knows its ability to build new ones. The stake has been nothing less than the reinvention of Russian continental influence and the possibility of providing Moscow with the means of projecting it. Indeed, pipelines are used to transport commercially valuable and strategically indispensable products for an international market characterized by a chronic separation between the zones of production and the main centers of consumption[4].

The geo-economic value of pipelines has become greater still thanks to the increasing importance of natural gas as a source of energy. As compared with the flexibility of the oil market, the transport of natural gas hinges strongly upon pipelines, because of the prohibitive costs of transporting it via tankers. This means that, while the oil market is internationally indivisible, gas markets are mainly regional and usually require bilateral cooperation[5].

Moreover, it is worth noting that Russia, a bridge between Central Asia and Europe, is both an exporting country and a transit country. Added to that, another factor that increases Russia's potential influence, especially in the gas trade, is Russia's particularly powerful strategic and military capacities in comparison to other exporting and transit countries. The memory of its days as a Cold War superpower still lingers and therefore Moscow is ever eager to flex its foreign policy muscles[6]. Indeed, it

---

4 Cédric de Lestrange, Christophe-Alexandre Paillard and Pierre Zélenko, *Géopolitique du pétrole*, Paris, Technip, 2005, pp. 8-10. For the European example see Alessia Biava, "L'action de l'union européenne face au defi de la sécurisation de son approvisionnement énergétique," *Politique européenne*, 22, 2, 2007, pp. 105-123.

5 Andrew S. Erickson and Gabriel B., Collins, "China's Oil Security pipe Dream: The Reality, and Strategic Consequences, of Seaborne Imports," *Naval War College Review*, Vol. 63, 2, Spring 2010, p. 89, note 1.

6 Henry R. Nau and Deepa M. Ollapally, "Russia's Contested National Identity and Foreign Policy," Andrew C. Cuchins and Igor Zevelev (eds.), *Worldviews of Aspiring*

suffered from the transition from superpower to recipient of humanitarian assistance almost overnight. The increase in world energy demand and high oil and gas prices, not only discourage structural economic reforms, but also fuel Russian nationalism and provide it with the financial means to make its voice heard[7].

Furthermore, Russia is situated between several energy-importing blocs. For an exporter, this position provides an extremely important advantage as it allows competition between different potential clients with growing needs. For example, at the beginning of the 2000s, the emergence of East-Asia as a major energy importer promised to reduce Russia's dependence on the European market significantly[8].

This dependence was the result of the legacy inherited from the Soviet Union era when the exporting infrastructure was largely oriented towards Europe via the newly independent Republics of Central Europe. In other words, after the collapse of the U.S.S.R., Moscow found itself separated from its historical market by States determined to pursue their own interests, which were structurally in contradiction with Moscow's. In addition to their transit position, which earned them the name, "new breed of countries"[9], these countries became energy importers and almost entirely dependent upon the Russian production.

It is also fair to say that some geographical conditions can explain the general orientation of Russia's exporting infrastructure. Because it is easier to build pipelines on a plain than through a mountain or underwater, the most accessible routes to external markets for Russia lie around the northern European plain. In consequence, the traditional transit countries, such as Ukraine and Belarus, will necessarily continue to hold an influential position that could eventually thwart the Russian strategic designs.

To overcome this difficulty, a national strategy needed to be established. Before 2000, the short-term tactics adopted by the different actors, especially within the oil oligarchy, prevented the emergence

---

Powers: Domestic Foreign Policy Debates in China, India, Iran, Japan and Russia, New York, Oxford University Press, 2012, p. 181.

7 *Ibid.*, p. 204. The high prices show also a shift in the balance of power which, in recent years, has been much more auspicious to the exporters than to the importers. This thesis was thoroughly analyzed in Philippe Sébille-Lopez, *Géopolitique du pétrole*, Paris, Armand Colin, 2006.

8 See Bernard D. Cole, *Sea Lanes and Pipelines: Energy Security in East Asia*, Westport, Conn. Praeger, 2008.

9 Gul Loft and Anne Korin, "Realism and Idealism in the Energy Security Debate," in Gul Loft and Anne Korin (eds.), *Energy Security Challenges for the 21st Century: A Reference Handbook*, California, Praeger Security International, 2009, p. 336.

of a comprehensive policy[10]. Indeed, the Soviet legacy was far from being solely responsible for Russia's weaknesses during the 1990s. The general disorganization of the energy sector did not enable Russia to obtain the cooperation of the parties concerned within the country, let alone exert pressure upon foreign countries.

For example, the relative weakness of the federal State encouraged some local authorities to behave like transit territories, in order to maximize their share of the energy revenue. These difficulties hindered, for example, the building of the Tenguiz-Novorossiysk pipeline, carrying oil from the northeast shores of the Caspian Sea to the Black Sea. The pipeline did eventually open in 2001, but the resulting delays had long-lasting effects, weakening the Russian transit position as they encouraged Kazakhstan to find other partners[11].

The conflict in Chechnya had even further reaching repercussions and was a major cause in the loss of the Russian monopoly over Azerbaijan's oil exports. Before 2000, Baku could reach the international markets through the Baku-Novorossiyk pipeline that crossed Chechnya. Despite the Russian effort to build a bypass line through Dagestan, the instability of the region and the financial losses it caused to Azerbaijan contributed to the launch of the Baku-Tbilisi-Ceyhan project[12]. This evolution was a major blow for the Prime Minister at the time: Vladimir Putin. This setback partly explains his determination, since he became President, to resolve the Chechen conflict[13].

Aware of these weaknesses, the Russian State endeavored to acquire the leverage it needed to reorganize its export sector. With progressively centralized leadership under President Vladimir Putin, it embarked on a new policy in which strategy was constantly intermingled with economics. It built up national energy champions through gigantic enterprises, which allowed a closer official control over the natural resources and the main export infrastructure. Gazprom and Transneft became strategic tools that allowed the Russian State to mobilize the geo-economic value of pipelines[14]

---

10 Catherine Belton, "Yukos Probe Goes to the Top," *The Moscow Times*, 21 October 2003.

11 Isabel Gorst, "Welding New Relations: Pipelines, Kazakhstan," *Petroleum Economist*, 1 February 2006.

12 Loïc Simonet, "L'Oléoduc Bakou-Tbilissi-Ceyhan: les défis d'une canalisation stratégique," *Revue française de géopolitique*, 4, 2006, pp. 79-88.

13 Pipelines represent a particularly vulnerable target for terrorism. See Loïc Simonet, "L'impact du terrorisme sur la sécurité des pipelines internationaux," *Défense nationale*, March 2006, pp. 75-88.

14 See for example Nina Poussenkova, "The Global Expansion of Russia's Energy Giants," *Journal of International Affairs*, Vol. 63, 2, Spring-Summer 2010, p. 103

This step seemed necessary if Russia was to be successful in her attempt to achieve greater international influence by using the energy issue as a trump card. The gradual evolution of the pipeline question from a commercial issue to a strategic stake could prove to be a double-edged sword, if the transit countries are truly, or even just potentially, able to check Russia's freedom of action.

Therefore, it is safe to say that the geographical separation between Russian energy production and the European market underlies Moscow's main foreign relations. For example, regularly renegotiated agreements with the transit countries give the balance of power a decisive role in establishing the conditions of supply[15]

In addition, brinkmanship during some of these negotiations has led to significant losses of revenue for the Russian State. The stakes appear even higher when taken in conjunction with the overall situation of the Russian economy where the energy industry is one of the few efficient exporting sectors[16]. Strategically, this means that the overwhelming importance of oil and gas revenue for the national economy can weaken the Russian position if ever Moscow is confronted with a blackmailing transit country trying to hold Russian exports hostage[17]. This reality becomes even more striking during the period of economic crises, as was the case in 2008 when the Russian economy was more severely affected than any other G-20 country. It was certainly not a coincidence that Russian relations with Ukraine deteriorated significantly at the time, eventually leading to the 2009 gas crisis[18].

2. The achievement of Russian pipeline-based geo-economics

The first objective of Russian pipeline-based geo-economics was to control the transit network that separated Russian resources form the

sq.; Nina Poussenkova, *Lord of the Rigs: Rosneft as a Mirror of Russia's Evolution*, Houston, Rice University Publications, 2007; Valery Panyushkin and Mikhail Zygar, Gazprom: *The New Russian Weapon*, Moscow, Zakharov, 2008.

15 For a general analysis, see Loïc Simonet, "Les pipelines internationaux, vecteurs de prospérité, de puissance et de rivalités. Oléoducs et gazoducs dans la géopolitique et les relations internationales," *Revue internationale et stratégique*, Vol. 65, 1, 2007, p. 51-64; and Paul Stevens, *Transit Troubles: Pipelines as a Source of Conflict*, London, Chatham House, 2009, pp. 11-13.

16 Christophe-Alexandre Paillard, "Russia and Europe's Mutual Energy Dependence," *Journal of International Affairs*, Vol. 63, 2, Spring-Summer 2010, p. 65 *sq*.

17 Marshall I. Goldman, *Petrostate: Putin, Power, and the New Russia*, London, Oxford University Press, 2008, pp. 3-5.

18 See Henry R. Nau and Deepa M. Ollapally, "Russia's Contested National Identity and Foreign Policy," *op. cit.*, p. 182.

European market. Russian efforts were met by some suspicion in the concerned countries. Any attempt to acquire a dominant position over their distribution networks was considered to be a Russian manoeuver to revive Moscow's domination over the ex-Soviet Republics[19].

Trying to avoid regional conflicts, Russia sought to spare her neighbor's nationalist sentiment by acting through its gigantic companies in association with European partners[20]. This policy has allowed Russia to gain increasing control over the transit networks in the Baltic Republics, Poland and Ukraine, thanks to Gazprom's important acquisitions with the cooperation of European companies.

In this context, Germany has become a key country for Russia's strategy. Geo-economically, the transit issue created the perfect conditions for the revival of the historical geopolitical cooperation between Russia and Germany in Central Europe[21]. Indeed, some of the ex-Soviet Republics saw in Berlin a counterweight against what they consider to be Russian neo-imperialism. However, Germany's growing dependence on Russian oil and gas begs a serious question about Germany's willingness to play this role. Faced with the challenge of being dependent upon the cooperation between Russia and the transit countries, Berlin may not be too unhappy to see the scales of power tip in favor of its supplier.

Besides, Germany's exceptional position is a trump card for Moscow in its attempts to weaken the European position by dividing the EU over the energy strategy. Contrary to the other big European countries, Germany does not have any influential oil companies capable of guaranteeing German interests in the most important zones of production, such as the Middle East. The German decision to abandon nuclear power did little to reduce Berlin's vulnerability *vis-à-vis* Russia. The latter knew that Germany had no other choice but to rely on Russian supply. By investing heavily in Russian energy interests, Germany got itself closely associated with Moscow's strategic plans, especially in Central Europe[22].

---

19 For an analysis that insists upon the dangerousness of the rising competition over the energy resources, see Michael T. Klare, *Rising Powers Shrinking Planet: The New Geopolitics of Energy*, New York, Metropolitan Books, 2008.

20 This tendency, which is not limited to the Russian case, can be associated with the emergence of neo-mercantilism. See Oystein Noreng, "The Rise of Asia and the Restructuring of International Oil Trading: Neo-mercantilism Versus Globalization?," *Journal of Energy and Development*, Vol. 31, 1, 2006.

21 During the XVIIIth century, this policy led to the division of Poland between Russia, Prussia and Austria. See David Teurtrie, "La stratégie de la Russie dans l'exportation de ses hydrocarbures: contrôle et diversification," *Flux*, 71, 1, 2008, pp. 24-36, note 3.

22 Christophe-Alexandre Paillard, "Russia and Europe's Mutual Energy Dependence," *op. cit.*

Russia's careful policy became more aggressive towards Ukraine and Belarus, both of which were determined to use their transit position to exert growing pressure over Moscow in the hope of obtaining the best possible conditions for their gas purchases. For example, Ukraine, through which 80% of Russian gas exported to Europe transited in 2007[23], regularly used the tacit threat of stopping Europe's supply as a bargaining chip to extract the maximum transit fees. Moscow considered this situation to be unacceptable and decided to act as early as 2004.

When the Yamal-Europe pipeline came into full service, Moscow felt itself capable of increasing pressure. Placed under Russian control via Gazprom, this pipeline gave Moscow some of the freedom it needed to deal with recalcitrant transit countries. Circumventing Ukraine, Yamal-Europe links the Yamal Peninsula in Western Siberia to Germany via Belarus and Poland[24].

Russia also sought to obtain greater control for Gazprom over the older pipelines to the European market, which cross its Western neighbors. Minsk's refusal to open Beltransgaz, a public company that controlled the Belarus transit network, triggered the first conflict over gas in February 2004 when Gazprom decided to partly stop exporting to Europe through Belarus[25]. This episode showed not only Russia's determination to promote its interests, but also the importance of pipeline issue for Moscow. Tension between Moscow and Minsk remained until 2007 when Gazprom succeeded in acquiring a 50% share of Beltransgaz.

In Ukraine, the Orange Revolution gave Moscow the opportunity to test the efficiency of its pipeline geo-economics. The revolutionary government made no secret of its itching desire to obtain membership of the North Atlantic Treaty Organization, but the political tension between Moscow and Kiev had a decisive energy dimension[26].

The first conflict occurred when the Revolutionary government showed its determination to diminish Moscow's influence over its energy policy, by finding new suppliers and denouncing Russia's monopolistic position over imports and energy infrastructure on the Ukrainian market. However, Russia's predominant position was deeply-rooted and structurally enshrined

23 Richard B. Andres and Michael Kofman, "European Energy Security: Reducing Volatility of Ukraine-Russia Natural Gas Pricing Disputes," *Strategic Forum*, 264, February 14, 2011, pp. 2-3.

24 Leslie Dienes, "Observations on the Problematic Potential of Russian Oil and the Complexities of Siberia," *Eurasian Geography and Economics*, Vol. 45, 5, 2004, pp. 319-345.

25 "Gas Deliveries to Belarus," *Neff I Capital*, 8, 2008, p. 201.

26 Youri Roubinski, "Russie-Ukraine: La guerre des tuyaux," *Géopolitique*, 93, March-May 2006, pp. 36-47.

in the Ukraine economy: when Russia began to pay Ukraine for the cost of transit in gas as a result of the post-Soviet-Union arrangements, it effectively linked Ukraine's needs for international production to Russia's payment. So, in response to Ukraine's hostile position, Moscow decided to lower its gas subsidy to Ukraine. More seriously still, the Russian companies operating in Ukraine blockaded the fuel supply, threatening to bring to a standstill the Ukrainian whole Economy[27].

Furthermore, at the end of 2005, Russia cut off its gas supply to Ukraine, pretexting the disappearance of several billion cubic meters of gas that it had deposited in Ukrainian reservoirs[28]. As expected, Ukraine answered by recovering the loss at the expense of the transiting gas, forcing Russia into stopping the flow to both Ukrainian and European customers. The agreement over new transit conditions did not prevent the renewal of the hostilities in January 2009 when several European countries suffered from more severe gas shortages and were sometimes brought to the brink of blackout[29].

Despite the risk of losing European trust, Russia was determined to frustrate Kiev's attempt to reduce its dependence on Russian energy. The stakes were very high for Moscow: if Ukraine succeeded in lessening Russia's energy pressure, it could more easily use its transit position to impose less favorable conditions on Moscow. At the end of this conflict, Gazprom secured tighter control over Ukrainian gas imports, and also succeeded in imposing high gas prices on Kiev. By doing so, Gazprom dealt a serious blow to the Ukrainian economy, a blow that contributed to destabilizing the already shaken pro-Western revolutionary regime, eventually leading to the electoral victory of pro-Russian Viktor Yanukovych[30].

In addition to its political and geopolitical gains, Gazprom did Russian industry a great favor by weakening its Ukrainian competitor[31]. The energy industry, through such geo-economic victories, offsets a proportion of its negative economic effect. Having successfully resisted all efforts to introduce market reforms, Gazprom and Transneft have imposed monopolistic practices which are clearly harmful for long-term economic

27 David Teurtrie, "La stratégie de la Russie dans l'exportation de ses hydrocarbures: contrôle et diversification," *op. cit.*, pp. 27-29.

28 Jonathan Stern, "The Russian-Ukrainian Gas Crisis of January 2006," *Oxford Institute for Energy Studies*, January 16, 2006.

29 European Commission, *Gas Impasse: Russia and Ukraine Fail to Resume Gas Deliveries to EU*, January 15, 2009.

30 David Teurtrie, "La stratégie de la Russie dans l'exportation de ses hydrocarbures: contrôle et diversification," *op. cit.*, pp. 28-30.

31 Richard B. Andres and Michael Kofman, "European Energy Security: Reducing Volatility of Ukraine-Russia Natural Gas Pricing Disputes," *op. cit.*

development. By controlling both upstream production facilities and downstream distribution infrastructure, Gazprom prevents, for example, any kind of price competition.

Despite its geo-economic victories, Moscow became aware of the limits of its aggressive policy. The dry-pipeline strategy must, therefore, evolve into a deterrent. Its use in 2006 and 2009 increased Europe's awareness of the risks it runs because of the growing contribution of Russian exports to European energy consumption[32].

The growing strategic value of energy exports for Russia makes Moscow a dubious commercial partner. With the loosening of its grip over its neighbors' political affairs, a process that the Orange Revolution did little to halt, Moscow understood that its geo-economic pressure must take on a new form. The dry-pipeline deterrence would be more plausible and less harmful if Russia could break itself from the overriding position of the transit countries.

Henceforth, new routes must be found to reach the European market. Russia then started the construction of North-Stream, a submarine pipeline with the aim of directly linking the Russian territory to the North of Europe[33]. This strategic decision was made possible by an economic factor: the general increase of energy prices meant that, despite its extremely elevated cost, this project was considered to be worth the investment.

South-Stream is designed to circumvent the traditional transit countries[34], but its strategic value is twofold. It also came as an answer to the European attempt to diversify its import sources by gaining access to the Caucasian fields through the Nabucco project, a pipeline that bypasses the Russian territory with Azerbaijan and Turkmenistan as the main suppliers[35]. Once completed, South Stream will carry Russian gas from the Black Sea coast to Bulgaria. It will then bifurcate into a southern branch into Greece and Italy and a northern branch into Serbia, Hungary, and Austria.

However, it is necessary to notice that the circumventing strategy adopted by Russia to increase the effectiveness of its pipeline-based geo-economics

32 Pierre Noel, "A Market Between Us: Reducing the Political Cost of Europe's Dependence on Russian Gas," *Electricity Policy Research Group*, Cambridge, University of Cambridge, May 2009.

33 Opened in November 2011, this 1,224-kilometer line consists of two parallel pipes with the capacity to deliver 55 billion cubic meters of gas per year once the second part is completed in late 2012.

34 For more details, see Saban Kardas, "Turkey-Russia Energy Relations," *International Journal*, Vol. 67, 1, Winter 2011-2012, pp. 97-98; Gareth G. Winrow, "The Southern Gas Corridor and Turkey's Role as an Energy Transit State and Energy Hub," *Insight Turkey*, Vol. 15, Winter 2013, p. 145+.

35 See Argyris Tsiaras, "Pipeline Wars," *Yale Economic Review*, Vol. 6, 2, 2010, p. 21 sq.

is not meant to supersede the traditional Routes. On the contrary, Russia wishes to increase its influence over the transit countries and wants them to remain dependent upon Russian energy supply. Indeed, Moscow knows perfectly well that if these countries were unable to obtain Russian oil and gas, their natural reaction would be to try and find alternative suppliers.

In other words, the circumventing solution must be very carefully dosed so as not to provoke an opposite reaction from the transit countries trying to overcome their energy dependency towards the Russian production. In reality, Russia's aim is to improve its geo-economic position by making its exports less dependent on traditional routes without losing its monopolistic situation as a predominant supplier for the transit countries.

3. The limits of Russian pipeline-based geo-economics

Russia has sought to diversify the outlets available for its energy exports. For example, the share of Russian gas exports to the Asia-Pacific area should increase to 25% by 2020[36]. However, Moscow has shown a great wariness in its execution of this diversification policy. The priority was to keep Russia's position as the main European supplier, but to reduce, at the same time, Russian dependence upon European consumption. Russia's comprehensive pipeline-based strategy in Eastern Europe was perfectly appropriate for the first objective. The second, however, required a revolution in its export infrastructure.

The circumventing strategy seems to be at variance with the diversification objective. The direct corollary of its dual objective has been the need to increase exports to Europe. The heavy investments made in new pipelines had to give rise to financial returns. In other words, the geo-economic side-effect of the circumventing strategy of the last decade was that Russia's dependence on European energy consumption increased.

Moscow is perfectly conscious that the long-term balance of power is not necessarily in its favor: its own dependence on the European market has exceeded European dependence on Russian exports[37]. Again, Russia failed to fully take advantage of its geographical position between several centers of energy demand. Increasing energy demand from Asia promises to help make up for this weakness. But, despite Moscow's efforts, the results are yet to be seen[38].

---

36 Stephen Blank, "Pipeline to Nowhere: The Beijing-Moscow Dance Continues," *World Affairs*, Vol. 174, No. 6, March-April, 2012, pp. 96-97.

37 Christophe-Alexandre Paillard, "Russia and Europe's Mutual Energy Dependence," *op. cit.*

38 Charles E. Ziegler, "Competing for Markets and Influence: Asian National Oil Companies in Eurasia," *Asian Perspective*, Vol. 32, 1, 2008, pp. 129-163.

Russia's over cautious attitude could be explained by the many considerations that had to be taken into account. Moscow has tried to learn from its past experiences in terms of diversification. Indeed, Blue Stream, a pipeline between Russia and Turkey through the Black Sea, was thought to be an important step towards opening-up new markets. However, in 2003, soon after it came into service, Russia discovered the geo-economic limitations of this project. As Turkey was the sole recipient of these imports, it was in a position to force Russia into lowering prices[39].

This experience deeply affected the geo-economic management of Siberian oil and gas. Despite the prospect of relatively easy access to the fastest-growing market in the world, Moscow refused to build a pipeline that would give China an exclusive importing position. The first phase of the project, which came into service in 2009, stopped just before the Chinese border and did not follow the most obvious and commercially adequate route. Instead, the Eastern Siberia-Pacific Ocean pipeline was designed to ensure alternative markets in the Pacific region. This branch, that crosses particularly challenging areas on its way to the Pacific Ocean, creates competition between the different real and potential consumers of the Pacific Basin region (Japan, South-Korea, the United States), and thus protects Siberian production from being dependent on the Chinese market[40].

However, the positive effect of the growing importance of the Asian market must also be nuanced with the prospect of a weakening in Russia's position as a transit country. In an attempt to preserve the commercial and strategic advantages of its geographic position between its rivals' production – especially in the Caucasus and Central Asia – and its clients' consumption – especially in Europe – Moscow tried to impose its agenda by taking advantage of the relative isolation of its regional rivals[41]. To hold this source of pressure, it adopted, as early as the 1990s, a containment strategy aimed at preventing the development of energy corridors circumventing its territory.

For example, before 2000, Russian pressure was a decisive factor in the failure of the Trans-Caspian Pipeline project, which was intended to carry natural gas from Kazakhstan and Turkmenistan to central Europe via the Caspian Sea[42]. However, one of the side effects of the Russia-Ukraine gas disputes in 2006 and 2009 was the revival of the project, with

39 Leslie Dienes, "Observations on the Problematic Potential of Russian Oil and the Complexities of Siberia," *op. cit.*

40 For the Korean destination, see Alexander Vorontsov, "The Korea-Russia Gas Pipeline Project: Past, Present, and Future," *SERI Quarterly*, Vol. 5, 1, January 2012, pp. 139-148.

41 Aymeric Chauprade, *Géopolitique*, Paris, Ellipses, 2003, pp. 122-123.

42 For Russia's vision see Helaine Holoboff, "Russia's Strategic Pipelines," *Brassey's Defence Yearbook*, London, Brassey's, 1997, pp. 118-120.

more active support from the European Union, which hopes to extend the Azerbaijan-Georgia-Turkey corridor to Turkmenistan and Kazakhstan.

The development of this corridor has already been a serious setback for Russia's dominant position in the transit of energy. Indeed, Moscow failed to thwart Western plans to build the Baku-Tbilisi-Ceyhan pipeline that links, since 2006, Azerbaijan to Turkey via Georgia[43].

Despite its pressure on Georgia, all that Moscow could obtain were a few changes in the project's original layout. Russia's strategy of containment was checked by America's desire to gain access to what Philippe Sebille-Lopez calls "the world's energy strategic ellipse" stretching from the Persian Gulf to Central Asia via the Caucasus[44]. The strategic value of the project clearly outweighed its exorbitant cost[45].

Moreover, growing Asian energy demand has created new opportunities for smaller and less ambitious regional energy producers. Russia's determination to use at all the pipeline issue as a geo-economic weapon has caused hostile reactions in the form anti-Russian competition, both smaller regional exporters (Kazakhstan, Azerbaijan, Turkmenistan etc.) and from regional and international powers (China, India, United States etc.).

Within the geographical sphere where Russian pipeline-based geo-economic is supposed to be the most effective, these countries, despite their contrasting and sometimes contradictory interests, found themselves in an objective alliance against Russia[46].

For Moscow, the side effect of the emergence of East Asia as an expanding market is the opportunity afforded to some countries, which are considered to belong to Moscow's sphere of influence, to easily export their oil and gas without any Russian interference. Rival powers, feeling the potential danger of growing Russian influence in the Caucasus and Central Asia, have been developing contrasting strategies, providing the exporting countries of these regions with the means of escaping the Russian stranglehold.

China, for example, has been particularly active in trying to secure direct links between those regional producers and its own growing hubs

43 Philippe Sébille-Lopez, *Géopolitique du pétrole*, *op. cit.*, pp. 204-206.

44 *Ibid.*, p. 197.

45 For the cost of the project see *Bulletin de l'industrie pétrolière*, 10, 234, 3 décembre 2004.

46 For a detailed analysis of the complex relations between the different players, see Jean A. Garrison and Ahad Abdurahmonov, "Explaining the Central Asian Energy Game: Complex Interdependence and How Small States Influence Their Big Neighbors," *Asian Perspective*, Vol. 35, 3 July 1, 2011, p. 381 sq.

of consumption[47]. In 2005, Beijing, trying to counter Russian influence in the region, inaugurated a pipeline that delivers oil from Kazakhstan via Turkmenistan[48]. More recently, China has succeeded in reinforcing its push into Central Asia. In 2010, it completed a new pipeline from Turkmenistan, and obtained concessions of great potential.

Kazakhstan is a shining example of the type of freedom that regional producers may henceforth enjoy. Without direct access to any important markets, it disposes of three available routes: in addition to the Russian transit outlet and China, the Kazakhstan Caspian transport system allows access to the Baku-Tbilisi-Ceyhan pipeline[49].

Conclusion

This article shows that pipelines can be extremely powerful geo-economic instruments, provided that there is a clear balance between their commercial and their strategic value. For a continental power-seeking nation, like Russia, the temptation of resorting to use these as an essentially strategic means of pressure may compromise their efficiency. Indeed, geo-economic pressure is best used as a deterrent, because otherwise, the side effects can easily outweigh the potential benefits.

The Russian position also highlights the difficulty of founding, almost exclusively, a geo-economic vision upon the old and somewhat out-dated principles of geo-politics. To remedy this weakness, Moscow has been trying to develop new ways of using its energy resources as a means of consolidating its international influence. For example, it has been trying to increase its cooperation with potential rivals with the intention of establishing a gas cartel along the lines of OPEC. But this strategy may become obsolete even before its implementation, especially if shale gas fulfills its promise and effectively brings zones of production and centers of consumption of fossil fuel closer together.

---

47 For the strategic implications of China's increasing gas imports, see Mikkal Herberg, "The Geopolitics of China's LNG Development," in Gabriel B. Collins, Andrew S. Erickson, Lyle J. Goldstein, and William S. Murray (eds.), *China's Energy Strategy: The Impact on Beijing's Maritime Policies*, Annapolis, Naval Institute Press, 2008, pp. 61-80; Andrew S. Erickson and Gabriel B., Collins, "China's Oil Security pipe Dream: The Reality, and Strategic Consequences, of Seaborne Imports," *op. cit.*; Yang Xiaohui, "Chinese Oil Strategy's Southwestern Orientation," *Contemporary Asia-Pacific*, 3, 2004.

48 Pak K. Lee, "China's Quest for Oil Security," *Pacific Review*, Vol. 18, 2, June 2005, pp. 265-301.

49 Stephen Blank, "China, Kazakh Energy, and Russia," *China and the Eurasia Forum Quarterly*, Vol. 3, 3 November 2005, pp. 99-110. For the Kazakh petroleum equation more generally, Jean A. Garrison, *China and the Energy Equation in Asia: The Determinants of Policy Choice*, Boulder, CO, Lynne Rienner, 2009, pp. 41-64.

What's in a Pipe?

Technopolitical Debate over the Ontology of Steel Pipes at NATO (1960-1962)

Roberto CANTONI

Université de Manchester, Grande-Bretagne

The 'red oil flood'

Between 1955 and 1965, Soviet oil production rose spectacularly from 71 to 243 million tons.[1] Worried by such spectacular increase, in 1958 CIA Director, Allen Dulles, warned the US Cabinet, led by President Dwight Eisenhower, that "[t]he free world face[d] a quite dangerous situation in the Soviet capacity to dislocate established markets."[2] The new Soviet production had significant implications for Western security as well, as it meant a higher capability to boost production of USSR's heavy industries and fuel its military machine. The Soviet Union also increased its exports. Over ten years, the exports' share of total Soviet production rose from 5.2 percent to 26.4 percent, and oil exported to non-Communist countries increased from 3.8 Mt in 1955 to a stunning 35.5 Mt in 1965.[3] Such bonanza was the result of an immense prospecting effort, which bore its finest fruit in the Ural-Volga region, where a number of large oilfields were discovered. Not only could the Soviets produce a colossal amount of oil, they could also offer prices that international companies could not match.

1 Berry, J. A. (1972), "Oil and Soviet Policy in the Middle East," *Middle East Journal* 26(2): 150. Source reported: Economist Intelligence Unit, *Quarterly Economic Review*, "USSR Annual Supplement – 1971," 10; Ebel, R. E. (1970), *Communist Trade in Oil and Gas*, New York/Washington/London, Praeger, 40; Spencer, D. L. (1966), "The Role of Oil in Soviet Foreign Economic Policy," *American Journal of Economy and Society*, 25 (1): 98.

2 Quoted from: Yergin, D. (2009), *The Prize: The Epic Quest for Oil, Money, and Power*, 2nd edition, New York, Simon & Schuster, 497. Source reported: Eisenhower Library, Cabinet Minutes, July 25, 1958, Whitman Files, 1953-1961, Cabinet Series, b. 11.

3 Ebel (1970), 40, 44.

Historians of technology have recognized the importance that social, political and economic factors play in shaping what a technological artifact is.[4] More recently, Paul Edwards and Gabrielle Hecht have further developed this analysis suggesting that political factors play a major role too.[5] In particular, introducing the notion of technopolitics, Hecht has proposed that we should think about the underlying political dimensions of technological networks and the interconnectedness of these networks in favoring the spreading of some technologies globally.

This paper enriches this analysis by showing, on the one hand, the absolutely crucial role that oil pipes had in shaping international relations during the Cold War. On the other hand, it also highlights that the Cold War shaped the definition of what oil pipes are. In particular, the actual understanding of their size, methods of manufacturing and materials was negotiated in the set of responses that NATO implemented to face the Soviet threat.

This study also refines our understanding of the role of pipelines in political history, which has been emphasized by historian Timothy Mitchell and more recently by geographer Andrew Barry. While Mitchell has highlighted, amongst other things, the importance of Middle Eastern pipelines and refineries as sites of intense political struggle, Barry, in his study of the Baku-Tbilisi-Ceyhan oil pipeline from the Caspian Sea to the Mediterranean, built in the second half of the 2000s, has demonstrated that pipelines as material artifacts are active agents of politics.[6] In line with Barry's approach, I demonstrate that pipes as political devices were the central element of the NATO debate on Soviet oil exports and technological capabilities, which was debated at NATO from the late 1950s.

Finally, my paper also draws on recent analyses highlighting the importance of science and technology in understanding the Cold War

4 Pinch, T. J., and Bijker, W E. (1984), "The Social Construction of Facts and Artefacts: Or How the Sociology of Science and the Sociology of Technology Might Benefit Each Other," *Social Studies of Science*, 14 (August 1984): 399-441.

5 Hecht, G. (1998), *The Radiance of France: Nuclear Power and National Identity after World War II*, Cambridge, Mass./London, MIT Press; Allen, M. T. and Hecht, G. (eds.) (2001), *Technologies of Power: Essays in Honor of Thomas Parke Hughes and Agatha Chipley Hughes*, Cambridge, Mass./London, MIT Press; Hecht, G. and Edwards, P. N. (2008), *The Technopolitics of Cold War: Towards a Transregional Perspective*, Washington, DC, American Historical Association.

6 Mitchell, T. (2009), "Carbon democracy," *Economy and Society*, 38 (3): 399-432; *Id.* (2011), *Carbon Democracy: Political Power in the Age of Oil*, New York, Verso; Barry, A. (2013), *Material politics: disputes along the pipeline*, Chichester, Wiley-Blackwell.

conflict, and thus helps overcoming the limitations of historiographical approaches focusing mainly on nuclear weapons.[7]

More significantly, the Soviet oil flood promised to upset the Western bloc militarily and economically. Individual countries were about to sign agreements to import Soviet hydrocarbons and had also promised to sell the pipes needed to rapidly transfer it from central Russia to the western borders of the Iron Curtain. The US administration first, and NATO afterwards, swiftly moved in to block these deals. This paper discusses how their strategy unfolded in debates at the defense alliance. The bone of contention, oil pipes, did not just feature as an object of political controversy, but their very nature was moulded in the clash between national representatives.

In order to be able to compete, Anglo-American majors opted for cutting posted prices, allowing them to share losses with producing countries instead of having to bear them alone. Between 1959 and 1960 British Petroleum (BP), Standard Oil of New Jersey (SONJ) and other majors agreed cuts of between 7 and 10 percent. This was immediately denounced by producing countries. Such cuts would ultimately lead to producers clubbing together in the Organization of the Petroleum Exporting Countries (OPEC) in 1960.[8] As BP cut prices, the US government imposed a system of mandatory quotas on foreign oil imports to the USA, intended to protect American domestic production from cheap foreign oil and avoid the country's dependency on imported supplies.[9]

Soviet oil exports were part of a larger offensive, in which barter agreements were employed as powerful economic and diplomatic weapons, in that they enabled beneficiary countries to find outlets for their productions. When trading with Egypt, the Russians bartered oil for cotton; in the case of Cuba, they swapped oil for sugar.[10] Technoscientific

7 Notable examples of the new historiographical trend are: Doel, R. E. (2003), "Constituting the Postwar Earth Sciences: The Military's Influence on the Environmental Sciences in the USA after 1945," *Social Studies of Science*, 33 (5): 635-66; *Id.* (2010), "Does scientific intelligence matter?," *Centaurus* 52 (4): 311-22; Krige, J. (2006), *American Hegemony and the Postwar Reconstruction of Science in Europe*, Cambridge, Mass./London, MIT Press. An example of the older trend is: Gaddis, J. L., Gordon, P. H., May, E. R., and Rosenberg, J. (eds.) (1999), *Cold War statesmen confront the bomb: nuclear diplomacy since 1945*, Oxford/New York, Oxford University Press.

8 Yergin (2009), 497.

9 *Petroleum Press Service* (PPS, henceforth), 'Restriction obligatoire des importations américaines', XXVI (4), 1959: 126-30.

10 Jensen-Eriksen, N. (2012), "The Cold War in Energy Markets. British Efforts to Contain Soviet Oil Exports to Non-Communist Countries, 1950-1965," in A. Beltran (ed.), *Le pétrole et la guerre/Oil and War*, Series Enjeux internationaux, 21, Brussels,

expertise was also used as a lever to convince developing countries to collaborate. This was a cornerstone of Soviet oil policy, and was successfully employed in Afghanistan, Ethiopia, Pakistan and Egypt. The USSR provided crews of experts to assist the locals with building pipelines and tankers, executing geological studies, and training executives of national oil industries. Indeed, such training was not limited to technical aspects: it catered for political and social engineering.[11]

Reactions to the Soviet oil offensive varied from country to country. While, expectedly, the American government firmly refused to allow Soviet imports into the United States, European positions were more varied, depending on each country's trading activity with the USSR. In terms of Soviet exports, the top three West European countries in 1957 (the UK, West Germany and France) imported merchandise for 756, 286 and 268 million rubles respectively. Exports to Italy amounted to 117 million. However, Italy was the only country among these whose balance of trade was negative.[12] In Britain, Harold Macmillan's government was divided on the issue on an oil embargo on Soviet oil imports. It eventually implemented one in 1959, but serious divergences remained between government departments, notably between the Board of Trade (against) and the Ministry of Power (in favor), which would reemerge over the next years.[13] In France Victor de Metz, the President of the flagship of French oil, the *Compagnie française des pétroles* (CFP), feared that Soviet trade could extend to the entire European Economic Community (EEC), and hoped an alliance between Arab producers and oil majors could counteract the nefarious 'red oil flood'.[14] The Arab countries turned their noses up

Peter Lang, 201. Source reported: TNA – POWE33/243, "Russian oil imports," *MOP*, 13 May 1960.

11 Archives Historiques di Groupe Total, La Défense (AHTOTAL, henceforth) – Fonds Total-CFP, b. 90.4/102, Revue de presse, No. 30, Chronologie des accords politiques entre l'URSS et les pays arabes, December 1958; *The Reporter*, "The Soviet Oil Offensive," by Leon M. Herman, 21 June 1962, p. 27.

12 The equivalence is 1957 was 1 ruble = 4 dollars (http://www.cbr.ru/currency_base/OldVal.aspx, accessed 13 April 2014), so the figures reported correspond to \$3.02 billion for the UK, \$1.14 billion for West Germany, \$1.07 billion for France, and \$468 million for Italy. Bagnato, B. (2003), *Prove di Ostpolitik. Politica ed economia nella strategia italiana verso l'Unione Sovietica, 1958-1963*, Firenze, Olschki, 97.

13 Jensen-Eriksen (2012), 204. *The embargo notwithstanding, Italian-labelled oil products made from Soviet oil were sold by ENI's British affiliate in the UK in the early 1960s*, Spencer, 1966, 100-1.

14 Catta, E. (1990), *Victor De Metz. De la CFP au Groupe Total*, Paris, Total Edition Presse, 289.

to the Soviet exports strategy, but their heavy dependence on the Soviet economy and technical expertise prevented them from taking retaliatory measures toward them.[15]

The Italians were conspicuous by their silence, the reason being that the Italian public oil company, *Ente nazionale idrocarburi* (ENI) was deeply involved in trading with the USSR, and commercial exchanges also existed between the Soviets and many large Italian industrial concerns such as FIAT, the car manufacturer. Moreover, by the end of 1959, ENI was negotiating the terms of a massive oil-for-technology supply contract with the Soviet Union. This would materialize in 1960, causing a scandal in the Western industrial and political world: the Soviet state-run company, *Soyuznefteexport* (SNE), would provide ENI with 12 million tons of crude and fuel oil and over four years, in exchange for synthetic rubber, steel pipes for pipelines and pipeline equipment.[16] Two months before the Italian contract, West Germany had also signed an important barter contract with the Soviets. The exchange value was double that of the 1960 ENI-SNE agreement. Among German exports to the USSR were plants for chemical and extractive industry, iron and steel products, ships and large-diameter pipes; among its imports, crude oil and products.[17] Unlike France and Germany, which could count on large domestic resources of coal, Italy almost totally depended on oil. Therefore, its massive reliance on Soviet imports was seen as a

---

15 On Soviet aid to Arab countries, see: NATO Archives, Bruxelles (NATOA, henceforth) – AC/89-WP/67, confidential (later unclassified), 'Sub-Committee on Soviet Economic Policy – The Economic Offensive of the Sino-Soviet Bloc, Note by the Chairman', 6 July 1960; AC/89-WP/76 (Revised 1), confidential (later unclassified), 'Sub-Committee on Soviet Economic Policy – The Economic Offensive of the Sino-Soviet Bloc (1st July, 1960 – 31st December, 1960)', 12 May 1961; Archives Nationales, Pierrefitte-sur-Seine (AN, henceforth) – 19900317/8, fd. 1, sub-fd. Afrique 1957/77, secret, Note SDECE, *Pénétration italienne (ENI) et soviétique dans le domaine pétrolier en Afrique*, 30 August 1960 (FOIA No. 111 382).

16 Archivio storico del Ministero degli affari esteri, Rome (ASMAE, henceforth) – Telegrammi ordinari, Russia (Ambasciata Mosca), 1960, Vol. 59 arrivo (Jul-Dec), No. 36288, Italian Embassy in Moscow (Itemb Moscow, henceforth) (Pietromarchi) to Ministry of Foreign Affairs, 'Contratto ENI-FINSIDER', 3 October 1960; No. 37331, Itemb Moscow (Pietromarchi) to Ministry of Foreign Affairs, 'Importazione petrolio', 11 October 1960. For the laborious negotiations preceding the agreement, mainly carried out by Giuseppe Ratti and under the auspices of Italian Ambassador Luca Pietromarchi, see: Archivio storico ENI (ASENI, henceforth) – Fondo ENI, Presidenza Raffaele Girotti, b. 264, fd. 482E.

17 ASMAE – Telegrammi ordinari, Russia (Ambasciata Mosca), 1961, Vol. 55 arrivo (Jan-Jun), No. 13, Itemb Moscow (Pietromarchi) to Ministry of Foreign Affairs, 'Stampa sovietica', 2 January 1961.

veritable danger for western security, much more than in the German case. ENI's trading with the Soviets soon brought the Italian company to the attention of transnational organizations. In the American press, as well as in the US National Security Council's and State Department's reports, dangers deriving from dependency on Soviet oil were always highlighted: for example, the Russians may decide to abruptly interrupt their deliveries following unfavorable political decisions by Western bloc governments.[18] Soviet dependency on Western technology, however, was largely neglected; discontinuing exports would have deprived the Eastern giant of part of its industrial power. This reason, more than any other, made an interruption of supplies unlikely. American anxieties were also clearly expressed in two documents produced by the US Senate, *Soviet Oil in the Cold War* and *Problems raised by the Soviet oil offensive*, in 1961 and 1962 respectively.[19] In the first study, authors Halford Hoskins, a senior specialist in international relations, and Leon Herman, an analyst in Soviet economics, warned that Soviet exports to foreign countries were "a political hand that has worn the economic glove."[20] When illustrating the Italian deal, the two authors maintained that if the Italian attitude spread over Western Europe, more countries would dislocate part of their supplies from the majors to the USSR, thus causing fewer revenues to international companies. That would not only damage American, but also British, Dutch and French interests, since the British and Dutch were part of Royal Dutch-Shell, the British alone run BP, the French run CFP, and all of these countries were already exporting their oil to Europe.[21] *In Problems raised by the Soviet oil offensive*, Hoskins went further to provide various examples of Soviet oil offensive in several countries in Asia, Africa and Europe, and their consequences. As for Italy, he warned that ENI's policy was intended to eliminate as many foreign companies as possible from Italy.[22]

---

[18] The National Archives, Kew (TNA, henceforth) – Foreign Office (FO, henceforth) 371/153362, fd. RT 1532/17, P. J. E. Male, FO, to J. Gwynn, Ministry of Power, 'Italy and Russian Oil', *New York Times* article, 'Italy Oil Deal With Soviet Weakens Her Ties to West', 11 November 1960.

[19] Hoskins, H. L., and Herman, L. M. (1961), *Soviet Oil in the Cold War*, U.S. Senate, Committee on the Judiciary, Committee Print, Washington: U.S. Government Printing Office; Hoskins, H. L. (1962), *Problems Raised by the Soviet Oil Offensive*, U.S. Senate, Committee on the Judiciary, Committee Print, Washington: U.S. Government Printing Office.

[20] Quoted from: Hoskins and Herman (1961), 4.

[21] *Ibid.*, 6.

[22] Hoskins (1962), 11.

ENI's further plans to build a pipeline for the Soviets between the USSR and East Germany, and another one to connect Italy's Adriatic seaport of Trieste to Vienna did nothing to appease Western governments. The first threat was defused through international diplomatic pressure. The French and US governments had promptly been informed of the news of the Italian-Soviet agreement regarding the East German pipeline project by their secret services.[23] The implementation of ENI's project was depicted as a dramatic security threat to the Western bloc, as the very possibility of having an oil terminal in East Germany may sooner or later lead to its connection to West Germany, thus initiating a Soviet oil invasion. The State Department suggested the Italian Ambassador in Paris, Manlio Brosio, apply pressure on his government, and eventually the pipeline agreement was not finalized.[24] ENI eventually supplied certain pumping and auxiliary equipment, while the plan to provide technical assistance toward installing the pipelines was dropped.[25]

As mentioned, ENI's technical services were also planning a pipeline that would run from Trieste to Vienna. The pipe might easily be linked to Bratislava, where the Soviets planned to establish the Czechoslovakian terminal of their pipeline system (Fig. 1). Starting from the Ural-Volga oilfields, the European branch of the Soviet system (called *Druzhba*, the Russian for 'friendship') was planned to branch into a northern line serving Poland and East Germany, and a southern line serving Hungary

23 ASENI – Fondo ENI, Estero, b. 2, fd. 7E6, letter, Itemb Moscow (Pietromarchi) to ENI President (Enrico Mattei), 25 November 1959; ENI President (Enrico Mattei) to Itemb Moscow (Luca Pietromarchi), 28 December 1959; AN – 19900317/13, fd. 1, sub-fd. Italie 1955/1979, secret, Note SDECE, *L'activité de l'Ente Nazionale Idrocarburi (mai 1958 – septembre 1959)*, 23 October 1959, p. 5 (FOIA No. 111 382); National Archives and Records Administration, College Park, Maryland (NARA, henceforth) – CIA Records Search Tool Database (CREST, henceforth), CIA Current Intelligence Weekly Summary, confidential, 'Italian Oil Combine May Build Pipeline for USSR', 28 January 1960. p. 11; NARA – Record Group (RG, henceforth) 59, Central Decimal File, 1960-1963, b. 2694, file 865.2553/1-2660, confidential, Foreign Service Dispatch, US Embassy Rome (Amemb Rome, henceforth) to State Department, 26 January 1960; Bagnato (2003), 176.

24 NARA – RG 59, Central Decimal File, 1960-1963, b. 2694, file 865.2553/2-660, confidential, Memorandum of Conversation, 'Italian Government Guaranteed Credit for Soviet Pipeline Project', 6 February 1960.

25 NARA – RG 59, Central Decimal File, 1960-1963, b. 2694, file 865.25553/3-160, limited official use, Amemb Rome (Zellerbach) to State Department, 1 March 1960; AN – 19900317/13, fd. 1, sub-fd. Italie 1955/1979, secret, Note SDECE, *L'activité de l'Ente Nazionale Idrocarburi (octobre 1959 – octobre 1960)*, 18 October 1960, p. 15 (FOIA No. 111 382).

and Czechoslovakia.[26] Vienna's short distance from Bratislava made the project a threat for supplies of Middle Eastern oil delivered by the majors.[27]

The German newspaper *Neue Zürcher Zeitung* argued in June 1961 that from a geographical viewpoint the Soviet project contained elements that made it more enticing than a continued commitment to majors' oil from the Middle East, transported through the Mediterranean. The proximity of Sweden and the Netherlands to the Baltic port of Klaipeda, where another terminal of the Soviet European pipeline was to be built, would make the Soviet pipeline a constant temptation for countries belonging to the Western Bloc, thanks to the savings its use would allow. Moreover from the Baltic port, oil could easily be carried to West Germany by railway. On top of that, by linking the Soviet pipeline to ENI's planned pipeline, Soviet oil could reach the Mediterranean, and thence be exported by tanker to areas already supplied by Anglo-American majors in Southern Europe.[28]

---

26 More branches had been planned to the Baltic ports of Klaipeda and Ventspils, and to the Siberian port of Nakhodka. NATOA – AC/127-WP/56 (Revised), confidential, 'ECONAD, Sino-Soviet Bloc Oil on World Markets, Note by the Economic Service', 11 July 1960, p. 2.

27 TNA – FO 371/153362, fd. RT 1532/6, f. RT 1532/6D, A. A. Jarratt, Ministry of Power, to J. T. Fearnley, FO, 17 June 1960. p. 10.

28 ASENI – Rassegna stampa estera 1961, No. 39, para 370, *Neue Zürcher Zeitung*, 11 June. The project for the Trieste-Vienna pipeline was approved only in 1963. The laying of the Transalpine Pipeline, as it would be called, was eventually to include a number of majors beside Eni. It was commissioned in 1967, while its extension to Vienna had to wait until 1970 to become operational.

Fig. 1: The Soviet pipeline system in late 1960[29]

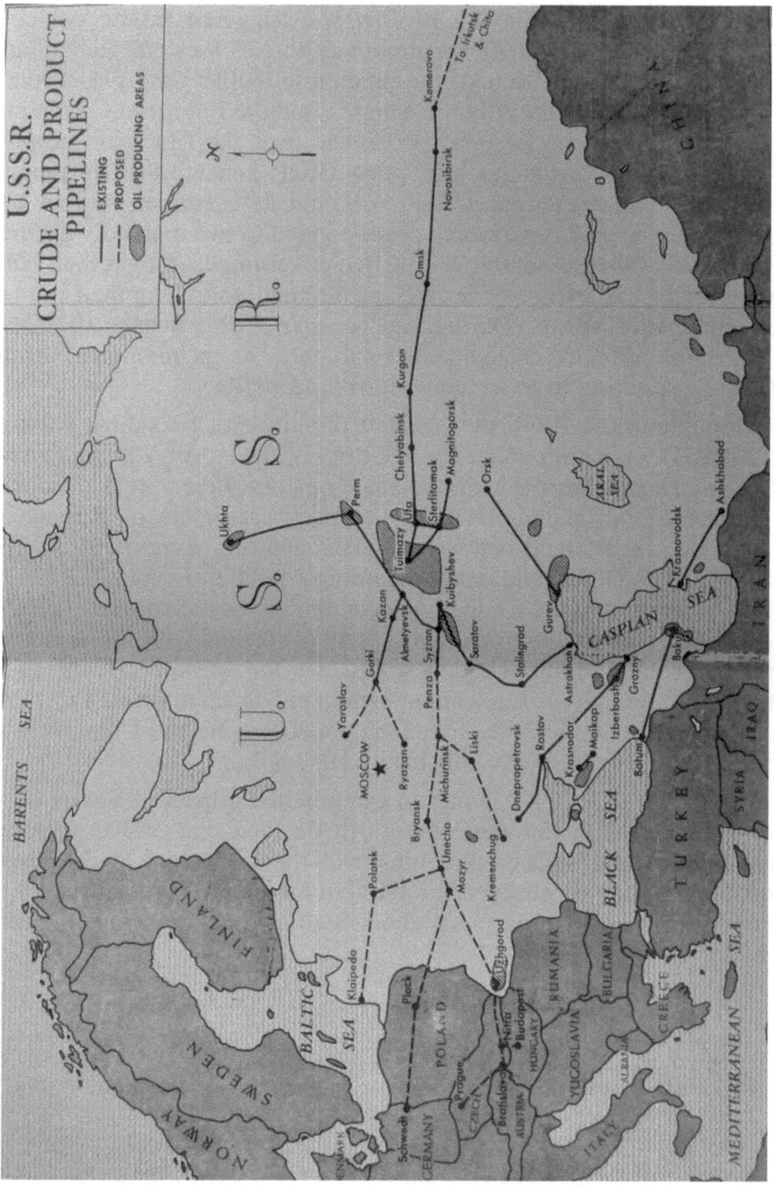

[29] AHTOTAL – Fonds Total-CFP, b. 92.26/31, excerpt from the *Journal des Carburants*, 20 November 1960.

A dangerous *Friendship*

Unsurprisingly, the laying of *Druzhba* triggered frantic debate at NATO. By consequence of the imminent threat, Western technologies that made the construction of the pipeline possible were placed under strict surveillance by the Atlantic Alliance and the European Community alike. Throughout the long NATO debate over the American proposal of an embargo on large-diameter pipes (LDP, henceforth) and pipeline equipment exports to the USSR, US and UK administrations held conflicting points of view, which corresponded to two markedly different perceptions of the Soviet threat. The two governments fought their battle through industrial estimates, as well as through mobilizing their military and intelligence agents. During and *because of* this debate, the nature of the 'pipe' artefact changed, its final status as technological artifact ultimately resulting from technopolitical negotiation.

Throughout the 1960s the NATO Committee of Economic Advisers (ECONAD), operating under the authority of the North Atlantic Council (NAC) and chaired by the Monegasque, François-Didier Gregh, discussed a number of oil-related issues, including assessments of Russian oil production, exports and reserves, NATO countries' imports of oil from Communist countries, and issues regarding pipelines. Founded in 1957 to "study and report to the Council on economic issues of special interest to the Alliance", ECONAD was particularly concerned with those that had political or defense implications, or affected the economic health of the Atlantic Community.[30] Envisioned as a standing committee, ECONAD was meant to complete the functions conducted by the Committee on Soviet Economic Policy, established in 1954.[31]

In July 1960, ECONAD met to examine the impact of Soviet oil on world markets.[32] In the same month, it decided that NATO members should prepare statistics on their trade with the Soviet bloc, and proposed a common policy be outlined for Western oil-supplying countries in the face of the Soviet oil threat.[33] An ad hoc Study Group on Soviet Oil Policy

---

30 Quoted from: NATOA – AC/127-D/1, confidential, 'Committee of Economic Advisers (ECONAD, henceforth), Date of the first meeting and programme of work – Note by the Chairman', 22 March 1957, p. 2.

31 However, the functions of the two committees sometimes overlapped.

32 NATOA – AC/127-WP/56 (Revised), confidential, 'ECONAD, Sino-Soviet Bloc Oil on World Markets, Note by the Economic Service', 11 July 1960, p. 1; *PPS* (1959) "Dix millions de tonnes de pétrole exportées par le bloc soviétique," XXVI (3): 111-2.

33 NATOA – AC/127-R/53, confidential, 'ECONAD, Meeting held at the Permanent Headquarters on 21 July 1960, Decision Sheet', 22 July 1960, p. 1.

was then established.[34] NATO's need of such an assessment became even more urgent following the creation of OPEC in September, which generated fears the USSR may conclude an agreement with the new organization.

ECONAD had charted Soviet efforts to increase oil exports since the beginning of 1960, noticing that these had been highly successful, especially outside Europe, and attempts to stop them had failed.[35] Were this not enough, at the same time the Russian fleet's capacity had been growing at an alarming speed, which had obvious economic and military repercussions.[36] From September, the Study Group debated a common policy to stem these dangers. The national delegations abided to the recommendations issued by their national oil companies.

That national enterprises collaborated with their NATO delegations within the Study Group was to be expected. But these contacts also reveal the network of acquaintances between the oil industry and top-rank personalities in national administrations. US majors such as SONJ, Standard Oil of New York and Texaco lobbied the State Department. BP and Royal Dutch-Shell also had frequent exchanges with the Foreign Office, and as historian Niklas Jensen-Eriksen has emphasized, when the Joint Intelligence Bureau of the Ministry of Defense was asked to draft a memorandum on Soviet oil exports in 1958, the Ministry of Power asked Shell to collect material for it.[37] CFP worked closely with the French Foreign Ministry, to the point of plainly suggesting which tactics to pursue.[38] Finally, ENI had frequent contacts with the Study Group's

---

34 NATOA – AC/127-WP/64, confidential, 'ECONAD, Study Group on Soviet Oil Policy, Note by the Chairman', 23 September 1960, p. 1, 3. On the ad hoc Study Group, see also: Bagnato (2003), 383 et seq.

35 NATOA – AC/127-WP/66, confidential, 'ECONAD, Recent Facts and Figures on Petroleum, Note by the Economic Service', 30 September 1960, p. 9, 11; Spencer (1966), 102.

36 NATOA – AC/127-WP/66, p. 12-3.

37 Jensen-Eriksen, N. (unpublished), "British government, business and the Soviet Cold War oil offensive, 1957-1964," Paper presented at the 16th Annual Conference of the European Business History Association, and 1st Joint Conference with Business History Society of Japan, Paris, 30 August – 1 September 2012. Sources: TNA – FO 371/153362, fd. RT 1532/10, secret, 'Relations between Signor Mattei and the Western Oil Group', Ashley Clarke, British Embassy Rome, to Sir Paul Gore-Booth, K. C. M. G. FO, 11 August 1960; TNA – Ministry of Power (POWE, henceforth) 33/2443, "Note on Soviet Bloc oil exports to the Free World," J. R. Jenkins, 16 September 1958; A minute by A. B. Powell, 19 May 1960.

38 AHTOTAL – Fonds Total-CFP, b. 92.26/31, fd. Pétrole soviétique: Notes de M. de Laboulaye, confidential, 'Note pour M. Granier de Lilliac', 18 November 1960.

Italian delegation, formed of two officials from the Ministry of Industry and led by the General Director of Energy Sources.[39]

While the Study Group prepared its report, the US government – wary that the NATO group's conclusions were not adequately tailored to American interests – set up its own study group in the summer of 1961, in Washington. The American group conducted a parallel analysis of the political and economic consequences of the completion of the Soviet pipeline system. Based on the results of the American study group, the US NATO delegate, Alfred Reifman, went as far as to suggest an embargo on Western-bloc LDP and pipeline equipment, based on the strategic and military advantages the USSR would achieve from its exports.[40] In fact in 1958 Soviet oil transportation was being handicapped by an overloaded railway, which carried around 60 percent of its overall amount, against 5 percent in the USA. The Soviets aimed to meet 35 percent of oil transport requirements via the new pipeline system. Besides allowing them to relieve their railway network, the system would allow them to increase exports and reduce the demand for tankers.[41] In addition, the pipeline could easily be connected to seaport terminals where the Soviet Navy's vessels were moored. By 1962, the significance of pipelines for the Soviet marine military apparatus was clearer than ever to NATO, and added to concerns deriving from Russian technological progress in war vessels. In 1952, the US Navy had revealed that the Soviets were about to develop a submarine-based nuclear deterrent. This news had been followed by other alarming updates on advances in military equipment and in oceanography studies, and had eventually led NATO to establish an ad hoc group to produce oceanographic knowledge for anti-submarine warfare needs in late 1958.[42]

From a secret ECONAD memorandum, it emerges that NATO military authorities were especially worried about the Soviet war ships docked along the Baltic and Pacific coasts. The Soviet railway and naval units, relieved of transporting oil, could then be used to carry logistically critical goods, such as ammunition and foodstuffs. Moreover, were the Russians able to develop a system parallel to the NATO military network in Western Europe, support for their troops in any European campaign

---

39 ASENI – Fondo ENI, Estero, b. 2, fd. 7E2, Ruffolo (ENI) to Giorgi and Carbone (Italian delegation to NATO), 'Memorandum', 29 December 1960.

40 NATOA – AC/127-D/83, secret, 'ECONAD, Soviet oil and gas pipelines, Note by the Secretary', [2 or 3] October 1961, p. 5; AC/127-R/71, confidential, 'ECONAD, Meeting held at the Permanent Headquarters, on 20 July 1961, Decision Sheet', 4 August 1961, p. 5. On the pipes issue, see also: Bagnato (2003), 382 et seq.

41 NATOA – AC/127-D/68, confidential, 'ECONAD, Report by the Ad Hoc Study Group on Soviet Oil Policy to Econad', 23 May 1961, pp. 8-12.

42 Turchetti, S. (2012), "Sword, Shield and Buoys: A History of the NATO Sub-Committee on Oceanographic Research, 1959-1973," *Centaurus* 54 (3): 208, 224.

would be materially improved. Finally, the pipeline system would also allow an undetectable build-up of oil stockpiles in Central Europe.[43]

It was not the first time the USA had proposed blockades in order to hinder Soviet industrial projects. For example in 1946, a penicillin plant program launched by the United Nations Relief and Rehabilitation Administration to build up the capacity of the pharmaceutical industry in Eastern and Southern Europe, was significantly delayed by an American embargo on extractor technologies. The State Department refused to grant exporting licenses for the necessary equipment to pass the Iron Curtain.[44] Other products including radioisotopes and computer equipment were also embargoed to stifle Soviet technological progress. In October 1960, after Prime Minister Fidel Castro nationalized the properties of US citizens and companies, an embargo was famously enacted against Cuba.[45] It is therefore not surprising that the US delegation hoped to enforce one on western oil technologies.

In light of Reifman's proposition, ECONAD decided to establish a further group of experts responsible for analyzing the issue of LDP supplies. Only once this second study group had presented its results, would a final examination of the Study Group's report on Soviet oil policy be dealt with. The long debate that followed the embargo proposal is indicative of the manifold status of technological items, and reminds us of the argument put forward about uranium by historian Gabrielle Hecht.[46] Like 'nuclearity' for uranium, the strategic nature of pipes was not something given; rather, it depended on the technopolitical context.[47] From the 1940s, the development of nuclear weapons assigned a political significance to uranium, which radically changed status, from being simply a radioactive mineral to being the principal fuel of nuclear warfare. Similarly in the early 1960s, LDP came to acquire a marked

---

43 NATOA – AC/127-WP/85, secret, 'ECONAD, Soviet Oil and Gas Pipelines, Standing Group views', 9 April 1962, p. 1.

44 Lotysz, S. (unpublished), "Democratizing access to modern drugs in postwar Eastern Europe," Paper presented at *Democracy and Technology. Europe in Tension from the 19th to the 21st Century*, 6th Plenary Conference of Tensions of Europe, Université Paris-Sorbonne, 19-21 September 2013.

45 Haney, P. J. (2005), *The Cuban Embargo: The Domestic Politics of an American Foreign Policy*, Pittsburgh, University of Pittsburgh Press; Schwab, P. (1999), *Cuba: Confronting the U.S. Embargo*, New York, Palgrave Macmillan. On radioisotopes embargo, see: Creager, A. N. H. (2009), "Radioisotopes as Political Instruments, 1946-1953," *Dynamis* 29: 219-39.

46 Hecht, G. (2010), "The Power of Nuclear Things," *Technology and Culture*, 51 (1): 1-30; Hecht, G. (2012), *Being Nuclear: Africans and the Global Uranium Trade*, Cambridge, Mass./London, MIT Press.

47 Hecht (1998), at p. 15, Hecht defines technopolitics as: "strategic practice of designing or using technology to constitute, embody, or enact political goals."

military significance they did not have before. The change of status of pipes, from freely tradable to embargoed merchandise, was to affect commercial relations between the USSR and European countries. This was particularly true for Italy and for West Germany, whose almost simultaneous agreement with the Soviets also included LDP.[48] In the eyes of US delegates in NATO, by contributing to the Soviet effort, these countries were imperiling the security the entire Western bloc.[49] Yet it is not easy to assess to what extent American responses reflected genuine military concerns, or were the disguised commercial interests of US oil majors. At NATO debates on the embargo, these interests were never named, but their presence lingered in the discussions.

In order to complete their pipeline system, NATO estimated the Soviets would need immense foreign assistance. Soviet plants had sufficient capacity to produce all kinds of pipe except 40" diameter, and NATO forecast the Russians would be short of these pipes until and beyond 1965. The USSR had already been importing LDP from abroad for a few years. NATO members had not prevented these kinds of exports ever since the NATO Coordinating Committee for Multilateral Export Controls (CoCom) had reduced restrictions on pipe and oil equipment exports to the Soviet Bloc in 1958. Most equipment used in oil exploration, refining, production and transport had previously been embargoed or highly restrained in volume in shipment to the Soviet bloc's countries under the CoCom agreement.

In the 1958 review of international strategic controls, however, almost all items relative to the oil industry had been deleted or downgraded to Watch List status, which only required reporting deliveries to the Eastern Bloc to the Atlantic Alliance's authorities. Since Soviet demand for LDP had been limited, these items had been deleted from the list. On that occasion, the authoritative review *Petroleum Press Service* had warned that the removal of restrictions would make it easier to provide the Soviets with tools for prospecting, drilling and refining.[50] This is exactly what happened. By the spring of 1961, new Soviet orders had been placed or were being negotiated with West Germany, Italy, Sweden and Japan. Although it was not possible to evaluate the extent to which the USSR would erode its 'pipe gap' thanks to these imports, they still appeared

48 ASMAE – Telegrammi ordinari, Russia (Ambasciata Mosca), 1961, Vol. 55 arrivo (Jan-Jun), No. 13, Itemb Moscow (Pietromarchi) to Ministry of Foreign Affairs, 'Stampa sovietica', 2 January 1961.

49 Nuti, L. (1998), "Commitment to Nato and Domestic Politics: the Italian Case and Some Comparative," *Contemporary European History* 7 (3): 374.

50 *PPS* (1958), "Les exportations aux pays communistes sont rendues plus faciles," XXV (9): 347.

to be a bottleneck to the Soviet government's plans.[51] Soviet companies were also trying to acquire the new industrial technology required to produce the pipes, and by the end of 1960, had already been in contact with German firms, to negotiate the use of a new spiral welding process. The German innovation enabled the construction of pipes from long strips of steel plate fitted together to form helical seams, a process which improved the quality of pipelines, by minimizing leaks.[52]

It was exactly the ease with which the Soviets could acquire foreign technology drove the USA to propose the mentioned embargo. The request, however, triggered a British reaction during ECONAD meetings. A ban, the British delegate contended, besides posing difficulties for the exporting industries of member countries, would either be ineffective or only postpone increases in the oil exports of the Eastern Bloc until they had arranged to produce the necessary equipment themselves. In fact, he argued, it would push the Russians into increasing their production installations.[53] However, pipe supply problems were already demonstrating their effect. In the summer of 1961 the construction of the pipeline's branch to the Baltic ports had to be postponed indefinitely.[54] On the issue of pipeline technologies, the discussion was not limited to NATO. Oil companies did not stand idly by. In fact one might speculate that such was the osmosis on energy security between the US representatives at NATO and the American oil industry, that the suggestion of an embargo may have come from the latter, and that Kennedy's government was therefore supposedly offering to be the majors' secret diplomacy at NATO.

In 1963, the *World Petroleum* review admitted that the first demand to use NATO and US diplomatic channels to restrict trade in oil between the West and the USSR had been made in November 1960 at an annual meeting of the American Petroleum Institute, by Gulf Oil's President, Ernest Brockett, and by SONJ's President, Monroe Rathbone.[55] SONJ recommended exactly what Reifman's proposal was designed to achieve:

---

51 NATOA – AC/127-D/68, confidential, 'ECONAD, Report by the Ad Hoc Study Group on Soviet Oil Policy to ECONAD', 23 May 1961, pp. 6-8.

52 NATOA – AC/127(O)R/2, confidential, 'ECONAD, Ad Hoc Study Group on Soviet Oil Policy, Meeting held at the Permanent Headquarters, 30 and 31 January 1961, Decision Sheet', 10 February 1961, p. 4.

53 NATOA – AC/127-R/71, confidential, 'ECONAD, Meeting held at the Permanent Headquarters, on 20 July 1961, Decision Sheet', 4 August 1961, p. 4. I could not retrieve the name of the British delegate in the NATO archives.

54 The Soviets had placed orders for 240 kt in Italy, 135 kt in Sweden and 420 kt in Germany. *PPS* (1961), "Le réseau de pipe-lines U.R.S.S.-Europe de l'Est," XXVIII (6): 204; *PPS* (1962), "Le potentiel d'exportation russe," XXIX (4): 127.

55 Rachkov, B. (1966), "Oil, Trade, and Politics," *International Affairs* 12: 14-20. Source reported: World Petroleum, May 1963, p. 29.

a NATO agreement on a list of strategic materials the sale of which would be prohibited, including those allowing them to complete their pipeline system and refineries in Eastern Europe. A similar agreement, the US major advised, should also be reached to control the release of technological information, thereby banning the kind of contracts made by ENI with the USSR for engineering and design of parts of the Soviet pipeline.[56]

Troubles of a Special Relationship

In August 1961, following the embargo proposal, ECONAD requested that a study be made before taking a definitive decision. The report of the ad hoc Study Group on Soviet Oil, which the Economic Advisers received in September, reflected quite closely the American viewpoint. As far as the Soviet pipeline issue was concerned, it argued that *Druzhba* and its spur line to the Baltic Sea in particular had "obvious military significance."[57] At a meeting of the Study Group, US General Major Francis Piggott, Assistant Chief of Staff (Intelligence) at the Supreme Headquarters Allied Powers Europe (SHAPE), urged that the construction of the pipeline be delayed, in order to prevent supplying the Soviet Navy. By the same token, the branch line to East Germany, where the Soviets kept many divisions, should also be hindered.[58] Unlike the Soviet railway, which ran north to south, pipelines would run east to west. The flow of oil in that direction would make supplying the Soviet military machine in Eastern Europe easier.[59]

According to the report, the Soviets were not producing 40" pipes, and there seemed to be no evidence they were progressing rapidly enough to build large capacity tube mills or steel rolling mills capable of producing steel plate wide enough to enable single-weld 40" pipe to be manufactured. Considerations on the Soviet ability to access certain technologies led the Study Group to conclude that, although the Soviets claimed to be able to produce pipe by welding two pre-formed halves, there was no indication that they were actually doing so. Soviet industries were also reported to be unable to build gas turbines, electric motors and other equipment

56 AHTOTAL – Fonds Total-CFP, b. 92.26/31, fd. Pétrole soviétique, 'Statement of position on the threat of Communist trade', 19 January 1962, pp. 7-8.

57 Quoted from: NATOA – AC/127-D/68, p. 6.

58 NATOA – AC/127-D/83, secret, 'ECONAD, Soviet oil and gas pipelines, Note by the Secretary', [2 or 3] October 1961, p. 5. The identity of the military representative is not specified in this document, but this is revealed by other documentation.

59 Besides *Druzhba*, scheduled to complete in 1964, the Soviet pipeline programme included three more pipelines to Leningrad, to the Black Sea port of Tuapse and to the Pacific Ocean at Nakhodka. NATOA – AC/127-D/83, secret, 'ECONAD, Soviet oil and gas pipelines, Note by the Secretary', [2 or 3] October 1961, pp. 5, 7.

required for 40" lines.[60] As for auxiliary equipment, they were in need of Western technology as corrosion was a major problem in their pipes and equipment, due to the high sulphur content of their oil. They also lacked pumps, compressors, turbines, valves, pipe fittings, large electrical engines, gauges, telemetering and short-wave control equipment.[61] An embargo, the report's compilers concluded, would delay the completion of *Druzhba*.[62] The archive material suggests that European delegates were unconvinced, and the discussion soon became heated. The British delegation replied with its own data, which contradicted the information available to the Americans, and maintained its negative stance.[63] The military nature of the pipeline was asserted by the Americans and denied by the British. The latter maintained that as the embargo proposed covered all LDP and related equipment, it would have to include all possible materials and equipment useful in the construction and installation of pipelines. But these included items in general use such as valves and earth-moving equipment. The UK representatives could not see more value in such an embargo, than in one on communication equipment, most of which was not restricted under CoCom in spite of its likely usefulness in war.[64] In late 1961, to make their point clearer, the American delegation summoned Piggott once again.[65] The General clarified that the pipeline was being placed underground and camouflaged in order to be screened from possible nuclear attacks. He added that in peacetime the whole pipeline system would have a capacity three times over the military needs of the Soviet forces facing the European Allied Command. At war, Piggott explained, such improved supply capability would allow the Soviets to fuel an impressive military machine, not to mention Soviet war vessels and nuclear-powered ballistic missile submarines. It was thus vital, according to the General, that NATO countries stop providing the Soviets with much needed materials.[66] The British government was not the only one alarmed by the embargo proposal. Representatives of other countries with large trading stakes with the Soviets in relation to LDP and pipeline equipment were not at all convinced that

60 NATOA – AC/127-D/83, p. 7.

61 NATOA – AC/127-D/83, pp. 8-12.

62 NATOA – AC/127-D/83, pp. 12-4.

63 NATOA – AC/127-D/83/1, secret, 'ECONAD, Soviet oil and gas pipelines, Note by the Secretary', 17 October 1961, pp. 3-4.

64 NATOA – AC/127-R/76, secret, 'ECONAD, Meeting held at the Permanent Headquarters on 19 October 1961', 28 October 1961, p. 5.

65 NATOA – AC/127-WP/78, secret, 'ECONAD, Joint Meeting of the Committee of Political and Economic Advisors at the Permanent Headquarters on 7 December 1961, Briefing on the Military Aspects of the Soviet Oil Pipe System', 8 January 1962, pp. 2-3.

66 NATOA – AC/127-WP/78, pp. 3-5; AC/127-WP/85, p. 1. See also: Bagnato (2003), 388-9.

an embargo was a desirable solution. In order to reassure NATO allies, in early 1962, the US representative at ECONAD felt compelled to clarify that the proposal was not intended to prevent existing contracts being honored. The clarification was welcomed with a sigh of relief by the Italians and Germans, and triggered general approval of the embargo by the Belgian, French, Dutch, Portuguese and Turkish authorities. The Germans, however, whose position was more complex, still hesitated. While they would accept an embargo on oil pipes, they contended that gas pipes should not be blockaded. But could one distinguish between the two kinds? The German delegation assumed this was the case, but the American representatives did not share its opinion. In addition, most country representatives were lacking instructions about the exact size of pipe to which the embargo should apply, and about whether to include pipeline equipment.[67] Uncertainty on these points makes it clear that the LDP as a technological device was being defined by ongoing negotiations, and was still in a somewhat fluid state. Any embargo approval by NATO delegations, therefore, could only be in principle, contrary to American wishes.

French acceptance of an embargo is not surprising since they, like most other NATO countries, had no interests in the pipe trade with the Soviets, but Italian approval – albeit lukewarm – was unexpected, especially in light of ENI-Soviet relations. However, a rationale for such stance can be found in the fact that during the embargo discussion, the Italian government was essentially sabotaging the Study Group on Soviet Oil Policy through its firm opposition to any effective measure that would force a reduction of Soviet imports. Any strong opposition to another embargo, the practical consequences of which were economically less problematic for Italy than a stop in oil imports, would be most embarrassing to the Italian authorities. It would also be pointless, since British hostility and German ambiguity were currently preventing the project from being enacted. In addition, thanks to the favorable stance the Americans took to existing contracts, ENI could at least be reassured that no major diplomatic accident would occur between them and the Soviets.

As for the British opposition to the embargo, it is less immediately explicable, in the light of Shell and BP would benefit from it. The discrepancies which emerged in the British ministerial environments at the time of the 1959 embargo presumably returned to the surface. In 1959, the opinion of the Ministry of Power had prevailed over that of the Board of Trade, which favored a continuation of trade with the Soviets. This time the Treasury, whose Joint Permanent Secretary, Frank Lee, had earlier been the Permanent Secretary of the Board of Trade, took the

[67] NATOA – AC/127-R/86, secret, 'ECONAD, Meeting held at the Permanent Headquarters on 8 March 1962', 13 March 1962, p. 1.

latter's side. He was open to the possibility of British companies reaching an 'accommodation' with the Soviets, although his proposal was firmly opposed by the British majors.[68] Notwithstanding the importance of the oil industry in British economic interests, by early 1960 the Treasury already doubted this would be of crucial significance to the country's balance of payments. Many British manufacturing companies were involved in trading with the Soviet Union, and after the oil embargo, they would not accept any further antagonizing of the superpower.

In March 1962, French representatives proposed that NATO countries accept a moral obligation to impede their nationals entering into new contracts for deliveries of LDP to the Soviet Bloc during embargo discussions. When the British replied that the UK government had no legal means of taking such action, the ECONAD chairman supported the French proposal.[69] The British reaction to the looming danger was immediate, and clarified that the 'special relationship' existing between the UK and the USA would not go so far as to put Britain's Soviet trade in jeopardy.[70] The UK delegate questioned ECONAD's competence in debating the matter, and once more downplayed the military significance of the Russian oil pipeline, "except perhaps in the event of extended conventional operations of warfare in Europe." That concept, he reminded them, was "excluded from NATO defense planning under the existing political and military directives."[71] In fact, the military doctrine embraced by NATO in early 1962 was still that of 'massive retaliation', providing for a full-scale response with nuclear weapons. Massive retaliation would only be abandoned in favor of 'flexible response' after the Cuban missile crisis in October.

In order to respond on a par to the American summoning of Piggott, the British invoked the help of the Economic Adviser to the UK Joint Intelligence Bureau, Edward Radice, who stressed the British preference

---

68 Jensen-Eriksen (unpublished). Sources reported: TNA – T236/6237, "Russian oil," Sir Frank Lee, 7 April 1961; T236/6441, "Note of the meeting on 6 July 1961," G. R. Walker, 10 July 1961.

69 NATOA – AC/127-R/86, secret, 'ECONAD, Corrigendum to AC/127-R/86 (dated 13th March, 1962)', 16 March 1962, p. 2.

70 The 'special relationship' is a phrase coined by Winston Churchill in 1946, and used to describe the exceptionally close political, diplomatic, cultural, economic, military and historical relations between the United Kingdom and the United States. Reynolds, D. (1985-6), "A 'Special Relationship'? America, Britain and the International Order Since the Second World War," *International Affairs* 62 (1): 1-20.

71 Quoted from: NATOA – AC/127-R/87, secret, 'ECONAD, Meeting held at the Permanent Headquarters on 22 March 1962, Decision Sheet', 29 March 1962, p. 5. The British delegate was presumably A. K. Potters, who had taken part in all meetings from 1957 to 1959 with no interruptions. Unfortunately, retrieving from NATO archives the names of national ECONAD representatives after December 1959 proved impossible.

for a technical and economic analysis vis-à-vis strategic/military aspects. Experience in applying economic measures for the latter had proved that these would never be as effective as hoped, because "economic systems [were] much more flexible than is generally supposed."[72] As for the 40" pipes, Radice maintained, the gap was rather small, and the Soviets could cover it if they faced an embargo on LDP exports. For example, they might increase their production of 40" pipes, or use smaller diameters, while doubling the lines of such pipe if necessary; or they could modify their priorities between the oil and gas pipelines, and delay the switch from coal to gas in their industrial apparatus, to use most pipes for oil.[73]

What the British largely contested was the strategic nature of LDP. Pipes for oil might be strategic, pipes for gas were not (or not as much). But entrusting the defense of the status quo to only commercial reasons would not be enough to oppose an embargo, especially if the proposal was forwarded to the NAC, where strategic reasons would prevail. Thus the focus had to move to the 'LDP' label, which had to be reconsidered. As no distinction could be made between the two, the British contended, the Americans were lumping them under the same group, thus conveying the impression that the amounts of this item needed by the Soviets were larger than they actually were. The US tactics were designed to convince NATO allies that an embargo would indeed be an effective measure. On the other hand, for those countries that did have such trading exchanges, such as Italy and West Germany, the question was more delicate. Symbolic of the internecine Anglo-American diatribe, the US delegate retorted that the he "disagree[d] 100%" with Radice's military estimate, adding that even if tactical nuclear weapons were used, he stated, and conventional operations not carried out, it was "contrary to existing NATO military theory to think that one will not need tremendous quantities of oil and other supplies." As for political considerations, he believed, adopting an embargo merely as a final effort to avoid the outbreak of war was contrary to the existing Allied agreements to blockade strategic items.[74] The clash between the USA and the UK became even more evident when the American representative cast doubts on British intelligence's estimate. Gas pipes had to be equaled to oil pipes as strategic items, he maintained, as both would be used to feed industrial expansion which, in turn, fueled

72 NATOA – AC/127-R/87, p. 6.

73 As for 19" pipes, the UK agreed with the Americans estimates of 8.6 million tons for the seven-year plan. Since it was also estimated that the Soviet production would be 7.9 million tons, such amount plus already imported pipes would cover the USSR's needs except for a few hundred thousand tons: such gap could be filled by slightly expanding the Soviet domestic production.

74 Quoted from: NATOA – AC/127-R/87, p. 9.

the military effort.[75] Realpolitik considerations may have informed the British position. Damaging British iron, steel and equipment producers for military reasons on which the British did not agree, would not make sense. By compromising Anglo-Russian relations with such an inessential measure, the whole British balance of trade would be compromised.

While the British and American positions remained irreconcilable, the German delegation added a further aspect of technical expertise to the pipe debate, by challenging the American Petroleum Institute's viewpoint on standards used for distinguishing between oil and gas pipes. While the US institute maintained that 40" pipes for gas pipelines could also be used for the transport of oil, the Germans disagreed. When trading with the Soviets, those German manufacturers that had already provided pipes had been required to supply them with a very specific characteristic. The impact factors specified by the Soviets for temperatures of −40°C and +20°C seemed to indicate that this pipe was going to be used for gas pipelines.[76] Such qualitative requirements, which the German representative claimed were responsible for a substantial increase in the cost of pipes, was "pointless in the case of oil pipe since only at temperatures above 15°C was oil sufficiently fluid for conveyance by pipeline."[77] Economic considerations, the Germans concluded, reduced to nil the odds they would spend more money than necessary for buying gas pipes and use them for oil.

Through technical expertise, the solution of one of the problems linked to pipes seemed to eventually be possible. The criterion for distinguishing oil and gas pipes could, in principle, be used in favor of the British to invalidate the American claims. Significantly, however, in the meetings that followed the German statement, no further mention was made of this aspect.

The Council's last word and consequences of the embargo

As no agreement could be reached about the pipe issue, the embargo proposal finally reached the NAC in the spring of 1962. The general solutions proposed by ECONAD to the Council expectedly echoed those reached by the American delegation, although the British position

75 NATOA – AC/127-R/87, p. 10.

76 NATOA – AC/127-R/87, p. 11; The impact factor is the ratio of a dynamic force to its static weight. Source: Whidden, W. (2009), *Buried flexible steel pipe: design and structural analysis*, Reston, VA, American Society of Civil Engineers, 185 (http://ascelibrary.org/doi/abs/10.1061/9780784410585.apg, accessed 13 July 2014).

77 Quoted from: NATOA – AC/127-R/87, p. 12.

was also reported.[78] In late May, the Council gathered to discuss the thorny issue. Thirteen countries out of fifteen agreed to the Council's recommendations, at the same time leaving the selection of items to be put under embargo to CoCom. Paul Mason, the British delegate at the NAC, dissented, while the Norwegian, Jens Boyesen took a waiting stance. Firm support was given by France, worried that the 'red oil flood' could fatally jeopardize its recent production from Algeria and Central Africa. For Italy, the delegate, Corrado Orlandi Contucci, approved the recommendations, while stressing the validity of the clause on existing contracts, a proviso of great importance to ENI.[79]

In the meantime, in April agreement was eventually reached at the NAC about the policy to follow regarding Soviet oil imports. The approved Study Group's recommendations were extremely modest in scope, only concluding that "reliance must be placed on the discretion of each NATO member to exercise caution and restraint."[80] The issue of LDP and pipeline equipment exports was instead deferred until agreement be found on the embargo proposal.[81] In this case though, British opposition proved insurmountable, and no agreement could be reached even at the Council meetings. The matter was therefore referred back to ECONAD, with the provision that NATO Secretary General, the Dutchman Dirk Stikker, take up with the highest military spheres the question of a further intelligence assessment, and consult the Supreme Allied Commander for Europe, US General Lauris Norstad.[82] SHAPE analysts, however, informed Stikker they had no additional information to add to that provided by Piggott. By the late summer of 1962, a deadlock was reached.[83] To make matters worse for the US proposal, Norway had reconsidered its position and now tended to side with Britain, while Denmark was also becoming lukewarm on the political convenience of a blockade. It was therefore decided that the issue would again be examined by yet another group of experts from France, Germany, Italy, the UK and the USA. By early October this group had drawn up the definitive report on the consequences of an embargo on the Soviet pipeline system.

---

78 NATOA – C-M(62)51, secret, 'Soviet Pipeline System – Note by the Chairman of ECONAD', 2 May 1962, *passim*.

79 NATOA – C-R(62)26, secret, 'Summary record of a meeting of the Council, held at the Permanent Headquarters on 17 May 1962', 23 May 1962, pp. 11-12.

80 Quoted from: NATOA – C-M(62)47, secret, 'Annual Political Appraisal, Report by the Secretary General', 17 April 1962, p. 9.

81 NATOA – AC/127-D/82 (Revised), confidential, 'ECONAD, Soviet Bloc Activities in the World Oil Market, Note by the Chairman', 21 October 1961, p. 6.

82 *Ibid.*, 13.

83 NATOA – C-R(62)40, secret, 'Summary record of a meeting of the Council, held at the Permanent Headquarters on 8 August 1962', 21 August 1962, pp. 9-11.

The figures provided by the different delegations on Soviet LDP needs still conflicted. For instance, all European experts evaluated 40" pipe needs to be 2.1 Mt, while the Americans offered a figure of 2.4 Mt.[84] When it came to analyzing Soviet LDP imports from Western Europe up to 1963, the experts concluded that, notwithstanding imports from West Germany (681 kt), Italy (181 kt) and Sweden (135 kt), the Soviets would still have a deficit of 253 to 703 kt, depending on the estimate.[85] Discrepancies aside, what mattered was that they would indeed be short of 40" pipes. Were such deficits not filled by further imports from the free world, the pipeline system might be delayed for a period varying from eight months to over two years.[86] As for pipeline equipment, lack of information ruled out any final decisions.[87] When the experts' draft was eventually debated at ECONAD, its members agreed to submit it to the NAC with the recommendation that member countries, "under their own responsibility", should "to the extent possible": 1) stop deliveries of large diameter pipe (over 19") to the Soviet bloc under existing contracts; and 2) prevent new contracts for such deliveries. It was decided the Council would monitor the situation.[88] In the end, the provision covered existing contracts, but the interpretive flexibility suggested by the formulation of the recommendation reassured Italian and German governments.

In late October 1962, a solution on the pipe embargo appeared to be in sight. British officials finally acquiesced to ECONAD's draft proposal, provided the measure did not apply to them.[89] The embargo was finally approved by the Council on 21 November 1962, but its enforcement only caused further trouble. In early 1963, alleged Polish attempts to place new LDP orders in Italy caused the German government to react by requesting member countries take the necessary steps to prevent the execution of Soviet bloc orders placed later then the date of the embargo's enactment. The US representative recommended that country members, excluding

84 NATOA – AC/127-D/107, secret, 'ECONAD, Soviet Pipeline System, Report of the Group of Experts', 8 October 1962, pp. 1-3.

85 NATOA – AC/127-R/97, secret, 'ECONAD, Meeting held at the Permanent Headquarters on 5 October 1962, Decision Sheet', 10 October 1962, p. 1.

86 NATOA – AC/127-D/107, p. 4; C-M(62)104, secret, 'Soviet Pipeline System, Report by ECONAD', 29 October 1962, pp. 6-7. See also: Bagnato (2003), 405-7.

87 NATOA – AC/127-D/107, p. 5.

88 Quoted from: NATOA – AC/127-D/107/1, secret, 'ECONAD, Soviet Pipeline System, Draft Report to the Council, Note by the Secretary', 19 October 1962, p. 2. The quotes are from: *Ibid.*

89 NATOA – Annex to AC/127-R/99, secret, 'Soviet Pipeline System, Statement of the United Kingdom Position', 6 November 1962, pp. 1-2.

the UK, keep ECONAD informed of any Soviet approaches designed to break the embargo.[90]

In March, however, the NAC learnt about the serious problems that Adenauer's government was facing in the German Parliament. The news of the embargo alarmed iron and steel companies, and large sections of the Parliament had opposed the decision, thus further weakening Adenauer's government. It had only avoided a defeat on the embargo resolution by a handful of votes. So, although the situation had been brought under control, the German Chancellor appealed to other NATO members for the blockade to be enforced without producing more crises. This was the only way the government could succeed in implementing the resolution.[91] The oddity of Britain's position was then highlighted by an episode occurring in April 1963, when Stikker was informed by the US government that a British firm, South Durham Steel, was negotiating with the Soviets in regard to LDP purchases. Although the UK had not accepted the embargo, the Americans warned this would seriously put the provision through the wringer. In response to the news, US diplomats contacted their British counterparts to settle the matter. In the same year, the French also reported that an LDP contract with the Soviet Union had been signed by a Japanese firm.[92]

These and other similar attempts to break the embargo did not ultimately succeed. By 1963, France and Italy had refused a number of contracts; the West Germans had embargoed a colossal 203 kt of 40" pipes, despite the order having been placed before the Council's decision. Japan and Sweden also generally cooperated.[93] That the embargo had been successful was also shown by reaction of the Soviet Prime Minister, Nikita Khrushchev who, in a television speech on 27 February 1963, vehemently railed against the embargo. The Soviets also complained to Germany, and the blockade was extensively covered in the Soviet media. The construction of the pipeline system was indeed delayed: scheduled to

90 NATOA – AC/127-R/106, secret, 'ECONAD, Meeting held at the Permanent Headquarters on 7 March 1963, Decision Sheet', 13 March 1963, p. 1.

91 NATOA – C-R(63)14, secret, 'Summary record of a meeting of the Council, held at the Permanent Headquarters on 20 March 1963', 27 March 1963, p. 23.

92 NATOA – C-R(63)21, secret, 'Summary record of a meeting of the Council, held at the Permanent Headquarters on 24 April 1963', 2 May 1963, p. 8; NATOA – AC/127-WP/188/1, secret, 'ECONAD, Sale of large diameter pipe to Soviet Bloc countries – Addendum to the note by the French Delegation circulated as AC/127-WP/188', 6 October 1966, p. 1.

93 NATOA – C-R(63)21, p. 9. However, this last NATO statement is contradicted by Ebel, who claims that Sweden continued to deliver between 40 and 50 kt of pipes a year during the embargo (Ebel (1970), 184).

be completed in late 1963, it was only completed a year later.[94] However, the embargo was not able to stop Soviet oil exports to Western Europe, which continued to increase in the early 1960s. By 1970, SNE had been exporting wherever it had found the opportunity.[95]

As for the embargo, it lasted until November 1966, when the French and West German governments requested its cancellation, arguing that its scope had been reached, and that the Soviet rolling mills had by then recovered their backlog.[96] Curiously, the embargo seems to have not so much affected the production of 40" pipes as that of smaller diameters, because in order to offset the amounts of 40" pipe denied by the embargo, the Soviets converted a number of their pipe mills to the production of 40", thus reducing their smaller pipe production capacity.[97]

Conclusions

Were the American and most West European diplomacies really acting in European security interests when trying to limit Soviet oil exports? Historian Geir Lundestad, disagrees, and maintains the USA was more interested in perpetuating Europe's dependence on American national companies.[98] His claim, I believe, can hardly be disproved. Strong economic interests were the elephant in the room at NATO discussions on restraining trade with the Soviets.

In analyzing the debate that took place at the Atlantic Alliance, we saw the emergence of two opposed and incompatible attitudes: on the one side, the US delegation urged other country members to attribute a paramount value to considerations of Western military security, by emphasizing infrastructural improvements the Soviets would gain from the completion of their pipeline system. On the other side, the British delegation stressed the economic reasons underlying their contrariety to an embargo on technological items, which would imperil West European

94 *Ibid.*; NATOA – AC/127-D/220, confidential, ECONAD, "Sale of large-diameter pipe to Soviet Bloc countries – Note forwarded by the Delegations of France and of the Federal Republic of Germany," 29 August 1966, p. 1.

95 Stern, J. P. (1987), *Soviet Oil and Gas Exports to the West: Commercial Transactions or Security Threat?*, Aldershot, Gower, 27, 30.

96 NATOA – AC/127-D/220, p. 2. See also: NATOA – AC/127-WP/188 (19 September 1966), AC/127-R/185 (same date), AC/127-WP/190 (21 September 1966), AC/127-WP/192 (4 October 1966), AC/127-R/194 (30 January 1967).

97 Ebel (1970), 185, 231. Source reported at p. 231: *Vneshnyaya torgovlya*, "Lessons of an Ill-Fated Embargo," 12 December 1966: 50-1.

98 Lundestad, G. (2009), *The United States and Western Europe since 1945*, Oxford, Oxford University Press. See also: Shlyakina, D. (unpublished), *The evolution of energy relations between Europe and Russia from the 1960s to the present*, Master's dissertation, Venice, University 'Ca' Foscari', 2011/12.

commercial relations with the USSR – and British trade in particular. In the end, the American standpoint prevailed, and most NATO members, even though some of them may not have been convinced that the embargo was the best decision to take, sided with the USA. The price to pay for the American government was the circumstantial cracking of its special relationship with the UK. The embargo was not endorsed by the British government, a decision that was to cause some embarrassment to that very administration when it became known that British steel industries were continuing to trade with the Soviets. What is most interesting in the NATO discussion over the blockade, is the role played by technological artifacts in it. Beyond the Anglo-American security vs. economy debate, the discourse revolved around steel pipes.

For the Americans, an oil pipe was essentially any object that *could* carry oil regardless of its size or technical characteristics. Essentially. they adopted a prescriptive principle that stretched the definition of an oil pipe so as to include as many steel pipes as possible, and in order to reduce any potential risk. The British and Germans objected to such an all-encompassing definition and sought to distinguish. Oil could be carried only in certain kind of pipes, with well-defined technical specifications, and these pipes should not be lumped together with gas pipes. Vested interests prompted the adoption of either of these definitions.

Technical reports and estimates were wielded as scientific weapons on which to ground attack and defense strategies, and the use to which some kinds of pipes could be put (gas, oil or both) came to be regarded no longer as an eminently technical issue, but as a paradigmatically technopolitical one. Eventually the priority given by the NAC priority to strategic issues over economic ones aligned most NATO members to the American proposal. By the time the embargo was approved in late 1962, no one at NATO – to the notable exception of Britain – seemed to doubt that steel pipes had transformed, from simple metal object, into dangerous threats to the West.

Oil Transport and State Formation

The Contradictions of Absolute Sovereignty and Transboundary Pipelines in South Sudan

Emily SAVAGE

McGill University, Montréal, Canada

Introduction[1]

The surrender of absolute sovereignty over resources is an essential component in the political economy of transboundary oil pipelines. The producer country must relinquish full control of its resources and redistribute rents extra-territorially and, in turn, the transit country provides the land and security necessary for the pipeline to transverse its territory. Ideally, this 'sovereignty exchange' (Cooley, 2000) leads to mutually beneficial outcomes, including revenue and incentive for further political cooperation in cases where states are well-established. Yet, in post-imperial/post-secession states transit pipelines distort the 'sovereignty exchange' rationale because there is a greater incentive to demonstrate absolute power over sovereign resources.

Following South Sudanese independence in 2011, almost all oil infrastructures belonged to the North, but nearly 85 percent of oil reserves fell within the boundaries of the South (Belloni, 2011). This unusual split meant that inter-governmental cooperation on oil export was not only assumed, but lauded as an incentive for future cooperation. Both countries had an economic interest in oil leaving the country and therefore both would have an interest in maintaining peace. Yet, immediately following independence, the two countries began to dispute the particulars of this

1 I would like to thank the Indian Ocean World Centre (IOWC) and the Institute for the Study for International Development (ISID) at McGill University for supporting fieldwork conducted in South Sudan in 2013. Special thanks are also due to The Sudd Institute who generously offered considerable logistical support in South Sudan. I am grateful to Dr. Jon Unruh (Department of Geography, McGill University) and Dr. Philippe LeBillon (Department of Geography, McGill University) for guidance and feedback in my learning process.

mutual dependence. From January 2012 to May 2013, the Government of South Sudan suspended oil operations amid claims that the Sudanese Government was 'stealing' southern oil – both through diversion of southern crude and through transit fees nearly 30 times higher than international standards. As a direct result of the shutdown, the South Sudanese economy contracted by 49 percent (World Bank, 2014; DeWaal, 2014). Before the shutdown, the South relied on oil for 98 percent of government revenues; without the oil South Sudan was forced to borrow nearly US $5 billion to make up for the shortfall. A World Bank delegation in Juba noted:

> The World Bank has never seen a situation as dramatic as the one faced by South Sudan. In [Mr. Guigale's] view, neither the President nor senior ministers present in the meeting were aware of the economic implications of the shutdown. He candidly said that the decision was shocking and that the officials present had not internalized nor understood the consequences of the decision (quoted in: DeWaal, 2014).

Consequently, Sudan, who also relies on the transit revenue, experienced rapid inflation (IMF, 2013) and was forced to cut government subsidies – weakening the National Congress Party's (NCP) precarious political position (Bloomberg, 2013). After a series of negotiations under the auspices of the African Union, oil transport resumed in May 2013, but the political commitment to the agreements were tenuous at best (Reuters, 2013). Disputes continued from June until September 2013 with repeated threats from Sudan to close the northern pipelines.

The decision for both countries to hold each other hostage with oil revenues seems incomprehensible. The political, economic and social consequences a nearly two-year pipeline conflict is still being felt by both parties. As attention remains on the economic fall-out and peacebuilding implications of pipeline disputes in the Sudans, this particular case provides an opportunity to examine the contradictory political dynamics of transboundary pipelines and recently seceded states.

The purpose of this chapter is to illustrate the role of oil in asserting Westphalian state sovereignty in South Sudan. Specifically how contemporary oil transport conflict, in the context of historical resource conflict, has been used to reinforce borders, demonstrate 'eminent domain rights', and construct a cohesive population over which to govern (i.e., state sovereignty). I then demonstrate how the need to show sovereign power has complicated a post-referendum 'sovereignty exchange' (Cooley, 2000) for the use of northern pipeline routes. This research attempts to call attention to the ways in which transboundary oil pipelines create distortions in international relations – specifically in post-imperial and post-secession states. I conclude by adding nuance to the trouble of balancing the unique political and economic costs that transboundary pipelines present in the Sudans.

This chapter is divided into four sections. In the first, I review the intersection of state sovereignty and natural resources. Then I discuss the limited literature on transboundary pipelines. I suggest that while petroleum pipelines can operate in the spirit of 'sovereignty exchange', this relationship is complicated by a post-imperial relationship between producer and transit countries. Introducing the South Sudanese case study, the third section outlines historical antecedents to contemporary narratives of resource sovereignty in South Sudan. I focus on the use of territory (physical exclusion) and revenues (economic exclusion) by Government of Sudan from the Addis Ababa Peace Agreement in 1972 until southern independence in 2011. I conclude this section by reflecting on ongoing oil transportation conflict between Sudan and South Sudan in the post-referendum period. In the fourth and final section, I reflect on specific ways in which oil pipelines have been instrumentalized by the Government of South Sudan to construct sovereignty through border enforcement, state government power and regulation, and nation formation. I suggest that oil pipeline conflict in and between the Sudans cannot simply be understood as balancing agreements and economic incentives, but as essential to state construction. I conclude by highlighting the ways that this two-year campaign for resource control has, in fact, weakened state power in both countries.

Westphalian state sovereignty and resource control

Westphalian state sovereignty is the foundation upon which modern international relations are built (Weiss & Hubert, 2001). Difficult to define and vigorously debated (Bartelson, 1993), many scholars reference the *Montevideo Convention on the Rights and Duties of States* (1933) to formulate the three principle requirements of the modern state: a permanent population, a defined territory, and a 'functioning government'. In addition to these three 'inward' criteria, there is also an 'outside' criterion. These include formal recognition by other sovereign states and the ability to exclude other states from interfering in domestic matters (Krassner, 1999; Joyce, 2011). States that fail to meet these criteria are often labeled 'weak', 'fragile', or 'failing' (See: Reno, 1999; Kriejan, 2002; Rotberg, 2003; Eizenstat, *et al.*, 2005), demonstrating that there is a 'right' or 'proper' and 'wrong' or 'improper' way to exercise state sovereignty. While the criteria to be considered a 'proper' state is vague, it is clear that statehood must be *expressed* in a way that aligns itself with this definition to avoid being labeled a pariah (Hammar, 2008). In this sense, sovereignty is used as much to denote a state of being as it is a reference to what states do or practice (Weber, 1995). State sovereignty is not fixed and therefore states constantly struggle to demonstrate the competencies related to having that label – even if 'empirical' statehood is far out of reach (Zeigler, 2012). According to Weber (1995), sovereignty is a *simulation* and a *masquerade*. Thus, how Westphalian state sovereignty is expressed or symbolized and how those symbols are received is of material importance for the modern state.

Resource sovereignty

Amongst the various tactics and symbols that could be employed to demonstrate state power, resources have received immense recognition as an implicit component of sovereign power in the last half-century. The control a state exercises over resources is a direct reflection of a state's capacity to control land and property (territorial control) (Schrijver, 1997; Mommer, 2002). While this is not a contentious issue, the literature vigorously debates the relationship between 'permanent sovereignty over natural resources' and the extractive industries. Developing extractive industries tends to be capital-intensive and states may not possess the "financial-technical-logistical means of producing and selling those resources within the context of a complete world market" (Emel, *et al.*, 2011: 73; see also: Karl, 1997). As a result, states must form relationships with firms to develop extractive industries. Some have drawn attention to the inherent conflict between absolute sovereignty and foreign firms (Schrijver, 1997; Emel, *et al.*, 2011), but the relationship between state and firm is not necessarily a sign of the 'erosion' of sovereignty. Oil operations in particular are highly dependent on the state's ability to enclose and exclude others through property rights – for example, allocating concessions and relocating populations (Inayatullah, 1996; Bridge, 2008), not to mention the state is required to attract and mediate foreign investment (Mommer, 2002; Emel, *et al.*, 2011). The exploitation of resources then reinforces state power: states attract investment, allocate territory, and the resultant resource rents can be used to fund the state, increasing its power through government institutions, military, and police.

Oil pipelines

This resource-sovereignty dynamic can be extended to oil pipelines contained within a single state. Oil pipelines are incredibly capital intensive and therefore demand external investment to construct and operate (Omonbude, 2009; Stevens, 2009). In recognition of the costs, access to land, a supportive legal environment, and a portion of resource rent is provided by the state to the firm in exchange for infrastructure. The firm then benefits from the 'natural monopoly' created by the pipeline. A natural monopoly, in economic terms, means that barriers to entry into the market are too high and thus competition is eliminated or extremely limited. When a pipeline is constructed, barriers to entry in this specific market make competition uneconomical due to the previously mentioned high capital costs and technical requirements. Therefore, one pipeline is favorable to multiple pipelines competing for the same business. While the firm may have incredible power in the outset for establishing a desirable route, setting construction costs, and negotiating payment – once the pipeline is built, the firm must rely on the state's intention to allow the firm to recover sunk costs (i.e., continue oil production and not nationalize assets). Thus, power shifts in favor of the state (Omonbude, 2009) – this shift in power over the course of the development of an extractive industry is known as the 'obsolescing bargain' (Vernon, 1971).

The Politics of Transboundary Oil Transport: Resources, Sovereignty, and Surrender

In the literature, the analysis of the relationship between state sovereignty and the extractive industries has been limited to exploring this one-to-one state-firm relationship. This (theoretically) simple relationship between state and firm is complicated with the introduction of a transboundary oil pipeline. Transboundary pipelines refer to pipelines that "cross another territory to deliver oil and gas to a third country" (Stevens, 1996: 1); thus, the addition of 'another territory' or 'transit state' complicates matters. Transit pipelines carry a political significance depending on the role of the transit country. Transit countries can be involved in the transport in two ways: (1) through allowing another states sovereign infrastructure to pass; or, (2) through ownership of infrastructure once it passes into their territory. In both scenarios sovereignty is both produced and relented by the producer and transit country. Producers are still entitled to exercise sovereign control over resources (e.g., allot territory, mediate interaction with firms) and benefit from the rents (Emel, *et al.*, 2011). However, by their very nature, transboundary pipelines necessitate the transit country gaining some level of control over the producer's sovereign resources (e.g., infrastructure, rents) (Omonbude, 2009). As a result of shared power, there is a high risk that political and commercial conflict over 'transit terms' will arise, making transit pipelines inherently unstable (Stevens, 2009).

This instability exists for both political and economic reasons. In an economic sense, the natural monopoly phenomenon still holds true for transboundary pipelines: a transboundary oil pipeline infers a long-term willingness to cooperate due to a lack of other viable transport options following pipeline construction. Politically, after transit pipelines are built, they alter the usual patterns of the 'obsolescing bargain' between producer and firm. Wherein power usually shifts to the producing country after the pipeline is constructed, in the case of a transit pipeline, the relative bargaining power shifts from the firm to the transit country (Omonbude, 2009; Stevens, 2009). In this sense, transboundary oil pipelines narrow possibilities economically through creating a 'natural monopoly' on oil transport and conversely expand opportunities for political maneuvering by the transit state.

Post-secession states, resource sovereignty and infrastructure

While political and economic instability caused by transit pipelines may be overcome by states that already have a good diplomatic or economic relationship, these difficulties may be more acute in recently seceded or 'post-imperial'[2] states. Building on work by Stevens (1996; 2009) and Omonbude (2009) regarding the political complications of transit pipelines, I use 'sovereign exchange' (Cooley, 2000) to approach the intersection between state sovereignty and transit pipelines in post-secession states. In his work, Cooley (2000) describes Russia's negotiations with Former Soviet Republics (FSRs) for access to 'imperial wreckage' or assets (e.g., telecommunications, military, etc.) that came under the territorial control of the FSRs following independence. In this, the core (Russia) formally recognized the sovereignty of the periphery (FSRs) in exchange for continued use of these assets, preventing seizure of assets by the core and the potential for expropriation by the periphery. Here, Cooley demonstrates that sovereignty can be 'exchanged' through agreements which both provide access to assets for one party while legitimizing the sovereignty of the other. Cooley rightly concludes, "as such, the pursuit of Westphalian sovereignty or exclusive control by either the post-imperial core or periphery would likely precipitate conflict."

The case of the FSRs demonstrates that good faith can be created between core and peripheral states when the core state attempts to access assets in the periphery in exchange for formalized sovereign recognition. However, when the reverse is true (the periphery must access infrastructure in the core), I suggest there may be a heightened motivation from the core to deny access and diminish sovereign power of its former territory – an

2 Here I define imperialism as: "An unequal human and territorial relationship, usually in the form of an empire, based on ideas of superiority and practices of dominance, and involving the extension of authority and control of one state or people over another…imperialism is closely affiliated with colonialism. Both are intrinsically geographical – and traumatic – processes of expropriation, in which people, wealth, resources and decision-making power are relocated from distant lands and peoples to a metropolitan centre and elite" (Clayton, 2009). Therefore, 'post-imperial states' can be understood as a people claiming self-determination over land, resources, and political power to create a new sovereign state.

objective that could easily be met when the core must act as a 'transit state'. The introduction of a transboundary pipeline heightens the pre-existing power imbalance between the two states. A motivation that may be heightened by oil in particular, as it is associated with high rents.

If we define sovereignty as "[the state] decides for itself how it will cope with its internal and external problems… [to] develop their own strategies, chart their own courses, make their own decisions about how to meet whatever needs they experience and whatever desires they develop" (Waltz, 1979: 96 in Cooley, 2000: 3), then we can say when these plans are undermined by external forces, sovereignty is undermined. The very nature of transboundary pipelines means that the *possibility* to interfere with sovereignty, by this definition, always exists. Given the role, as mentioned earlier, of resource control in defining sovereign power, the political and economic vulnerabilities of transit pipelines, and the political dynamics of post-imperial/post-secession states – while a core-periphery relationship is bound to complicate oil agreements regardless, I argue that an oil pipeline originating from a 'peripheral' state and traversing a 'core' state is more likely to severely distort 'sovereignty exchange' rationale.

With these considerations in mind, the following section provides an overview of the historical antecedents for contemporary oil pipeline conflict in the Sudans. The overview focuses on attempts by Sudan to exercise control over southern Sudan's resources and how southern Sudan responded to these attempts. In the contemporary period, it becomes clear that there is an inherent tension in South Sudan is both trying to assert its newfound statehood and the economic necessity of using northern oil pipelines and ceding absolute sovereignty over natural resources.

Background: Connecting oil and southern sovereignty

Since Sudanese independence from the British-Egyptian rule in 1955 to the Comprehensive Peace Agreement in 2005, Sudan has been engulfed in two successive civil wars. While the First Sudanese Civil War was focused on the nature of political and economic relationship between the northern and southern portions of the new country, the last several decades of conflict in Sudan was, among other things, marked by a struggle between the North and the South to control resources.

The Addis Ababa Peace Agreement that ended the First Sudanese Civil War in 1972 allowed for investment in the Sudanese resource sector to open up for the first time. The North was initially reluctant to agree to oil exploration in the southern regions as "[…] the general backwardness of the Southern Sudan and its economic dependence on the North has been the strongest argument for the unity of the Sudan" (Alier, 1991: 236). While the "Southern national ideal" (Casertano, 2013: 91) has existed since colonial times, when oil was discovered in 1979 by Chevron, oil finds quickly became deeply entwined in the narrative of southern nationalism and the push for self-determination; enormous discoveries meant that the long underdeveloped south could assert its power to develop the oil fields and profit from resulting revenues. Yet over the course of the Second Civil War (1983-2005) and the Comprehensive Peace Agreement (CPA) (2005-2011) period, Sudan pursued 'policies of exclusion' (Kok, 1992; Jok, 2007).

These policies began in earnest after the North relented to southern pressure for exploration licenses to be issued to Chevron. Though Chevron preferred to base itself in the southern city of Malakal, they were relocated by the North to Muglad. Khartoum cited insecurity as the principal reason firms should not headquarter in the South (Alier, 1991). Borders between the northern and southern regions of Sudan began to be altered in the 1970s, starting with the conflict ridden Abeyei area.[3] Initially, a referendum was to be held to decide which region possessed Abyei but the discovery of oil ignited a series of boundary disputes that continue to present; a referendum that is supported by both the North and South remains an elusive goal. In 1980, fear amongst the southerners that the North would steal *their* oil took shape (Letsch, 1998); Sudanese President Nemeiri set forth a proposal to redraw the boundaries and place oil rich regions firmly within the North (ICG, 2007). This included a proposal to subsume the southern city of Bentiu, the planned location for an oil refinery, into the north (Bedal, 1986; ICG, 2005; Jok, 2007).

While the initial proposal for drastic border alterations was eventually dropped, the Nemeiri regime failed to provide the proceeds from the Chevron exploration license owed to the southern government, breaching the Peace Agreement (Letsch, 1998). The plan to construct a refinery in Bentiu was also abandoned in favor of a location 200 kilometers north of the administrative boundary in Kosti, with a pipeline that would eventually connect the southern oilfields to the Red Sea (Hutchison, 1996). In reaction to this plan, southern Sudanese staged protests in Juba – demanding that the refinery remain in Bentiu and the oil pipeline connect Bentiu to Mombasa, Kenya – traversing southern territory (Alier, 1991; Hutchison, 1996). In the South's perspective, the denial of petroleum infrastructure was condemning the southern region to perpetual underdevelopment (Alier, 1991). The North would develop at the expense of the south. Despite some economic development incentives offered by

3 While Abeyei had initially been considered a part of the southern region of Bahr-El Ghazal, the region was transferred to Kordofan (North) by the British. While communities residing in the region shared fairly amicable relations in the past, the First Civil War (1956-1972) polarized the communities (ICG, 2007).

Chevron to the Bentiu region, Abel Alier, a politician from southern Sudan and former Vice President of Sudan, commented on southern frustration:

> We believed in the incentives were satisfactory as far as the issue of refinery was concerned; we consequently 'cooled off'. In a special message transmitted over Radio Juba 1 I asked the public to calm down and accept the incentives and the respect the President's decision. But we were not convincing. Public opinion in the South remained hostile and condemned me for not fighting, physically, if need be (Alier, 1991: 242).

These successive moves by Khartoum to transfer territory and, therefore, resources to the north caused the Southern Regional Assembly to ask sarcastically, "When and to where in the North Sudan did the grasping central government intend to 'transfer' the area of the recently discovered gold deposits in Kapoeta?"[4] (quoted in Alier, 1991: 240).

As the Addis Ababa Peace Agreement deteriorated and the Second Civil War commenced, Khartoum continued to expand its reach, successfully incorporating portions of the southern region of Upper Nile into Kordofan, the adjacent northern state, in 1993 (Letsch, 1998). This was followed by the creation of a new state – Unity – by dividing the western portion of the Upper Nile region in 1994. Conflict over this oil-producing region persists until present and is considered one of the most "problematic" areas of the north-south boundary to resolve (Johnson, 2010: 59).

Coinciding with this period of border alterations, Chevron began selling its holdings in the mid-1990s. As concession acquisition accelerated, a series of civilian displacement campaigns in the oil regions were led by the northern army and its murahleen[5] allies (HRW, 2003; Johnson, 2010). Depopulated areas were then settled by Misseriya Baggara and Nuer militias aligned with Khartoum (Moro, 2008), attempting to permanently alter the demography of the region (Johnson, 2010). While many have reported the complicity of oil firms in these atrocities (see: Harker, 2000; HRW, 2003; Jok, 2007), state-induced displacement was legitimized by the sovereign power to pursue economic development and exercise control over resources.

The 1997 Khartoum Peace Agreement between the Government of Sudan and the South Sudan Defense Forces (SSDF) was followed by a

[4] Kapoeta is located several hundred kilometers from the north-south border in Eastern Equatoria State.

[5] Also 'murahilin'. This refers to Baggara militias primarily in Southern Kordofan that were armed by the GoS and officially incorporated into part of the Northern army in 1989. These groups were used repeatedly in the oil producing regions to dislodge civilians from oil wells and areas of interest – specifically Blocks 1, 2 and 4 (HRW, 2003).

brief suspension of conflict in the oil producing regions.[6] This agreement was critical to the period of rapid oil industry expansion in the late 1990s (Batrauch, 2011). Expansion culminated in the construction of the Greater Nile Oil Pipeline (GNOP) and a high-capacity oil refinery outside of Khartoum in 1999. These two critical pieces of infrastructure ensured the capital had access to a steady stream of revenues and refined product for domestic use. The revival and expansion of the oil industry from the mid- to late-1990s has been widely considered to be a key factor in the funding and continuation of the war (Switzer, 2002; HWR, 2003; Moro, 2008; De Wit, *et al.*, 2009). Southern oil was used against southern people who had no participation rights in the oil sector (Rone, 2003) and, ultimately, the conflict was threatening the oil industry (Natsios, 2012).

Following a ceasefire agreement in 2002, the 2005 Comprehensive Peace Agreement (CPA) established the Government of National Unity (GNU). The GNU was a cooperative government based on two regional governing bodies: the Khartoum-based National Congress Party (NCP) and the Juba-based Sudan Peoples Liberation Movement (SPLM). The CPA sought to outline a clear understanding of the division of resources and revenues. The South would be entitled to fifty percent of revenues from oil produced *in the south.* The stakes were high in determining what constituted oil 'produced the south', therefore resolving boundaries remained a political fixation. For example, in 2005 the International Crisis Group reported that they had received a letter in June 2004 from the Minister of Federal Affairs to the Governor of Unity state. The letter stated that the Heglig region belonged to the North (Western Kordofan state) rather than the South (Unity State) (ICG, 2005: 18). The Heglig oil field located in Unity State is one of the country's most productive oil fields. In addition to disputes over the location of oil wells, under the CPA, Khartoum would also remain in control of revenue redistribution. Similar to the post-Addis Ababa revenue transfer arrangement, Khartoum was accused of denying the South its full portion of revenues. Oil production and revenue statistics were altered (Verhoeven & Patey, 2011), sometimes as much as 26 percent in favor of Khartoum (Global Witness, 2009).

In summary, the last several decades of conflict in Sudan was marked by a struggle to control resources. Boundary reorganization, displacement, denial of infrastructure, and the use of oil rents are only a few examples of policies and practices that demonstrated Khartoum's power over the southern periphery. During the CPA period both parties had been unable to 'make unity attractive' and the capacity to act in good faith,

6 The Khartoum Peace Agreement allowed for modest revenue sharing between the Government of Sudan and the SSDF – due to Khartoum's reluctance to honor the agreement, it disintegrated.

an essential component of implementation, was absent (Natsios, 2012). North-South sharing of resources was the reality on paper, but it was clear that "Sudan's oil industry is a network of state and business that focuses on promoting the north. It is localized in the capital, Khartoum, and is not a national economy that connects all parts of the country..." (Jok, 2007: 187). Regional imbalances in socioeconomic welfare present at the time of independence were exacerbated through two civil wars, creating a core and periphery relationship that administrative changes put forth by the CPA could not more than superficially address. By 2009, the SPLM began to promote the idea that independence was the only way the South could truly have adequate control over their resources and gain political equality with the North. The manner in which the North managed oil has resulted in a distinct focus by the newly independent Government of South Sudan on state sovereignty and resource control.

Independence and establishing resource sovereignty

In July 2011, South Sudan became the world's newest country, gaining formal control over 85 percent of Sudanese oil reserves (Belloni, 2011). Oil production was expected to continue after independence as the mutual dependence on oil export was predicted to bind the countries together (Natsios, 2012; Castertano, 2013). As Natsios (2012: 221) optimistically remarked: "One of the unintended consequences of the development of southern oilfields and the related infrastructure to support it – the pipeline, refineries, and port in the north – has been the integration of the two economies. Both sides are now dependent on each other for their survival." With little clarity on how the resources and infrastructure would be shared, the feelings of peace via economic symbiosis were short lived.

Viewing southern independence as a blow to their economy, the Government of Sudan set the transit fee at US $30 per barrel (pb), well above international average of $0.40 to $1 pb, with the intention of recuperating revenue loss via these transit fees. South Sudan refused to pay the inflated rates and offered between $0.63 and $0.69 pb in addition to a one-time revenue loss compensation payment of $1.7 billion. As a result, the Sudanese government began diverting an estimated $815 million in Nile Blend crude to the el-Obeid Refinery in Khartoum and seized four loaded oil tankers awaiting export in Port Sudan – holding them until the South agreed to pay transit fees owed in arrears. Unable to resolve this dispute, the Government of South Sudan made a unilateral decision to suspend oil production and export as of 20 January 2012. The situation almost devolved into all-out war in April 2012 (AUHIP, 2013a), but fortunately ongoing negotiations overseen by the African Union High-Level Implementation Panel for Sudan and South Sudan (AUHIP) managed to dissuade rash decision-making.

The AUHIP pushed negotiations forward on the principle of "two viable States", seeking mutually beneficial outcomes that maintained the use of the northern infrastructure (AUHIP, 2013a). By January 2013 an agreement was reached to resume oil production by May 2013 (AU, 2013b) – a year and a half after the initial shutdown. The rational for cooperation is obvious. The shutdown had caused economic chaos in both countries and austerity measures were affecting the political legitimacy of both governments. As AUHIP remarked, "Sudan and South Sudan are linked by immutable facts of geography and history. There is no viable alternative except for the two countries to affirm these ties and develop closer, cooperative relations with each other in the economic, social, political and security spheres" (AUHIP, 2013a: 8).

Despite the economic chaos caused by the initial oil disputes, the AUHIP agreement did not hold for long. In a public address on 8 June 2013, President Omar Al-Bashir ordered the shutdown of all oil pipelines connecting South Sudanese oil fields to the Red Sea, alleging Juba was supporting rebels who were attacking northern oil installations, including pipelines (BBC, 2013; Reuters, 2013). After another series of negotiations, Sudan and South Sudan managed to prevent complete shutdown through another AUHIP agreement reached 26 September 2013. Due to the ongoing uncertainty, production numbers were drastically reduced.

Figure 1: 'This means (resource) war' – Sudanese President Omar Al-Bashir depicted closing northern oil pipelines as South Sudanese President Salva Kiir retaliates by withholding access to the Nile waters (Citizen Newspaper, 2013a)

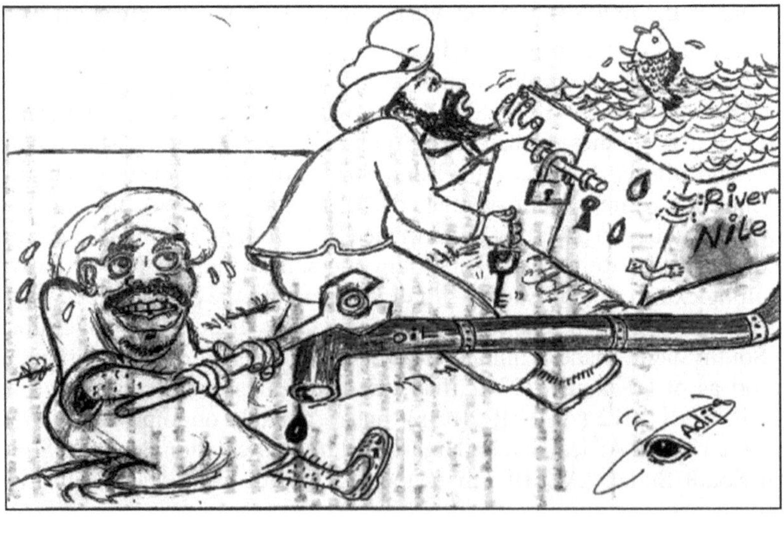

The willingness for both states to hold each other hostage speaks volumes about the political and economic reality of the Sudans in the post-referendum period. In some respects, this breakdown represents the weakness of agreements leading up to independence and the lack of political will on the part of the Government of Sudan to envision a country divided. Neither the NCP nor the SPLM seemed intent on solidifying a comprehensive oil deal or settling ongoing border disputes before independence (Patey, 2010) and, as a result, these unresolved tensions were bound to surface. While South Sudan gained 'juridical sovereignty' in 2011, it clearly did not possess 'empirical sovereignty' in the most basic sense: borders were ill-defined and the South's capacity to control its own political and economic destiny was limited by the North's control over oil export. Yet, as is the case for post-imperial and post-secessionist states, great importance is placed on statecraft. In the following section, I argue that the seemingly irrational oil pipeline disputes between Sudan and South Sudan served a very real political objective for South Sudan.

Performing sovereignty: Oil and the nation-building project

This section considers the way both state building and nation building have influenced South Sudan's decision to shutdown oil production in 2012 and continues to impact southern resource policy, prioritizing political gains over economic gains. I demonstrate how various actions and narratives surrounding oil shutdown were actively used to produce the South Sudanese state by 'performing sovereignty' (Weber, 1995; Sidaway, 2003; Hammar, 2008). I categorize these examples into policies and practices that establish the three widely accepted markers of state sovereignty: exercising eminent domain rights (alternative pipeline routes and policy shifts), creating and controlling populations (southern nationalism), and establishing boundaries (oil pipeline shutdown and border conflict) – with the overall purpose of resisting external interference.

Policy shifts

Two months after the initial oil shutdown in March 2012, the Government of South Sudan reached an agreement with the Kenyan and Ethiopian governments to build a southern oil pipeline route from South Sudan's Unity State to the Kenyan Coast, thereby removing South Sudan's dependence on the North. The pipeline would constitute the economic backbone of the larger Lamu – South Sudan Ethiopia Transport Corridor (LAPSSET), a USD 20 billion mega-infrastructure project that includes airports, resorts, an oil refinery, and the biggest commercial port on the continent (See: Government of Kenya, N.d.; Nunow, 2012;

RVI, 2013; Save Lamu, 2013), paving the way for South Sudan's entry into the East African Community. A year later the Government of South Sudan also began looking into an alternative route through Ethiopia and Djibouti in hopes that the costs would be marginally less costly ($0.5 – 1 billion) than the Kenyan route. Though some representatives believe both pipelines should be built based on potential oil reserves in the undeveloped 'Block B' held by Total in Jongelei and Eastern Equatoria State.

At best, the plan for alternative South Sudanese pipelines seemed wildly uneconomical. Donors and international organizations became frustrated, suggesting that the Government of South Sudan had not fully considered the 'cost' of the shutdown and the planned routes (DeWaal, 2014). The northern pipelines and port facilities remain functional and building either alternative pipeline was expected to come at a cost of $5-6 billon (Interview, 2013a). With corporate funding not forthcoming, the price tag was well outside of the meager budget of the Government of South Sudan. Politically, the LAPPSET oil pipeline would disrupt any semblance of a balance of power between Sudan and South Sudan; the economic incentive of maintaining the northern route, while weak, has managed to draw both parties to the negotiating table repeatedly. Denying oil revenue to the North threatens the National Congress Party (NCP) regime and President Bashir (LeRiche & Arnold, 2012), demonstrated by the widespread protests stemming from austerity measures (Bloomberg, 2013; HRW, 2013).

The pursuit of an alternative oil transportation network fits into a broader trend to distance the oil industry under the Government of South Sudan from that of a unified Sudan. Since independence, the Government of South Sudan has distanced itself from the practices of Khartoum by creating a legal environment that is amenable to a transparent, equitable, and sustainable petroleum industry that benefits 'the people'. This is reflected in the *Transitional Constitution* (2011), the *Petroleum Act* (2012), and the *Petroleum Revenue Management Act* (2012). These changes align with Bremmer and Johnston's (2009) conception of 'revolutionary resource nationalism' as a symptom of "broader social and economic upheaval" (Bremmer & Johnston, 2009: 105) that may come as a result of decolonization or secession. It consists of a complete re-ordering of extractive industries – with historical injustice and/or environmental damages used as a justification for the top-down approach. This policy reaction can be seen as a way to assert a territorial notion of sovereignty where sovereignty operationally means having capacity to "dispose of its natural wealth in accordance with its national interests" (Stevens, 2008: 10) in isolation from external (i.e., northern) actors. While reporting has focused on the North taking revenues away (BBC, 2012), in this specific case, with oil representing 98 percent of government revenues outside of foreign aid, denying revenue denies the capacity to fund the state. Thus, widely publicizing alternative oil pipeline negotiations, regardless of the economics, and introducing transformative – even explicitly oppositional legislations – is about making the power to alter the industry visible (Buur, *et al.*, 2006). This could result in eliminating dependence on Sudan, or at least demonstrating such a move would be possible – increasing the pressure on the North to negotiate favorably.

Linking pipeline disputes to border disputes

As mentioned earlier, delimitating mutually agreeable borders between the Sudan and southern Sudan was an ongoing struggle for the past 50 years. The discovery of oil has raised the stakes of these struggles as the active oil producing regions straddle the contested North-South border. The NCP and the SPLM/A repeatedly competed for military dominance in the oil producing regions – denying territory and resources. Johnston (2010: 61) notes, "early in the war the SPLA ensured by their military presence that the oil fields could not be actively exploited; thus denying much-needed revenue to the indebted Khartoum governments."

During the oil shutdown, it was believed that border disputes – particularly over the Heglig fields – would descend into outright war between the neighbors (IRIN, 2012). South Sudan was occupying the fields that, according to the 1956 border to which Sudan and South Sudan had initially agreed fell within Sudan. Juba countered that Khartoum had been bombing Bentiu, the capital of southern Unity State, in preceding months. In reality, the states are in flux and it is unclear where the borders lie due to years of Khartoum pushing the border south to encompass resources and incomplete/unclear historical records (IRIN, 2012) and the South pushing north with military might.

Abyei – one of Sudan's most historically productive oil producing region – continues to be sticking point for the two governments. The Abyei Boundary Commission – claimed the territory was Ngok Dinka (South), Khartoum believes the ABC is overstepping its boundary and refuses to recognize this decision and negotiations are taken up by AUHIP. Since then, Abyei has been closely linked to ongoing border disputes – both sides forcing their way forward – using oil and oil negotiations as a venue to air these grievances. The immediate potential for conflict was 'resolved' by the September 2013 AUHIP agreement that, in addition to setting up a framework for transit fees and resource division, called on both countries to discontinue support for rebels operating in opposite sides of the border. At the time of writing, there remains and ongoing struggle of establishing a 1,800 kilometer demilitarized zone to bring peace to the border regions.

The oil industry has been used to dramatize a longstanding conflict over ill-defined borders. When South Sudan draws attention to 'intervention' by a foreign actor (i.e., border incursions), there is an implication that something is being intervened in (Walker, 1993); sovereignty is the norm and intervention is the transgression (Weber, 1992).

> Practices of recognition or non-recognition are not only linked to imperialism or to its legacy, neo-colonialism, but they also take practical political form during military conflicts. Wars and state interventions, as well as the justifications offered by states for these activities, participate in the social construction of which territories, peoples, and authority claims will be accorded sovereign recognition (Biersteker & Weber, 1996: 12).

In this sense, the North is used instrumentally to confirm the integrity of the South Sudanese state and vice-versa. Both states are claiming intervention in "their territory" create the territory – even though it is widely recognized that the border has yet to be conclusively defined.

Southern nationalism and oil conflict

As mentioned earlier, the 'southern nationalist ideal' pre-dates Sudanese independence from the British-Egyptian government: "Historians have argued that without the South there would be no North [referencing the slave trade]. This is even truer of the South; without the confrontation with the North, the still vivid history of rapacious invasions by northern slave traders, and the more recent attempts by the post-independence governments to dominate the southern peoples, there would be no South as a viable political entity" Deng (1995: 9). Yet, the creation of a southern state has been highly dependent on the creation of a southern nation. The southern national identity has been premised on a southern liberation identity or a 'negative identity' – the South defines itself by being in opposition to the North. This was politically useful throughout the Second Civil War in justifying the need for a sovereign state, with the resultant economic and political advantages (Casertano, 2013). Though questioned by some (See: Young, 2003: 423-424; Idris, 2005), in the lead up to the referendum, nationalist sentiment was a positive indicator of future southern success: "[the South] is unified both by its animosity toward the north and its determination to make itself an economic and political success […] Thus, the existence of a hostile and belligerent north looming across the 1240-mile border between the two countries may be the unifying cement that holds the south together while it constructs its new society, government, and economy" (Natsios, 2012: 218). It goes without saying that the cohesive 'nation' remains just as important in independent South Sudan.

In many ways, the current oil disputes have been instrumental in creating social cohesion. Initial announcements of the shutdown by South Sudanese officials reminded citizens that, although revenue would be suspended, losing oil to Sudan would be much worse a fate (Guardian,

2012). Citizens in the capital, Juba, and in the capitals of all other nine states showed support of this decision by organizing rallies (Sudan Tribune, 2012; Gurtong, 2012; Sandrai, 2013). In an interview, Makur Nyongdit noted: "All the peace loving youth, women and students from Warrap have decided to hold this peaceful demonstration to show our support for the national government over the decision to shut down oil production. This will enable the government in Khartoum to respect our resources" (Sudan Tribune, 2012).

At the rally in Torit, Eastern Equatoria State (EES), the rally organizer issued a letter to President Kiir that read:

> We the entire citizens of EES would like today 23/01/2012 to register our congratulations through you, our Governor (Hon. Louis Lobong Lojore), to President of the Republic of South Sudan and the entire National Cabinet for the right and brave decision taken on 20/1/202 [*sic*]. We as a new nation will not tolerate our valuable resources stolen from us or from being marginalized by any country [...] (Gurtong, 2012).

These sentiments reflected frustration with Khartoum throughout the CPA and independence, but it also was an opportunity to draw attention to the continuing marginalization of the South by Khartoum: "specifically, it hurts us from our past, South Sudan always wanted oil to go through Kenya... to understand you must put this in the context of the Arabs stealing from us – stealing what we always wanted" (Interview, 2013b).

Figure 2: Sudanese President Omar Al-Bashir depicted 'stealing' South Sudanese oil from the northern pipelines and refining it for domestic consumption (Citizen Newspaper, 2013b)

Indeed, despite the economic chaos that ensued after the 2012-2013 shutdown, Khartoum's threats to close the northern pipelines again in June 2013 were met with equal defiance. An editorial published by the Citizen Newspaper entitled 'Approaches of keeping free from Sudanese bondage' echoed these concerns for state integrity:

> When those who heard the speech of Al Bashir in their radio or read it in the media outlets, he sounded like a slave master of yesteryears but the present South Sudanese people are free and their country independent and therefore if al Bashir think that without Sudan we cannot survive than he is a slave to his own rotten thinking [...] they can keep their pipeline built partly with money looted from South Sudanese oil revenue as a museum monument [...] he must know 'not to talk to us as a leader anymore but as an ordinary foreigner looking for friendship' (Citizen Newspaper, 2013c).

Grand gestures of political power and assertiveness have been politically useful for the South in defining the South Sudanese state. States must constantly engage in nation-building to rationalize and validate statecraft; a state must "[...] impose fixed and stable meanings about who belongs and who does not belong to the nation, and thereby distinguish a specific political community – the inside – from all others – the outside" (Doty, 1996: 122; See also: Frances-Gomez, 2001). Indeed, by constructing a 'nation', a corresponding political unit would be desired; states must go beyond defining territory and form meaningful coherence within their populations, a sense of belonging and shared frameworks for understanding (Prokhovnik, 2007). By engaging the historical roots of the southern secessionist movement, the South reminds the population of the importance of the state: protecting them against Northern greed and manipulation. In many ways, rallying the anti-North sentiment also serves to distance public discourse from poor management of resource revenues by the southern government and the governments' mutual responsibility in failed diplomatic and economic relations.

Of course, while the intention to exert sovereignty over natural resources while playing on the historical southern 'anti-North' identity has been politically useful, the division of the northern and southern regions into two separate states has not addressed systemic domestic divisions. Neither state acts cohesively as 'the north' or 'the south'. Long-time nationalist movements that emphasized the regional unity have now been released from the pressures of Khartoum and now must grapple with independence under a single unified state. Recent political conflict and widespread violence in Unity, Upper Nile, and Jongelei States beginning in December 2013 demonstrates that nation-building that goes beyond North-South rhetoric has been ignored, with devastating consequences (Alowich & Tiitmamer, 2014). Indeed, occupying oil wells and slowing production has also been a politically useful tool for groups within to draw attention to their historical grievances.

'Empirical sovereignty' versus 'juridical sovereignty'

The manner in which resource extraction (and related processes) occurs is essential to state creation. While measuring the level of 'sovereignty' seems an impossible task – not least because of the various critical interpretations of sovereignty (See: Agnew, 1994; Sidaway, 2003) – it is clear that statehood must be *expressed* in a way that aligns itself with the classic definition of Westphalian sovereignty to avoid being labeled an 'African weak state' (Hammar, 2008, See: Jackson & Roseberg, 1982; Reno, 1997). Though state sovereignty can be granted judicially, for example, when South Sudan was declared a state, the effort is then placed on becoming an 'empirical' state. In this sense, sovereignty is used as much to denote a state of being as it is a reference to what states do or practice (Weber, 1995). States must continually struggle to demonstrate the competencies related to being 'sovereign'. As mentioned previously, natural resource control is a proxy for measuring state control over land, populations, law, and external actors and are therefore essential components in a state's struggle to gain empirical (Westphalian) state sovereignty. In the post-referendum period, South Sudan has used oil – and oil transport in particular – to create sovereignty and to disrupt the old sovereign order, even at its own expense. Specifically, South Sudan has instrumentalized the historic and contemporary oil conflict with Sudan to demonstrate policy and legal power, redirect infrastructures, rally nationalist sentiments, and advance border claims. More than providing simply 'sovereign meaning', oil revenues are inherently linked to the day-to-day existence of the South Sudanese state. With 98 percent of government revenues stemming from oil leaving the country, any disruption or *possibility* of disruption is a threat to the state itself.

Yet, transit pipelines inherently engage with this risk. Economic factors, specifically the natural monopoly created by transit pipelines, make quick alternative routes unfeasible – particularly when producing states do not possess the capital to construct alternate routes outside of firm support. Thus, a long-term relationship is inevitability formed between producer and transit state, a relationship that theoretically favors the transit state (Omonbude, 2009; Stevens, 2009) – especially when the transit state is dominant without the existence of the pipeline (the core). This, of course, does not mean that transboundary pipelines necessarily induce conflict and exploitation of power inequities. Both states must be willing to acquiesce absolute sovereignty, such as land access, sovereign rents, and security, to further mutual political and economic objectives – as Cooley (2000) defines 'sovereignty exchange'.

The lead up to independence did not adequately address the 'sovereignty exchange' that would be required for cooperation in the oil industry, nor did it consider the political factors that would push South Sudan to pursue absolute sovereignty and motivations for Sudan to deny the South Sudanese state. The 'Agreement between the Government of the Republic of South Sudan and the Government of the Republic of Sudan on Oil and Related Economic Matters, 2012' (the 2012 Oil Agreement) reached through AUHIP negotiations in September 2012, represented a turning point. It recognized in the preamble that the Sudan-South Sudan relationship must move forward on "the basis of respect for each other's sovereignty, territorial integrity, and common pursuit of sustainable development and mutual benefit in accordance with international law."

Although the realist perspective of state sovereignty is useful to understand what is influencing South Sudan's actions, it is not useful in understanding the results. South Sudanese resource governance has mirrored the North (Patey, 2010). Reflecting on Sudanese sovereignty during the Second Civil War, Jok (2007: 187) notes:

> Control over the capital has given the state international recognition to sign contracts and sell resources for its own benefit to the exclusion of the bulk of the population. By utilizing the economic predations of the resource-extracting foreign companies owned by other nation-states, the Sudanese state has escaped taking responsibility for people beyond its control, concentrating the nation's resources in the hands of its narrow support base in the capital city and other northern towns.

Indeed, the model of 'sovereignty' here was not 'nation-states' developing their resources, but firms and elites who are "nominal holders of sovereignty" (Ferguson, 2006: 204) having just enough power to legitimize resource extraction (Reno, 1997), but then being unable to manage the resources and rents for public benefit (i.e., fund essential services for citizens).

Ultimately, moves that initially signaled the newfound sovereignty of South Sudan have begun to demonstrate its undoing. The conflict in Abyei alongside other border disputes in Upper Nile and Northern Bahr al-Ghazal has threatened the credibility of the Government of South Sudan in both its stated intentions to negotiate and its capacity to manage disputes (Akol, 2013a/b). For example, nearly $4 billon had been 'misplaced' during the period immediately following independence (FFP, 2013) and following shutdown, the Government of South Sudan was then pressed to find loans from the international community. There was unease about the manner in which the government acquired and managed these loans (Jok, 2013).

In the Fund for Peace (2013) annual Failed State Index, South Sudan placed fourth out of four countries (Somalia, DRC, and Sudan) on 'very high alert' for state failure based on a series of social, economic, political, and military indicators. The report on South Sudan, titled 'The Dark Side of State-Building', suggests that while the "North bad/South good" (FFP, 2013: 23) rhetoric helped lead to a consensus on the conception of the new state and spur widespread optimism in the immediate post-independence period, overtime this dichotomy has become less useful. The emphasis on the resistance to the North in creating sovereign meaning by South Sudan has ultimately demonstrated that there are "legitimate grievances and deep internal divisions underlying conflict that have nothing to do with Khartoum" (*Ibid.*: 24), a reality that poses real threats to the state. The report concludes that "South Sudan may have lots of window dressings but as of yet none of the actual underpinnings of statehood" and that some of the "good guys of South Sudan were suddenly not looking so great" (*Ibid.*: 24).

While some analysts have rightly asserted that it is unfair to critique South Sudan's state apparatus so soon after independence (Mayai, 2013), it is fair to critique the emphasis that has been placed on resource control. In its report, the FFP (2013) emphasizes the role that oil transport conflict has played in weakening both states economically and politically. What South Sudan fails to grasp then is that sovereignty is not about state control but about state authority (Zeigler, 2012).

Conclusion

This research contributes to three broader discussions. First, this case study contributes to understanding of natural resource exploitation in 'weak' states; drawing attention to natural resources ability to provide 'weak' states an opportunity to *perform* the Westphalian sovereignty (Weber, 1995) – a particularly important performance for recently seceded states. Second, it contributes to a broader discussion about the political difficulties in balancing 'core-periphery' economic relationships within and between states, having broader applicability to other scenarios such as Israel/Palestine, Yemen, and Nigeria. Finally, this research attempts to call attention to the need to expand research on the ways in which transboundary oil pipelines create distortions in international relations. Specifically, transit pipelines distort the 'sovereignty exchange' rationale in post-imperial/post-secession states because of the innate role of resources in delimitating what it means to be sovereign. Because transboundary pipelines alter 'normal' political (obsolescing bargain) and economic (natural monopoly) conditions by imparting disproportionate power on the transit country, transboundary pipelines inherently present the *possibility* for sovereignty disputes. As can be seen in the case of the Sudans, there is a heightened possibility of the relationship devolving into a renewal of historical core-periphery dynamics in post-imperial or post-secession states. While actors can be enticed to operate in good faith through economic (rent sharing) and political (formalized 'sovereignty exchange') agreements, if unresolved historical tensions exist there is a heightened motivation for both the producer and transit country to manipulate an oil pipeline to their advantage – whether that be political or economic. In the case of South Sudan, we can see that clear political advantage, despite the very real economic costs, were deemed to be satisfactory in closing oil transit and production. I conclude by suggesting that sovereign entrenchment in following independence or self-determination movements are neither rigid nor irreversible. Furthermore, sovereignty cannot be understood as the sole driver in decision-making, yet it is clear through this analysis that it is a substantial complicating factor.

Works Cited

Akol, Zacharia Diing (2013a). *Recent Killing in Abyei: Implications on the Recent between the two Sudans*, Sudd Institute Policy Brief. Juba: Sudd Institute.

Akol, Zacharia Diing (2013b). *Abyei Final Status: A Mismanaged and Unyielding Stalemate*, Sudd Institute Weekly Review, October 29 2013. Juba: Sudd Institute.

Alier, Abel (1991). *Southern Sudan: Too Many Agreements Dishonoured.* Reading: Ithica Press.

AUHIP (2013a). Report of the African Union High-Level Implementation Panel for Sudan and South Sudan, PSC/PR/COMM.1, February 13 2013. Addis Ababa: African Union.

AUHIP (2013b). Report of the African Union High-Level Implementation Panel for Sudan and South Sudan, PSC/MIN/2, July 29 2013. Addis Ababa: African Union.

Bartelson, Jens (1993). *The Genealogy of Sovereignty.* Cambridge: Cambridge University.

Batruch, Christine (2011). "Does Social Corporate Social Responsibility Make a Difference?." *Global Governance* 17: 155-159.

BBC (2012). South Sudan 'to complete shutdown' of oil production. January 28 2012. Accessed: February 23 2014. http://www.bbc.co.uk/news/world-africa-16769935.

BBC News, 'Sudan 'orders halt to oil transfers' from South Sudan', June 8 2013. Accessed: June 9 2013. http://www.bbc.co.uk/news/world-africa-22829279.

Bedal, R. (1986). "Oil and Regional Sentiment in the South" in *Sudan Since Independence*. M.A. Al-Rahim, R. Badal, A. Hardallo, and P. Bashir (Eds.). London: Gower.

Belloni, Roberto (2011). "The Birth of South Sudan and the Challenges of Statebuilding." *Ethnopolitics* 10 (3-4): 411-429.

Biersteker, Thomas and Cynthia Weber (eds.) (1996). *State Sovereignty as a Social Construct*. Cambridge: Cambridge University.

Bloomberg News (2013). IMF Says Sudan Can Ease Austerity on Poor With Social Funds. Reported by: Amhed Fateha. November 5 2013. Accessed November 23 2013. http://www.bloomberg.com/news/2013-11-04/imf-says-sudan-can-ease-austerity-on-poor-with-social-investment.html.

Bremmer, Ian and Robert Johnston (2009). "The rise and fall of resource nationalism." *Survival* 51 (2): 149-158.

Bridge, Gavin (2008). "Global Production Networks and the Extractive Sector: Governing Resource-Based Development." *Journal of Economic Geography* 8: 389-419.

Buur, Lars, Steffen Jensen, and Finn Stepputat (2006). *The security development nexus: Expressions of sovereignty and securitization in Southern Africa*. Uppsala: Nordiska Afrikainstitutet.

Casertano, Stefano (2013). *Our Land, Our Oil!: Natural Resources, Local Nationalism, and Violent Secession*. Berlin: Springer.

Citizen, The (2013a). Political cartoon. June 13 2013. *The Citizen Newspaper*, Vol. 8, Issue 485.

Citizen, The (2013b). Political cartoon. July 22 2013. *The Citizen Newspaper*, Vol. 8, Issue 519.

Citizen, The (2013c). 'Approaches of keeping free from Sudanese bondage'. *The Citizen Newspaper*.

Clayton, Dan (2009). "Imperialism." In Derek Gregory, Ron Johnston, Geraldine Pratt, Michael J. Watts, and Sarah Whatmore (Eds.). *The Dictionary of Human Geography*. Hoboken: Blackwell.

Cooley, Alexander (2000). "Imperial Wreckage: Property Rights, Sovereignty, and Security in Post-Soviet Space." *International Security* 25 (3): 100-127.

Deng, Francis (1995). *War of visions: conflicts of identities in Sudan*. Washington DC: Brookings Institution Press.

DeWaal, Alex (2014). Visualizing South Sudan: The Oil Shutdown. March 20 2014. Accessed March 21 2014. http://sites.tufts.edu/reinventingpeace/2014/03/20/visualizing-south-sudan-the-oil-shutdown/.

De Wit, Paul, Christopher Tanner & Simon Norfolk (2009). *Land Policy Development in an African Context: Lessons Learned from Selected Experiences*. Rome: FAO.

Doty, Roxanne Lynn (1996) 'Sovereignty and the nation: constructing the boundaries of national identity'. In Thomas J. Biersteker & Cynthia Weber (Eds.). *State Sovereignty as Social Construct*. Cambridge: Cambridge University Press.

Eizenstat, Stuart E.; John Edward Porter; & Jeremy M. Weinstein (2005). "Rebuilding Weak States." *Foreign Affairs* 84 (1): 134-146.

Emel, Huber, and Makene (2011). "Extracting Sovereignty: Capital, Territory and Gold Mining in Tanzania." *Political Geography* (30): 70-79.

Ferguson, James (2006). *Global Shadows: Africa in the Neoliberal World Order*. Durham: Duke University.

Frances-Gomez, Pedro (2001). "The subject of sovereignty." In Fred Dallmayr and José M. Rosales (Eds.). *Beyond Nationalism? Sovereignty and Citizenship*. Lanham: Lexington Books.

Fund for Peace (FFP) (2013). *Failed State Index 2013*. Washington DC: Fund For Peace.

Global Witness (2009). *Fuelling mistrust: the need for transparency in Sudan's oil industry*. London: Global Witness.

Government of Kenya (N.d.), 'The LAPSSET Project'. Accessed: June 17 2013. http://kenyaembassysouthsudan.org/index.html.

Guardian (2012). Two Sudans' oil dispute deepens as South shuts down wells. January 26 2012. Accessed: December 16 2013. http://www.theguardian.com/world/2012/jan/26/south-sudan-shuts-oil-wells.

Gurtong (2013). EES Supports Suspension of Oil Production. January 24 2012. Accessed: February 23 2014. http://www.gurtong.net/ECM/Editorial/tabid/124/ctl/ArticleView/mid/519/articleId/6372/EES-Supports-Suspension-Of-Oil-Production.aspx.

Hammar, Amanda (2008). "In the name of sovereignty: Displacement and state making in post-independence Zimbabwe." *Journal of Contemporary African Studies* 26 (4): 417-434.

Harker, John (2000). *Sudan: Harker Report*. Ottawa: Department of Foreign Affairs and International Trade Canada (DFAIT).

Human Rights Watch (HRW) (2003). *Sudan, Oil, and Human Rights*. New York: HRW.

Human Rights Watch (HRW) (2013). 'Sudan' in Human Rights Watch World Report: 2013. New York: Human Rights Watch.

Hutchison, Sharon E. (1996). *Nuer Dilemmas: Coping with Money, War, and the State*. Berkeley: University of California.

International Crisis Group (ICG) (2005). *The Khartoum-SPLM Agreement: Sudan's Uncertain Peace*, Africa Report No. 96. Washington DC: ICG.

International Crisis Group (ICG) (2007). *Breaking the Abyei Deadlock*, Africa Briefing No. 47. Washington DC: ICG.

Idris, Amir (2005). *Conflict and Politics of Identity in Sudan*. London: Macmillan.

Inayatullah, N. (1996). "Beyond the sovereignty dilemma: quasi-states as social constructs" in *State Sovereignty as Social Construct*. T. J. Biersteker & Cynthia Weber (Eds.). Cambridge: Cambridge University.

International Monetary Fund (IMF) (2013). *Sudan: Selected Issues*, IMF Country Report No. 13/320. Washington DC: International Monetary Fund.

Interview. Government of South Sudan Official, Juba, July 2013.

Interview. Anonymous, Juba, June 2013.

IRIN (2012). Sudan-South Sudan: Heglig and the Border. April 13 2012. Accessed: February 5 2014. http://www.irinnews.org/report/95285/sudan-south-sudan-heglig-and-the-border.

Jackson, Robert H. & Carl G. Roseberg (1982). "Why Africa's Weak States Persist: The Empirical an the Juridical in Statehood." *World Politics* 35 (1): 1-24.

Johnson, Douglas H. (2011). *The Root Causes of Sudan's Civil Wars: Peace or Truce*, revised ed. Kampala: Fountain Publishers.

Jok, Jok Madut (2007). *Sudan: Race, Religion, and Violence*. Oxford: One World.

Jok, Jok Madut (2013). *South Sudan and the Risks of Unrest*. Sudd Institute Weekly Review, December 3 2013. Juba: Sudd Institute.

Joyce, Richard (2011). "Sovereignty and imperial law." *Law, Culture and the Humanities* 9 (3): 475-487.

Karl, Terry Lynn (1997). *The paradox of plenty: oil booms and petro-states*. Berkeley: University of California.

Kok, Peter Nyot (1992). "Adding Fuel to the Conflict: Oil, Water and Peace in the Sudan" in *Beyond Conflict in the Horn: Prospects for Peace, Recovery, and Development in Ethiopia, Somalia, and the Sudan*. Martin Doornbos, Lionel Cliffee, Adbel Ghaffar M. Ahmed and John Markakis (Eds.). London: James Currey.

Krasner, Stephen D. (1999). *Sovereignty: Organized Hypocrisy*. Princeton: Princeton University Press.

Kreijen, Gerald (2002). "The Transformation of Sovereignty and African Independence: No Shortcuts to Statehood" in Gerald Kreijen (Ed.). *State, Sovereignty and International Governance*. Oxford: Oxford University.

Labban, Mazan (2008). *Space, oil and capital*. London: Routledge.

LeRiche, Matthew & Arnold, Matthew (2012). *South Sudan: From Revolution to Independence*. London: Hurst & Co.

Letsch, Ann Mosely (1998). *The Sudan: Contested National Identities*. Bloomington: University of Indiana Press.

Mommer, Bernard (2002). *Global Oil and the Nation-State*. Oxford: Oxford University Press.

Moro, Leben. (2008). *Oil, Conflict and Displacement in Sudan*, PhD Thesis. University of Oxford: Oxford.

Natsios, Andrew S. (2012). *Sudan, South Sudan, and Darfur: What Everyone Needs to Know*. Oxford: Oxford University Press.

Nunow, Abdirizak Arale (2012). The Displacement and Dispossession of the Aweer (Boni) Community: The Kenyan Government Dilemma on the New Port of Lamu, presented at the Global Land Grabbing II Conference. Cornell: Land Deals Policy Initiative.

Omonbude, Ekpen J. (2009). "The economics of transit oil and gas pipelines: a review of the fundamentals." *OPEC Energy Review*: 125-139.

OpenOil (2012). South Sudan Oil Almanac. OpenOil: Berlin. Olopade, Dayo. "The Infrastructure Promise: Depending on a Pipeline to Bring Prosperity to East Africa." *Next City Magazine* 48 (1): 1-18.

Patey, Luke A. (2010). "Crude days ahead? Oil and the resource curse in Sudan." *African Affairs* 109 (437): 617-636.

Prokhovnik, Raia (2007). *Sovereignties: contemporary theory and practice*. Houndmills: Palgrave Macmillan.

Reno, William (1997). 'African weak states and commercial alliances.' *African Affairs* 96: 165-185.

Reno, William (1999). *Warlord politics and African states*. London: Lynne Rienner.

Reuters (2013). UN appeals to Sudan to continue transporting South's oil. August 23 2013. Accessed March 2 2014. http://www.reuters.com/article/2013/08/23/us-southsudan-sudan-un-idUSBRE97M10V20130823.

Reuters, 'Sudan officially notifies it will halt oil exports', Reported by: Hereward Holland, 11 June 2013. Accessed: 12 June 2013 http://www.reuters.com/article/2013/06/12/us-sudan-southsudan-oil-idUSBRE95B00C20130612.

Rone, Jemera (2003). "Sudan: Oil and War." *Review of African Political Economy* 30 (97): 504-510.

Rotberg, Robert (2003). *State Failure and State Weakness in a Time of Terror*. Washington DC: Brookings Institution/World Peace Foundation.

Rift Valley Institute (RVI) (2013). LAPPSET: Transformative Project or 'Pipedream'?: Debating the opportunities and dangers of a transnational megaproject. Nairobi: RVI.

Sandrai, Adel (2013). Resumption of Oil Production in South Sudan, Sudd Institute Weekly Review, April 29 2013. Juba: Sudd Institute.

Schrijver, Nico (1997). *Sovereignty Over Natural Resources: Balancing Rights and Duties*. Cambridge: Cambridge University.

Sidaway, James D. (2003). "Sovereign excesses? Portraying postcolonial sovereignty scapes." *Political Geography* 22: 157-178.

Stevens, Paul (1998). "A History of Transit Pipelines in the Middle East: Lessons for the Future" in Blake, G. H., M. A. Pratt, and C. H. Schofield (Eds.). *Boundaries and Energy: Problems and Prospects*. London/Boston: Kluwer Law International.

Stevens, Paul (2008). "National oil companies and international oil companies in the Middle East: Under the shadow of government and the resource nationalism cycle." *Journal of World Energy Law and Business* 1 (1): 5-30.

Stevens, Paul (2009). *Transit Troubles: Pipelines as a Source of Conflict*. London: Chatham House.

Sudan Tribune (2009). South Sudan's Kiir accuse 'enemies of peace' of instigating chaos. June 17 2009. Accessed: March 10 2014. http://www.sudantribune.com/spip.php?page=imprimable&id_article=31538.

Sudan Tribune (2012). Youth Back oil shutdown in Unity State. January 24 2012. Accessed: November 2012. http://www.sudantribune.com/spip.php?iframe&page=imprimable&id_article=41385.

Switzer, Jason (2002). *Oil and Violence in Sudan*. Winnipeg: International Institute for Sustainable Development.

Tiitmamer, Nhial and Abraham Alowich (2014). *A Search for Lasting Peace: Ending South Sudan's Devastating Conflict, Policy Brief*. Juba: Sudd Institute.

Verhoeven, Harry & Luke Patey (2011). "Sudan's Islamists and the Post-Oil Era: Washington's Role After Southern Secession." *Middle East Policy* 18 (3): 133-143.

Vernon, Raymond (1971). *Sovereignty at bay: the multinational spread of U.S. enterprises*. New York: Basic Books.

Walker, R. B. J. (1993). *Inside/Outside: International Relations as Political Theory*. Cambridge: Cambridge University.

Waltz, Kenneth N. (1979). *Theory of International Politics*. New York: McGraw-Hill.

Weber, Cynthia (1995). *Simulating sovereignty: Intervention, the state, and symbolic exchange*. Cambridge: Cambridge University.

Weiss, Thomas & Don Hubert (2001). *The Responsibility to Protect: Research, Bibliography and Background – Supplementary Volume to the Report of the International Commission on Intervention and State Sovereignty*. Ottawa: International Development Research Centre (IDRC).

World Bank (N.d.). South Sudan: GDP (Current US$). Not dated. Accessed: March 10 2014. http://data.worldbank.org/indicator/NY.GDP.MKTP.CD/countries/SS?display=graph.

Young, John (2003). "Liberation Movements, Regional Armies, Ethnic Militias and Peace." *Review of African Political Economy* 30 (97): 423-434.

Zeigler, Charles E. (2012). "Conceptualizing sovereignty in Russian foreign policy: Realist and constructivist perspectives." *International Politics* 49 (4): 400-417.

The Development of China's Overseas Pipeline

Situation and Future Impact

Li LIFAN

Shanghai Academy of Social Sciences, Popular Republic of China

Due to unbalanced distribution of oil and gas resources, the amount of imported oil and gas has grown increasingly. Since the beginning of 21st century, the building of oil and gas pipelines has spiked up. In order to ensure the security of energy supply, long-distance pipeline building, which is expected to reach 100~150 thousand kilometers in 2020, did not reduce its speed in face of financial crisis. However, the gross amount of energy pipelines still lags far behind the Western countries. From 1996, China's building speed has entered a rapid development period, especially after 2000. Until the end of 2009, 69,000 km of energy pipelines has been built, including 19,000 km of crude oil pipeline, 18,000 km of petroleum pipeline and 32,000 km of gas pipeline. Nonetheless, the comprehensive transportation capability and network construction needs strengthening compared with the western industrialized countries.

With the rapid industrialization and urbanization and the high-speed economic development, China requires much longer pipelines to sustain the second largest economy status if compared with the global construction of oil and gas pipelines.

The overviews of the achievements of the construction of China's pipeline after liberation of civil war

The construction of the first long-distance oil pipeline in China, was the refinery pipeline constructed from Karamay to Dushanzi in 1958[1]. It's design task was undertook by some professionals, technical staff and students from Beijing Petroleum Institute of Survey and Design, as

1 Li Xinming, "The Basic construction of China's pipelines," *Economic Information*, 2010-08-09.

well as the Beijing Petroleum Institute[2]. After accepting the task, they established a testing ground for transporting heating oil, heating oil delivery and actively explore the process parameters; At the moment of the absence of special equipment for oil transfer, Staffs had converted into the rig mud pump with diesel as oil drilling power, by using wrapped draft paper in bitumen pipeline corrosion. In the absence of a professional construction team, people organized technical personnel to walk into the construction site, building a pipeline as long as guided by supervisors, and succeeded in the construction while accumulating related experiences for the construction of a gas pipelines later on.

The first long-distance gas pipeline constructed by China was the gas pipeline from Baxian to Chongqing in Sichuan Provence in 1961, and the design task was undertaken by Sichuan Petroleum Institute. As long as facing the difficulties arising in the process of overcoming such tackle technical problems, staffs worked out a desulfurization, pigging, separation, safe, reliable, and accurate method for measurement of gas overrun alarm during a short period.

Lanzhou-Chengdu-Chongqing Oil Product Transportation Pipeline ("Lanchengyu Oil Transportation Pipeline"), the longest-route, largest-diameter and highest-pressure oil product pipeline in China was built in 2002. The first shipment of diesel transported through the pipeline from Lanzhou arrived in Chongqing via Chengdu on October 18, 2002, and has been successfully sub-transported to oil storage stations along the pipeline. Construction began in December 1998 was completed within four years. With a total investment of nearly RMB 4 billion, the pipeline has an annual transportation capacity of over 5 million tons.

The Lanchengyu Oil Transportation Pipeline is a key national project, and one of 12 vital projects supporting western China's development. The completion and operation of the Lanchengyu Oil Transportation Pipeline benefits the development of petroleum resources in the northwestern region and gives full play to existing refining capabilities. It successfully transforms existing resources and market opportunities in western China into economic advantages in the real sense. It capitalizes on the speed, stability, safety and reliability of pipeline transportation to better solve oil supply issues in the region. It is of great importance to the sustained, rapid development of the economy, the welfare those living along the pipeline, and the strengthening of the national defense in the region. Meanwhile, it is also beneficial for PetroChina to better combine production, transportation and sales from petrochemical production subsidiaries in the northwest region, as well as raise the competitive edge of products

2 Zhu Qiming, "The refinery factory of Du Shanzi is jumping," *Oil Refining and Petrifaction*, Vol. 14, 1958.

from Sichuan, Chongqing and the entire region, to expand market share. Within time, the operation of the Lanchengyu Oil Transportation Pipeline will fully demonstrate its economic and social benefits.

The Lanchengyu Oil Transportation Pipeline, rich in technology, is fully automated. The pipeline's design adopts a process of tight-line, batch transportation and centralized sub-transportation. It also incorporated a technique of distinguishing oil products interfaces via supersonic waves – the first example of its kind in China. This enables the transport of a number of oil products, such as 90#, 93# gasoline and 0# diesel, etc., within one pipeline and in the proper order.

Sixteen processing stations and a dispatch and control center have been established along the pipeline. The whole process of oil transporting is conducted by Chengdu dispatching and controlling center through a satellite communication system and a public-net digital transmission system, and the whole oil transporting pipeline and whole process of oil transporting can be on-line supervised and controlled by global satellite positioning system. To ensure the quality of construction and operating safety of the pipeline, the company adopted a tendered contract system, ongoing construction supervision, third-party, non-destructive welding testing, and government supervisory systems in accordance with international standards. Entrusted as such, the supervising company exercised full control and management of project design, construction, procurement, deadlines and cost, and implemented full supervision of the project quality.

The completion and operation of the Lanchengyu Oil Transportation Pipeline is a great success story in joint military and civilian construction. During the past four years of construction, more than ten thousand of officers and soldiers from Lanzhou and Chengdu military areas participated with the assistance of large quantities machinery and vehicles for the trench digging, back filling and road-building assignments. Many moving deeds emerged as a result of the project, which fully showcased the new look of the army in its mission to serve the nation's economic construction during the new period.

I. The situation of cross-border pipelines in China

Famous Russian scientist Mendeleev proposed the possibility of oil pipeline building in 1863. In 1878, the first oil pipeline was led to Baku of Azerbaijan, with a length of 12 km and diameter 75 mm. Today, with the increasing tension in energy supply, the pipeline contention becomes more and more aggressive. The longest pipeline connects Russia with the Europe, with a length of more than 8,000 km. The cross-border pipeline of China is mainly distributed in the northwestern district, containing

Sino-Russia, Sino-Kazakhstan, Sino-Central Asia and Sino-Burma pipeline. The first cross-border petroleum pipeline of China is Sino-Kazakhstan pipeline, which was proposed in 1997 by these two countries and completed in 2005. The pipeline connected Atyrau in Kazakhstan coast and Alataw pass in China, with a length of more than 3,000 km and investment around $ 30 m. The first cross-border crude oil pipeline is one of the co-construction pipelines between China and Kazakhstan, stemming from the Kum cole oilfield in Kenkiyak of Kazakhstan, and entering Xinjiang of China through the Alataw pass. Up to July, 2011, the pipeline has transferred 3.7 billion tons of oil to China.

1. A Energy Silk Road: Sino-Kazakh Oil Pipeline

China's first major land-based oil import route began its construction in the summer of 2004, linking the nation with Kazakhstan. The two countries had first started to build a 1,200 kilometer section from Atasu in Kazakhstan, via the border town of Alashankou, to Dashanzi in China's Xinjiang Uygur Autonomous Region, according to Wang Yongming, director of the Xinjiang economic and trade commission. The US $ 3 billion pipeline has reached westwards joining the existing 450-kilometer Atyrau-Kenkiyak pipeline in central Asian republic, once it is completed in two year's time. The three-section trunkline, with a total length of over 3,000 kilometers, would be able to deliver up to 20 million tons of Caspian Sea crude annually to western China.

It is the major breakthrough for the construction of this important project. The Sino-Kazakhstan pipeline was first proposed in 1997. But negotiations were suspended for six years until more oil reserves were found in order to make the project economically viable. As we all knew, Kazakhstan, which now exports 70 percent of its oil from pipelines linked to Russia, wants to find more export markets. China, on the other hand, needs more oil to fuel its soaring economic growth and also diversify its oil imports. At present, more than 60 percent of the nation's imports come from the Middle East via the unsettled Malacca Strait.

It is very important for China to establish an onshore oil import channel, it is just too dangerous to rely on all of our imports coming on sea routes. The pipeline would also help link up the oilfields CNPC invests in, giving China better access to Kazakh oil. CNPC has so far invested almost US $ 700 million in the central Asian republic. But experts continue to express concern over the economic competitiveness of Kazakh oil, because most of China's oil is consumed in the east of the country. Transporting Kazakh oil either by rail or by building a new pipeline would be too expensive compared with oil imports from elsewhere. The part of the oil would be processed at local refineries in Xinjiang. The oil products will then be transported to Lanzhou in neighboring Gansu Province where they will be delivered via an existing oil products pipeline to markets in Central China.

2. *Sino-Central Asia Pipeline: the longest gas pipeline around the world*

Central Asia-Sino and the second line of west-east gas transfer line is the longest gas pipeline around the world. It is consisted of Amu Darya gas field line in Turkmenistan, Central Asia gas pipeline and the second line of west-east gas transfer line, with a total length of 6,811 km[3]. The Central Asia gas pipeline connects Turkmenistan and Uzbekistan, crossing Kazakhstan and finished in Korgas of Xinjjiang. It was started in July 2007 and launched one-line transfer in December 2009. The B line of the pipeline began to construct on October 26th, 2010. The pipeline is operated smoothly and the gas transferred can be used in 18 provinces by 500 million people around China. Up to November 24th 2011, China has received 17.5 billion cubic meters of gas from Turkmenistan, taking more than 50% of the imported gas.

The Central Asia-China Gas Pipeline traverses diverse and challenging geographical features. Tens of thousands of workers and engineers from China, Kazakhstan, Uzbekistan and Turkmenistan worked together at this world class giant project. From groundbreaking to the commission of line A, the project was completed in less than 28 months, thanks to the collaboration and devoted work of workers and engineers from the four countries who have set a high standard of safety, efficiency and quality in construction. Furthermore, there was no fatal accident, environmental pollution and property loss happened during the construction.

3. *Russian Far East pipeline: the evidence of strong relationship between China and Russia*

Sino-Russian crude oil pipeline, based on strategic cooperation between China and Russia, is also called Russian Far East pipeline. It is an important pipeline for transferring Russian oil to China, with a total length of 5,884 km and annual transfer amount of 50~80 million tons. The diameter of the pipeline ranges from 1,067 to 1,220 mm. The pipeline was constructed in two stages. The first stage stemmed from Irkutsk to Amur Oblast, with a length of 2,620 km and annual transfer amount of 30 million tons. The second stage extended from Skovorodino to Perevoznaya. Sino-Russian crude oil was the branch of Russian Far East pipeline, stemming from Skovorodino, crossing the border between the

---

[3] Xu Qinhua, "Energy Cooperation Between China and Central Asia: a view from Sino-Kazakh oil pipeline," *Russian and Central Asian market*, Vol. 04, 2005.

two countries and connecting with the domestic Mohe-Daqing pipeline. The pipeline lasted 63.4 m within Russia and 7.7 km within China, with annual transfer amount of 15 million tons. The diameter of the pipeline was 813 mm, with an investment of RMB8 billion. The pipeline began its operation on January 1st, 2011. Russia provides 15 million tons of crude oil to China through the pipeline, lasting 20 years. Based on the construction of the above cross-border pipelines, the cooperation countries are friendly countries with China. China invested a large amount of capital to sustain the energy supply. The operation and maintenance are launched by cooperative parties. However, the agreement period is not very long, depending on the political changes and the fluctuation of the price of international energy. The cooperation cannot satisfy the energy requirement of China in a long period of time.

4. Sino-Myanmar's oil and gas pipeline: bypassing the Malacca Strait

In recent years, many gas fields with high number of reserves have been discovered in the coastal regions of Myanmar, currently Myanmar's natural gas reserves ranked tenth around the world, and it mainly supplied to growing market in Thailand and India. Meanwhile, due to a lack of crude oil in Chinese southwest market, China has been a net importer of refined oil. As much as we assure the China-Burma oil and gas pipeline will undoubtedly break the current dilemma into the Southwest China for the refining of raw materials, and fit for the growing gas demand in the southwest and southern China. Moreover, it would also create a new natural gas market for Myanmar which would bring $ 1.5 billion in annual foreign revenue.

At its full capacity of 12 bn cubic meters per year, the gas pipeline will account for about 10 percent of China's annual gas consumption. The 793 km-long pipeline, which took more than three years to build by the agreement of both the government of China and Myanmar, links the Myanmar port of Kyaukpyu with the Chinese city of Kunming. Natural gas from Myanmar's offshore gas fields and crude oil shipments from the Middle East will both be funneled into the pipeline through Kyaukpyu's giant port and industrial facilities. With the support of domestic market, gas pipeline provides 12 billion cubic meters of natural gas annually, which means, the volume of gas provide in the Sino-Burma pipeline will be equivalent to the amount of 42.5 billion cubic meters as a quarter of the year of 2011. The pipeline has gone by the segment of "oil and gas separation" after constructing of this pipeline into Anshun Guizhou, crude oil pipeline is directing to the northeast till the city of Chongqing, gas pipeline is laying to the southeast till Guigang, then integrate into the chief networking with the West-East Pipeline.

However, the China-Burma oil and gas pipeline projects have been affected by the international political and economic situation in Myanmar's political system changes and other factors, in the process of constructing the pipeline, the progress had been postponed over the time. China's relationship with neighboring Myanmar has grown fraught over the past two years as Myanmar has opened up and increasingly courted non-Chinese investors. In 2011, the Myanmar government suspended a $3.6 bn Chinese dam project, and last week the government seized a majority stake in a Chinese-owned copper mine that had been the subject of repeated protests[4]. Currently, the gas pipeline project has been completed finally, the crude oil pipeline has been completed by 94 percent of the whole project, which will reach production requirements in the year of 2014, as fulfill the designed capacity of transporting 22 million tons per year as it initially scheduled.

At present, the security of national energy is a major question that we are facing at period of developing China's economy. Nearly eight percent of Chinese overseas oil imports are from the Middle East and Africa, while importing crude oil produced from these two places has to go through the Indian Ocean, the Strait of Malacca and the South China Sea, and then come to China. Although the Straits of Malacca was controlled by both Singapore, Malaysia and Indonesia as the three condominium, but has to face the problem of rampant piracy, and once it can be easily blocked by occurring regional conflicts; Meanwhile, the Strait bear a quarter of the global volume of crude oil and oil products totally, the capacity has been saturated. After the opening of the China-Burma oil and gas pipelines, China's crude oil imports from the Middle East and Africa can be directly transported to domestic market. According to projections, the proportion of crude oil coming through the Straits of Malacca will fall to less 60%, a China-Myanmar pipeline can hold 10% of the whole import. Therefore, This has great strategic significance for China's energy diversification and energy security, the supply of natural gas is equally important for China

II. Some challenges with the developed strategy of Pipeline politics

1. Challenge and strategies of China's Energy Pipelines in Central Asia

With the increasing energy needs, developing energy in central Asia can relieve the predicament and realize diversification of imported energy.

4 Leslie Hook, "China starts importing natural gas from Myanmar," *Financial Times*, July 29, 2013.

However, the security of Central Asia is experiencing a tremendous change and the safety of the pipelines is suffering from great challenges. Importing energy from the international market ensures the development of China's economy. The transportation on sea lacks effective management and protection, making it the target for attacks. Transferring oil and gas through the road is comparatively secure and convenient. Nonetheless, there are several challenges that should be well considered. First, the energy pipelines, the economic exchange between Xinjiang and Central Asia can be strengthened to promote the economic development. Currently terrorism is using the international pipelines and energy corporations can be easily attacked by the terrorists. On November 1st, 2009, Zijing Mining of China was raided by unknown militants in Rio Blanco of Peru and two of the security personnel lost their lives[5]. On July 22nd 2010, the transfer pipeline extending from Iran to Turkey was bombed. The Turkish government claimed it was the Kurds who did it. Some explained that the terrorism in Xinjiang and Central Asia was caused by poverty. Through the construction of oil and ionic opinions to press the construction countries. Central Asia, for a rather long time, has suffered from separatism, extremism, international terrorism. Following the leave of US army from Afghanistan in 2014, the security situation will be more complicated and the local terrorism will broaden their sphere of influence. Cross-border energy pipelines will be the frequent target for terrorists, who pursue political influence through making injuries and losses. The damage to cross-border pipelines by terrorism can cause the conflicts among concerned countries, severely threatening the security of importing countries. Local terrorism can also be used as tools of political game. Attacks on the oil pipelines can cause environmental pollution and political conflicts, as well as block the transportation of energy and blow the enthusiasm of investment, which may propose serious danger to Central Asian countries that are eager for foreign capital and technology.

2. *The construction technology and maintenance*

The construction technology and maintenance of the pipeline should be considered. On September 9th, gas pipeline near the San Francisco International Airport exploded and caused a big fire, causing 9 dead and more injured. US National Security Board expected to ensure the security of pipelines. Sino-Central Asia energy pipelines have taken many local workers, most of which were illiterate. However, the construction, for example the welding requires effective skills. In future maintenance and examination, regular repair and inspection are needed. Citizens in

---

5 "Terrorists attack to Chinese overseas company by news report," *China's economy*, 2009-11-03.

Central Asian countries, in their social reform, can be used by people with unknown motives to damage, steal and threaten the safety of the pipelines. After the Collapse of Soviet Union, large amount of skilled employees were withdrawn from Central Asia by Russia, leaving poor logistics and infrastructure. The certificate and living conditions of Chinese workers should also be considered.

3. The political management capability

The political management capability should be paid attention to. Conflicts and differences on construction and design over cross-border pipelines reflect their political meanings, which may propose uncertainties to China's participation in local energy cooperation. The US, who emphasizes on the strategic status of Central Asia, carries out the policy of containment on China and tries to bring the area into the Western system. Therefore, it treats China as the potential competent and bashes China's energy cooperation with local countries. For example, when China National Offshore Oil Corporation (CNOOC) offered to purchase Kashagan Field in Northern Caspian Sea, it was elbowed out by International Investment Alliance comprised of seven international energy companies, such as ENI, Exxon Mobil and Royal Dutch Shell. Currently the US has controlled 16% of local crude oil and 1.4% of gas in Caspian area. Combined with US and British companies, the US and UK have controlled 27% of local crude oil and 40% gas. If the exporting countries cannot sustain the transportation volume, the interests of China will be directly influenced. Russia worries about the energy cooperation between China and Central Asia, which is regarded as the natural barrier on its southern boundary. The quality oil and gas export, which is relatively cheap, may propose a great danger to Russia's export and economic development. Therefore, Russia tries to control energy source in Central Asia, broadens its economic interests in local area and strengthen its political influence. Taking the building of Euro-Asia Economic Union as an excuse, Russia imposes restrictions on the oil export of countries like Kazakhstan and encourages local countries to use Russia's pipelines for transportation. EU also takes a new strategy in Central Asia, which searches to import the energy to ease the dependency on Russia and pushes local countries to join Euro-Asia Energy Hallway. European countries have participated in pipeline construction launched by the US (BTC) and Russia (North Stream and South Stream).

4. The extraction and storage capabilities

The extraction and storage capabilities are limited. After the end of Cold War, Central Asian countries have pursued a policy of supporting the nation through energy. They search a balance among Russia, EU, US and

China, attracting foreign investment, extending energy trade and proposing source diversification. After the operation of BTC pipeline, local countries can export energy through a new pipeline. Currently, Sino-Kazakhstan pipeline does not carry out in complete practice and Kazakhstan promised to provide 1 million tons of oil to China annually. However, it is possible that the pipeline can be fully taken advantage of. Since exporting to the EU is the main pursuit of Central Asian countries' energy strategies, Sino-Kazakhstan may propose a rival with the other pipelines.

5. *The unprecedented opportunities on marketing of Pipeline construction*

From an international point of view, the world economy is gradually recovering, global energy demand became more robustly, oil, natural gas and other fossil fuels occupy a dominant position in the energy consumption as it not being changed over a longer period, thus setting off a new round of oil and gas resource development and reaching a peak of constructing infrastructure of storage transport. Particularly those affected by natural gas, driven by strong consumer demand for clean energy is expected in the next 10 years, the world's pipe length will increase as a rapid rate of average 7 percent, the world will be becoming a period of cliff with pipeline construction[6].

From perspective on domestic market, the Chinese economy will not be changeable as it in the long-term trend, the demand for energy, especially the clean energy continues to boom such as natural gas in a particular, in 2011 China's natural gas consumption was 130 billion cubic meters, in 2015 as we can forecast, more than 260 billion cubic meters will be consumed, the total mileage of China's oil and gas pipeline is approximately 90,000 km[7], compared with developed countries such as the U.S. pipeline – total mileage of 700,000 kilometers, Russia is 230,000 km – Chinese pipeline construction is still in its infancy, which urgently needs to accelerate oil and gas pipelines network as on the way of development of Chinese economy.

In the next 10 years or even in a much longer period, pipeline construction will continue in the peak period. Especially supporting the branch lines, tie lines, provincial regional pipeline network, LNG station, the construction of the repository will enter the scale-developed phase. This provides a good market conditions for pipeline management to promote strategic restructure and industrial upgrade.

6 News report, "The construction of China's oil and gas pipeline continues into 4th peak," *Oil One*, 2012-10-29.

7 News report, "National twelfth 5 years plan on the development of natural gas," *People's Daily*, 2012-10-26.

III. The new development of China's Energy Security System

The energy situation of China has faced a series of challenges: the sustainable provision is confronted with great pressure; the dependence on export energy is increasing; the consuming frame is not proper and the efficiency remains low; the pollution and damage to the environment is severe; there is no energy crisis management and security warning system; China Energy Threat Theory is gaining support and China's diplomacy is facing new issues; international energy competition is far more aggressive and the negotiation system depends largely on political elements; the construction of overseas pipeline lacks investment. All of the problems connect with the decision-making of China's energy policies, the building of law system and the reform of management system. Compared with industrialized countries, the relative energy security management institution of China should be strengthened in the long term. The distribution and layout of the energy pipeline can determine the future of a country. The rising price of energy and the mining of new sources push the construction of pipelines speed up. In energy strategies, the control of pipelines will be of great importance. In the next decades, energy security and crisis management is significant problems concerned with national security. The inner system of the energy security system is far from perfection, which needs more attention. China can take the western experience for reference and build its own strategy in four aspects: policy, diplomacy, law and management.

Meanwhile, China is facing certain challenges on energy security, which both came from exporting countries and emerging countries:

First, the threat from the exporting country. Given a look at traditional OPEC member states, most Western countries have maintained the same political stance, following the lead of the United States or even the only – Arab countries played amenable performance during the Gulf War. While other countries cooperated with China on depth energy, such as Iran, Sudan (South/North) and other countries, because there had political instability, coupled with interference by United States, Britain and other Western countries, but also increasing the number of variables of the prospects of further cooperation.

Second, the threat from other importing countries. Japan and South Korea are the two major energy-importing countries to form a competitive relationship with China in Eastern Asia, the Japanese threat in particular, which should be paying more attention on its aggressive intention. In recent years, Japan obstructed several times on the Sino-Russian "Angarsk-Daqing Pipeline" cooperation, based on security and military allies for US and Japan, it should be seen as a real threat in sight.

In addition, the Japanese Self-Defense Forces has established its first overseas military bases under the guise of combating piracy in the Gulf of Aden, which shown a prelude for the navy ocean-going policy.

Third, the threat from emerging countries: Rušsia, India, as it more likely. Due to the rapid rise of China in a global arena, Russia, India felt extremely loss psychologically, Along with International energy prices soared, Russia became a huge tanker with its extensive oil and gas resources. Fighting with the West, Russia has repeatedly waving "breathe" stick to achieve political target, and As for "Angarsk-Daqing pipeline" project, Russia put into a stronger situation with dilemma of diving the ambiguous. In recent years, India also wishes to achieve its "big country dream" by taking different approaches: nuclear testing, purchase aircraft and launch lunar exploration program, which both are pointing to blame China. By 2020, it is estimated that China and India combined will account for roughly one-third of the world's GDP and, as such, will require vast amounts of energy to fuel their economies. The competition over energy resources is increasingly reported in the world's media as a growing source of tension between the two countries. Empirically, however, both countries do cooperate with each other occasionally during their quest for energy at the global level.

How China make countermeasures on resolving the threat of overseas energy

To defuse the threat of overseas energy security for China in a long run, With a lack of continuous attention and clear strategy to energy policy undercutting China's foreign policy and economic security, integrating energy security issues with other aspects of China's foreign policy remains a challenge for Beijing.

First, Adhered the principle of China's foreign policy by "Cooperation – Cooperation – struggle", China has to defuse the threat of overseas energy sources, therefore, China has to considerate a useful principle of diversification of importing the nature resources, and strengthening international cooperation. According to the oil imports, on the basis of energy cooperation with the Gulf countries, to continue increasing the untraditional contacts with the countries: Africa, South America, Russia and the member of the Shanghai Cooperation Organization, effectively working those countries to diversify sources of oil and gas. In the coal import and export, on the one hand, has to strengthen the integration of the domestic coal enterprises, enhancing coal production over by state-controlling, strictly controls exports to overseas; on the other hand, China has to take full advantage of the current favorable opportunity with using low-price Australian coal on FOB by increasing coal imports. In addition, the state should try to layout, through state-owned enterprises to take overseas acquisitions, mergers and other forms of Cooperation with Australia, Mongolia and other countries holding coal resources as soon as possible, these measures will prevent the passive situation with Austria on negotiations on iron mine.

Second, expanding foreign exchanges and utilizing international platforms to obtain international support, which will be breaking predicament of "zero-sum game." At present, China 's security situation is not optimistic, United States and Japan had blockaded China through "two island chains" at Pacific, and deeply involved Central Asian affairs and military collaboration with India, which formulates a surrounded-land to China. In order to reduce dependence of transport channel at the Strait of Malacca, China continues to strengthen all-round cooperation with Myanmar, and would be willing to use special influence of the status of permanent membership of the Security Council in UN, excluding to interfere in Myanmar's domestic politics from the United States, Britain and other Western countries, strengthening energy transmission channel from Myanmar to Yunnan; Moreover, in order to circumvent the possible threat from India, China continues to consolidate the traditional friendship with Pakistan by constructing a overland transporting highway through Pakistan to Tibet; and strengthening the internal relations from the member states of Shanghai Cooperation Organization, in particular with Russia, Tajikistan, and setting up a suitable energy transmission channel from Central Asia to Xinjiang, as well as via Russian Far East to Heilongjiang, through Mongolia to inner Mongolia, as the safety energy artery.

Third, In financial terms, the Chinese oil companies are not strong enough to compete with the international oil giants, but they do enjoy more political privileges and policy support from the Chinese government. That might be part of the reason for the majors, such as ExxonMobil, Total and Shell, to block proposals for Sinopec and CNOOC to purchase Beijing's share in the Agip KCO consortium in March, 2003. Despite China's price sensitivity in relation to its energy imports from Russia and Central Asia, the import share from these sources is still too small to create long-term vulnerability. In fact, 4/5 of China's imports are coming through the Malacca Straits and a 60% share of oil imports[8].

Therefore, cooperation is the most likely path that will result from China's energy policy. Other, factors might stir disputes in areas of Beijing's diplomacy where energy might be involved; however, energy per se is likely to be conducive to more cooperation, not confrontation. The first reason is simply because the large majority of Chinese analysts

---

8 Xuanli Liao, "Central Asia and China's Energy Security," *China and Eurasia Forum Quarterly*, Vol. 4, No. 4, 2006, p. 61-69.

and decision-makers think it is the only way to enhance energy security. Second, the Chinese government has already begun to work on regional and international structures that will support and further cooperation even if progress is likely to be slow[9]. Therefore, promotes the development of mutually-beneficial exchanges of technologies in renewable and alternative energy and encouraging China along the path of a development based on energy conservation, Which means supporting China's participation in and the development of energy related regional institutions and pushing for a better and more extensive cooperation between the IEA and China.

9 Yang Zhongqiang, "The general situation of China's energy security," *International Forum*, Vol. 5, 2004.

The Vulnerability of Maritime Energy Routes and Chinese Energy Security

Hormuz and Malacca Chokepoint Dilemmas

Fabio INDEO

Hanyang University, Seoul, South Korea and University of Camerino, Italy

Introduction

China's energy security strongly depends on energy imports, which fuel and support its overwhelming economic growth. Maritime routes are the main supply corridors for China, considering that nearly 80 percent of these energy imports are delivered through oil and LNG tankers: consequently, to guarantee the security of the so called Sea Lines of Communications (SLOCS) is undoubtedly one of the most strategic goal in the Chinese foreign policy.

However, the obligatory route through the maritime chokepoints represents a serious geopolitical concern for China, mainly because 75 percent of Chinese oil imports are delivered through Malacca strait, while 50 percent of oil imports and 20 percent of LNG imports, (coming from Qatar) transit through Hormuz.

The aim of this research is to analyze the strategic relevance of the maritime chokepoints for the Chinese energy security condition, considering that a potential interruption of the energy supply transit through Hormuz or Malacca represents a serious geopolitical threat to avoid.

In order to limit the negative effects of this threat, China has undertaken a double-strategy focused on addressing endogenous and external unbalanced issues:

a strategy of energy routes diversification, through the so-called "string of pearls" strategy aimed to better protect slocs and to bypass Malacca straits; the development of unconventional resources (oil and shale gas) in China, in order to increase endogenous production, lessening dependence on imports and diversifying energy options.

China's dominant role in the global energy scenario

China's preeminence in the global energy market could be clearly explained analyzing current energy consumptions and projections on increasing energy demand in the next years, which will consolidate Chinese position as the main energy consumer in the world.

Currently China is the largest global energy consumer and the world's second largest oil consumer behind the United States: China's oil consumption growth accounted for half of the world's oil consumption growth in 2011.

According to the U.S. Energy Information Administration, coal represents the main source of China's total energy consumption (covering 70 percent of this), while oil is the second-largest source, accounting for 19 percent of the country's total energy consumption: at present hydroelectric sources (6 percent), natural gas (4 percent), nuclear power (1 percent) have a limited role within the Chinese energy mix.[1]

China produced an estimated 4.5 million barrels per day (bbl/d) of total oil liquids in 2013. Over the longer term, EIA projects a steady growth for China's oil and liquids production, reaching 4.6 million bbl/d in 2020 and 5.6 million bbl/d by 2040. In order to satisfy the overwhelming increase of oil demand and consumption, since 2009 China became the second largest net oil importer in the world behind the United States: in 2013 China consumed 10.7 million bbl/d of oil, and net total oil imports reaching 5.6 million bbl/d.[2]

China holds the second largest gas reserves in the Asia-Pacific region (3.1 trillion cubic meters, tcm) but natural gas accounts only for 4 percent of the country's total primary energy consumption, even if its use is rapidly increasing. China's natural gas production and demand have risen substantially in the last ten years: in 2012 China produced 107.2 bcm of gas (+ 4 percent compared to 2011) while the country consumed 143.8 bcm, over 9.9 percent from 130.5 bcm in 2011.[3]

Similarly to the oil case, imports have dramatically increased in the last years, considering that in the last decade Chinese gas demand increased fourfold.

China is the largest producer and consumer of coal in the world, and accounts for almost half of the world's coal consumption. Coal consumption

---

1 U.S. Energy Information Administration, *China, Country Analysis Brief*, EIA, 4 February 2014, available online at: http://www.eia.gov/countries/cab.cfm?fips=CH.

2 *Ibid.*

3 British Petroleum, *BP Statistical Review of World Energy 2013*, BP 2013, pp. 22-23, available online at: http://www.bp.com/content/dam/bp/pdf/statistical-review/statistical_review_of_world_energy_2013.pdf.

is about 3 times higher than it was in 2000 and currently coal accounts for 70 percent of China's total primary energy consumption. Consequently China became a net coal importer in 2009 for the first time in over two decades, because its third-largest coal reserves in the world (behind the United States and Russia) are not enough to cover the demand.

Following the projections over the future energy demand, China will consolidate and enhance its role in the global energy scenario. According to the EIA International Energy Outlook 2013 Reference case, world liquids consumption increases by about one-third (28 million barrels per day), from almost 87 million barrels per day in 2010 to 115 million barrels per day in 2040.[4]

Non-OECD Asia (particularly China and India) accounts for almost 70 percent of the increase in global liquids demand, rising by more than 19 million barrels per day from 2010 to 2040. Demand growth in China and India will surpass the combined liquids demand growth of the rest of the world. Within non-OECD Asia, China will have the largest absolute growth in demand from 2010 to 2040 (10.5 million barrels per day), doubling its liquids consumption compared with the 2010 level, and supplanting the United States as the world's largest consumer of liquid fuels in the Reference case after 2035.

In order to satisfy its oil demand, China should necessarily increase imports, which will account for 75 percent of Chinese oil consumption in 2035, even because Chinese expected oil production should reach 5.6 million bbl/d by 2040, while oil demand will overcome 20 million bbl/d.

Concerning natural gas, the Chinese government forecasts that the share of natural gas as part of total energy consumption will grow from 4 percent to 10 percent by 2020 to alleviate high pollution from the country's heavy coal use and diversify the fuel mix in all end-use sectors.

According to the Golden Age of Gas scenario – elaborated by the International Energy Agency and based on a positive outlook for the future role of natural gas – China gas demand in 2035 should be five times higher than 2010, from 110 bcm to 593 bmc.[5]

It is interesting to observe that "more ambitious assumptions about gas use" in China represent one of the four factors indicated by IEA able to drive to a potential greater availability of gas at moderate prices, having

4 U.S. Energy Information Administration, *International Energy Outlook 2013*, IEO 2013, July 2013, p. 23, available online at: http://www.eia.gov/forecasts/ieo/pdf/0484%282013%29.pdf.

5 International Energy Agency, *Are We Entering a Golden Age of Gas?*, World Energy Outlook 2011, IEA, 2011, pp. 7-9, available online at: http://www.worldenergyoutlook.org/media/weowebsite/2011/WEO2011_GoldenAgeofGasReport.pdf.

the result to increase global gas demand by more than 50% between 2010 and 2035.

To meet this demand, China is expected to boost gas imports and to increase domestic production, by means of the exploitation of unconventional gas reserves.

The vulnerability of maritime energy routes and Chinese energy security

The combination between China's expected oil and gas demand growth and the limited increase of the domestic production will expose China to a rising dependence on energy imports, drawing up a dangerous condition of vulnerability which negatively affects its energy security status. Commonly, energy security is defined as the availability of reliable supplies at affordable prices. Considering the Chinese condition of strong dependence on oil and gas imports, the availability of regular energy supply – without interruptions – represents a strategic stronghold of its energy security policy. As a matter of fact, a prolonged interruption of the energy flows to the Chinese markets could be a serious threat for its economic growth, which needs huge availability of oil (and potentially gas) in order to support GDP growth rate (7.8 percent in 2012, after registering an average growth rate of 10 percent between 2000 and 2011).

The strong reliance on maritime energy routes as the main supply corridors represents the main factor of vulnerability for China, considering that nearly 80 percent of its energy imports are delivered through oil and LNG tankers. Consequently, to guarantee the security of the so called Sea Lines of Communications (SLOCS) is undoubtedly one of the most strategic goal in the Chinese foreign and energy policy.

In addition to the SLOCS protection, Chinese energy security is also threatened by the fact that maritime energy imports obligatory cross two chokepoints, Malacca and Hormuz. Located between the east coast of Sumatra Island in Indonesia and the west coast of Peninsular Malaysia, the Strait of Malacca is 600 miles long and provide the main corridor between the Indian Ocean and the South China Sea. The Strait of Hormuz – located between Oman and Iran – connects the Persian Gulf with the Gulf of Oman and the Arabian Sea.

The strategic and geopolitical relevance of these energy chokepoints could be easily explained analyzing the geographic provenience of Chinese oil and gas imports and their shares within total imports.

Concerning oil, the Middle East and Africa are the largest sources of China's crude oil imports, respectively covering 52 percent (2.9 million bbl/d in 2013) and 23 percent (1.3 million bbl/d in 2011) of these. Saudi

Arabia and Angola ranked as China's two largest sources of oil imports, together accounting for almost one-third of China's total crude oil imports, while Oman and Russia are the third largest exporters to China, overtaking Iran which currently ranked fourth.[6] Consequently, half of Chinese oil imports cross Hormuz chokepoint but over 75 percent of Chinese oil imports flow through Malacca straits. If we consider that China needs additional 10 million bbl/d by 2040 and Middle East Opec countries are expected to cover 12 million bbl/d of the 28 bbl/d estimated growth of the global oil demand, the Chinese dependence on oil imports through Malacca seems destined to increase, worsening its condition of vulnerability.[7]

The situation appears slightly different in the gas sector, because currently half of Chinese gas imports are delivered by LNG tankers through maritime routes: Qatar covers 34 percent of Chinese LNG needs (crossing Hormuz strait) while 42 percent of total Chinese LNG imports flow through Malacca chokepoint. However the combination between Chinese strategic targets (gas should reach 10 percent of total energy consumption by 2020) and Golden Age of Gas projections will have the result to increase gas imports both through pipeline and LNG: in addition to the traditional Asia-Pacific (Australia, Indonesia and Malaysia) and regional suppliers (Russia), also Middle East (mainly Qatar, thanks to its role of the first LNG exporter in the world) and African suppliers (Nigeria, Egypt, maybe Algeria and Libya) will contribute enhancing exports to China, which should obligatory cross maritime chokepoints.

To ease off this condition of vulnerability, China must undertake a strategy based on both external and internal dimensions: on the one hand, to provide security along SLOCS and to successfully implement a diversification's strategy of energy routes, aimed to solve the chokepoint's dilemma (external dimension); on the other hand, to develop unconventional endogenous resources (oil and shale gas) in order to increase domestic production and lessen dependence on imports (internal dimension).

The "String of Pearls" strategy between SLOC protection and chokepoints dilemma

China aims to achieve the protection and the security of the Sea Lines of Communication implementing the so-called "String of Pearls" strategy, based on the creation of commercial and energy outposts as strategic bases stretching from the Middle East to southern China in order to protect its energy interests as well as "broader security objectives."

6 U.S. Energy Information Administration, *China, Country Analysis Brief*, 2014.

7 U.S. Energy Information Administration, *International Energy Outlook 2013*, pp. 27-29.

China has developed diplomatic and commercial ties with several countries located within its SLOC (Pakistan, Sri Lanka, Bangladesh, Myanmar, Thailandia), obtaining strategic facilities such as the access to ports and airfields as well as enhancing its military naval presence along the sea lines of communication. Developing and upgrading ports means that shipping routes can be shortened and ship docking times reduced. Maintaining control of ports also means that shipping lanes stay open and free: within this strategy, each port has to be interlinked to one another in order to better protect Chinese energy and commercial interests.[8]

This "String of Pearls" strategy is clearly focused on security and geopolitical aims, pushing China to increase its naval presence to prevent piracy and terrorist threats along the SLOCS as well as to geopolitically contain Indian influence in the Indian Ocean.

China's 'pearls' consist of a container shipping facility in Chittagong (Bangladesh), the construction of a deep water port in Sittwe (Myanmar), the construction of a navy base in Gwadar (Pakistan), intelligence gathering facilities on Great Coco Island near in the Bay of Bengal near the Malacca Strait, upgraded military facilities on Hainan Island an upgraded airstrip on Woody Island (located in the Paracel archipelago about 300 nautical miles east of Vietnam) and the Hambantota port in Sri Lanka.

Furthermore, the full implementation of this strategy could also help China to solve the "Malacca dilemma", developing alternative energy pathways in order to bypass this strategic chokepoint, while this strategy can not offer any solution in order to find alternative energy corridor bypassing Hormuz strait.

As a matter of fact, there are only two concrete alternatives to bypass Hormuz and the limited transport capacity of these routes could lead to a dangerous geopolitical vulnerability for the energy market in the case of blockage of the Hormuz strait.

The East-West pipeline (also called Petroline) delivers Saudi Arabian oil to the Red Sea bypassing Hormuz: however before to potentially reach Chinese markets, these supply should cross Bab el Mandab energy chokepoint, frequently affected by attacks of Somali piracy. The case of the hijacked Sirius Star oil tanker in 2008 concretely shows to China as this energy route could be dangerous. Moreover, Petroline nominal capacity is 4.8 million bbl/d but its current throughput is only 2 bbl/d, an insufficient volume for the global energy thirst, also considering that Iran

8 Shee, P. K., "An Anatomy of China's' String of Pearls' Strategy," in *The Hikone Ronso*, No. 387, Spring 2011, available online at: http://www.biwako.shiga-u.ac.jp/eml/Ronso/387/Kim.pdf.

(fourth Chinese oil supplier), Iraq and other Gulf countries will not be able to deliver their export to the markets.

The second one is the new pipeline constructed by United Arab Emirates, which can circumvent Hormuz delivering oil in the Gulf of Oman: its maximum capacity will be 1.8 million bbl/d even if currently this pipeline delivers 500,000 barrels of oil.

Concretely in the case of Hormuz blockage, only 2.5-6.6 million bbl/d would reach the markets: if we consider that the Strait of Hormuz is the world's most important oil chokepoint – daily crossed by about 17 million bbl – it is easy to predict a global energy crisis and rising energy costs linked to the lack of available resources in the world markets. This hypothesis represents a kind of "nightmare energy scenario" for China, because of its strong reliance on oil imports delivered through Hormuz (50% of total oil imports), stressing the strategic need to reduce this marked condition of energy dependence. Unlike oil alternative routes, there are not LNG export route bypassing Hormuz: consequently, a potential blockage of Hormuz could provoke a complete halt of Qatari exports, which accounts for 34 percent of Chinese LNG imports.

Concerning Malacca, the strategic relevance of this chokepoint – over 75 percent of Chinese oil imports are shipped through Malacca strait – has pushed China to undertake a strategy of rerouting energy supplies overland in order to avoid the transit through Malacca. As a matter of fact, China fears that international terrorists or hostile powers could seize control of the straits and block nearly all of China's energy imports. However the main concern for China is linked to the potential geopolitical competition and rivalry with the US: their active presence in the Asian Pacific waters could also lead US to enhance their strategic influence on Malacca strait, allowing them to check and geopolitically contain the rise of China and control the flow of energy. China particularly worries that the US might interdict seaborne oil flows into China in the event of its military action against Taiwan.[9]

China has focused on its attention to different alternative routes, which should deliver oil (and gas) coming from Middle Eastern and African suppliers through overland pipelines and bypassing Malacca. Among them, the proposal to dig a canal across Thailand's Isthmus of Kra – linking the South China Sea to the Indian Ocean – has been set aside due to high domestic opposition and a lack of support as well as high costs (20 billion dollars). This failed project could represent a strategic alternative allowing

9 Lee, P. K., "China's Quest for Oil Security: Oil (War) in the Pipeline?," in *The Pacific Review*, Vol. 18, No. 2, 2005, p. 269; Shaofeng, C., "China's Self-Extrication from the "Malacca Dilemma" and Implications," in *International Journal of China Studies*, Vol. 1, No. 1, January 2010, p. 9.

to Chinese imports to bypass Malacca or to reduce the dependence on this strait exploiting a geographically closer maritime corridor.

Another alternative is a pipeline from Gwadar (Pakistan) to Xinjiang and then to Shanghai. China invested 1.2 billion dollars to realize a deep water port in Gwadar – one of the "pearl" of the Chinese strategy – with the official intent to use this Pakistani port as energy transport hub. Gwadar's close proximity to the Strait of Hormuz means that Gwadar serves as a strategic transit point for China's Iranian and African crude oil imports. However, stability and security concerns dangerously affect the realization of this pipeline, making it less competitive compared with the Sino-Myanmar pipeline, which is the only alternative route concretely realized in the last years.

As a matter of fact, China-Pakistan oil pipeline should cross unstable Baluchistan and Pakistan, with serious risks of supply's interruptions which Beijing must avoid to preserve its energy security condition. Furthermore, before fuelling Chinese more industrialized coastal markets and the northeastern region these energy supply should reach Xinjiang region, which plays a relevant hub role managing the bulk of China's oil and gas pipeline infrastructures. However, also in Xinjiang there are conditions of potential instability, even if Chinese authorities guarantee the security of energy infrastructures. Moreover, this pipeline will not be fuelled with Pakistani oil, but it is planned to deliver only Middle Eastern and African oil imports, while Sino-Myanmar pipeline carry on both. Another big hindrance is the long distance from Gwadar hub to Eastern China final markets, which means huge investments to realize pipelines and infrastructures and increasing costs to transport supply.

As I mentioned above, at present the gas pipeline from Myanmar to China is the only project concretely on stream, allowing China to bypass Malacca. Myanmar and the access to the Bay of Bengal represent another strategic alternative for China in order to divert oil and gas imports away from Malacca transit, reaching its land-locked southern and western hinterlands. Starting from the realization of a deep-water port in Sittwe – another "pearl" of the Chinese strategy –, China has focused on its attempts to realize two parallel pipelines which should pipe oil and gas from the Kyaukphyu port in Rakine state to the Chinese city of Kunming in southern Yunnan province.

China already completed the 2,520-kilometer natural gas pipeline – with a capacity of 12 bcm of gas per year – which started to pipe gas from the Shwe gas fields in Myanmar, enters China at Ruili in Yunnan province and ends at Guigang in the Guangxi Zhuang autonomous region. It will provide natural gas to the southwestern provinces of Guangxi, Yunnan and Guizhou.

The parallel oil pipeline should deliver Middle East and African crude oil from Myanmar's Arakan coast to China's southwestern Yunnan province: the initial capacity for the pipeline is slated to be 240,000 bbl/d, ramping up to 480,000 bbl/d, and it is expected to be come on stream by 2014.[10] The estimated construction cost of both pipelines is $3.5 billion, in addition to the development of an offshore gas field worth $3 billion, both of which will be financed largely by China.

The implementation of the Myanmar-China pipelines is a success of the Chinese diversification strategy of routes, developing an additional energy corridor to feed national markets. However, the combination between political and security issues could complicate Beijing's plans. As a matter of fact, the deal on energy cooperation between Myanmar and China was reached in 2009, when Myanmar was in China's political and diplomatic orbit. But the new government appears to change attitude towards China: Myanmar's new president, Thein Sein, expresses concern about the strong influence of China, while US actively courted Myanmar, improving diplomatic relations in order to start a democratic transition process. This evolution could weaken Chinese policy, progressively offsetting Beijing's influence. Furthermore, frequent clashes in Myanmar's northern Kachin state, which borders China, draw up a condition of potential instability which could negatively affect the security of supply, highlighting the dangerous vulnerability of the Myanmar-China energy route.

The enhancement of overland oil and gas pipelines is another card that China is playing in order to reduce its reliance on maritime energy routes. Concerning oil imports, the Sino-Kazakh oil pipeline – which is expected to double its capacity to 400,000 bbl/d by 2014 – and the Sino-Russian oil pipeline (better known as Eastern Siberia-Pacific Ocean Pipeline, ESPO, with a potential capacity of 600,000 bbl/d) are the only two existent international connections, waiting for the realization of the Myanmar-China oil pipeline. The combined capacity of these three overland pipelines will allow China to import 1,850 bbl/d of oil (in the best scenario), a volume able to cover 20 percent of the current oil demand and over 30 percent of current oil imports. However, the expected growth of the oil demand in the next years necessarily implies to find additional oil sources. To prevent potential oil supply disruptions, China has also launched a strategic oil reserves plan: currently the total capacity storage is over 300 million barrels and there are projects to reach 500 million barrels in 2020.

Concerning gas, China satisfies half of its imports through the overland Central Asian Gas Pipeline (CAGP), fuelled with gas from Turkmenistan, Uzbekistan, and Kazakhstan. In 2012 China imported

[10] U.S. Energy Information Administration, *China, Country Analysis Brief*, 2014.

21.3 bmc of gas from CAGP and expects to increase imports in the next years.[11] Turkmenistan and China signed a gas supply agreement in 2013 to extend an initial agreement from 40 to 65 bcm, while China National Petroleum Corp (CNPC) has invested in upstream stakes in Turkmenistan to facilitate the gas supply development. In the next years also Kazakhstan and Uzbekistan will commit themselves to increase their export to China reaching both 10 bcm per year.

The Myanmar-China gas pipeline (on stream in 2013) and the proposed Altai Pipeline (from Russia to China) will contribute to Chinese natural gas imports in the future. Concerning Altai pipeline, recent developments envisage the potential realization of this Sino-Russian corridor overcoming price dispute which has affected its implementation. In March 2013, Gazprom and CNPC agreed that 38 bcm per year of Russian gas (rather than the planned 68 bcm) would flow to China starting in 2018.

The combined capacity of these three overland gas pipelines will allow China to import nearly 120 bcm of gas per year by 2020, less than 40 percent of the expected gas demand in 2020 (323 bcm).[12]

Moreover China covers the other half of its imports with LNG gas delivered by tankers: in this case, China could enhance LNG imports from its Asia-Pacific suppliers (Australia, Indonesia and Malaysia represent 53 percent of Chinese LNG imports) to partially supplant LNG imports (mainly from Qatar) which should cross Malacca.

The internal dimension: the role of unconventional oil and gas

In addition to the implementation of a diversification strategy of energy routes – aimed both to increase imports and to bypass maritime chokepoints – China also aims to boost endogenous production, which could allow Beijing to reduce dependence on energy imports. However, this perspective is complicated by the fact that China's largest oil fields are mature and production has peaked, leading companies to focus on developing largely untapped reserves in the western interior provinces and offshore fields.

Xinjiang historically is one of China's largest gas producing provinces, but the basin's complex geological features and the distance from China's main consumption centers (Shanghai, Beijing and Guangdong) make development costs of new fields relatively high.

---

11 British Petroleum, *BP Statistical Review of World Energy 2013*, BP 2013, p. 28, available online at: http://www.bp.com/content/dam/bp/pdf/statistical-review/statistical_review_of_world_energy_2013.pdf.

12 China lacks gas storage capacity, causing it to consume almost all of the gas it supplies.

The development and exploitation of unconventional gas reserves could help Beijing to improve its energy security condition, by means of an increasing domestic production.

China is estimated to have the world's largest exploitable reserves of shale gas – 31.5 trillion cubic meters – while coalbed methane is currently the primary source of unconventional gas produced commercially in China, with output of around 10 bcm in 2010. Moreover China also holds an estimated 32 billion barrels of technically recoverable shale oil reserves, the third world's largest. Most of China's proven shale gas resources reside in the Sichuan and Tarim basins in the southern and western regions and in the Northern and Northeast basins. Most of China's CBM resources also are in the North and Northeast basins, the Sichuan basin in the Southwest, and the Junggar and Tarim basins in the West.[13]

Considering the expected growth of Chinese gas demand – which should rise by 480 bcm over the period 2010 to 2035, reaching a total of around 590 bcm in 2035 – the expansion of unconventional gas production will represent a "game changer", even because China will become a major gas producer and the second-largest global producer of unconventional gas, after the United States: in 2035 China would have an unconventional gas production of 390 bcm to a total of 473 bcm, increasing the share of unconventional gas in total gas production from 12 percent in 2010 to 83 percent in 2035 in the IEA Golden Rules case. China's requirement for imported natural gas in the Golden Rules Case will be 80 bcm in 2020 and then to 120 bcm in 2035.[14] These volumes are about half the corresponding imports in the baseline case. Chinese gas imports at the levels projected in the Golden Rules Case could be covered by existing contractual arrangements for LNG and pipeline supplies (from Central Asia and Myanmar) until well into the 2020s, pushing back the need for additional projects aimed at the Chinese market. China's shale gas production will potentially cut demand for imported LNG in 2020.

Although there is no commercial production of shale gas yet, the Ministry of Land Resources confirmed goals included in the shale gas development Plan, namely to produce 6.5 bcm of shale gas per year by 2015 and at least 59 bcm by 2020.

---

13 U.S. Energy Information Administration, *Technically Recoverable Shale Oil and Shale Gas Resources: An Assessment of 137 Shale Formations in 41 Countries Outside the United States*, EIA, June 2013, available online at: http://www.eia.gov/analysis/studies/worldshalegas/pdf/fullreport.pdf?zscb=87853472.

14 International Energy Agency, *Golden Rules for a Golden Age of Gas*, World Energy Outlook 2012, IEA 2012, pp. 76-81, available online at: http://www.worldenergyoutlook.org/media/weowebsite/2012/goldenrules/weo2012_goldenrulesreport.pdf.

However China could face a wide range of logistical, regulatory, social and environmental problems which could set back shale gas development, also limiting its ambition to achieve better energy security. Firstly, China's shale gas industry is at first stages. Conducting vast, detailed exploratory surveys, training the labor force, drilling thousands of wells and building the necessary infrastructure to transport large amounts of gas from remote areas will take time and substantial planning. Secondly, China should overcome environmental and social challenges such as to manage large volumes of water for the hydraulic fracturing method – the most practiced and economical method of shale gas extraction – a scarce resource in many Chinese regions with potential shale gas reserves; some reserves are located in China's most densely populated regions, such as Sichuan. The use of modern technology should be mainly aimed to reduce the risk of water pollution associated with mismanaged drilling and fracturing. Thirdly, the economic rationale: natural gas is more expensive than coal and shale could not be an economic option. As a matter of fact, the basic reserves are located in the west, north-west and south-west, which are not the main gas consuming regions. Consequently, there is a need to build pipeline systems to transport gas to markets and industries in the coast, which could reduce the economic gains linked to the development of unconventional gas.

Conclusion

The expected huge growth of Chinese oil and gas demand substantially weaken initiatives and policies to overcome the vulnerability's condition of its energy security condition.

Following this evolution, even the adoption of a strategy based on both external and internal dimensions seriously risks to be unproductive. As a matter of fact, the development of additional overland energy routes in order to bypass Malacca will not completely compensate the increasing volumes of oil and gas shipped through this chokepoint.

Consequently, on the one hand it is realistic to predict a potential reduction of Chinese reliance on energy supply flowing through Malacca chokepoint, implementing a deepen energy cooperation with oil and gas suppliers which could deliver their exports through alternative routes bypassing Malacca. Central Asian countries (mainly Kazakhstan for oil and Turkmenistan for gas) and Russia should be the main energy partners as well as Asia-Pacific suppliers (Australia, Indonesia, Malaysia) and Russia again, which could play the strategic card of LNG supply to satisfy Chinese demand.

On the other hand this strategy will be unable to replace oil imports coming from Chinese big suppliers such as Saudi Arabia, Angola, or other

Middle Eastern and African countries, which currently cover 75 percent of Chinese imports.

Moreover, also overland energy routes are affected by a dangerous vulnerability: as a matter of fact, following a potential blockage of Malacca, oil and gas tankers could be rerouted to the South, with additional economic costs due to the longer distance to cover. Overland pipelines do not have this alternative: in the case of interruption (linked to the factors such political disputes with transit states, terrorist attack, technical problems) energy flows could not be rerouted, affecting Chinese energy security.

Also the "String of Pearls" strategy concretely shows its limits: the realization of Sittwe and potentially Gwadar energy hub could only partially alleviate reliance on Malacca, diverting away only limited volumes of Chinese energy imports. On the contrary, a potential implementation of the Kra Canal could offer a strategic solution for the Chinese concerns, allowing to Middle Eastern and African oil exports to be delivered again through maritime routes, opening an alternative corridor which could downplay Malacca's key role.

Concerning the internal dimension, to increase domestic gas production in order to lessen dependence on imports could be key goal to achieve, allowing China to enhance its energy security

However, the development of a shale gas production is far to reach and China must still solve technical and environmental hindrances. Starting from these condition, it is hard to make predictions on future Chinese gas production: with a moderate increase of endogenous gas production, China will always more depend on gas imports.

Bibliography

British Petroleum. *BP Statistical Review of World Energy 2013*. BP 2013, pp. 8-9, 28, available online: http://www.bp.com/content/dam/bp/pdf/statistical-review/statistical_review_of_world_energy_2013.pdf.

"China seeks security in shale gas." In *Oxford Analytica*, 21 December 2012, available online at: http://www.oxan.com/Analysis/DailyBrief/Samples/ChinaShaleGas.aspx.

Devonshire-Ellis's, C. "China's String of Pearls Strategy." In *China Briefing*, March 18, 2009, available online: http://www.china-briefing.com/news/2009/03/18/china%E2%80%99s-string-of-pearls-strategy.html.

International Energy Agency. "Are We Entering a Golden Age of Gas?" *World Energy Outlook* 2011, IEA, 2011, pp. 7-9, available online: http://www.worldenergyoutlook.org/media/weowebsite/2011/WEO2011_GoldenAgeofGasReport.pdf.

International Energy Agency, "Golden Rules for a Golden Age of Gas." *World Energy Outlook* 2012, IEA 2012, pp. 76-81, available online at: http://www.worldenergyoutlook.org/media/weowebsite/2012/goldenrules/weo2012_goldenrulesreport.pdf.

Indeo, F. *India e Cina: tra rivalità strategica, competizione politica e cooperazione economica.* (*India and China between strategic rivalry, political competition and economic cooperation*). Progetto di ricerca CeMiSS 2010 (The Military Center for Strategic Studies Research Project 2010), February 2011, available online: http://www.difesa.it/SMD/CASD/Istituti_militari/CeMISS/Pubblicazioni/Documents/48272_Indeopdf.pdf.

Lanteigne, M. "China's maritime security and the Malacca dilemma." In *Asian Security*, Vol. 4, No. 2, 2008, pp. 143-161.

Larson, C. "China's Shale-Gas Potential and Peril." In *Bloomerg Businessweek*, 18 April 2013, available online at: http://www.businessweek.com/articles/2013-04-18/chinas-shale-gas-potential-and-peril.

Lee, P.K. "China's Quest for Oil Security: Oil (War) in the Pipeline?." *The Pacific Review*, Vol. 18, No. 2, 2005, p. 269.

Lin, C. "The New Silk Road: China's Energy Strategy in the Greater Middle East." In *Policy Focus* No. 109, The Washington Institute for Near East Policy, April 2011, p. 11, available online: http://www.washingtoninstitute.org/uploads/Documents/pubs/PolicyFocus109.pdf.

Lin, C.Y. *Militarization of China's Energy Security Policy-Defence Cooperation and WMD Proliferation Along its String of Pearls in the Indian Ocean*. Institut für Strategie – Politik-Sicherheits – und Wirtschaftsberatung (ISPSW) Berlin, June 18, 2008, pp. 3-4.

Nakano J. *et al. Prospect for Shale Gas Development in Asia. Examining potentials and challenges in China and India.* A Report of the CSIS Energy and National Security Program, August 2012, p. 5, available online: http://csis.org/files/publication/120824_Nakano_ProspectsShaleGas_Web.pdf2012.

Sarma, J. "The Malacca Dilemma." *IITM CSC* Article #64, IIT Madras China Studies Centre, 13 August 2013, available online: http://csc.iitm.ac.in/?q=node/375.

Shaofeng, C. "China's Self-Extrication from the "Malacca Dilemma" and Implications." In *International Journal of China Studies*, Vol. 1, No. 1, January 2010, p. 9.

Shee, Poon Kim. "An Anatomy of China's 'String of Pearls' Strategy." In *THE HIKONE RONSO*, No. 387, Spring 2011, available online: http://www.biwako.shiga-u.ac.jp/eml/Ronso/387/Kim.pdf.

Shichor, Y. "Blocking the Hormuz Strait: China's Energy Dilemma." In *China Brief*, Vol. 8, Issue 18, September 23, 2008, http://www.jamestown.org/programs/chinabrief/single/?tx_ttnews[tt_news]=5177&tx_ttnews[backPid]=168&no_cache=1.

Storey, I. "China's 'Malacca Dilemma'." In *China Brief*, Vol. 6, Issue 8, April 2006, available online: http://www.jamestown.org/programs/chinabrief/single/?tx_ttnews[tt_news]=31575&tx_ttnews[backPid]=196&no_cache=1.

Tea, B. "Unstringing China's strategic pearls." *Asia Times*, March 2011, available online: http://www.atimes.com/atimes/China/MC11Ad02.html.

U.S. Energy Information Administration. *World Oil Transit Chokepoints*. EIA, 22 August 2012 (last updated), available online: http://www.eia.gov/countries/analysisbriefs/World_Oil_Transit_Chokepoints/wotc.pdf.

U.S. Energy Information Administration. *China, Country Analysis Brief*. EIA, 4 February 2013, available online at: http://www.eia.gov/countries/cab.cfm?fips=CH.

U.S. Energy Information Administration. *International Energy Outlook 2013*. IEO 2013, July 2013, p. 23, 27-29, available online: http://www.eia.gov/forecasts/ieo/pdf/0484%282013%29.pdf.

U.S. Energy Information Administration, *Technically Recoverable Shale Oil and Shale Gas Resources: An Assessment of 137 Shale Formations in 41 Countries Outside the United States*. EIA. June 2013, p. 10, available online: http://www.eia.gov/analysis/studies/worldshalegas/pdf/fullreport.pdf?zscb=87853472.

Yergin, D. "Ensuring Energy Security." *Foreign Affairs*, Vol. 85, No. 2, 2006, pp. 69-82.

World Bank. *China, 2013*, available online: http://www.worldbank.org/en/country/china.

Cinquième partie

Sécurité et environnement

Fifth Part

Safety and Environment

Economic Lifelines or Ecological Menace?

Transnational Crude Oil Pipelines and Environmental Protests in the Lake Constance Area in the 1960s

Miriam GASSNER

Nuremberg University, Germany

In the beginning of the 1960s numerous States reinforced their environmental activities. Companies were affected by rising costs to meet new environmental laws and the changing consumer awareness. Research stated a turning point of the environmental awareness in the early 1970s. But recent findings doubt this opinion because environmental protests arose before 1970.[1] This paper gives another example that companies have faced before this time with local protests referring nature conservation and environmental protection.

Environmental history does not deal with corporate processes and structures. This calls for a combination of environmental and economic history. Only recently both approaches were merged, nevertheless many questions remain open. Heading to Hartmut Berghoff and Mathias Mutz, environmental history dealt with companies, but only as polluters, leaving an analysis of management structures and feedback effects aside, whereas company history reduced environmental aspects to external costs, not affected the strategic decisions.[2] Since 2005, historians call for a merging of both aspects[3], which would not only be seen "intrinsically interesting"[4] but potentially offering insights into the beginning of the environmental crisis.

The following analysis of the Central European Pipeline Line (CEL) from Genoa to Ingolstadt helps to deepen this research perspective.

---

1 Frank Uekötter, *Umweltgeschichte im 19. und 20. Jahrhundert*, München, 2007, p. 31.

2 Hartmut Berghoff/Mathias Mutz, "Missing Links? Business History and Environmental Change," in *Jahrbuch für Wirtschaftsgeschichte* 2, 2009, pp. 9-23, here p. 10f.

3 Christine Meisner Rosen, "The Business-Environment Connection," in *Environmental History* 10, 2005, pp. 77-79, here p. 77.

4 *Ibid.*, p. 77.

This case study will give an example for a company's attitude towards environmental problems in the 1960s. The state-owned Italian oil company Ente nazionale idrocarburi (ENI) built a pipeline from Genoa to southern Germany, the Central European Line. In Austria, Switzerland and Germany protest arose because of water pollution risks. German communities at the Lake Constance blocked the project for several years.

The example of the CEL shows interdependencies between business, politics and civil society exemplarily in a sudden or unexpected environmental problem. The consideration of the Italian state holding company Ente Nazionale Idrocarburi (ENI) promises to clarify the interaction between industry and government. It was founded in 1953 to promote national interests in the field of liquid and gaseous hydrocarbons. It quickly became a "vertically structured group"[5], including companies for drilling, raffination and distribution of oil and its products.[6] The ENI as a multinational operating group had to respond to country-specific environmental perceptions of the public and the politics. The analysis of the transnational pipeline construction from the Italian port of Genoa to Ingolstadt and the protests that arose in Germany, combines environmental and corporate history. The study is based on sources that could be recovered from the company archive of ENI as well as from various German state archives.

The ENI planned a pipeline in a country where at the end of the 1950s politics and society began in approach to perceive nature pollution and to deal with it. The German Wasserhaushaltsgesetz (Water pollution act) was enacted in 1957, the Land Baden-Württemberg took the pioneering role with the adoption of a water conservation law in 1960.[7] The ENI underrated the political awareness of the German population and did not estimated the legal situation as a problem. A consultant expressed in March 1961 against Enrico Mattei, chairman of ENI: "In the current political and legal situation, the federal government has no possibility to interfere or to influence the pipelines since all decisions were made by the state governments."[8] The ENI aimed to agree with the state governments, so that no one could preclude the construction any more. A potential

---

5 Albrecht Mulfinger, *Auf dem Weg zur gemeinsamen Mineralölpolitik. Die Interventionen der öffentlichen Hand auf dem Gebeit der Mineralölindustrie in Hinblick auf den gemeinschaftlichen Mineralölmarkt*, Berlin, 1972, p. 149.

6 Franco Amatori, Andrea Colli, *Impresa e industria in Italia. Dall'Unità a oggi*, Venezia, 1999, 234, 237; Charles R. Dechert, "Ente nazionale idrocarburi. A state corporation in a mixed economy," in *Administrative science quarterly* 3, 1962, pp. 322-348, here p. 325, p. 327.

7 Wassergesetz für Baden-Württemberg vom 25.2.1960.

8 Friedrich Fetzer, *Brief an Enrico Mattei*, 27.3.1961, in Archivio storico ENI [künftig AsE], Presidenza Enrico Mattei/67/458.

influence of population and municipalities was not anticipated. In Austria, Switzerland and Germany the track alignment has been the subject of debate between citizens and politicians on the shore of Lake Constance. The discussions and protests about the risk of pipeburst and the resulting contamination of drinking water, caused a delay of the construction of the pipeline for several years.

The focus of the present study is the question of how environmental problems in the Italian state company ENI were perceived and responded to this external stimulus from politics and society. The pipeline project in the early 1960s can be considered as a trigger for subsequent behavioral changes in corporate policy of companies. Research presumes that companies do not voluntarily submit to reasons of cost to the environment.[9] The hypothesis that environmental protection measures were blocked during construction of the pipeline by the company, seems plausible in this context.

First, the background of the pipeline construction will be explained. An analysis of the events surrounding the Central European Line follows, at the end the results were presented.

1. Pipelines and regional politics

The origin of the ENI project is located in a structural change which took place in Europe in the late 1950s. In Europe refineries had mostly been built near the harbors; long distances to transport the crude oil had not been covered.

After the Second World War the consumption of oil increased in the economic boom (see Figure 1). The construction of pipelines enabled a structural change: refineries were built in regions with high consumption.[10] The high costs for the construction of a pipeline could be balanced by a cheaper transport when there is a maximized use.[11] Therefore in most cases several companies merge to exploit the capacity of the pipeline and disperse the costs.

---

9 Tywuschik, *Der Wandel des Umweltschutzmanagements* (wie Anm. 8), p. 376.

10 Riffel, Egon, "Mineralölfernleitungen im Oberrheingebiet und in Bayern," *Geographische Wirklichkeit und Planung*, Bonn, 1970, pp. 29-30, 65, 84; Schlemmer, *Industriemoderne in der Provinz*, München, 2009, pp. 204-205; Discorso del Presidente dell' ENI, Ing. Mattei, Genoa, 25th June 1961, Archivio storico ENI, Presidenza Enrico Mattei, 2; Giarratana, Alfredo, "Gli oleodotti in Europa," in *La rivista italiana del Petrolio*, May 1960, pp. 21-32, here p. 21; Burchard, Hans-Joachim, "Die volkswirtschaftliche Bedeutung des Rohrleitungstransportes," in *Oel. Zeitschrift für die Mineralölwirtschaft*, Hamburg, 1968, pp. 7-12, here p. 7.

11 Karlsch, Rainer, Stokes, Raymond, *Faktor Öl. Die Mineralölwirtschaft in Deutschland 1859-1974*, München, 2003, p. 320.

In the late 1950s refineries in south-western Germany were constructed, connected with pipelines from the North Sea or France. Supply from an Italian port was problematic, because of the Alps. In 1962, the South-European-Pipeline (SEPL) from Marseille to Karlsruhe was put in operation. When ENI planned to build a refinery in Ingolstadt (Bavaria) connected by a Pipeline from Genoa, some established oil companies in Germany decided to extend the SEPL to Ingolstadt with the Rhine-Danube-Pipeline (RDO, 1963).[12]

On Bavarian territory a refinery should be built – according to the plans of the ENI-chairman Enrico Mattei. Mattei was appointed in 1945 to the top of AGIP; with the founding of ENI in 1953 and the integration of AGIP in the state holding Mattei became chairman of ENI. Until his death in 1962, he held various positions in state-owned company.[13] The intention Matteis coincided with the political desire on the Bavarian side to consolidate the economy by cheap energy. Bavaria supported the pipeline and refinery plans of ENI and pressed forward. The federal state hoped that cheaper oil would cause an economic boom.[14] The second German federal state affected by the CEL was Baden-Württemberg. Here the energy prices were high as well, but several industries were already established. These differences develop relevance, when the political support of the ENI project is considered. Baden-Württemberg was independent of the ENI project and had no reason to press forward like Bavaria. Additionally the risks were distributed unevenly: The plans building a refinery in Stuttgart failed as there were no economic benefits for Baden-Württemberg. But the effects of a burst pipe at Lake Constance had catastrophic effects on Baden-Wuerttemberg, which drew its drinking water out of the lake.

12 Egon Riffel, *Mineralöl-Fernleitungen im Oberrheingebiet und in Bayern*, Bonn 1970, pp. 69, 85, 95, 106; Rainer Karlsch, Raymond G. Stokes, *Faktor Öl. Die Mineralölwirtschaft in Deutschland 1859-1974*, München, 2003, pp. 320-321; Manfred Horn, *Die Energiepolitik der Bundesregierung von 1958 bis 1972*, Berlin, 1977, pp. 38ff.

13 Dechert, *Ente nazionale idrocarburi* (wie Anm. 13), pp. 325, 340.

14 Zur zentralen Rolle Otto Schedls im Rahmen des ENI-Projektes vgl. Schlemmer, *Industriemoderne in der Provinz* (wie Anm. 15).

Figure 1: Consumption of crude oil in Western Germany (1955-1970)[15]

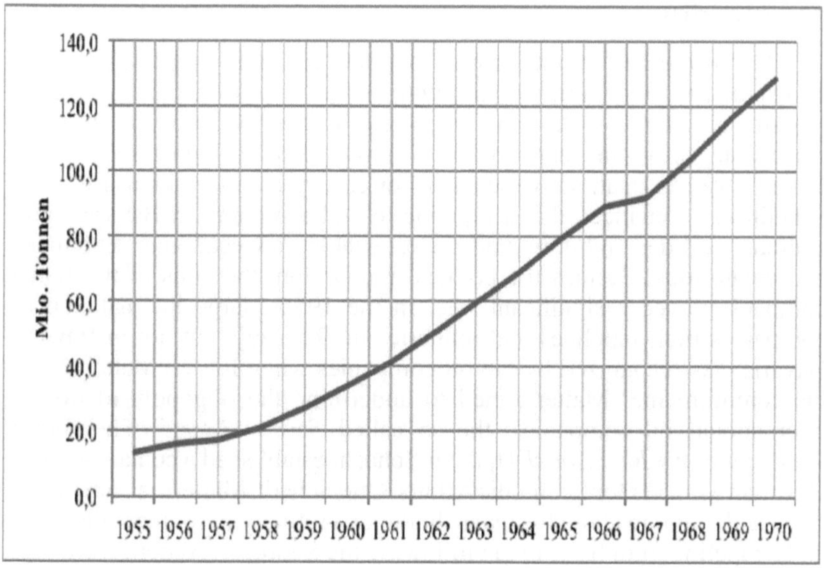

After ENI had planned and built the CEL on its own, the company joined other international oil companies to build the Transalpine Pipeline (TAL, 1967) from Trieste to Ingolstadt.[16] Although pipelines are less dangerous for the environment than oil transportation by tankers, oil discharged of all of the above mentioned pipelines during their operating time. Environmental activists still consider that it is the safest transportation for oil.[17]

15 Gilbert Jenkins, *Oil economists' handbook*, London, ^{5}1989, p. 141.

16 Riffel, *Mineralölfernleitungen*, pp. 69, 85, 102f, 108; Karlsch, Strokes, *Faktor*, pp. 320; Horn, Manfred, *Die Energiepolitik der Bundesregierung von 1958 bis 1972*, Berlin, 1977, pp. 38-41.

17 N.N., "Ölpipelines: Tröpfelnde Gefahr," in *WWF Hintergrundinformation* (10/2003), http://www.wwf.de/imperia/md/content/naturschutz/8.pdf (10.03.2011), p. 3.

2. The CEL – An international project with underestimated expenditure

The promotion of the project by the Bavarian State Minister for Transport and Economic Affairs, Otto Schedl[18] was crucial.[19] He aimed the strengthening of Bavaria's economy by the reduction of structural disadvantages by the reduction of oil prices. Due to high energy prices, Bavaria was an unattractive location for energy-intensive industries. Otto Schedl was convinced that a pipeline to and a refinery in Bavaria could guarantee oil demand, lower oil prices, enable new economic settlements and create jobs. Besides the political motivation, the aims of the Italian company played a significant role. In the 1950s, large international oil companies built pipelines and refineries in Germany, but not in Bavaria. Bavaria was recognized by the oil companies when Enrico Mattei started his commitment.[20] Mattei aimed to undermine the oligopoly of the big international oil companies, the so called *Seven Sisters*.[21] The former President of the *Reichsbank* Hjalmar Schacht established a contact with the Bavarian Minister for Economic Affairs, Otto Schedl. Mattei met him in May 1959 and told him about his plans: building a refinery in southern Germany and a pipeline from Italy. In the following the Südpetrol Aktiengesellschaft was established to care for the pipeline-building in Germany. 50% of the corporation held the SNAM (subsidiary of ENI), 50% a German banking-consortium, including Schachts Foreign Trade Bank.

---

18 10th December 1912 – 8th June 1995.

19 Schlemmer, Thomas, *Industriemoderne in der Provinz. Die Region Ingolstadt zwischen Neubeginn*, München, Boom und Krise 1945 bis 1975, 2009, p. 201.

20 Deutinger, Stephan, Eine "Lebensfrage für die bayerische Industrie." Energiepolitik und regionale Energieversorgung 1945 bis 1980, in Schlemmer, Thomas, Woller, Hans, *Bayern im Bund. Die Erschließung des Landes 1949-1973*, München, 2001, pp. 33-118, here p. 67.

21 Schlemmer, *Industriemoderne*, p. 206.

Figure 1: CEL (Genoa – Splügen Pass – Bregenz – Ulm – Ingolstadt, 1964)[22]

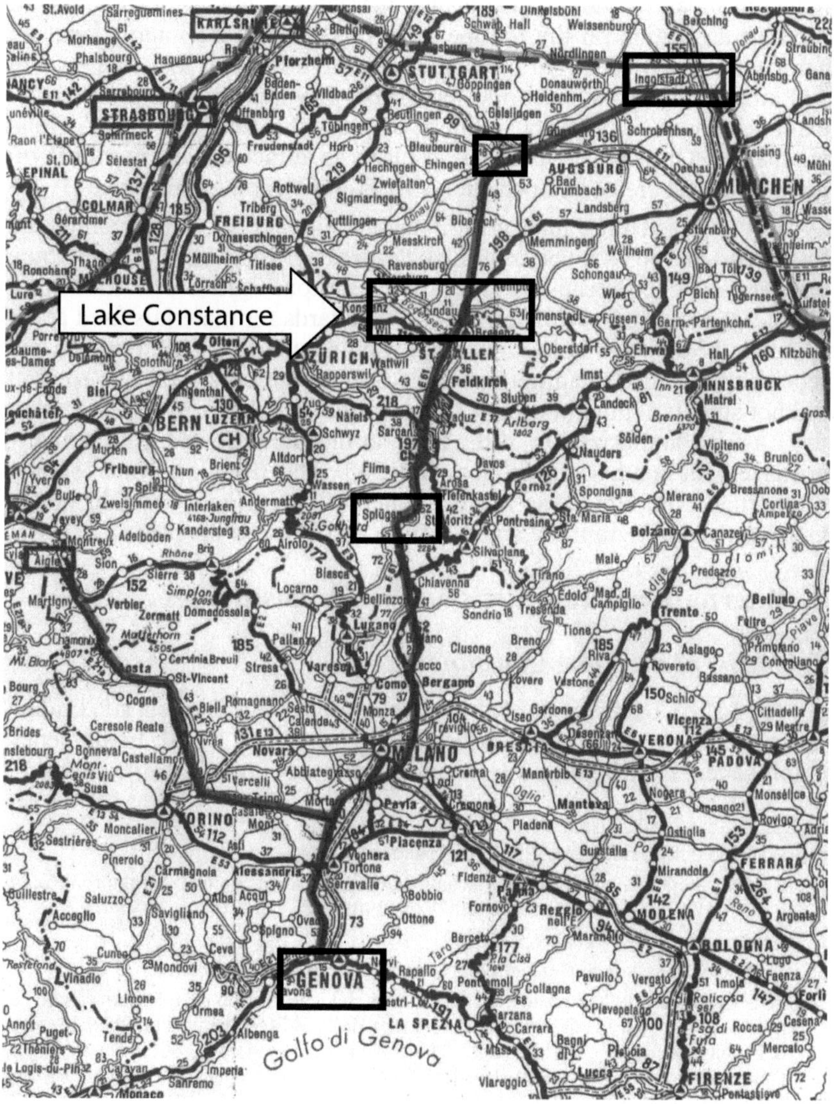

In June 1961 the construction started in Genoa. The pipeline should pump up to 8 million tonnes of oil annually to Bavaria. In his opening speech, Mattei pointed out to the motives of ENI: "In Europe there is currently no

22 Archivio storico ENI, Presidenza Eugenio Cefis.

similar project, in which all the major oil companies were excluded"[23]. He hoped to break the dominance of the international companies and gain a prominent position on the European oil market. But the international oil companies followed: From December 1963 to mid-1966 four refineries in and around Ingolstadt went into operation, Pipelines were built.[24] Mattei exploited the CEL and the refinery to push the ENI into the German oil market. Otto Schedl used these plans to attract the international oil companies and create an open energy market with convenient prices.[25]

ENI forecasted in January 1962 that the pipeline should be completed by the end of 1963 – a very optimistic estimate.[26] In Switzerland the route had to be switched because of crossing waters, roads and forests. In Austria, engineers proposed a wall and specific standards for materials used at the route on the shore of Lake Constance. ENI adopted the requirements and received the Austrian authorization on 30th September 1962. The conflict did not stop at national borders, transnational problems emerged: Due to the Austrian authorization of the route at the Lake Constance, Germany criticized its southern neighbors in 1963. The drinking water supply of southern Germany was not guaranteed if the pipeline would break. Germany did not grant the authorization and blocked the project.[27]

3. International ambitions and local sensitivities

Problems at the Lake Constance

The Lake Constance borders Switzerland, Austria, Bavaria and Baden-Württemberg.[28] For Baden-Württemberg, the lake is of fundamental significance: the drinking water supply. This fact provoked difficulties.

23 Discorso del Presidente dell'ENI, Ing. Mattei, pp. 3-4.

24 Grüner, Stefan, Geplantes "Wirtschaftswunder"? Industrie- und Strukturpolitik in *Bayern 1945 bis 1973*, München, 2009, pp. 390.

25 Grüner, *Wirtschaftswunder*, p. 207.

26 Verbale della seduta di Consiglio del 26 gennaio 1962, Archivio storico ENI.

27 Weber, Walther, "ÖlKreuzzug mit Hindernissen. Italiens Vorstoß nach Bayern stockt," in *DIE ZEIT* (24th July 1964), http://pdfarchiv.zeit.de/1964/30/oelkreuzzugmithindernissen.pdf (26.02.2011), 17; Burkle, Rolf, "Hohe Wellen am Bodensee. Streit um Pipelines, Fähren, Brücken und um den Ausbau des Hochrheins Konstanz," in *DIE ZEIT* (31st January 1964), http://pdfarchiv.zeit.de/1964/05/hohe-wellen-am-bodensee.pdf (26.02.2011), p. 7; Deutiger, 104; Wanner, Gerhard, "Die landespolitischen Beziehungen zum Ausland und zu Ausländern," in Franz Mathis and Herbert Dachs, *Geschichte der österreichischen Bundesländer seit 1945*, Vorarlberg: zwischen Fußach und Flint, Alemannentum und Weltoffenheit, Wien, 2000, pp. 526-527.

28 Berner, Herbert, "Verlorene und wiedergewonnene Einheit des Bodenseeraumes," in *Schriften des Vereins für Geschichte des Bodensees und seiner Umgebung*, Sigmaringen, 1982, pp. 619-654, here p. 629.

In 1962 Austria authorized the pipeline, in March 1963 Bavaria followed. But the city of Lindau did not want to provide their areas for the pipeline and the Bavarian authorization became ineffective. Baden-Württemberg also refused the permission fearing a contamination of Lake Constance. Baden-Württemberg criticized the Austrian part of the pipeline on the shore of Lake Constance. In addition to these political difficulties, protests arose in 1963. The working group "Save the Lake Constance" was established, organizing a demonstration with about 400 participants. An increased media presence aggravates the discussion. Newspapers talked about "Italy's oil war in the heart of Europe"[29], a "criminal route"[30] and a "barrel of dynamite on the Lake Constance"[31]. The wording of the press equates the pipeline with war and crime. Citizens could not tolerate this 'criminal action' by the Italian state-owned company.

Figure 2: Lake Constance[32]

ENI's Vice-President Eugenio Cefis communicated with representatives of German and Austrian state governments when they decided the examination of the problem by an international expert commission in December 1963. This shows the high relevance of the discussion within

29 N.N., "Italiens Ölkrieg im Herzen Europas," in *Vorarlberger Volksblatt*, 1st December 1960.

30 N.N., "Verbrecherische Trassenführung. Protest gegen Pipeline am Bodensee," in *Stuttgarter Zeitung*, 20th December 1962.

31 N.N., "Gegen das 'Dynamitfaß' am Bodensee," *in Stuttgarter Nachrichten*, 30th November 1963.

32 Source: Google Earth.

the ENI. In 1963, the pipeline should be already completed. Building the pipeline to Bavaria, ENI had discovered a gap in the market. The project was expensive due to the crossing of the Alps. ENI expected that these costs would be recouped by the "first-mover" advantage. But in 1963 the other oil companies planned pipelines to and refineries in Bavaria, including one from Trieste, Italy. This meant that the full capacity of the CEL was not needed anymore and a danger to the domination of ENI in southern Germany. Conflicts on Lake Constance reinforced those fears. Eugenio Cefis showed the German state governments the importance of the project.[33] In its report, the members of the Commission recommended various technical installations to guarantee safety.[34] Up to this point, these safety measures were new. It was theoretically "the, safest pipeline in the world"[35]. Nevertheless, German opponents did not accept the Commission's decisions. They wondered whether additional security should be made.[36]

"Lex ENI" – The new Wasserhaushaltsgesetz

Meanwhile, the legal situation had changed in Germany: in 1964 the *Wasserhaushaltsgesetz* was changed. Now the building of pipelines required a water-permission. Any authorization could be denied, in case of doubts that outside the German borders water pollution might be possible. This law was specifically designed for the construction of the CEL and was therefore called "Lex ENI."[37]

Because of the continuing resistance against the pipeline Marcello Boldrini, President of ENI contacted high-ranking Italian politicians; the Italian ambassador in Bonn was involved.[38] The ENI-President had become aware that the contacts with German politicians were no longer

33 N.N., "Freie Bahn für die Bodensee-Pipeline," in *Baseler Nachrichten*, 21st August 1964).

34 *Ibid.*

35 Willke, Jochen, "500 Millionen liegen brach. Bayern verpfändete sein Wort für die ENI-Pipeline," in *Die Zeit*, 16th July 1965, p. 17.

36 Appunto sulla questione dell'oleodotto lungo il lago di Costanza (4th December 1964), Archivio storico ENI, Struttura organizzativa Presidenza; N.N., "Agip-Öl. Gezähmter Höllenhund," in *Der Spiegel*, 16th September 1964, pp. 50-53, here p. 52; Letters from Raffaele Girotti to Giorgio Bo (24th December 1964, 30th April 1964), Archivio storico ENI, Struttura organizzativa Presidenza.

37 Promemoria (31st March 1964), Archivio storico ENI, Struttura organizzativa Presidenza; Protezione delle Acque nella repubblica Federale Tedesca, Archivio storico ENI, Presidenza Raffaele Girotti; Gröteke, Friedhelm, "Wie sicher kann eine Ölleitung sein?" in *Handelsblatt*, 5th July 1965, p. 19; Horster, Roland, *Die Zulassung von Mineralöl-Pipelines*, Bonn, 1969, pp. 152-154.

38 Letter from Marco Boldrini to Mario Luciolli (6th May 1965), Archivio storico ENI, Struttura organizzativa Presidenza.

sufficient to solve the problem. Last hopes were based on the Italian policy, and their diplomatic relations. The state as the largest shareholder was interested in a fast solution, because costs had already increased significantly. In addition to Italian ministries, German local parliaments and the federal government, diplomatic relations have been activated. The conflict extended on the nation-state level due to the huge delay. As the CEL could provide no oil for the ENI-refinery in Ingolstadt, ENI-competitors had to deliver crude oil.[39] In the meantime Esso, Shell and Mobil Oil had completed their refineries in Ingolstadt, although they had started later with planning and construction. This unpleasant situation for the Italian state company should end as quickly as possible. In addition, ENI had signed with BP, Esso and Shell contracts to use the CEL.

In July 1965 ENI organized an interview with the President of ENI, with six German newspapers in the major regions of Baden-Württemberg. Marcello Boldrini emphasizes the economic benefits for southern Germany. He said that ENI would be willing to accept conditions, which do not "affect the performance of the system or destroy their economy"[40]. The strategy of the interview was chosen to create "a hostile atmosphere against the actions of the SPD in the public opinion"[41] and to convince the public and politicians of the willingness of ENI, to ensure maximum security of the pipeline. ENI at this moment did not only rely on their political networks to clarify the situation, but to influence the public opinion, too. ENI used the same means as the pipeline's opponents. The press was an instrument to change public opinion.

After the parliaments of Bavaria and Baden-Württemberg[42] discussed again, in August and September 1966 the authorizations for the pipeline were given. Now the pipeline was built in the area around Lindau as well. Engineers and authorities began to run tests; oil could be delivered to the refinery in Ingolstadt.[43] In the end of October 1966 the contracts were

39 Weber, *Öl-Kreuzzug*, p. 17.

40 Treffz-Eichhöfer, Fritz, "Ein Jahr ist schon verloren. Interview mit ENI-Präsident Boldrini," in *Mannheimer Morgen*, 15th July 1965, p. 12.

41 Note from Franco Briatico to Marcello Boldrini (23rd July 1965), Archivio storico ENI, Struttura organizzativa Presidenza.

42 Gewerberechtliche Erlaubnis des Regierungspräsidiums Südwürttemberg-Hohenzollern (Tübingen, 1st September 1966); Wasserrechtliche Genehmigung des Regierungspräsidiums Südwürttemberg-Hohenzollern (Tübingen, 1st September 1966), Staatsarchiv Sigmaringen, Bestand Wü 42, Referat 53 (Bd. 92, 1949-87), No. 1.

43 Note from Franco Briatico (23rd June 1966), Archivio storico ENI, Struttura organizzativa Presidenza; Verbale della seduta della Giunta Esecutiva del 23 settembre 1966, Archivio storico ENI, Organi deliberativi; Telegram from the Ministero degli Affari Esteri to the ENI (14th October 1966), Archivio storico ENI, Struttura organizzativa Presidenza.

signed in Stuttgart.[44] A few weeks later opponents of the pipeline were proofed in their doubts. In November 1966 oil escaped a pumping station near Ingolstadt. The President of SNAM stated that the accident resulted from a misunderstanding between two engineers of the mechanical and instrumental maintenance. The pipeline was shut down temporarily.[45]

By signing the contract not all battles were over. Despite the solution at a high political level, the lake communities obliged ENI to contribute financially to the reconstruction of water treatment plants around the lake. These were installed by the waterworks at Lake Constance, with the aim to guarantee drinking water supply in the case of water pollution by oil following a pipe burst.[46] In addition to the nearly DM 6.5 million, the Südpetrol had to pay to the municipalities, the company was obliged to ensure compensatory damages.

Explosion of costs by security conditions

The security conditions and the water supply systems generated rising costs. Besides the Ingolstadt refinery – completed in 1963 – stood still, as no oil was flowing through the pipeline. The costs of the total pipeline were estimated at DM 250 million.[47] The final cost amounted about DM 510 million. After about 30 years of operation the section of CEL that led up to Ingolstadt was closed on 3rd February 1997, due to environmental problems and high renovation costs.[48]

---

44 Letter from Otto Schedl to Eugenio Cefis (20th October 1965), Archivio storico ENI, Struttura organizzativa Presidenza.

45 Note from Raffaele Girotti to the Ministero delle Partecipazioni Statali (29th November 1966), Archivio storico ENI, Struttura organizzativa Presidenza.

46 Governo del Südwürttemberg-Hohenzollern, Permesse delle Acque per il tratto Altheim-Iller dell'oleodotto Genova-Ingolstadt (Tübingen, 2nd November 1965), Archivio storico ENI, Attività trasporti idrocarburi liquidi (oleodotti); Decreto del Ministero Bavarese del Lavoro (30th August 1966), Archivio storico ENI, Attività trasporti idrocarburi liquidi (oleodotti); Letter from Zweckverband Bodensee-Wasserversorgung to the Regierungspräsidium Südbaden (7th April 1966), Archivio storico ENI, Attività trasporti idrocarburi liquidi (oleodotti).

47 Dietz, Hans, "Flüssiges Gold nach Baden-Württemberg," in *Allgemeine Zeitung Stuttgart*, 8th October 1959.

48 Schlemmer, *Industriemoderne*, 213; International Energy Agency (Organisation for Economic Co-operation and Development), *Oil supply security. Emergency response of IEA countries 2007*, Paris, 2007, p. 171; Verbale della Riunione del Consiglio di Amministrazione della SNAM del 5 ottobre 1965, Archivio storico ENI, SNAM. Verbali Consiglio; Industriekurier (1st August 1967); The *Staffetta Quotidiana*, an Italian Magazine of the Oil market estimates costs of Lire 50 Bn. (currency rate 1961: 154.5), that is DM 323 m.: N.N., "L'oleodotto dell'Europa Centrale," in *La rivista italiana del Petrolio*, May 1961, pp. 26-28, here p. 28.

It is not clear, if the total cost of the CEL (510 million) were balanced. Normally the period of redemption for a pipeline is 15 to 20 years.[49] The CEL was in operation for nearly 30 years. The original plans were already made from very high costs due to the crossing of the Alps. Therefore it can be assumed that the period of redemption would have been about 20 years – without cost increases due to additional requirements. The actual costs exceeded the original estimates of DM 250 million, more than 100 percent. It can therefore be assumed that the costs were not balanced.

The costs of imposing conditions on Lake Constance can be estimated about DM 120 million for water protection. The costs for the International Commission of Experts are not yet included. Indirect costs of about DM 40 million were caused, because the refinery in Ingolstadt could not be delivered.[50]

4. Conclusion

ENI's project to provide southern Germany with oil, did not fail but it cost the Italian state-owned company a lot of time and money. The aim to anticipate as a "first mover" before the *Seven Sisters* failed. This conclusion considers collectively the development of protests, politics and the strategy of ENI.

Environmental protection or water pollution? Differences in terminology

During the conflict the pipeline's opponents used the pollution of drinking water as the main argument not the environment.[51] The local authorities involved the environmental aspect even more, which has been shown in the permission difficulties. The Südpetrol categorized the

49 OECD (Ed.), *Pipelines and tankers. A report on the effect of the use of pipelines on the transport of oil by tankers*, Paris, 1961, p. 13.

50 The pipeline should be completed in the end of 1963. Since February 1965 the refinery was delivered with crude oil by the Seven Sisters. Since the End of August 1966 ENI could deliver its own crude oil. To simplify the calculation, we assume: from 1st January 1964 until 1st September 1966 the refinery could not be delivered by crude oil from the pipeline. In accordance with *DIE ZEIT* ENI paid for every ton of crude oil, which is processed in the refinery additionally DM 10. Every day the refinery processed 4,000 tons of crude oil: Willke, *Millionen*, p. 17.

4,000 tons crude oil x DM 10 / ton	DM 40,000 DM / day	
365 x 2 (1964, 1965) + 243 (1966) = 973 days	973 x DM 40,000	DM 38,920,000

51 N.N., *L'oleodotto*, here p. 28.

problems at the beginning of 1961 as "nature protection"[52] while ENI did not pick up this term. ENI did not care if the problems were caused due to nature conservation or drinking water; the documents contain only the term "water pollution." In none of the documents the term "nature conservation" or "environmental protection" is used, neither discussed. No discussions in the management of the company took place. The drinking water became a relevant argument in the debates about the water treatment plants. Watching the first local protests blowing up to the federal government and leading to a change of the *Wasserhaushaltsgesetz* – this course has caused a felling of faint in the ENI. Additionally the discussion changes from technical-rational arguments towards an emotional debate.

The use of different terms might have a linguistic cause, but another aspect is more evident. Although natural or environmental protection in Germany has not been consistently, but air and water pollution were already topical. In the beginning of the 1960s, nature conservation concepts were in Germany more advanced than Italian politics and society. Furthermore the Italian actors were managers, acting solely on economic aspects – environment per se played no role. The Italian company failed to recognize the influence of a politically active civil society and the relevance of environmental and nature conservation issues – even in the political landscape.

Politics and economy – Phases and actors

Focusing political structures the pipeline-conflict rose initially at the local level. At this time the Italian state-owned company was for the first time confronted with concerns about water pollution. In the following years the reactions can be described by a parabolic curve: after the conflict broke out locally and the Südpetrol was trying to solve this with local authorities, the problem reached the federal state parliaments of Bavaria and Baden-Württemberg. At the peak of the development the federal government changed the law (the so called *Wasserhaushaltsgesetz*) in August 1964 especially for the CEL. After that the issue was delegated back to the federal states who wanted to permit the pipeline now. But in this last phase local politics came up to light again. ENI had to incur liability and defray the costs for the upgrading of water treatment plants.

How did ENI behave? Did the perception and management change during the conflict? At the beginning, problem-solving should be reached by negotiations with local authorities. Since 1963 the President and Vice-President sought to influence German politicians. In 1965 the conflict has deteriorated and all activities promised to lead to a fast authorization were

52 Südpetrol AG, Relazione del Vorstand all'Aufsichtsrat per la seduta del 6 settembre 1961. Attività giugno-agosto 1961, Archivio storico ENI, Presidenza Raffaele Girotti.

used: Engineers should be affected, contact with ministers and intensified diplomatic channels were exploited. This strategy of influence reached its peak in mid-July 1965 in a declaration of ENI. It said that in the event of a denial in the German territory, the company would build the refinery on the Austrian side of Lake Constance.[53] So the company displayed that there were available exit options and alternatives. On the one hand, German politicians realized that an authorization would allow them to raise conditions for a maximum protection of Lake Constance. On the other hand, the absence of investments of the Italian state-owned company meant the absence of economic benefits. Besides the acting on all political levels, ENI emphasized emotional appeals in the communication with its personal contacts. The initiative of Schedl and Mattei, and the benefits of the project for both partners were recalled.

The external strategy of the company is also reflected in the company's inside. The acting levels of the company changed like the political levels. First, the Südpetrol tried to reach a compromise with the communities around the lake, than the controlling company SNAM and finally the ENI Group in Italy were involved. Italian ambassadors and high ranking Italian politicians were involved when the company's contacts to German politicians turned insufficient.

The escalation of the conflict turned over more and more. This is shown by the actors of the ENI as well as by their political contact persons.

Continuity and change

Looking at the conflict period (1960-1966) no change in the attitude of the company is evident. Environmental and nature aspects were not discussed. The debate was dominated by economic calculations. This can be shown by terms in use and by the communication between the companies Südpetrol, SNAM and ENI, and policymakers. In the long run, however the German experience was crucial for the Italian state company. How fast and how strong a politically active society could confront with a business company, how difficult it was to argue against fears, which networks were needed and how this could contribute to a rise in costs – this shaped the company. The protest of a politicized society and part of the policy called forth a change in the company. ENI had underestimated the task to build a pipeline across the Alps. Possible problems of the route had not been observed from the start, ENI had "underestimated conditions in the German market … on which they … started with the experience they had gained in

53 Declaration of the government (Baden-Württemberg, 15th July 1965), Archivio storico ENI, Presidenza Enrico Mattei.

the African market"[54]. The change in corporate policy in the aftermath took place in two areas – the economic and environmental policy:

1. ENI built and operated the CEL alone – whereas all other pipeline projects in Europe in the 1960s were run by consortia, consisting of several companies.[55] Therefore, the enormous costs of the CEL had to be dealt with by ENI alone. This experience triggered ENI to look out for co-operating partners among international oil companies for the next pipeline project – even during the CEL construction. The Transalpine Pipeline (TAL) from Trieste to Ingolstadt was planned and operated by ENI, BP, Esso and Shell. Here, business risks were burdened on many shoulders.
2. The German central government's requirements had contributed to increase costs and thus impacted the company's economic calculus. The local German politics and society caused its sensitization in environmental concerns. In the late 1960s an increased environmental commitment in various divisions of the ENI in Italy can be proven: From 1968 on, initiatives with other Italian companies made for an increased environmental networking and a joint research on air pollution. Furthermore, ENI demanded a new system of environmental legislation of the Italian government in the early 1970s. This is also due to the fact that in Germany at the start of pipeline construction there were no laws that dealt with this specific case. The uncertain legal situation in Italy caused fears of the company that a similar incident could happen again in their own country. Thirdly, ENI founded in 1973 its subsidiary TECNECO, which dealt with environmental issues, such as the technical possibilities of measuring air pollution.

Limits of technology – The residual risk

For an assessment of security measures a few facts will do: Pipelines are statistically the safest means of transport for oil[56] even though they create environmental risks. The CEL had on Lake Constance a so-called "safety factor"[57], that was twice as high as for the usual pipelines (for example, in the U.S.). A possible contamination of Lake Constance should

[54] Weber, *Öl-Kreuzzug*, p. 17; Willke, *Millionen*, p. 17.

[55] Karlsch, Stokes, *Faktor*, p. 320.

[56] N.N., *Ölpipelines*, 3.

[57] The "safety factor" is the relation of the dynamic stress limit to the existing pressure. The "safety factor" is the basis for the calculation of the operating pressure: Horst Czichos and Manfred Hennecke (ed.), *Hütte. Das Ingenieurwissen*, Berlin, 2004, p. 58; Wegener, Thomas (ed.), *Rohrleitungen – für eine sich wandelnde Gesellschaft. 20. Oldenburger Rohrleitungsforum 2006*, Essen, 2006, p. 474.

be ruled out. Nevertheless it seems questionable whether the pipeline was used as an argument for modernizing water treatment facilities because the daily oil pollution of Lake Constance was not discussed at all.

Despite the high security measures in the autumn of 1966, just months after the launch of the CEL, it leaked twice.[58] The extremely tight security measures of the supposedly safest pipeline in the world had failed; the fears of the Lake communities came true. That the pipeline due to environmental problems and high restoration costs in February 1997, ceased operation appears almost grotesque. After a wave of protest over the Italian state company and its subsidiaries was broken, the feared environmental problems caused the shutdown of the pipeline at the end.

58 Riffel, *Mineralölfernleitungen*, p. 222.

Pipeline Routes and 'Dirty Oil'

(Dis)Connecting Alberta's Tar Sands and British Columbia's North Coast

Philippe Le BILLON and Ryan VANDECASTEYEN

University of British Columbia, Canada

Introduction

In May 2010, Canadian company Enbridge went public with one of the most controversial development proposals in western Canada over the past decade: the "Northern Gateway" pipelines project.[1] Targeted at East Asian and specifically Chinese oil markets, the project would connect Alberta's vast bituminous sands reserves (hereinafter "Tar Sands") to British Columbia's (hereinafter "BC") northern coast on the Pacific. Going through un-ceded Aboriginal territories and major watersheds, the twinned pipelines and oil terminal project is estimated to cost between 5.5 and 7.9 billion Canadian dollars. The two pipelines would ship 718,000 barrels of petroleum products per day between Bruderheim, near Edmonton in Alberta, and the port of Kitimat on BC's North Coast, with an eastward flow of 193,000 barrels per day of condensate imported from Asia to dilute bitumen in Alberta, and a westward flow of 525,000 barrels per day of diluted bitumen for shipping to mostly East Asian markets. Oil shipments would bring about 190 to 250 oil tankers through the narrow Douglas Channel and dangerously shallow Hecate Strait, putting thousands of kilometers of pristine, intricate and hard to reach shoreline at risk of a spill.[2] The carbon footprint of oil shipped would likely exceed

1 Enbridge is a limited partner in a corporate entity – the 'Northern Gateway Pipelines Limited Partnership' – in charge of the project. Other partners reportedly include Cenovus, MEG Energy, INPEX, Nexen (now part of CNOOC), Sinopec, Suncor, Total, and possibly SinoChem, see Vanderklippe, N., "Oil giants back Gateway pipe," *Globe and Mail*, 6 September 2012. This paper draws from Le Billon, P. and R. Vandecasteyen (2013), "Pipeline politics and environmental governance: (dis) connecting Alberta's Tar Sands and BC's North Coast," *Studies in Political Economy*.

2 Enbridge identified 171 Aboriginal groups within an 80 km corridor along a pipelines route crossing 773 watercourses mostly located within the vast Fraser River and

BC's own emissions, adding to BC's contribution to international carbon flows and climate change.[3]

Not since the 1970s debate over the proposed Mackenzie project linking Arctic gas fields to Alberta's petro-complex has a pipeline proposal generated this level of public concern. At the time, the Mackenzie Valley Pipeline Inquiry (chaired by Justice Thomas Berger) attracted worldwide attention for its innovative approach to environmental assessment, in which issues of social, ecological, and economic justice were combined with unprecedented attention to indigenous peoples' land claims. The Berger Inquiry significantly influenced the development of environmental impact assessment approaches in Canada, and contributed to a growing acceptance of the legitimacy of indigenous peoples' land claims within Canada. Most relevant to this chapter, the Inquiry recognized demands for 'local control' by native Dene, Métis and 'northern whites', and rescaled the decision-making process by stretching the scope of the assessment both spatially and historically, recognizing and incorporating local (often oral) forms of knowledge in decision-making.[4]

Building on the recent literature calling for more spatially sensitive critical political economy, we situate the Northern Gateway pipelines within the broader politics of new pipeline routes for Alberta's 'Tar Sands', and briefly examine attempts by Aboriginal communities and environmental groups to participate in the decision-making process for the Northern Gateway pipelines project.[5] Below, we argue that the Canadian government and oil industry are seeking to delimit the progressive consultation rights

---

Skeena River watersheds. At full capacity diluted bitumen ('dilbit') shipments could reach 850,000 barrels per day. See Enbridge Northern Gateway Application, http://gatewaypanel.review-examen.gc.ca/clf-nsi/dcmnt/pplctn-eng.html (last accessed 13 December 2012); Allan, R. "Gateway designed to pump far more crude than advertised," *The Tyee*, 7 May 2012.

3 Estimated of project-related emissions vary widely, from 0.2 million tons/year for the building and operating of the pipeline only, up to possibly 100 million tons/year for the full life cycle of oil (including 'well-to-pipe' emissions), compared to provincial anthropogenic GHG emissions of about 69 million tons/year; see Lee, M., Enbridge Pipe Dreams and Nightmares, *The Economic Costs and Benefits of the Proposed Northern Gateway Pipeline*, Canadian Centre for Policy Alternatives, 2012.

4 See Berger, T., *Northern Frontier, Northern Homeland: The Report of The Mackenzie Valley Pipeline Inquiry*, Toronto, J. Lorimer and Co, 1977; Sabin, P., "Voices from the hydrocarbon's frontier: Canada's Mackenzie Valley Pipeline Inquiry (1974-1977)," *Environmental History Review* 19/1(1995), pp. 17-48. The outcome of the Berger Inquiry was a negative one for project developers at the time, as its recommendations in effect suspended the project until a further review took place between 2004 and 2010 and the project was finally granted Federal cabinet approval in 2011.

5 Keil, R. and R. Mahon (eds.), *Leviathan Undone? Towards a Political Economy of Scale*, Vancouver, University of British Columbia Press, 2009.

and review processes that arose in part from the Mackenzie Inquiry, so as to minimize the risks of rejection of the Northern Gateway project (and indeed other resource development projects in Western Canada). Section 1 of the paper addresses the conceptual backdrop, and discusses some of the spatialities of hydrocarbon governance, with illustrations from the Northern Gateway project. Section 2 of the paper summarizes the various pipeline projects seeking to ship diluted bitumen out of Alberta. Section 3 provides some more details on the views of key opponents and proponents of the proposed Enbridge pipeline, and provides an overview of Environmental Assessment (EA) processes. In Section 4, we discuss the Northern Gateway review process, with particular attention to the implications for First Nations – the communities most likely to be affected by the project. In the concluding discussion, we reflect on the implications of the review process for, and search for alternatives by First Nations and other BC communities with some broader remarks on environmental governance in Canada.

Hydrocarbon spatialities: Rescaling environmental governance

Much attention has been given over the past decade to the reconfiguration of environmental and resource governance.[6] Fossil fuels have received significant attention, notably for their relationships with corporations and capitalist growth, political regimes, contentious politics and protests, as well as climate change and scarcity narratives.[7] Such works have pointed to the importance of scale in fossil fuels governance, whether in articulating identities within the politics of entitlement and resource control in Nigeria or Bolivia, in demonstrating the importance of micro-geographies of hydrocarbon production or consumption and the scaling-up of social

---

6 See for example Himley, M., "Geographies of environmental governance: The nexus of nature and neoliberalism," *Geography Compass* 2/2(2008), pp. 433-451.

7 Labban, M., *Space, Oil and Capital*, London, Routledge, 2008; Le Billon, P. and F. El Khatib, "From free oil to 'freedom oil': terrorism, war and US geopolitics in the Persian Gulf," *Geopolitics* 9/1(2004), pp. 109-137; Perreault, T. and G. Valdivia, "Hydrocarbons, popular protest and national imaginaries: Ecuador and Bolivia in comparative context," *Geoforum* 41/5(2010), pp. 689-699; Kaup, B. Z., "Negotiating through nature: The resistant materiality and materiality of resistance in Bolivia's natural gas sector," *Geoforum* 39/5(2008), pp. 1734-1742; Valdivia, G., "Governing relations between people and things: Citizenship, territory, and the political economy of petroleum in Ecuador," *Political Geography* 27/4(2008), pp. 456-477; Bridge, G., "Geographies of peak oil: The other carbon problem," *Geoforum* 41/4(2010), pp. 523-530; Kristoffersen, B. and S. Young, "Geographies of security and statehood in Norway's 'Battle of the North'," *Geoforum* 41/4(2010), pp. 577-584; North, P., "Eco-localisation as a progressive response to peak oil and climate change – A sympathetic critique," *Geoforum* 41/4 (2010), pp. 585-594.

movements, in deconstructing the politics of criminalization of opposition to hydrocarbon projects, or in the contradictions of corporate strategies of 'social stabilization' around production sites.[8]

Studies of governance processes have drawn attention to the spatial and political economy specificities of hydrocarbon sectors.[9] First, the fossil fuel industry is a geographically fixed and capital-intensive industry with a high degree of revenue concentration by oil companies and government authorities. This not only results in high-stake conflicts over resource control and a broad influence on politics, but also uneven playing fields between those standing to benefit from oil development and those opposed. For example, Enbridge secured \$100 million dollars from an initially anonymous consortium of potential clients to prepare for the Northern Gateway review process. In contrast, the two leading environmental NGOs had an annual campaigning budget of about \$100,000, while the Canadian Environmental Assessment Agency (CEAA) budgeted \$2.8 million for assisting participation in hearings, most of it directed at aboriginal groups. Imbalances are further exacerbated when governments have grown dependent on fossil fuel revenues or come to prioritize oil sector growth over other economic, social or environmental considerations; a situation now described as Canada's fall into a Tar Sands driven 'staple trap'.[10]

Second, modern economies and lifestyles being tied to fossil fuels, hydrocarbon projects are easily presented as an 'imperative' in decision-making, while the costs and alternatives are frequently rendered invisible

---

8 Watts, M. J., "Righteous Oil?: Human Rights, the Oil Complex and Corporate Social Responsibility," *Annual Review of Environment and Resources* 30(2005), pp. 373-407; Perreault, T., "From the Guerra del Agua to the Guerra del Gas: resource governance, popular protest and social justice in Bolivia," *Antipode* 38/1(2006), pp. 150-172; Huber, M. T., "Energizing historical materialism: Fossil fuels, space and the capitalist mode of production," *Geoforum* 40/1(2009), pp. 105-115; Mitchell, T., *Carbon democracy: Political Power in the Age of Oil*, New York, Verso, 2011; Le Billon, P. and Carter, "Dirty security? Tar sands, energy security and environmental violence," in M. Schnuur and L. A. Swatuk (eds.), *Natural Resources and Social Conflict. Towards Critical Environmental Security*, New York, Palgrave, 2012; Le Billon, P., *Wars of Plunder: Conflicts, Profits and the Politics of Resources*, New York, Columbia University Press, 2012; Zalik, A., "Protest-as-violence in oil fields. The contested representation of protests in two extractive sites," in S. Feldman, C. Geisler and G. A. Menon, *Accumulating Insecurity: Violence and Dispossession in the Making of Everyday Life*, Athens, GA, University of Georgia Press, 2011, pp. 261-284.

9 Bridge, G. and P. Le Billon, *Oil*, Cambridge, Polity, 2012; Ross, M. L., *The Oil Curse: How Petroleum Wealth Shapes the Wealth of Nations*, Princeton, NY, Princeton University Press, 2012.

10 Proussalidis, D., "Exporting oil to Asia is a national priority: Harper," *Toronto Sun*, 27 January 2012; Haley, B., "From Staples Trap to Carbon Trap: Canada's Peculiar Form of Carbon Lock-In," *Studies in Political Economy* 88(2011), pp. 97-132.

or portrayed as insignificant or unviable by project proponents.[11] In this case, project proponents present the vast bitumen reserves in Alberta as 'the' major source of economic and energy security for producers and consumers.[12] The Northern Gateway project is presented by the Federal government as a strategic asset for Canada's economy by diversifying energy markets outside the US, and by Enbridge as a potential bonanza for First Nations through a 10 percent equity stake offer.[13] The project promises 3,000 construction-related jobs and tax revenues of about $2.6 billion, but the oil terminal would only create about 165 permanent jobs – in contrast to the 56,000 jobs in BC's North Coast fishing and recreational sectors – while BC (coastal) communities may bear major environmental costs.[14] If Kitimat is keen to attract industrial jobs, the Northern Gateway Pipeline terminal stands as the most controversial among development options.[15]

Third, the commercial viability of hydrocarbon projects evolves rapidly–both temporally in terms of price cycles and spatially in terms of markets. Given high oil prices and a Tar Sands export infrastructure almost exclusively directed toward a flagging US market, the Alberta and Federal governments, and some oil companies, see the acceleration of investments and the opening of new routes to Asian markets as chief goals for the sector.[16] Reducing delays and uncertainties over decision

---

11 Hubert, *Energizing*.

12 See for example the role of the tar sands in Prime Minister Harper's concept of Canada as an 'energy superpower', see 'Address by the Prime Minister at the Canada-UK Chamber of Commerce', 14 July 2006, http://pm.gc.ca/eng/media.asp?id=1247 (last accessed 13 December 2012), see also Nikiforuk, A., "The Falacy of 'Ethical Oil'," *The Tyee*, 22 September 2010.

13 Enbridge Northern Gateway Pipelines, *We're building more that pipelines*, Vancouver, BC, Blanchette Press, 2010; Vanderklippe, N., "The big pipe: Enbridge's plan to connect the oilsands and China divides locals," *The Globe and Mail*, 3 January 2011.

14 Enbridge Northern Gateway Pipeline, *What do British Columbians stand to gain?*, Vancouver, BC, West Coast Environmental Law Association, 2009; Anderson, M., "Feds' foggy to tug crewing questions," *The Tyee* 19 October 2010; Dembicki, G., "Enbridge pipeline puts 56,000 jobs at risk: First Nations leader," *The Tyee*, 14 September 2010.

15 Morton, B., "Kitimat has more than industry; Retirees attracted by affordable housing, good health care and outdoor recreation opportunities," *Vancouver Sun*, 18 December 2010.

16 Government of Alberta. 2011. Alberta energy: Facts and statistics. http://www.energy.alberta.ca/OilSands/791.asp (last accessed 23 June 2011); Pasqualetti, M.J., "The Alberta oil sands from both sides of the border," *Geographical Review* 99/2(2009), pp. 248-267; Proussalidis, D., "Exporting oil to Asia is a national priority: Harper," *Toronto Sun*, 27 January 2012. Currently, Canada's only access to pan-pacific oil markets is Kinder Morgan's Trans Mountain pipeline to the Port of Vancouver, who is seeking enlargement from 300,000 to 850,000 barrels a day. BC 'carbon exports'

processes is a priority for these actors. Approval delays led, for example, PetroChina to quit the Northern Gateway project in 2005, but to return in March 2012 to try to join Sinopec as a project partner, on the assumption that the Harper government will now rush this project through.

Fourth, the vast macro-economic, social and environmental impacts of Tar Sands projects, their relationship with energy security and climate change policy, as well as the 'territorial' dimensions of bitumen reserves ownership have heated debates over issues of 'national' control over, and 'Canadian' interests in the oil sector. On one hand, the high degree of foreign interest in Tar Sands exploitation has become a subject of national debate.[17] The federal government must decide if foreign controlling interest in Canadian energy companies is in the "national interest", mostly notably with regard to take-overs by Chinese state oil companies – as in the case of CNOOC's takeover of Nexen approved by the Federal government in December 2012. On the other hand, conservative federal and Albertan politicians have used xenophobic rhetoric to attack environmental opponents of the pipeline.[18] The narrowing of the EA remit has relied for justification, in part, on the representation by both Federal government politicians and supportive media of project opponents as environmental 'radicals' ignorant of economic development imperatives, and supported by 'foreign-funded' organizations seeking to undermine Canadian interests.

Finally, is the spatiality of the destruction of ecosystems brought about by hydrocarbon exploitation, massive carbon emissions, and large-scale

---

also include coal and natural gas (as discussed below). Opposition to the LNG export terminal in Kitimat is minimal compared to oil; on LNG as spatial fix and politics of resistance in the North American West Coast, see Zalik, A., "Liquefied Natural Gas and fossil capitalism," *Monthly Review* 60/6(2008), pp. 44-53. On the defensive strategy of the Government of Alberta towards opposition to oil projects development, see Hoberg, G. and J. Phillips, "Playing defence: Early responses to conflict expansion in the oil sands policy subsystem," *Canadian Journal of Political Science* 44/3(2012), pp. 507-527.

17 A Forest Ethics shareholder analysis found 71% foreign ownership among companies operating in the Fort Mc. Murray area, while the National Post presented a graph suggesting that Canada controlled 68.5% of the 10 largest tar sands producing projects, see Forest Ethics, Who benefits? An investigation of foreign investment in the tar sands (Toronto, 2012); Financial Post, "The oil sands: Which nations are players?" 31 October 2012.

18 Oliver, J., "An open letter from the Honourable Joe Oliver, Minister of Natural Resources, on Canada's commitment to diversify our energy markets and the need to further streamline the regulatory process in order to advance Canada's national economic interest," 9 January 2012; Proussalidis, D., "Aboriginal groups opposing Gateway got $16 M funding," *Toronto Sun*, 12 January 2012; O'Neil, P., "Vivian Krause's conspiracy theory – you decide," *Vancouver Sun*, 9 February 2012.

oil spills. What First Nations are being dispossessed of – through an official decision process that excludes formal consent and asserts a settler-state sovereignty – is their right to protect 'traditional' livelihoods and indigenous ontologies that see their land as not only a resources container or as a platform for infrastructure.[19] By excluding formal consent, such process denies First Nations the opportunity to use their sovereignty over un-ceded territory to stop hydrocarbon flows sustaining growth in GHG emissions; that is, to scale-up "place-based ethics" guided by a sense of "place-based understanding of what constitutes proper relations – relations between people, relations between humans and their environment, and relations between individuals and institutions of authority", whereby such "a way of knowing, experiencing, and relating with the world…guide forms of resistance to power relations that threaten to erase or destroy our senses of place."[20]

Brief overview of additional Tar Sands shipment route options

The Northern Gateway project is not the only one under consideration for increasing the shipment of Tar Sands from Alberta. By early 2014, five pipeline options were at various stages of consideration (see Table 1). Two would go west to the Pacific Coast, two would go east towards the Atlantic, and one would go south to a US port on the Gulf of Mexico. Together with the Northern Gateway pipeline these would provide an additional shipping capacity of 3.2 million barrels per day, compared to a production of about 1.8 million bpd for 2012, thereby slightly exceeding an already approved production capacity of 5.2 million bpd (see Table 1). In addition, the government of Alberta has undertaken some preliminary considerations for a northern export pipeline route along the Mackenzie River Valley to the Artic Ocean, and several railways routes were also under consideration including two to the BC Coast and one to the Arctic. These options, except for the Keystone XL pipeline, would reach tidewater while remaining within Canada. Yet these options would cross Canadian provincial boundaries and pass through First Nations territories, including through un-ceded land in the case of the Trans Mountain Pipeline extension. As demonstrated by

19 Panofsky, S., *Lessons from the canyon: Aboriginal engagement in the Enbridge Northern Gateway environmental assessment*, MA thesis, Department of Geography, University of British Columbia, 2011.

20 By 'our', Glen Coulthard refers to his community, the Dene Nation, and more broadly 'American Indians'. Coulthard, G. "Place against empire: Understanding indigenous anti-colonialism," *Affinities: A Journal of Radical Theory, Culture, and Action* 4/2(2010), pp. 79-83.

George Oberg, these five pipeline projects face various opposition groups – including environmental groups, First Nations, and riverine communities – and have to officially engage with different institutions, including Federal and provincial/state governments, as well as judicial courts.[21] They also raise issues at varying scales, from the environmental impacts of spills to the Green House Gas contribution of Tar Sands expansion.

Table 1 – Option routes for the Tar Sands

Pipelines	Company	Capacity (bpd)	Route	Status
Northern Gateway	Enbridge	525,000	Westward	Approved
Line 9 reversal	Enbridge	300,000	Eastward	Approved
Trans Mountain exp.	Kinder Morgan	540,000	Westward	Under review
Energy East	TransCanada	1,100,000	Eastward	Under review
Keystone XL	TransCanada	830,000	Southward	Suspended

The Line 9 Reversal and Capacity Expansion project by Enbridge would reverse the oil flow of an existing 639 km pipeline between Sarnia, Ontario and Montreal; thereby linking with pipelines in the US and southern Ontario already shipping diluted bitumen from Alberta. The project also aims to increase pipeline capacity from 240,000 bpd to 300,000 bpd through the use of drag reduction polymer compound.[22] Initially built to send oil from Ontario westward to Quebec and owned by Enbridge, the line was first reverse in 1998 to ship cheaper foreign oil to Ontario refineries. Low prices for diluted bitumen compared to oil from Africa and the Middle East now make the re-reversal more economic. Further shipment to tide water could take place via the St. Laurent Seaway or the reversal of an existing pipeline to the US port of Portland in Maine. The project was approved by the Canadian Energy Board in March 2014, but continues to raise concerns among environmental groups and resident communities, including First Nations, who point at the age of the pipeline and precedent of Enbridge's 2010 pipeline spill in the Kalamazoo River, Michigan.[23]

The Trans Mountain pipeline extension by US company KinderMorgan would provide an additional shipping capacity of 550,000 bpd to the 300,000 bpd Trans Mountain pipeline in operation since 1953. Among

21 Hoberg, G. (2013), "The Battle Over Oil Sands Access to Tidewater: A Political Risk Analysis of Pipeline Alternatives," *Canadian Public Policy*.

22 https://www.enbridge.com/ECRAI/Line9BReversalProject.aspx.

23 http://environmentaldefence.ca/issues/tar-sands/line-9.

the advantages of this route are a 'brown' field development, though the extension route will vary from the original one in part because it is now passing through densely populated areas; close proximity to potential spills response capacity; already degraded local environment along the tanker route due to extensive marine traffic and population density; and the possibly a strong accountability on spills due to large population facilitating detection and denunciation. Some of these factors, however, represent a challenge to project, notably the high population density and greater risk of collision as a result of high maritime traffic. At the time of writing the project was under review by the National Energy Board and, if approved, could become operational by 2017.[24]

The Energy East project proposed by TransCanada consists of a 4,600 km pipeline with a 1.1 million barrels capacity directly linking Canadian Tar Sands to Fort St John, New Brunswick on the Atlantic. The project relies on an existing 3,000 km gas pipeline. The endorsed by the Government of Alberta and Canadian Prime Minister Harper In March 2014 the project was submitted to the National Energy Board but. Beyond contributing to the expansion of Tar Sands exploitation, opponents point at the old age of the natural gas pipeline built in the 1950s and the risk of spills.[25]

The Keystone XL project, also pursued by TransCanada, is the second largest in terms of shipment volume with a capacity of 820,000 bpd. It would pass through the US and extend an already extensive pipeline network that was originally mostly directed at the US market, but would also allow for shipments through the US Gulf Coast. The Keystone XL pipeline is probably the most contested energy project in the US, with sustained opposition from environmental groups mostly mobilizing climate change arguments to limit the growth of Tar Sands exploitation in Canada, as well as concerns from riverine communities over the risks of spills and pollution of Ogallala aquifer in the Sand Hills of Nebraska. TransCanada, the pipeline company promoting the project, has redrawn the route to address some of these concerns and a new application has been made. The high political profile of this project results notably from the possibility of a US Presidential veto, which puts it into partisan politics articulated around the jobs and energy security versus the environment.[26]

---

24 http://www.kindermorgan.com/business/canada/tmx_expansion.cfm.

25 http://www.energyeastpipeline.com/; http://www.notranscanadapipeline.com/.

26 By April 2014, decision on the project was again delayed and likely pushed back after elections in November. McCarthy, S. (2014), "US once again delays decision on Keystone XL pipeline," *Globe and Mail*, 18 April.

The Northern Gateway debate

At the time Enbridge filed its application to the Canadian government in May 2010, the largest oil spill in US history was unfolding. For many residents of the Pacific Northwest, the Deepwater Horizon disaster in the Gulf of Mexico was emblematic of the dangers of mixing oil and water, reminiscent of the 1989 Exxon Valdez tanker accident in Alaska's Prince William Sound. BC's coastal communities generally had felt protected by a *de facto* moratorium on oil exploitation in the Hecate Strait (established in 1972), and a voluntary Tanker Exclusion Zone (TEZ) established in 1988 between the US and Canadian coast guards to protect BC from tankers transiting between Alaskan ports and refineries on the American west coast. However, these two policies were not designed for tankers calling at British Columbia ports – and thus do not apply to Enbridge's proposal.

Conscious of this vulnerability, the Living Oceans Society (Canada's largest ENGO focused exclusively on marine conservation issues) commissioned an independent study from a Vancouver-based marine consulting firm (Triton Consultants) to assess the potential impact of a spill the size of the Exxon Valdez – an assessment that suggests a large area of the North Coast could be affected.[27] Currently, there is no adequate legislation or policy protecting BC's coast, despite the fact that in 2010, the House of Commons passed a non-binding motion calling for the Conservative minority government to adopt a ban on crude-oil tanker traffic off BC's North Coast. Liberal Member of Parliament (MP), Joyce Murray, then tabled a private member's bill that would ban oil tankers in inland BC waters north of Vancouver Island as a permanent solution to protecting the North Coast against the risk of a crude oil spill.[28] However, an election in early 2011 brought a Conservative majority government to power, greatly reducing the chance of a federally legislated tanker ban.

Enbridge has proposed many measures to reduce the risk and impacts of a spill on BC's North Coast. The company is committing to "world class" marine safety standards reducing the "chances of an oil spill to as close to zero as we can", and one of its consultants assessed the risk

---

27 For discussion of the model, and data sources, see http://www.livingoceans.org/initiatives/tankers/oil-spill-model. Some environmental analysts have expressed low confidence in these predictions, pers. com. with authors, 2012. For an economic evaluation, see Hotte, N. and R. Sumaila, "Potential economic impact of a tanker spill on ocean-based industries in British Columbia," *Fisheries Centre Research Report* 20/7 (UBC, 2012).

28 Murray again tabled a bill (C-437) in June 2012. A private member's bill is one proposed by an individual MP, rather than his or her political party. As such it often reflects a still-debated view within the party.

of large spill (above 126,000 barrels) at once in 2,800 years.[29] Yet many Coastal people opposing the Northern Gateway prefer to take a zero risk approach, arguing for example that they are "not in a position to gamble our children's future, that there will be no accident" (interview, September 2010).[30] Enbridge states that "Northern Gateway accepts our responsibility to the community to make sure that people do not suffer losses from our projects and from ships", but critics note that Enbridge is not responsible for the oil once it leaves the terminal in Kitimat and therefore has no legal obligation to clean up a spill, leaving shippers, their insurers as well as both domestic and international oil spill funds (and possibly Canadian tax payers) to pay for clean-ups that are largely ineffective, especially as Canada is not well prepared for a major oil spill.[31]

Officially, the decision over Enbridge's project currently rests with an Environmental Assessment (EA) placed under the authority of a Joint Review Panel established by the National Energy Board (NEB) and the federal Minister of Environment (MoE).[32] The EA process aims to identify possible environmental impacts, propose measures to mitigate them, and predict the occurrence of significant impacts after these measures are taken.[33] Consisting of two NEB members, and an additional member nominated by the MoE, the Panel goes to great lengths and expenses "to hear from people" about issues related to the project. As part of its mandate, the Panel thus collects and reviews information and opinions from technical experts, Aboriginal people, regulators, and the general public on the pipeline proposal, through extensive consultation

29 Enbridge Northern Gateway Pipelines (2012), *Marine assessment and our first response plan*, 9 March: http://www.northerngateway.ca/environmental-responsibility/marine-assessment-and-our-first-response-plan/ (last accessed 13 December 2012).

30 The latest two public opinion survey, from August 2012, estimated that 56% and 60.3% of the BC population opposed the Northern Gateway pipeline and associated tanker traffic. Opposition is expected to be higher among North Coast populations (Abascus Data, 2012; Stratcom, 2012).

31 See Boulton, M., "Financial vulnerability assessment: Who would pay for oil tanker spills associated with the Northern Gateway pipeline?," *Environmental Law Clinic*, University of British Columbia, October 2010; Enbridge, *Marine assessment*, Office of the Auditor General of Canada. Government not ready to respond to a major oil spill. 7 December 2010, http://www.oag-bvg.gc.ca/internet/English/mr_20101207_e_34442.html (last accessed 23 June 2011).

32 While inland extractive projects fall under Provincial jurisdiction, inter-provincial infrastructure of such scope fall under Federal jurisdiction (though see recent moves towards substitution of federal by provincial reviews below). For a full description of the Review Process, see the official site of the Enbridge Northern Gateway Project Joint Review Panel http://gatewaypanel.review-examen.gc.ca/clf-nsi/hm-eng.html.

33 Hanna, K., "Environmental impact assessment: Process, setting and efficacy," in K. Hanna (ed.), *Environmental Impact Assessment: Practice and participation*, Don Mills, ON, Oxford University Press, 2009, pp. 3-17.

with both written comments and hearings.[34] By institutionally offering a means of 'consultation' and an official channel to voice grievances, the EA unofficially sought *inter alia* to contribute preventing lengthy and costly legal battles or blockades.

Nonetheless, during our interviews with coastal communities, we encountered many who were critical of the EA and its legitimacy. The process was often described as a limited "consultation" (understood as an airing of views), rather than an effective means for the public to participate in decision-making. Enbridge community liaison employees at times unintentionally reinforced the view that the EA verges upon an "information" exercise by insisting on the need to "educate" local populations about the reassuring findings of Enbridge's own (initially anonymously funded) environmental survey and about the soundness of its mitigation policies.[35] The process has been perceived in ways that correspond to the bottom rungs of Sherry Arnstein's famous 'ladder of citizen participation': 'manipulation,' 'therapy,' 'informing,' and 'consultation'. This, of course, is not to dismiss the importance of critical education resulting from meaningful participation in Environmental Assessment. Critical education fosters social learning essential to a transition towards sustainability.[36]

The guiding principles of the federal agencies involved may be a cause of further de-legitimization of the EA process. Until recently, federal environmental assessments were conducted under the Canadian Environmental Assessment Act (CEAA), but on July 12th, 2010, Bill C-9 (an omnibus bill) amended the CEAA so that assessments for certain energy sector projects are now run under the direction of the National Energy

34 Besides submissions by Enbridge and government authorities, the Panel received 5,477 written comments, heard from 216 interveners ('expert' hearings lasting three hours with questioning), and scheduled 4,455 oral statements (lasting up to 10 minutes each). The review process started in July 2010 and was to be concluded by December 2013, see http://gatewaypanel.review-examen.gc.ca/clf-nsi/pblcrgstr/pblcrgstr-eng.html (last accessed 4 December 2012).

35 Vanderklippe, *The big pipe*.

36 Arnstein, S., "A ladder of citizen participation," *Journal of the American Planning Association* 35/4(1969), pp. 216-224. In a Canadian context, see Sinclair, J., A. Diduck and P. Fitzpatrick, "Conceptualizing learning for sustainability through environmental assessment: critical reflections on 15 years of research," *Environmental Impact Assessment Review* 28/7(2008), pp. 415-428. Critical education *about* the EA is building in part on citizens' frustrations with engagement *through* the EA and state-sanctioned spaces of consultation, with social learning ends up taking place *outside* the EA in a more "partisan" manner that informs the pursuit of alternative strategies for inclusion in decision-making (as seems to be the case given the rising awareness and apparent opposition within the public in BC, see below). Our Participant Action Research project, described below, is one such "social learning" initiative.

Board. The change is significant: while the CEAA approach evolved over decades to prioritize sustainability, the integration of cultural, historic, and economic impacts, the examination of alternatives, and public consultation into the assessment process, the NEB's sole mandate is to regulate international and interprovincial energy development and trade in the Canadian public interest (yet with a risk of 'regulatory capture', as critics have argued).[37]

Opinion on the assessment process is further informed by the context of a Conservative majority government in Ottawa, with a Prime Minister and cabinet heavily (and openly) in favor of the project; a Conservative Party political record of privileging the interest of energy corporations; a Joint Review Panel consisting of mostly Alberta-based resource industry professionals and no one from BC (although this in itself would be no guarantee, the provincial regulator – BC Oil and Gas Commission – having been criticized, including by the BC Auditor General); a track record of almost exclusive approval for hydrocarbon projects by the National Energy Board; US economic uncertainties and political mobilization against the Keystone XL pipeline and importing "carbon-heavy" fuels; Chinese acquisition of about $18 billion in Tar Sands assets between 2009 and 2012; and a growing Canadian trade deficit with China.[38]

Environmental Assessment process: Views from British Columbia

The first of the formal Environmental Assessment (EA) Joint Review Panel community hearing took place in Kitimat on August 31st, 2010. While preliminary meetings in other communities along the pipeline route had only a few people address the Joint Review Panel, the meeting in Kitimat had to be extended by three days to accommodate all of the

---

37 Gibson, R. and K. Hanna, "Progress and uncertainty: The evolution of federal environmental assessment in Canada," Hanna, *Environmental Impact*. The NEB is still requirement to implement the requirements of CEAA 2012.

38 The members of the EA Joint Review Panel are: Ms. Sheila Leggett, founder of an Alberta-based environmental consulting firm, and board member with the National Energy Board; Mr. Kenneth Bateman, an Alberta-based energy lawyer and former senior executive in the Canadian energy sector, and National Energy Board member; and Mr. Hans Matthews, a professional geologist who has been an executive of several Canadian mining firms, and is a member of the Wahnapitae First Nation, Ontario. It may be, of course, that the Federal government does not want to duplicate the outcome of the Mackenzie Inquiry, which recommended that no pipeline be built through the Yukon, and that the Mackenzie pipeline be delayed. Laxer, G. and T. Harrison, *The Trojan Horse: Alberta and the Future of Canada*, Montreal, Black Rose Books, 1995. On criticism of the BC Oil and Gas Commission, see for example Doyle, J., *Oil and gas site contamination risks: improved oversight needed*, Office of the Auditor general of British Columbia, 2009/10, p. 8.

speakers. The attendance inside at the EA Panel event was paralleled by the attendance at an opposition rally in the parking lot outside, which included speeches from politicians and Haisla and other coastal First Nations leaders, and presentations from traditional First Nations dance groups and other artists. Despite being held in Kitimat on the Haisla First Nations territory, the JRP's agenda invited the Heiltsuk First Nation (from Bella Bella) to open the ceremony and address the Panel first – a major protocol breach. Recognizing the inappropriateness of this agenda, the Heiltsuk quickly turned over the meeting to the Haisla leaders who scolded the Panel for not respecting their traditions.

Beyond official protocol, it was also evident that community 'stakeholders' – who stand to bear the risks of having pipelines and tankers going through their communities – lack representation in the decision-making process, apart from being "consulted" (which, at this stage, means being invited to speak in front of the EA Joint Review Panel – though further consultations will take place after the JRP issues its report). Chief Dollores Pollard from the Haisla First Nation addressed the Joint Review Panel members by stating, "I am in deep fear that the fate of my people and all the people here are in the three of your's [*sic*] hands."[39] For Dollores Pollard, and many citizen activists and environmental NGOs, a lack of *meaningful* public participation in the decision-making process is a serious shortcoming in the Canadian EA process. As Gerald Amos, a band councilor of the Haisla First Nation and member of the Headwaters Initiative said, "I think we need somebody there that understands the coast and has connection at least to salmon and to the way of life as it exists out here. But, on a simple thing like that, there was no attention paid to our attempts to influence it...to put it bluntly, I got no faith at all in that process" (personal communication, 5 September 2010). Many have pointed out the contrast between the three-member EA Joint Review Panel, which includes no local Aboriginal representative, and the seven-member panel for the Mackenzie Valley pipeline review, which included four First Nations representatives from along the pipeline route.[40] Seeking to lessen local community leverage over the decision process through exclusionary panel membership, the Panel review process thus represents a step backwards, especially in light of one of the main legacies of the Berger Inquiry: the Mackenzie Valley Resource Management Act. This federal legislation governing the Valley created an integrated co-management structure between the

---

39 Government of Canada, *Enbridge Northern Gateway Project volume 3*, Panel sessions held at Riverlodge Recreation Centre, 31 August 2010, Ottawa, ON, International Reporting Inc., p. 622.

40 Hoekstra, G., "Part 4: A federal case," *Prince George Citizen*, 19 March 2010.

government and aboriginal communities for public and private lands and waters, including 'public boards' which regulate land and water, prepare regional land use plans, and carry out environmental assessment reviews of proposed projects.[41] The Mackenzie Valley Act is one of the most advanced pieces of federal legislation with respect to Aboriginal Title as well as Crown Title. The Act recognizes First Nations' right to their traditional territories, their resources and right to govern, to make and enforce laws, to decide citizenship, and to manage their lands, resources, and institutions. These are rights that most aboriginal groups in BC have not ceded either by conquest or treaty.[42] As pointed out by critics, the NEB and the Joint Review Panel are proceeding under the assumption that they have met the crown's requirement of consultation with First Nations. Yet, as explained by Kyle Clifton, Marine Use Planner for the Gitga' at First Nation, in his address to the Joint Review Panel at the hearing in Kitimat, for whom this level of consultation with First Nations is insufficient:

The consultation process that we have seen so far is completely inadequate. Enbridge and many First Nations seem to have fundamentally different definitions of what consultation is. To the First Nations, when you hear the word "consultation" it means coming together at a meeting and having an exchange of ideas and then trying to work together to make sure that both sides are happy. That is what we expect out of consultation but Enbridge so far has just – consultation to Enbridge seems more like telling the appropriate First Nations what they're going to do, without looking for any input back from the First Nations. So we see that as something that is definitely lacking in this process.[43]

To date, argue some critics, the Crown has narrowed and thus neglected its consultation duties with First Nations, and thus has opened the door to legal challenges – a central concern of the federal government.[44] Participation by First Nations in the EA is therefore subject to multiple interpretations: some First Nations stress that participation by no means implies recognition of the legitimacy of the process; nor does it signify the surrender of their sovereignty claims. Rather, such participation serves to

---

41 The Act also makes provisions for monitoring cumulative impacts on the environment, and for periodic, independent environmental audits. Mackenzie Valley Resource Management Act (S.C. 1998, c. 25).

42 Coastal First Nations, *Aboriginal rights and title*, 2010. http://coastalfirstnations.ca/about/Aboriginal_Title_and_Rights.aspx (last accessed 23 June 2011).

43 Clifton, cited in Government of Canada, *Enbridge*, pp. 791-793.

44 *Legal Backgrounder: The Crown's Approach to First Nations Consultation on the Enbridge Gateway Pipeline*, Vancouver, BC, West Coast Environmental Law Association, 2009; *First Nations Oppose Enbridge Pipeline Project*, Turtle Island Native Network, 2 February 2012, http://www.turtleisland.org/discussion/viewtopic.php?f=14&t=7302&start=30 (last accessed 5 December 2012).

highlight some of the inadequacies of the EA process, while emphasizing the imperative need for alternative decision-processes through Aboriginal sovereignty claims, judicial courts, and international forums.

Indeed, many First Nations governments have declared their opposition to the Northern Gateway project and sought to ascertain their sovereignty on the issue. The main group representing Coastal First Nations (the "Great Bear Initiative") declared that "...in upholding our ancestral laws, rights and responsibilities, we declare that oil tankers carrying crude oil from the Alberta Tar Sands will not be allowed to transit our lands and our waters", its position being supported by a subsequent declaration by a further 56 Indigenous Nations of the Fraser Watershed.[45] These statements were reinforced by a resolution at the First Nations Summit calling in 2010 for the "free, prior and informed consent of First Nations", and a declaration by Chief Larry Nooski of Nadleh Whut'en First Nation, saying that "All the gathered chiefs of First Nations Summit have stated strongly that our peoples and *our laws will have the final say* on this."[46] The assertive language of these statements pits First Nations sovereignty against that of the Crown, creating the potential for conflict to escalate beyond legal action through the Canadian (settler-state) court system as the pipeline is being formally approved by the executive branch of the government. Drawing on Aboriginal law, First Nations community members have issued warnings for trespass onto un-ceded territory to Enbridge representatives and surveyors.[47] Growing opposition to the Enbridge pipeline is reminiscent of other conflicts over land control and resource use, including the 1990 Oka crisis[48], or the more recent civil

---

45 *First nations say they will not allow pipelines and oil tankers carrying Alberta's tar sands oil in British*, Columbia, Press Release, 23 March, http://coastalfirstnations.ca/files/PDF/C35010032215240.pdf (last accessed 23 June 2011); Gathering of Nations (2010). Save the Fraser Declaration. http://savethefraser.ca/fraser_declaration.pdf (last accessed 9 December 2012).

46 *First Nations leadership says Ottawa must not approve Enbridge pipelines and tankers*, Press release First Nations Summit, 1 October 2010, http://www.fns.bc.ca/pdf/JointPRreFNS_Enbridge_Resolution10_1_10.pdf (last accessed 23 June 2011).

47 In November 2012, Wet'suwet'en Chief Toghestiy ordered off their territory surveyors working on the Pacific Trails Pipeline, an LNG project which corridor will likely be used for the Northern Gateway, and closed the road into the territory "to all industry activities" WP (2012) Apache Surveyors Ordered Off Unceded Wet'suwet'en Territory, 20 November: http://warriorpublications.wordpress.com/2012/11/20/apache-surveyors-ordered-off-unceded-wetsuweten-territory/ (last accessed 6 December 2012).

48 The Oka Crisis was the first well-publicized contemporary conflict between First Nations and the Canadian government, and resulted in the death of a policeman. http://www.provincequebec.com/history-of-quebec/the-oka-crisis/ (last accessed 22 June 2011).

disobedience brought on by drilling for methane gas in BC's sacred headwaters.[49]

First Nations groups are also defending their opposition to the Northern Gateway project through international law, attempting to upscale governance processes from national legislation to international norms. For example, the Fraser River Watershed First Nations have stated that the federal approval process is in violation of indigenous laws, traditions, values and inherent rights under Article 18 of the United Nations Declaration on the Rights of Indigenous Peoples, according to which "Indigenous peoples have the right to participate in decision-making in matters which would affect their rights, through representatives chosen by themselves in accordance with their own procedures …", while several other articles call for the free, prior and informed consent of indigenous peoples.

The Joint Review Panel seems to be in violation of these two principles, since it does not include *local* First Nations representation and does not require consent – but only consultation. The Canadian government supports the Declaration's principles but recognizes it only as an "aspirational document", while this support remains constrained by the Canadian Constitution and legal framework.[50] Given this interpretation, legislation like Canada's Indian Act continues to supersede local indigenous government resolutions, and thus maintain a conflict-ridden status quo.

Discussion

In commenting on Harold Innis's insistence on the relational spatiality of the Canadian staples economy, Janine Brodie concluded that, "[b]oundaries – whether national or regional – were not 'in the land' but rather tied to the pattern of staples exploitation," itself geared to selectively profit from the demands of a shifting international political economy.[51] The 'geoeconomic' shift of growth from Western countries

49 Driven by unsustainable development and unaccountable government, thirteen Tahltan Elders and youth were arrested in 2005 for defending their land. http://dogwoodinitiative.org/in-depth/13_tahltan_arrested (last accessed 22 June 2011). Shell Canada abandoned the project in December 2012 and the BC government banned oil and gas projects in the area.

50 Canadian Government 2010, *Enbridge*; Cosentino, G., "It's time to reconcile indigenous rights and democracy in Canada," *The Hill Times*, 6 December 2010: http://www.thehilltimes.ca/page/view/cosentino-12-6-2010 (last accessed 23 June 2011); Powless, B., "Canada endorses the UN Declaration on Indigenous Rights – time to party?!," *Rabble.ca*, 16 November 2010: http://rabble.ca/blogs/bloggers/ben-powless/2010/11/canada-endorses-un-declaration-indigenous-rights-time-party (last accessed 23 June 2011).

51 Brodie, J., "The Political Economy of Regionalism," W. Clement and G. Williams (eds.), *The New Canadian Political Economy*, Montreal, McGill-Queen's University Press, 1989, p. 144.

to Asia, and in particular China (whose domestic car market superseded that of the US in 2011), is once again redefining Canadian spatialities. These political economic trends have lent impetus to calls for BC's (further) integration into Western Canada's hydrocarbon extraction-based economy, both for gas supplies (input into the extraction and upgrading of bitumen) and for Tar Sands' derived synthetic oil shipments to Asian markets. The larger impacts of bitumen exploitation, Asian car traffic, and climate change are rescaling the stakes and action networks of 'local' conflict regarding the environmental impacts of Northern Gateway. As expressed by a project opponent: "The Enbridge pipeline proposal is the most significant problem that we are dealing with on the Earth right now, as far as I am concerned, because the Tar Sands represent the second largest deposit of oil on Earth and the move is to ship that product to Asia, and BC is in the way."[52]

The spatial strategy of keeping BC "in the way" is indeed a major strategy of opponents to the project-one that relies on turning BC from a major exporter of hydrocarbons to a bulwark against major GHG emission increases from Alberta and China.[53] The pre-emptive cutting of the future Northern Gateway pipelines relies in large part on the leverage of the environmental credentials of BC as a place of 'wilderness', the territorial claims, rights and interests of First Nations along the proposed route and within the watershed and coastal areas, and concerns about GHG emissions.[54] Only the first of these concerns falls within the scope of the Joint Review Panel, under its mandate to consider 'significant negative environmental impact'. Territorial claims are addressed indirectly through consultation with First Nations about environmental impacts. The contribution of the pipelines to Canada's and global GHG emissions have been excluded from the JRP's purview, even though the production,

52 Interview, September 2010.

53 Carbon export expansion include the planned near tripling of the 1953 Kinder Morgan's Trans Mountain oil pipeline currently delivering 300,000 barrels per day to Burnaby, a possible doubling in annual metallurgical coal exports to 83 million tons from Vancouver and Prince Rupert ports, and the planned export of an additional 1.1 to 3 TCF/year of Liquefied Natural Gas through three new LNG terminals on the North Coast, including Kitimat, see (BC Government, 2012; UBCC350, 2012).

54 Belief in the existence of climate change vary across Canada, with belief among BC population third highest at 83% and lowest in Alberta at 66% (Lachapelle and al. 2012). Concerns about GHG emissions and climate change impacts also vary over time, mostly as a result of short term economic and weather conditions Scruggs, L. and S. Bengal, "Declining public concern about climate change: Can we blame the great recession?," *Global Environmental Change* 22/2(2012), pp. 505-515.

transportation and consumption of Northern Gateway exported oil could exceed BC's current within-province emissions.[55]

Yet, in the context of a largely-stalled First Nations treaties negotiation process in BC, and weak federal policies to reduce GHG emissions, these latter two issues have been brought back into the review process through public submissions. In the eyes of some critics, this has led to "scope creep," or the inefficient prolongation of the review process.[56] Prime Minister Harper declared at the 2012 Davos Economic Forum that his government "will soon take action to ensure that major energy and mining projects are not subject to unnecessary regulatory delays – that is, delay merely for the sake of delay."[57] In March 2012, the Federal Government released as part of an omnibus budget bill (C-38) its "Responsible Resource Development" policy set an 18 months limit for environmental reviews by NEB and two-year limit for those by review panels, limited public consultation in EAs to those "directly affected", and granted the federal Environment Minister the authority to recognize provincial EAs as substitute for Federal EAs, except for panel reviews.[58] Such narrowing of EAs, especially "the restriction to the "directly affected" is far too narrow a test for processes like environmental assessment that are designed to determine the public interest."[59] The budget also allocated $8 million dollars to the Canadian Revenue Agency to audit the charitable status of environmental NGOs. Framed by a rhetoric reminiscent of the criminalization of dissent against the tar sands – and echoing the conservative Party's own 'attack ads' on its political opponents – Conservative senator Doug Finlay justified the policy by arguing "it should never be a charitable act to *attack* Canada's oil sands."[60] The decision

---

55 Lee, Enbridge Pipe; UBCC350 (2012) Backgrounder on Carbon Exports. October 2012. http://greenpolicyprof.org/wordpress/wp-content/uploads/2012/10/Backgrounder-on-Carbon-Exports-October-2012.pdf (last accessed 4 December 2012).

56 Doucet, J., "Unclogging the Pipes," *Pipeline Reviews and Energy Policy*, Commentary No. 342, 2012.

57 Proussalidis, D., "Aboriginal groups opposing Gateway got $16 M funding," *Toronto Sun*, 12 January 2012.

58 For details, see Bill C-38, Part 3, Canadian Environmental Assessment Act, 2012, para. 27, 32, 33.b, 38). The bill also undermined fish habitat protection. For a general and brief assessment of concerns with Bill C-38, see Manning, P., "Canada: Environmental Implications of the New Federal Budget," *EHS Journal*, 8 June 2012. These restrictions would not apply retroactively to the Northern Gateway project.

59 Salomon, G.H., *Public interest standing and the environment: setting boundaries of participation in energy and natural resource decision making*, MA thesis, UBC Department of Political Science, 2012, p. ii.

60 CBC (2012) Should charities loose their status for protesting? 30 March: http://www.cbc.ca/news/yourcommunity/2012/03/will-advocacy-budget-caps-affect-a-charity-you-care-about.html (last accessed 5 December 2012, emphasis added); Le Billon and Carter, *Dirty Security*.

pushed one of the two leading opposition NGOs, Forest Ethics, to split and create a non-charity status advocacy organization. Along with major budget cuts to Environment Canada and the Canadian Environmental Assessment Agency, as well as the planned elimination of the National Round Table on the Environment and the Economy (the only official multi-stakeholder policy group on Climate Change), many Canadian environmental NGOs have sounded the alarm about an "assault on the environment for Big Oil profits."[61]

The critical literature on environmental assessment has rightly emphasized the importance of meaningful public participation to ensure both the effectiveness and legitimacy of the process, as well as the pursuit of broader societal and environmental goals such as sustainability. This brief account of the Northern Gateway proposal and its environmental assessment process supports this claim. Driven by a sense of narrowly defined public 'participation' in the process, many groups are hard at work to broaden the decision-making process, while the government mostly seeks to narrow it down. We identified three 'rescaling' strategies in this respect.

The first had sought to influence the official decision-making process over the pipeline through initially ambivalent yet active participation in consultations (or 'hearings') by the Joint Review Panel (i.e. rescaling *within* the process). While doing so, most stakeholders still bother to engage with the federal EA process. Despite the widespread belief of unlikelihood that the Harper Government will reject the project on the basis of the Joint Review Panel recommendations, participation in the review process by opposing communities on BC's coast is overwhelming. A chief reason, it seems, is not confidence in the process or belief in its legitimacy. Rather, participation includes diverse motivations including widening expressions of vocal opposition, or fulfilling preconditions for legitimating the other two strategies detailed below.

The second strategy have sought to alter the rules of the process itself in order to modify its scope and operations (i.e. rescaling *of* the process). As discussed above, while many opponents have sought to make the official process more inclusive, it is mostly the Federal government that has taken the initiative here, and passed legislation to reduce the duration of EAs, narrow the criteria for public inclusion, and reinforce Ministerial decision-making power. If such narrowing should reassure investors it risks contributing to the broader decline of trust in democratic

61 Eaton, J., "The Harper Budget: Assault on the Environment for Big Oil Profits: Roundup of Canadian Environmental NGO Responses," *Sierra Club Canada*, 14 April 2012, http://www.sierraclub.ca/en/main-page/harper-budget-assault-environment-big-oil-profits-roundup-canadian-environmental-ngo-respo (last accessed 30 April 2012).

institutions. In particular, there seems to have been a loss of faith on the part of BC communities in the official decision-making process, and, indeed, in parliamentary process to bring about the policies on energy, environmental, and Aboriginal rights that many BC residents and First Nations communities are seeking.[62]

Finally, the third strategy has sought to influence the ultimate construction and operation of the pipelines through initiatives outside of the official process (i.e. rescaling *outside of* the process). These initiatives have included fostering opposition in public opinion to gain leverage on political decision makers, investor briefings stressing the high legal, political, and reputational risks attached to the project, awareness raising among Enbridge gas customers in Ontario, attempts to pass a legislated ban on oil tankers and, asserting territorial control to deny access. These will also likely include both domestic (and possibly international court) cases challenging a possible pipeline approval on the basis of the (in)adequacy of the Crown's consultation process with aboriginal groups, indigenous territorial sovereignty claims, and eventually civil disobedience and blockades. Some of these strategies both build on, and can contribute to challenging the sovereignty of the Canadian government in these matters.

In this respect, this project is more than a local or even national issue; it is the focal point for current debates in Canada and beyond over the rights of aboriginal communities to control what happens on their territories, control over the pace, scope and conditions of resource extraction, responses to climate change, and the environmental implications of increasing reliance on 'dirty oil'. The stakes of the Northern Gateway project concern billions of dollars in investment, thousands of construction jobs, vast profits, and more fuel for cars in East Asia. The spatial disjuncture between those who reap the benefits and those who bear the costs, as well as those seeking approval of the project and those seeking to reject it, are at the heart of the conflict over these issues. In December 2013 the Joint Review Panel for the proposed Northern Gateway project concluded that the project would be in the public interest and "recommended that the federal government

---

62 On declining confidence in political institutions among Canadians, see polls cited in Hepburn, B., "Canadians increasingly cynical about state of democracy," *The Star*, 28 November 2012. No specific longitudinal opinion survey on confidence in the Joint Review Panel was found, assessment is based on anecdotal evidence including interviews and review of media reports. Still, some opponents place hope in BC's Provincial Parliament following elections due in May 2013, see Stueck, W. and N. Vanderklippe, "B.C. NDP Leader Adrian Dix mobilizes to nix Northern Gateway," *Globe and Mail*, 12 July 2012, while at the Federal level, popular opposition to the project helped Elizabeth May becoming the first Green Party member elected to the Canadian Parliament after beating Gary Lunn, a prominent Conservative incumbent and pipeline supporter, in the BC riding of Saanich-Gulf Islands in 2011.

approve the project, subject to 209 required conditions."[63] Still, the fate of the project was yet to be determined as the Federal government has not yet taken a decision and consulted First Nations groups while environmental groups have launched a court challenge.[64]

63 See JPR, Connections Volume 1, available through http://gatewaypanel.review-examen.gc.ca.

64 Hui, S., *Environmental groups file court challenge over Joint Review Panel report on Enbridge pipeline*, Georgia Straight, 17 January 2014.

Sécuriser les routes du pétrole voisines des côtes de la métropole (1945-1980)

Patrick Boureille

Service historique de la Défense, Paris, France

Les actes d'un colloque consacré aux routes du pétrole ne peuvent faire l'économie d'une contribution que l'on pourrait intituler « Du pétrole sur la route ». En effet, la seconde moitié du XXe siècle a connu un développement sans précédent de la maritimisation des flux de marchandises, au premier rang desquels figurent les produits énergétiques[1]. Des voies d'acheminement en direction des pays industrialisés sont apparues ; d'autres, héritées, ont vu leur importance confirmée. Majeures sont les routes maritimes voisinant les côtes métropolitaines, méditerranéennes comme atlantiques.

À travers le point de vue de la Marine nationale, il s'agit tout d'abord de présenter la manière dont les autorités militaires françaises ont, au lendemain de la Seconde Guerre mondiale, pris conscience de l'émergence de ces « routes du pétrole », de leur évolution récente, de leurs problématiques économique et stratégique spécifiques. Dans un second temps, nous montrerons comment du début des années 1950 au lendemain du premier choc pétrolier, une législation très « encadrante » a été progressivement mise en place, à travers le rôle que la Marine nationale s'est vu confier dans ces espaces proches des côtes métropolitaines. Un troisième aspect de ce sujet réside dans les efforts de rationalisation des moyens en accord avec les armateurs et les compagnies pétrolières pour sécuriser les voies d'approvisionnement pétrolier de la métropole, pour prévenir d'éventuels accidents, sinon en limiter les effets, et toujours

1 Pour une synthèse commode sur le sujet, Philippe Masson, *Marines et océans. Ressources, échanges, stratégies*, Paris, Imprimerie nationale, 1982, 499 p., notamment les chapitres XI, XII et XIII. Jean Guellec et Pascal Lorot (dir.), *Planète océane. L'essentiel de la mer*, Paris, Choiseul, 2006, 524 p., notamment la 1re partie « Économie, ressources et industries de la mer ». Bernard Cassagnou, *Les grandes mutations de la marine marchande française (1945-1990)*, Paris, Comité pour l'histoire économique et financière de la France, 2002, 2 vols., 1 252 p.

assumer les responsabilités de chacun. À ce stade, la prévention des dangers représentés par les pollutions d'hydrocarbures pour les océans et les littoraux apparaît bien comme un constant fil rouge. Les archives utilisées ici sont celles du ministère de la Défense, déposées au service historique de Vincennes[2].

1. « La mission avant tout ! » ou la Marine nationale face à la convention internationale du 12 mai 1954

Au lendemain de la Seconde Guerre mondiale, la prévention de la pollution des eaux de la mer par les hydrocarbures n'est pas une préoccupation nouvelle. L'acte final de la conférence préliminaire de Washington en 1926, le rapport du comité d'experts et le projet de convention de Genève en 1935 constituent d'excellentes bases pour entamer de nouvelles discussions[3]. L'ONU, et plus particulièrement son Conseil économique et social, invite les États membres à reprendre les discussions sur ce problème en 1950.

Le contexte économique de l'après-Seconde Guerre mondiale se prête à ce regain d'intérêt : la reconstruction s'accompagne d'une première course au gigantisme dans la construction des pétroliers. Si en 1939 rares étaient les pétroliers de la classe *Ariston* dépassant 15 000 tonnes de port en lourd, la première unité de 50 000 tonnes (*Tidewater*) est admise au service actif en 1954. Les armateurs japonais qui doivent faire parcourir à leurs navires de très longues distances (7 000 milles depuis le Moyen-Orient) sans être gênés par le franchissement d'un canal de Suez sujet à des fermetures intempestives procèdent à une étude poussée de l'augmentation du tonnage. Ils lancent donc un premier pétrolier de 85 000 tonnes, l'*Universe Leader*, en 1956, puis l'*Universe Apollo* de 105 000 tonnes en 1958, le *Nissho Maru* de 132 000 tonnes

---

2 Service historique de la Défense, archives de la Marine déposées à Vincennes (SHD-MV) 3BB$^{2/3}$ cartons 140 et 141, 3BB^{2} SA carton 500, 3CC carton 150 et 34Y cartons 001 à 014.

3 À l'invitation du gouvernement américain, une conférence d'experts s'est réunie à Washington le 8 juin 1926 : elle élabore un projet de convention qui ne reçoit pas un accueil favorable (*Acte final de la conférence préliminaire de la pollution des eaux navigables par le pétrole*, Washington, 8-16 juin 1926, Washington, Government Printing Office). En 1934, le gouvernement britannique saisit à son tour la Société des Nations de ce problème. L'Assemblée déclare que « *la question de la pollution des eaux de la mer par les hydrocarbures est de nature à faire l'objet d'une convention internationale* » (*Journal officiel de la Société des Nations*, supplément spécial n° 137, p. 13, n° 4). Un comité spécial d'experts élabore, en octobre 1935, un projet de convention internationale (document C.449, M.23S, 1935, vol. VIII, p. 8). Le Conseil décide le 10 octobre 1936 de convoquer une conférence pour traiter ce sujet (Procès-verbaux de la 84e session du Conseil de la Société des Nations, p. 1196). La conférence prévue ne s'est pas réunie.

en 1962, le *Tokyo Maru* de 150 000 tonnes en 1965 et l'*Idemitsu Maru* de 209 000 tonnes en 1967. En dix ans, ce triplement du tonnage a pour effet la division par deux du coût d'exploitation à la tonne chargée[4]. Concomitamment apparaissent les pavillons de complaisance (*Flags of Necessity*) qui propulsent les marines marchandes de certains États sans réels besoins de transport comme le Liberia du dixième rang mondial en 1953 au quatrième en 1965[5].

Les premières informations relatives à une implication de la Marine nationale dans les problèmes liés à la pollution des eaux datent de 1952. À cette époque, le ministre de la Marine marchande André Morice crée une commission interministérielle de la pollution des eaux. Le 25 février 1952, l'ingénieur hydrographe en chef de 2e classe Lacombe est alors désigné par le directeur du Service central hydrographique pour suivre les débats[6]. Cette commission remet la même année un rapport général signé par son président, le conseiller d'État Max Querrien, et un rapport technique qui est l'œuvre de l'ingénieur en chef de l'armement Yves Rocquemont[7]. Ses travaux sont contemporains d'une réflexion similaire entamée par les autorités britanniques qui aboutit en 1953 à la publication d'un rapport dit « rapport Faulkner », lequel sert de base à la convocation d'une grande conférence internationale à Londres sur le sujet. Il préconise l'interdiction générale de tout rejet à la mer, recommande la création de zones d'interdiction au voisinage des côtes pour lutter contre les produits persistants de type *crude oil* et insiste sur la mise en place de *slop tank* ou citernes de décantation dans les pétroliers pour recueillir les eaux de

---

4 Albert Boyer, *Les transports maritimes*, Paris, Presses universitaires de France, collection Que sais-je ?, 1973, p. 23-26. Le *Nisseki Maru* de 343 000 tonnes est lancé en avril 1971 mais le record appartient aux Chantiers de l'Atlantique avec le *Batillus* de 553 000 tonnes construit pour la Shell française en 1976.

5 EV 1 (r) Marie-Pierre Delaban et Bernard Cassagnou, « La marine marchande française face à l'émergence des pavillons de complaisance dans la décennie 1950-1960 », *Revue d'histoire maritime*, n° 5, Paris, Presses universitaires de Paris-Sorbonne, 2006, p. 149-167. Corrélativement les transports pétroliers sous pavillon français à destination de la métropole, correspondant à une flotte de 89 pétroliers ayant un port en lourd global de 14 millions de tonnes, sont en baisse constante de 92 % en 1966 à 60 % en 1970 et 40 % en 1973.

6 SHD-MV, 3CC 154, lettre n° 56 SH 6 de l'ingénieur général hydrographe Dyèvre, directeur du service central hydrographique, au président de la commission interministérielle sur la pollution des eaux, 25 février 1952.

7 À sa sortie de l'ENA, Max Querrien est auditeur du Conseil d'État en 1946, puis maître des requêtes en 1954. Élu maire PS de Paimpol (Côtes-du-Nord) en décembre 1961, il est constamment réélu jusqu'en 1995. Si la marée noire du *Torrey Canyon* en 1967 épargne Paimpol, il affronte celle de l'*Amoco Cadiz* en 1978. Pour sa part, l'ingénieur général de l'armement de 1re classe Yves Rocquemont, sous-directeur du matériel naval de 1955 à 1962, termine sa carrière en février 1981 comme commissaire aux transports maritimes.

lavage avant déballastage à quai. La délégation française est globalement en accord avec son homologue britannique sauf en ce qui concerne l'interdiction totale. La conférence réunie à Londres est un succès : le texte d'une convention conciliant les différents points de vue sur le sujet voit le jour.

Cette convention signée à Londres le 12 mai 1954 entre en vigueur en 1958 après sa ratification par dix pays[8]. Par la loi du 17 avril 1957, le président de la République René Coty a été autorisé à la ratifier et le décret n° 58-922 du 7 octobre 1958 signé Charles de Gaulle la rend applicable sur le territoire de la République[9]. Aux termes de l'article 3, il est interdit à tout navire-citerne dont la jauge brute est au moins égale à 500 tonneaux de rejeter à la mer, dans les zones d'interdiction prévues à la Convention, des hydrocarbures ou des eaux polluées par des hydrocarbures dans une proportion déterminée par la Convention[10]. L'exception vaut pour tout navire dont la destination est un port non équipé en installations de réception des résidus pétroliers. Un an de grâce est accordé pour l'installation de séparateurs pour les fuites de fuel-oil ou d'huile diesel lourde, sur les navires immatriculés dans les pays ayant ratifié la Convention (article 7), et trois ans pour que les États signataires dotent leurs ports de stations de déballastage (article 8). Mais l'établissement d'un registre des hydrocarbures est immédiat (article 9). Les infractions commises par les navires français et ceux des nations ayant ratifié, concernant le rejet d'hydrocarbures dans les zones définies à l'annexe A de la Convention, doivent, lorsqu'elles ont été constatées, être transmises par les autorités locales pour sanctions éventuelles à l'autorité centrale, chargée de la répression, en relation avec les organismes internationaux créés dans ce but (articles 10 (2) et 11). Pour mémoire, une lettre des Nations unies du 23 mai 1957 demande au gouvernement français, en parallèle des textes promulgués pour éviter

8 SHD-MV, 3CC 154. Sur les origines de cette convention, Louis Cavaré, « Les problèmes juridiques posés par la pollution des eaux maritimes au point de vue interne et international », *Revue générale de Droit international public*, Paris, Pedone, juillet-septembre 1964, n° 68, p. 617-640, Pr Perrachon, « La pollution des mers par les hydrocarbures », conférence à l'Académie de Marine, *Journal de la Marine marchande*, 1966, page 115 et suivantes, et Bertrand Delavallade, *La pollution des eaux maritimes par les hydrocarbures devant le droit international*, thèse, Paris, 1966.

9 *JORF*, 9 octobre 1958, p. 9 232-9 238, décret n° 58-922 du 7 octobre 1958 portant publication de la convention internationale pour la prévention de la pollution des eaux de la mer par les hydrocarbures signée le 12 mai 1954.

10 Ces zones d'interdiction sont les étendues de mer situées à moins de 50 milles de terre, et à 100 milles dans la zone atlantique si le port de destination n'est pas équipé d'installations adéquates. La France est donc protégée dans la Manche et l'Atlantique jusqu'à Brest.

la pollution des mers par les hydrocarbures, les textes promulgués pour éviter la pollution des mers par déchet radioactif[11]. Après des accidents de B.47 en 1956 et avant la catastrophe de Kychtym en URSS fin 1957, la prévention des pollutions devient une préoccupation omniprésente et incontournable[12].

L'amiral Nomy, chef d'état-major général, n'est pas le plus ardent défenseur de cette charge supplémentaire pour la Marine : cette surveillance sera exercée en plus des autres missions « normales » (*sic*) des unités et jamais « à ce seul titre »[13]. En cas d'infraction, l'opération se limite à relever les lieux, heure, nature du délit et identité du navire (articles 6 et 7). La chaîne hiérarchique sera respectée. Mais une circulaire de l'état-major général (747 EMG.1 en date du 24 septembre 1954) prescrit des règles à observer pour éviter la pollution des mers et étend cette réglementation aux bâtiments de guerre et aux navires auxiliaires[14]. Pratique propre à la marine nationale, la flotte militaire de complément est constituée lorsque le gouvernement décrète l'ouverture du droit de réquisition générale : les navires réquisitionnés sont alors incorporés dans la Marine nationale en tant qu'unités de la Marine[15].

En avril 1961, une révision du texte de 1954 est envisagée par l'organisation intergouvernementale consultative de la navigation maritime (OMCI) et une nouvelle conférence internationale sur la pollution des eaux de la mer par les hydrocarbures est convoquée.

---

11 SHD-MV, 3BB^8 SA 500, note n° 134 CMa.6 du 1er août 1957 du commissaire général Fatou, directeur central du Commissariat, pour le commissaire général chef de la section administrative du ministère de la Défense.

12 Le 10 mars 1956, un B.47 porteur d'armes nucléaires s'abîme en mer Méditerranée. Le 27 juillet, un autre appareil du même type percute à l'atterrissage un bunker d'armes nucléaires. Le 28 juillet 1957, deux bombes sont larguées d'urgence (et perdues) dans l'Atlantique.

13 SHD-MV, 3BB^8 SA 500, circulaire n° 513 EMG/4 du 20 août 1959 sur la pollution des eaux de la mer par les hydrocarbures, signé du contre-amiral Touraille, major général par intérim.

14 SHD-MV, 3BB^3 (chrono départ 1954) carton n° 411, circulaire n° 747 EMG.1 signée de l'amiral Rebuffel, sous-chef d'état-major général de la marne, intitulée *Règles à observer par les bâtiments de la Marine nationale pour éviter la pollution des mers*, en date du 24 septembre 1954. Lors de l'extension de la convention à de nouvelles catégories de navires, c'est en vertu de cette circulaire que l'amiral Cabanier, successeur de l'amiral Nomy au poste de CEMM, demande et obtient du ministre des Travaux publics et des Transports le maintien hors législation des bâtiments de guerre et des navires auxiliaires de la Marine (article 1er) « *étant noté que votre Département s'efforce d'assujettir l'ensemble des bâtiments de la Flotte à des prescriptions équivalentes à celles de la Convention* » (SHD-MV, 3BB^8 SA 500, lettre n° 8 767 MIL/5 du 26 décembre 1962).

15 SHD-MV, 3BB^8 SA 500, circulaire n° 9677 EMG/3 du 22 septembre 1961 dressant la liste des unités constituant la flotte militaire de complément.

Quarante-deux pays y sont représentés, quatorze autres pays ainsi que deux organisations de l'ONU (la FAO et l'ONISEP). Deux organisations intergouvernementales (Conseil de l'Europe et OECE) envoient des observateurs. L'idée exprimée en 1954 par l'amiral Nomy est explicitée par l'amiral Patou, major général de la Marine, dans une lettre au ministre des Affaires étrangères du 9 septembre 1961 :

> Ces règles étant appliquées et donnant pleine satisfaction, je suis opposé à l'extension envisagée des dispositions de la Convention qui exposerait les bâtiments de guerre français à un contrôle et pourrait conduire à une vérification par un pays étranger de leurs existants en soute et de leurs registres d'hydrocarbures prévus par l'article 9, paragraphe 2 de la Convention. En conclusion, je désire le maintien du statu quo[16].

Et de préciser au ministre des Travaux publics et des Transports le 17 février 1962 : « la Marine nationale a toujours été disposée à approuver les réglementations visant à prévenir la pollution des mers dans la mesure où elles ne sont pas incompatibles avec le libre accomplissement des missions de ses bâtiments »[17]. S'il est donc favorable à l'extension de ces réglementations à toutes les marines militaires des pays signataires, il est opposé à tout contrôle étranger. De même, l'extension à 100 milles – soit l'espace où les exercices des unités ont lieu – imposerait des modifications lourdes sur les bâtiments en service. Patou opte pour le maintien pragmatique de la formule édulcorée de 1954 : « lorsque l'eau des cales contiendra une proportion notable d'hydrocarbures, leur vidange s'effectuera aussi loin des côtes que le permettra la mission du bâtiment »[18]. De même, la définition des hydrocarbures retenue par les autorités françaises (pétrole brut, fuel-oil, huile diesel lourde et huile de graissage) exclut les carburants aviation qui ne provoquent pas de dommages aux côtes ni aux plages et dont la vidange en tous lieux est une nécessité opérationnelle pour les porte-avions (rinçage des circuits et des manches avant ravitaillement, vidange des réservoirs d'aviation). Pour défendre ce point de vue, un officier supérieur de la Marine nationale est accrédité auprès de la conférence qui se tient à Londres du 26 mars au 15 avril 1962.

---

16 SHD-MV, 3CC 154 et 3BB^8 SA 50, lettre n° 171 EMG.1/SS du ministre des Armées au ministre des Affaires étrangères du 9 septembre 1961. Il s'agit de répondre à une note de l'ambassade royale grecque sondant le gouvernement français sur la révision éventuelle de la convention de 1954 en vue d'étendre certaines dispositions contraignantes aux bâtiments de guerre et navires auxiliaires. La résolution n° 3 précédant le texte de la convention de 1954 exhortait les signataires à cette extension.

17 SHD-M-V, série 3BB^8 carton 500, lettre n° 36 EMG.1/SS du ministre des Armées au ministre des Travaux publics et des Transports, signée de l'amiral Patou, 17 février 1962.

18 *Ibid.*

Cette révision de la convention internationale pour la prévention de la pollution des eaux de mer par les hydrocarbures pose donc souci à l'état-major de la marine[19]. La Commission nationale française juge en effet acceptable l'inclusion des navires de guerre et des navires auxiliaires de la marine composant la flotte auxiliaire de complément dans la liste des navires devant appliquer la convention avec les seules restrictions figurant aux nouveaux articles 7 et 8. La rue Royale pour sa part et par l'intermédiaire de son chef, l'amiral Georges Cabanier, conteste le 30 mars 1962 la limite proposée des 100 milles de largeur des zones interdites pour les rejets d'hydrocarbures ou d'huiles de vidange, et l'installation des dispositifs de déballastage des citernes à combustibles des pétroliers et de traitement des déchets contenant des hydrocarbures dans les ports militaires. Mais Gilbert Grandval, chef de la délégation française à Londres, tient pour point de vue officiel français celui adopté par la convention nationale de révision de la convention. Cela revient à accepter l'extension des catégories de navires visées par l'article 1 de 1954 aux bâtiments de guerre avec quelques vagues restrictions. La sauvegarde des intérêts de la marine paraît bien compromise.

Cependant, lors de la réunion du 27 mars, une majorité emmenée par la Grande-Bretagne et l'Union soviétique exclut les navires de guerre des dispositions de la convention au profit d'une forte recommandation de les mettre en conformité « dans la mesure où cela est possible et raisonnable »[20]. C'est ce dernier point de vue qui s'impose dans la rédaction de l'alinéa 4 de l'article 2 de l'acte final de la conférence le 13 avril. Il a fallu l'abstention initiale de la délégation française et une reprise de contact de Gilbert Grandval avec Georges Cabanier pour qu'à nouveau la France s'exprime d'une seule voix sur ce point[21]. Sur ce point, la Royale tire bénéfice des positions britannique et soviétique[22]. En revanche, pour ce qui touche aux installations portuaires, des réservoirs d'une capacité de 1 970 m^3 sont aménagés dans le port de Brest « pour recevoir et traiter les produits pétroliers pollués ainsi que les eaux chargées d'hydrocarbures » dès 1964 et dans celui de Toulon au cours

---

19 *JORF*, 20 décembre 1967, p. 12 373-12 376, décret n° 67-1096 du 15 décembre 1967 portant publication des amendements du 13 avril 1962 à la convention internationale du 12 mai 1954 pour la prévention de la pollution des eaux de la mer par les hydrocarbures.

20 SHD-MV, 3BB[8] SA 500, télégramme diplomatique n° 7 489 du 28 mars 1962 de MiliFrance Londres à Marine Paris.

21 SHD-MV, 3BB[8] SA 500, lettre n° 78 EMM.1.SS du ministre des Armées au ministre des Travaux publics et des Transports, signée de l'amiral Cabanier, 30 mars 1962.

22 Ce point, maintenu, n'est pas source de discussions lorsqu'il s'agit d'approuver la convention internationale de Londres signée le 2 novembre 1973 pour la prévention de la pollution par les navires (SHD-MV, 3 CC 154, lettre n° 413 EMM/OPS/EMPL du 21 mai 1974 du ministre de la Défense au ministre des Affaires étrangères).

de l'année 1965[23]. L'amiral Cabanier déplore cependant que « la Marine soit fréquemment amenée à consentir, pour respecter les règles définies par la Convention de Londres, une importante réduction des possibilités opérationnelles de ses pétroliers ».

Sont donc protégés dans leur intégralité la mer Baltique, la mer du Nord, le golfe de Gascogne à partir d'une ligne à peu près Est/Ouest qui vient toucher le cap Finisterre ainsi que la Méditerranée occidentale[24]. Ce nouveau texte « n'est qu'une étape sur la voie de l'interdiction absolue, mais cette étape intermédiaire ne pouvait être évitée et elle constitue en tout cas un gros progrès sur les errements en vigueur » selon les termes du ministre des Travaux publics et des Transports Robert Buron dans une lettre à son collègue des Armées en date du 4 juillet. Lequel Buron n'en essaye pas moins de réintroduire ce que la majorité des pays signataires a exclu explicitement du texte de la Convention jusqu'à ce que le Conseil d'État dans sa séance du 18 avril 1963 ne statue définitivement en faveur de la Marine.

Le 29 juin 1964, l'ingénieur hydrographe en chef de 1re classe Eyries appartenant au service central hydrographique est désigné pour faire partie de la nouvelle Commission nationale de la pollution, constituée en application de la nouvelle législation et qui succède à celle créée le 9 mai 1961 jugée trop large[25]. Il prend la suite des capitaines de frégate Jean Lesty et Henri Soullier ainsi que de l'ingénieur mécanicien en chef Charles de la division Ports et bases de l'état-major général de la Marine[26]. Le 16 décembre 1964, la loi 64-2332 « réprimant la pollution des eaux de la mer par les hydrocarbures » en application des décisions de

---

23 Ces stations restent globalement peu fréquentées. Celle de Brest traite 13 pétroliers en 1960, 15 en 1961, 15 en 1962, 10 en 1963, 7 en 1964 et 8 en 1966 (*Journal officiel*, débats de l'Assemblée nationale, 26 avril 1967, p. 812). Faut-il incriminer le coût de la prestation ? Pourtant, selon la direction de la *Shell*, 80 % des pétroliers de plus de 5 000 tonnes en service utilisent un dispositif de récupération des résidus de nettoyage des citernes connu sous le nom de « *load on top* » ou un procédé équivalent (*Journal de la marine marchande*, 18 mai 1967, p. 1 095).

24 SHD-MV, 3BB8 SA 500, fiche intitulée « Conférence internationale de 1962 sur la prévention de la pollution des eaux de la mer par les hydrocarbures : résumé des principales modifications à la convention de 1954 ».

25 SHD-MV, 3BB8 SA 500, note n° 43 EMM/1/SS du CEMM pour l'ingénieur hydrographe général, directeur du service central hydrographique, le 9 juin 1964, et 3CC 154, lettre n° 48 EMM.1/SS du ministre des Armées au ministre des Travaux publics et des Transports, 29 juin 1964. La Marine n'est plus représentée dès lors que par un ingénieur du SCH.

26 *Journal officiel* du 9 mai 1961, p. 4 272 et suivantes. Cette commission nationale de la pollution des eaux de la mer a été créée en application de la recommandation n° 7 annexée à la convention internationale pour la prévention des eaux de la mer par les hydrocarbures signée à Londres le 12 mai 1954.

la conférence de 1962 est promulguée et, le 26 décembre, elle est publiée au *Bulletin officiel de la Marine*.

En conclusion de cette première période, nous constatons que la Marine militaire ne se préoccupe de la question du rejet des hydrocarbures en mer que pour s'assurer que ses unités échappent aux règlements internationaux. La notion de « routes du pétrole » n'apparaît pas encore clairement, l'idée d'en jouer le gendarme encore moins. Pour les autorités militaires, la contrainte opérationnelle prime en ces temps de guerre froide. La réalité va cependant se rappeler à elles pour qu'elles deviennent proactives.

2. Du rejet à l'échouement : les suites de l'accident du *Torrey Canyon*

Cet échouement, somme toute banal, d'un pétrolier libérien, survenu le 18 mars 1967 sur les écueils des Seven Stones, à mi-chemin entre les îles Sorlingues et la pointe occidentale de la Cornouaille anglaise, frappe par son ampleur, sa nature et son caractère lancinant[27]. Il va donner lieu à un remarquable approfondissement des questions juridiques relatives au droit de la mer. Le navire appartient à une filiale de la société américaine *Union Oil Company of California*, la *Barracuda Tanker Corporation* ayant son siège social dans la colonie britannique des Bermudes, mais il est affrété à temps par l'*Union Oil* qui l'a pour ce voyage sous-affrété à la *British Petroleum Company* de Londres. Immatriculé à Monrovia, avec un équipage intégralement italien, échoué en haute mer mais sa cargaison polluant les rivages français et britanniques, le *Torrey Canyon* constitue un Eldorado pour les amateurs éclairés des questions juridiques...[28] En fait, cet échouement met à nu un vide juridique : aucune règle de droit international ne permet aux États intéressés d'agir, soit à titre préventif,

27 Pour une vue d'ensemble, Jean Mabire, *La marée noire du Torrey Canyon*, Paris, Albin Michel, 1967, 255 p. L'écho en est immense : dans une interview, Georges Tendron, sous-directeur du Muséum d'histoire naturelle compare « les dégâts dus à la catastrophe du *Torrey Canyon* en ce qui concerne la faune et la flore sous-marines à ceux qu'aurait produit une bombe atomique explosant dans le même lieu » (*Le Monde*, 9-10 avril 1967).

28 J.-C. Soyer, « Le Torrey Canyon et le droit de la mer », *Le Monde*, 28 et 29 avril 1967, Charles Rousseau, « Chronique des faits internationaux », *RGDIP*, 1967, p. 1 092-1 099, Marina Spinedi, « Problemi di diritto internazionale sollevati dal naufragio della Torrey Canyon », *Rivista di diritto internazionale*, 1967, p. 653-674. Lazar Focsaneanu, « L'échouement du Torrey Canyon et ses conséquences juridiques », *Revue des transports*, janvier 1968, p. 16-32. Emmanuel du Pontavice, *La pollution des mers par les hydrocarbures (À propos de l'affaire du* Torrey Canyon*)*, Librairie Générale de Droit et de Jurisprudence, 1968, 142 p. Jean-Pierre Quéneudec, « L'incidence de l'affaire du Torrey Canyon sur le droit de la mer », *Annuaire français de droit international*, 1968, volume 14, p. 701-718.

soit pour obtenir réparation des dommages subis. Il y a là un paradoxe : alors qu'à l'échelle internationale, on a pris le maximum de précautions pour couvrir les risques nés de l'utilisation de navires à propulsion nucléaire, ce sont les « simples » pétroliers qui s'avèrent les plus dangereux[29]. En effet, à travers les conventions internationales, on s'est jusqu'alors exclusivement préoccupé de prévenir et réprimer la pollution des eaux résultant du rejet délibéré d'hydrocarbures à la mer. L'article 4 de la convention de 1954 précise même que les interdictions qu'elle édicte ne s'appliquent pas « au déversement d'hydrocarbures ou de mélanges d'hydrocarbures provenant d'une avarie ou d'une fuite impossible à éviter, si toutes les précautions raisonnables ont été prises après l'avarie ou la découverte de la fuite pour empêcher ou réduire le déversement ». Le dégazage et le déballastage ont fait perdre de vue l'échouement, danger auquel sont le plus fréquemment exposés les grands navires[30].

Les côtes britanniques et françaises successivement atteintes le 23 mars et le 10 avril, les autorités respectives de ces pays recourent à des moyens militaires. Du 21 mars au 24 mai 1967, 250 marins sur les *Neptune*, les *Alizés* et des hélicoptères totalisant 400 heures de vol au cours de 116 missions décollent de la base aéronavale de Lann-Bihoué pour repérer et délimiter la zone touchée par la pollution[31]. Le 10 avril, alors que les nappes de pétrole émulsionné touchent les côtes françaises, la marine dépêche sept puis douze bâtiments.

Les enseignements de la crise se situent à deux niveaux, national et international. À ce dernier niveau, le comité de sécurité maritime de l'Organisation intergouvernementale de la navigation maritime (OMCI) a été chargé d'étudier les problèmes techniques concernant l'équipement et la circulation des navires, ainsi que les mesures à prendre pour prévenir les conséquences dommageables des événements de mer entraînant pollution des eaux. Deux sous-comités, « Pollution par les hydrocarbures » et « Sécurité de la navigation », ont été créés à cette fin. Le second s'est préoccupé d'instituer des routes maritimes (recommandées) qu'il conviendrait d'assigner à toutes les classes de navires pour lesquelles une

---

29 La convention de Bruxelles du 25 mai 1962 a défini une responsabilité des exploitants de navires nucléaires. Voir Claude-Albert Colliard, « La convention de Bruxelles relative à la responsabilité des exploitants de navires nucléaires », *Annuaire français de droit international*, 1962, volume 8, p. 41-64 et Robert Kovar, « Les accords conclus au sujet du Savannah et la responsabilité civile des exploitants de navires nucléaires », *Annuaire français de droit international*, 1965, volume 11, p. 783-809.

30 Le dégazage consiste à nettoyer les cuves, le déballastage à vidanger l'eau de mer pompée dans les cuves pour éviter la navigation à vide. Sur 159 unités perdues en mer en 1966, 98 l'ont été par suite d'échouement.

31 SHD-MV, 3CC 154, *bulletin d'information* n° 24 du 28 juin 1967, annexe « La Marine nationale et la lutte contre le mazout ».

telle mesure paraîtrait s'imposer. Cela suppose l'établissement dans certains parages très fréquentés de séparations de trafic[32]. Un précédent existe : sur proposition du commandant Oudet du service hydrographique, les instituts de navigation allemand, anglais et français ont créé en 1961 un groupe de travail qui a adopté en 1963 un plan de routes recommandées à sens unique dans la zone du Pas-de-Calais. Ce système a été approuvé par la majorité des navigateurs consultés et par le comité de la sécurité maritime de l'OMCI en avril 1964[33]. On se dirige inévitablement vers des itinéraires recommandés indiqués sur les cartes nautiques... et un contrôle des navires effectué à partir de stations radio-côtières. Ce guidage des mouvements des navires transportant des hydrocarbures (ou d'autres cargaisons nocives ou dangereuses) se trouvant à une distance déterminée de la côte nécessite le recours à du personnel aguerri, celui de la Marine nationale. Jusque-là, la route suivie par un navire était exclusivement soumise à l'appréciation discrétionnaire du capitaine appelé à « agir selon la pratique ordinaire des marins ».

Un comité juridique *ad hoc* a été créé par le conseil de l'OMCI à propos de l'affaire du *Torrey Canyon*. Très rapidement, l'une des deux questions principales auxquelles il s'est affronté a été de définir les « pouvoirs de surveillance et de contrôle confiés aux États côtiers pour assurer l'efficacité des mesures adoptées par l'Organisation en vue de renforcer la sécurité de la navigation et d'éviter les risques de pollution »[34]. La reconnaissance pour les États riverains de l'exercice d'un droit d'intervention au-delà de la limite de leurs eaux territoriales constitue une sérieuse limitation du principe posé par l'article 2 de la Convention de Genève sur la haute mer[35]. Les discussions consécutives

---

32 Autour de la Grande-Bretagne et de l'Irlande, en mer du Nord, au large du Havre et du cap Finisterre, à Gibraltar, en mer Rouge, dans les détroits d'Hormuz, de Malacca et de Singapour. La proposition française d'interdire la navigation entre ces routes recommandées et la côte n'a cependant pas été retenue (*Journal de la Marine marchande*, 21 décembre 1967, p. 2 857).

33 SHD-MV, CC7 4e moderne, carton n° 1 866, dossier n° 5, Louis Marie Amédée Oudet (1906-1989). Pour un rappel de la carrière de Louis Oudet, *Journal of navigation*, 1991, volume 44, n° 3, p. 434-436.

34 Point 16 du programme de travail du sous-comité chargé des problèmes de droit international public.

35 Convention internationale du 29 avril 1958 sur la haute mer signée à Genève, articles 2 et 6 : « La haute mer étant ouverte à toutes les nations, aucun État ne peut légitimement prétendre en soumettre une partie quelconque à sa souveraineté. (...) Les navires naviguent sous le pavillon d'un seul État et se trouvent soumis, sauf dans les cas exceptionnels expressément prévus par les traités internationaux ou par les présents articles, à sa juridiction exclusive en haute mer ». La Cour permanente de justice internationale a rappelé qu'en « dehors des cas particuliers déterminés par le droit international, les navires en haute mer ne sont soumis à aucune autorité qu'à celle de l'État dont ils portent le pavillon. (...) Aucun État ne peut exercer des actes

à l'échouement du *Torrey Canyon* tendent donc à consacrer un état de la force majeure ou de nécessité dérogatoire aux règles traditionnelles du droit de la mer au profit des États riverains.

À l'échelon national, le mardi 21 mars, une commission interministérielle pour l'étude de la pollution des eaux de la Manche est créée avec à sa tête le directeur de la Protection civile, le préfet Francis Raoul[36]. Assistée d'un officier de marine, elle se rend en Cornouaille le 25 pour constater les dégâts. La nappe est encore à plus de 200 kilomètres des côtes. Préfet maritime de Brest et commandant en chef de l'Atlantique, l'amiral Patou décide l'exécution de missions quotidiennes de reconnaissance aérienne au-dessus de la Manche avec les *Breguet Alizé* et les *Neptune* de Lann-Bihoué[37]. Et le 28, par précaution, la Marine passe commande de 1 000 m³ de produit absorbant auprès de la société allemande *Ekoperl* cde Dortmund. Le capitaine de vaisseau Louis Oudet, un des principaux experts du service hydrographique de la marine, estime alors qu'il y a « neuf chances sur dix pour que le quart de la nappe de pétrole du *Torrey Canyon* atteigne une partie des côtes entre Ouessant et le Pas-de-Calais »[38]. Le 5 avril, le dragueur *Bételgeuse* et le remorqueur *Infatigable* appareillent de Brest et Cherbourg pour appuyer les unités de la *Royal Navy* dans leur lutte contre la nappe de pétrole[39]. Ils sont rejoints le 9 par les escorteurs *Le Hardi* et *Le Fougueux*, le remorqueur

de juridiction quelconques sur des navires étrangers » (*Publications de la CPJI*, série A, n° 10, arrêt du 7 septembre 1927 relatif à l'affaire du *Lotus*, p. 25). La question sous-jacente est la définition de la haute mer : *res communis* ou *res nullius* ?

36 Le rapport qu'elle a rédigé a été publié par la Documentation française en novembre 1968 : *Le sinistre du Torrey Canyon*, 48 p. En mars 1967, l'actualité politique nationale française est le remaniement du gouvernement Pompidou à l'approche de la fin de la législature et de la préparation des élections présidentielles. L'actualité de la Marine nationale est le lancement du sous-marin nucléaire lanceur d'engins *Le Redoutable* à Cherbourg le 27 mars en présence du président de la République.

37 Deux jours après le naufrage du *Torrey Canyon*, une collision a lieu au large de l'île Vierge, à l'ouest de Plouescat entre un bateau battant pavillon panaméen et un cargo allemand, le *Bernwesch*, qui coule aussitôt et libère une nappe de mazout dérivant vers l'est, au large de Batz et Roscoff. Par ailleurs, pétroliers et cargos en profitent pour vidanger leurs soutes impunément dans la Manche.

38 Jean Mabire, *op. cit.*, p. 102-103.

39 Le 16 avril, un *Beechcraft* de Lann-Bihoué suivi par des *Nord Atlas*, bombarde avec de la sciure de bois la nappe au large d'Ouessant. La sciure de bois et la mousse de polyuréthane ont été préférées au détergent pour préserver les parcs ostréicoles d'un danger pire que le pétrole. Au large, la Marine recourt à des produits agglomérants plus lourds que l'eau entre le 18 avril et le 23 mai. À proximité des côtes et des estuaires, elle établit des barrages flottants. Le 24 avril, l'arsenal de Brest réussit à mettre au point un dispositif de pompage du pétrole par crépine flottante sur le caboteur pétrolier *Pétrobourg*. À terre, 3 600 soldats entrent en action… dès que l'intendance se souvient de la nécessité de les pourvoir de bottes !

L'Implacable, le navire océanographique *Beautemps-Beaupré* et le dragueur océanique *Mytho*. Le 18, arrivent l'escorteur côtier *Agile*, les bâtiments hydrographiques *Astrolabe* et *La Boussole* et trois EDIC.

Parmi les enseignements officiels tirés par la commission interministérielle *ad hoc* vient tout d'abord la prescription (non suivie d'effets à cette époque) de remettre à la Marine nationale la coordination et le commandement des opérations en mer avec le soutien des autres administrations publiques. On assiste aussi au même moment à une première territorialisation des espaces maritimes avec le vote de la loi n° 68-1 181 du 30 décembre 1968 relative à l'exploration du plateau continental et à l'exploitation de ses ressources naturelles[40]. La conformation des espaces côtiers rend l'extension des pouvoirs des États riverains complexes à définir. De toutes ces réflexions résulte l'instruction du 23 décembre 1970 relative à la lutte contre les pollutions accidentelles des côtes françaises par les hydrocarbures (organisation, interventions en mer, à terre, information, etc.)[41].

Tant au niveau français qu'au niveau européen, l'activité ne se relâche pas dans les années qui suivent la catastrophe du *Torrey Canyon*. Sous l'égide du secrétariat à la Marine marchande, une commission technique est mise en place dans le cadre de la constitution d'une « organisation nationale destinée à lutter contre les conséquences d'événements du même type qui pourraient se reproduire ». La Marine nationale y est associée. Nombreux sont les produits expérimentés pour lutter contre la persistance de ces pollutions : le *Corexit 7 664* dispersant d'*Esso Research and Engineering* en 1969[42], le *SEP oil* agglutinant en 1970 à Dinard par le centre national pour la protection de la nature[43], le *BP 1 100 X* de *BP France*[44] ou le fertilisant *Plancto* pour développer la dégradation des nappes par les bactéries. Des dispositifs sont testés ou perfectionnés, comme celui mis au point sur le *Petrobourg* par la direction des constructions et armes navales de Brest en appui des ateliers militaires de la Flotte lors de la catastrophe du *Torrey Canyon*. D'autres procédés techniques sont le fait d'initiatives industrielles privées comme le *Vortex* de la société Simon Frères expérimenté dans un bassin de l'arsenal de Cherbourg avec l'aide du CNEXO en avril 1971[45] ou le Vortex de la société Bertin expérimenté avec le concours de la Marine

[40] *JORF*, 31 décembre 1968, p. 12 404-12 407.

[41] *JORF*, 12 janvier 1971, p. 414.

[42] SHD-MV, 3CC 154, fiche n° 265 EMM/3/SEC du 30 juin 1969 relative à l'organisation d'une expérience de lutte contre la pollution des mers.

[43] SHD-MV, 3CC 154, fiche n° 39 EM/LOG/PLANS du 9 février 1970.

[44] *Cols bleus*, n° 1 218, 12 février 1972, p. 19-20.

[45] *Cols bleus*, n° 1 177, 30 avril 1971, p. 25.

nationale, au large de Brest, en septembre 1971 ou bien encore le *Nautex Hydrophobe* de la société Omya en 1971[46]. L'amiral Marc de Joybert, chef d'état-major de la marine, accorde ainsi le 13 juin 1974 le concours de la Marine nationale à l'Institut français des pétroles pour l'essai de divers produits d'émulsion des nappes de pétrole au large de Belle Île en 2e région maritime. « L'objectif de l'expérience est de suivre l'évolution de nappes de pétrole après épandage »[47].

En 1969, le Groupe d'études nucléaires effectue une étude sur les dérives des nappes d'hydrocarbures : le principal enseignement en est l'influence plus décisive pour ne pas écrire exclusive des vents (de l'ordre de 1/25e à 1/30e de la vitesse) que des courants[48]. L'accident du pétrolier *Gironde* en août 1969 a permis de confirmer a posteriori les résultats de l'étude[49]. Le 27 octobre 1970, l'amiral Patou, devenu chef d'état-major de la marine, donne au service central hydrographique comme directive le développement de l'étude des phénomènes en cause dans la région Manche-Pointe de Bretagne[50]. Patou, des membres de son état-major et de l'École supérieure de guerre navale assistent aussi au colloque *Dépollution des mers* organisé à Paris par l'Association scientifique et technique pour l'exploitation des océans entre le 30 septembre et le 2 octobre 1970[51]. Cela prouve l'implication personnelle de celui qui a dû gérer les conséquences de l'échouement du *Torrey Canyon* trois ans plus tôt.

Le 9 juin 1969 est signé à Bonn entre la France le Royaume-Uni, l'Allemagne fédérale et cinq autres États riverains un accord concernant la coopération en matière de lutte contre la pollution des eaux de la mer du Nord par les hydrocarbures[52]. Les arrangements techniques en

46 SHD-MV, 3CC 154, lettre n° 54 EMM/3 du 1er avril 1971 du VA Clotteau, commandant la Marine à Lorient, adressée à EMM/MAT/DSN.

47 SHD-MV, 3BB8 SA 500, lettre n° 486 EMM/OPS/EMPL du CEMM au directeur de l'IFP, 13 juin 1974.

48 SHD-MV, 3CC 154, lettre n° 39 EM/3 du VAE Rousselot, Premar 2 pour EMM/3. Le 28 novembre 1972, au musée de la Marine, à l'occasion d'une conférence de presse de l'opération mondiale *Message à la mer*, l'ingénieur général hydrographe Eyries « fait le point sur le déplacement des éléments de pollution des mers à partir des résultats hydrographiques des dix dernières années » (*Cols bleus*, n° 1 257, 2 décembre 1972, p. 15).

49 Le 19 août, le pétrolier *Gironde* entre en collision avec un autre navire au large des côtes bretonnes et déverse 2 000 tonnes d'hydrocarbures.

50 SHD-MV, 3CC 154, note n° 909 EMM/3 pour l'Ingénieur hydrographe général, directeur du SCH.

51 SHD-MV, 3CC 154, fiche n° 183 EMM/MAT/DSN/SEC.

52 *JORF*, 29 octobre 1969, décret n° 69-981, p. 10 631. Pour une vision plus large, Jochen Sohnle, « L'environnement marin en Europe : de la diversité normative vers un droit commun pan-régional », *Annuaire français de droit international*, 2005, volume 51, p. 411-432. Parmi ces États figure la Suède auprès des *Coast Guards* de laquelle la

application des dispositions de l'article 6 sont réglés au niveau global en mai 1971, au niveau de la zone s'étendant entre la Belgique, le Royaume-Uni et la France (mer du Nord) le 9 juillet 1971, et pour la zone s'étendant entre le Royaume-Uni et la France (Manche) le 15 février 1972 en dépit de la difficulté à trouver chez chacun des partenaires de la France une autorité comparable à celle du préfet maritime à Cherbourg ou à Brest[53].

Un effort parallèle et d'ampleur comparable a lieu en 1970-1972 autour de la Méditerranée occidentale à partir du rapport Ramoge avec pour acteurs principaux l'Italie, la France, Monaco et l'Espagne au nord, la Libye, la Tunisie, l'Algérie et le Maroc au sud[54]. Le texte de l'accord relatif à la coopération en matière de lutte contre la pollution des eaux de la Méditerranée par les hydrocarbures est discuté lors de la conférence de Paris des 24-25 avril et approuvé le 21 juin 1972. Des limites de compétences partagées ou exclusives sont tracées en Méditerranée… Juste à temps pour affronter la marée noire occasionnée par le naufrage du pétrolier finlandais *Saija* sur l'île de Cavallo dans les bouches de Bonifacio dans la nuit du 16 au 17 juin[55].

Une nouvelle convention internationale pour la prévention de la pollution par les navires est adoptée à Londres le 2 novembre 1973. À nouveau, comme en 1962, si les navires militaires et la flotte auxiliaire de complément en sont exceptés, les États signataires s'engagent à « agir d'une manière compatible avec la convention, en prenant des mesures appropriées lorsque ces mesures ne compromettent pas les opérations ou les capacités opérationnelles de sa Flotte ». Citernes de décantation et système *Load on top* à bord, traitement des eaux usées et des ordures, surveillance et contrôle continus des rejets d'hydrocarbure pour les pétroliers deviennent la règle.

Se met donc progressivement en place une première ébauche de « rail » pour la circulation des navires d'abord dans le Pas-de-Calais, ensuite au large d'Ouessant, et enfin en Manche. Dans sa version initiale, le rail d'Ouessant comprend par exemple une zone côtière de 5 milles marins, un rail montant de 4 milles, une zone de séparation de 2 milles

---

Marine s'enquiert en septembre 1971 des « dispositions prises à l'échelon national pour lutter contre la pollution par les hydrocarbures » (SHD-MV, 3BB$^{2/3}$ 140).

53 SHD-MV, 3 BB$^{2/3}$ carton 141, lettre n° 151 EMM/3 du 29 février 1972 adressée aux Préfets maritimes de 1re (Cherbourg) et 2e (Brest) régions.

54 SHD-MV, 3BB$^{2/3}$ carton 141.

55 *Cols bleus*, n° 1 240, 15 juillet 1972, p. 21. La cargaison est constituée de 20 000 tonnes de gas-oil. Le 16 mai 1974, au nord du cap Trapani, dans le canal de Sicile, le cargo français *Alpilles* entre en collision avec le pétrolier soviétique *Master Deviedim* transportant 40 000 tonnes de gas-oil qui sombre rapidement (*Cols bleus*, n° 1 332, 8 juin 1974, p. 29). Des exercices anti-pollution comme *Minipol* au large de Marseille sont régulièrement organisés (*Cols bleus*, n° 1 475, 4 juin 1977, p. 10-12).

et un rail descendant de 4 milles. Le dispositif est proche de la côte pour permettre aux derniers navires qui naviguent encore au sextant et à vue de se positionner précisément par rapport aux amers d'Ouessant. Le rail montant, celui que doivent emprunter tous les navires faisant route vers la Manche et qui sont souvent les navires présentant les risques de pollution les plus importants – notamment les pétroliers – est le plus proche de la côte car la règle (confirmée par l'OMCI en 1972) est que les navires doivent de manière générale se croiser bâbord/bâbord.

Malheureusement, personne n'est chargé de veiller au respect du dispositif, dont une bonne partie est alors située hors des eaux territoriales françaises. À cette époque, de nombreux navires « coupent » à travers le dispositif, le prennent à contresens, voire circulent dans la zone côtière ou entre Ouessant et le continent, afin de gagner du temps. Dans la seule année 1971, la Marine nationale a « consacré à la lutte contre la pollution 18 jours de mer de bâtiments de différents types et 40 heures de vol d'avions » selon les propres termes de l'amiral de Joybert. De 1967 à 1974, 135 constats d'infraction sont établis contre des bâtiments étrangers (dont 41 libériens, 20 norvégiens, 13 britanniques et 13 grecs) et 12 contre des bâtiments français en mer par les autorités, le plus souvent par des bâtiments et des aéronefs de la marine nationale, sans que des suites administratives et judiciaires soient données à ces constats. Dix peines ont été infligées dont deux par des tribunaux français, se réduisant à des amendes de faible importance (de 30 drachmes à 13 000 F) sans commune mesure avec les intérêts en cause. Outre les catastrophes, le nettoyage des citernes de tankers et les vidanges de cales ou des carters de moteurs représentent un rejet annuel moyen se situant entre 1 et 3 millions de tonnes d'eau polluées. Selon l'Institut français des pétroles, entre 1957 et 1971, il y a eu 45 naufrages occasionnant un déversement moyen annuel de 200 000 tonnes d'hydrocarbures. En conséquence, les patrouilles des *Breguet Atlantic* se renforcent comme celle relatée le 10 août 1973 dans les colonnes du *Figaro* qui aboutit au survol de 49 navires et à l'interpellation d'un contrevenant pris en flagrant délit de dégazage dans le golfe de Gascogne[56].

3. L'apparition des routes maritimes obligatoires : la sécurité prime sur la liberté

À partir de 1970 s'affirment donc progressivement les « routes recommandées » au large d'Ouessant et dans la Manche. Suite à la mobilisation publique qui a suivi la catastrophe de l'*Amoco Cadiz*

---

56 SHD-MV, 3CC 154, article du *Figaro* du 10 août 1973 intitulé « À la poursuite des pétroliers pollueurs ».

survenue le 16 mars 1978, le dispositif a été éloigné de la côte, modifié et complété[57]. Reprenons le cas d'Ouessant évoqué auparavant par où passent 45 000 navires chaque année, soit 125 bateaux par jour, dont 660 000 tonnes de pétrole (ou 25 % du trafic pétrolier mondial). Entre l'île et le continent, seuls sont en droit de passer les pêcheurs, les plaisanciers et la Marine nationale. Entre l'île et le premier rail montant, une zone large de 5 milles est interdite à la navigation. Le premier rail montant a été réduit à 3 milles de large et réservé aux navires ne transportant pas de marchandises dangereuses. La zone de séparation a été étendue à 8 milles. Le rail descendant large de 5 milles est organisé de manière à ce que les navires les plus dangereux circulent sur la partie la plus à l'ouest. Une seconde zone de séparation de 4 milles a été créée, isolant un second rail montant qui s'étend jusqu'à 33 milles nautiques d'Ouessant et qui est réservé aux pétroliers, chimiquiers, et autres navires transportant des produits dangereux[58].

Mais les principales innovations sont ailleurs. La Marine nationale reçoit une mission de police pour faire respecter la loi dans cette zone à travers des pouvoirs plus clairement concentrés entre les mains des préfets maritimes[59]. Le préfet maritime a le pouvoir de détourner tout

---

57 L'*Amoco Cadiz* a eu autant de conséquences dans l'organisation nationale française pour faire face à la pollution par hydrocarbures que dans la détermination d'une pratique dans le transport de ces marchandises dangereuses. Quatre mille marins de l'État et trente-cinq milles appelés du contingent ont été mobilisés pour la circonstance. Système de remorquage obligatoire, conception de pétroliers à double coque, citernes à ballast séparé, limite d'âge de 25 ans pour certaines catégories de pétroliers, installation en double de certains équipements comme le gouvernail, etc. ont été quelques-unes des nouvelles normes imposées après l'échouement. Pour un rappel global de la catastrophe, Henri Guégen, *La marée noire de l'Amoco Cadiz*, éditions CMD, collection Questions de mémoire, 1999, 72 p. et Commission d'enquête du Sénat présidée par André Colin, *La catastrophe de l'*Amoco Cadiz, Hachette Littérature, 1978, 304 p. Il faut garder en mémoire la succession rapprochée des catastrophes sur les côtes bretonnes : l'*Olympic Bravery* et le *Böehlen* les 24 janvier et 15 octobre 1976, l'*Amoco Cadiz* le 16 mars 1978, le *Gino* le 28 avril 1979 et le *Tanio* le 7 mars 1980. La crise de confiance dans l'efficacité des mesures prises par la puissance publique (« Mazoutés aujourd'hui, radioactifs demain » crient les manifestants bretons) aura pour dommage collatéral à l'échelle régionale le projet de centrale électronucléaire de Plogoff que l'élection à la présidence de la République de François Mitterrand en mai 1981 achève d'enterrer.

58 *Cols bleus*, n° 1 525, 24 juin 1978, p. 9-11.

59 Sur les préfets maritimes, Jean de Préneuf, « Les attributions du préfet maritime en matière de "défense non militaire" XIXe-XXe siècles : du préfet de la Marine au préfet de la Mer ? », Actes du colloque *Les préfets, leur rôle, leur action dans le domaine de la Défense de 1800 à nos jours* organisé les 29-30 septembre 2000 au château de Vincennes par l'Université de Reims et le CEHD, Bruxelles-Paris, Bruylant, 2001, p. 285-306.

navire dont le comportement le justifie[60]. En tant que responsable de la défense civile, il doit préserver l'intégrité du patrimoine maritime national et veiller à l'ordre public en mer, au besoin par la contrainte. Le préfet maritime a donc compétence générale d'autorisation auprès de toutes les administrations pour tout emploi de la force en mer (semonce ou tir d'arrêt), même si l'ouverture du feu pour tir au but demeure soumise à l'autorisation expresse du Premier ministre. Cette mission justifie son rôle de direction des opérations en cas de pollution accidentelle (ou lorsque le risque d'une telle pollution est probable) et les pouvoirs de police spéciaux qui lui sont conférés (tel un préfet de département, il prend alors des arrêtés fixant par exemple les règles de navigation).

Les centres régionaux opérationnels de surveillance et de sauvetage, les CROSS, communs à la Marine nationale et à l'administration des Affaires maritimes, sont mis en place et disposent à partir de 1979 de radar longue portée (exemple sur un sémaphore à Ouessant, puis près de là sur une tour de 72 mètres). Des remorqueurs de haute mer (les *Abeilles* comme *Flandre* et *Bourbon*) sont à la disposition des CROSS pour toutes les missions d'assistance dans le rail[61]. En cas d'avis de tempête ou de mer forte (dès que le vent dépasse 25 nœuds, soit environ 40 km/h), le remorqueur se prépositionne près de Camaret pour intervenir plus rapidement en cas de nécessité ; par temps calme, il reste basé au port de Brest.

C'est donc au cours de cette dernière période que l'évolution simultanée des fonctions de la Marine nationale et l'organisation du trafic ont eu tendance à se clarifier et à trouver un point d'équilibre. Les effets sont manifestes deux ans après l'échouement de l'*Amoco Cadiz* lorsque le pétrolier malgache *Tanio*, chargé de 26 000 tonnes de fuel lourd, se brise en deux le 7 mars 1980 au large de l'île de Batz dans les eaux internationales. La première phase des opérations est marquée par la rapidité de l'alerte, l'intervention quasi immédiate des secours, notamment de l'aéronavale (31 membres d'équipages hélitreuillés) et le remorquage de la partie arrière de l'épave avec 7 250 tonnes de pétrole en soute au Havre. En revanche, le succès de la seconde phase portant sur la récupération du pétrole déversé en mer est compromis en raison de la composition même des hydrocarbures transportés (indice de densité très

---

60 C'est une des multiples mesures prévues par le décret n° 78-272 du 9 mars 1978, à la veille de l'échouement de l'*Amoco Cadiz*, relatif à l'organisation des actions de l'État en mer (*JORF*, 11 mars 1978, p. 1 028). Elle a été reprise par la circulaire du 17 décembre 1997 relative à la lutte contre les pollutions accidentelles du milieu marin et aux plans de secours spécialisés Polmar (*JORF*, n° 298 du 24 décembre 1997, p. 18 754-18 763).

61 *Cols bleus*, n° 1 537, 7 octobre 1978, p. 1-19.

variable). Enfin, le préfet maritime de la 2e région prend un arrêté mettant en demeure les propriétaires du navire et son armateur de « prendre toutes les mesures nécessaires pour mettre fin aux dangers graves que fait courir la cargaison contenue dans le navire »[62] en l'occurrence la partie avant coulée à 87 mètres de fond. Présidée par les autorités de la marine, la réunion avec les assureurs et les représentants du fonds international d'indemnisation voit la solution COMEX de récupération du brut encore immergé retenue le 29 avril. Les travaux durent jusqu'à l'automne en raison d'une météo capricieuse et de difficultés techniques du contractant[63].

À la veille de l'ouverture des négociations qui vont aboutir à la signature de la convention de Montego Bay le 10 décembre 1982, on peut mesurer la distance parcourue par la Marine nationale en trois décennies. La priorité a toujours été l'exemption des bâtiments de guerre et des navires composant la flotte de complément par rapport aux dispositions adoptées pour limiter et/ou réprimer la pollution des mers par les rejets d'hydrocarbures. La mission opérationnelle a toujours été privilégiée et, de ce point de vue, les conventions internationales de Londres de 1954, 1962 et 1973 ont toujours donné satisfaction aux autorités de la Marine, même si l'effet final recherché a parfois été obtenu, de manière inattendue, avec l'appui des délégations d'Union soviétique ou de Grande-Bretagne. L'exemption n'étant pas la licence, l'application spontanée de règlements équivalents aux dispositions internationales mais ayant le suprême avantage de soustraire les unités navales françaises à tout contrôle étranger a toujours été la règle des chefs d'état-major successifs depuis 1954.

À côté de cette préoccupation stratégique fondamentale, le dégazage et le déballastage dissimulent l'échouement aux yeux des responsables politiques et militaires ainsi qu'à ceux des experts. À partir de 1967, la course au gigantisme des pétroliers ramène la pollution des mers par rejet accidentel au premier plan des préoccupations de tout le monde. Les autorités militaires n'échappent pas plus longtemps à leur mission de surveillance, de contrôle, de secours et d'intervention dans des espaces sur lesquels leur autorité fédératrice est de moins en moins contestée par les représentants

62 SHD-MV, 34 Y 09, fiche de la mission interministérielle de la mer auprès du Premier ministre intitulée *Bilan de l'accident du* Tanio, 24 octobre 1980. Pour cette mise en demeure, le préfet maritime s'appuie sur la convention internationale conclue à Bruxelles le 29 novembre 1969 sur l'intervention en haute mer en cas d'accident entraînant ou pouvant entraîner une pollution par les hydrocarbures et sur la loi du 7 juillet 1978 relative à la pollution maritime accidentelle.

63 Pour une présentation à une date proche du dispositif français, voir l'article du capitaine de corvette Graber intitulé « Le bouclier français anti-pollution », *Cols bleus*, n° 1 592 du 1er décembre 1979, p. 4-9.

d'autres administrations. Parallèlement à cette évolution structurelle propre à la France, tout un arsenal de mesures est adopté à l'échelle internationale qui aboutit à remettre en cause de façon concertée l'absolue liberté de navigation dans certaines zones du globe particulièrement fréquentées (dont les eaux bordières de la France). Plus que *res nullius*, les espaces hauturiers tendent à devenir de fait *res communes*.

Index des noms de personnes et de navires

« Enjeux internationaux » / “International Issues”

L’étude des relations internationales, tout particulièrement dans le champ historique, est issue d’une histoire diplomatique largement rénovée à travers la prise en compte des forces profondes telles que les a jadis définies Pierre Renouvin. Elle place les États et ceux qui sont chargés de définir et de mettre en oeuvre leur politique, au coeur de la vie internationale. Selon cette conception, les États conduisent leur action en jouant sur la palette des moyens les plus divers sur lesquels ils peuvent s’appuyer, tels que l’économie ou la culture, et qui agissent ou interagissent les uns par rapport aux autres.

La démultiplication des champs d’analyse de la vie internationale se développe ainsi tout au long du XXe siècle, mais est l’objet d’un nouveau regard en ces temps de mondialisation. Cette dernière, contemporaine du développement des analyses néo-libérales depuis les années 1980, témoigne tout à la fois de la prise de conscience de la démultiplication des acteurs en présence – ONG, entreprises multinationales par Exemple – et de la large autonomie d’action de ces multiples acteurs.

La collection se veut représentative de ces perspectives renouvelées et de leur impact sur les recherches actuelles. Sans abandonner l’étude des relations internationales centrées sur les États, elle cherche à mieux appréhender la diversité des segments qui composent le champ international et le mode de relations entre ces derniers : de l’enjeu que constitue le sport à celui de l’usage de la mémoire coloniale. Elle s’adresse ainsi aux universitaires et analystes souhaitant interroger les grandes thématiques du siècle dernier au service d’une réflexion sur le présent.

*

Studies in international relations, particularly historical, stem from the changing face of diplomacy over time, where the deeper forces at play, such as those once defined by Pierre Renouvin, are taken into account. Individual states, and those who define and implement their policies, are placed at the heart of global life. According to this concept, countries pursue a course of action by taking advantage of the most diverse range of tools they can rely on, such as economic or cultural resources, which act alone or interact with others.

The study of international relations grew into different fields of analysis during the twentieth century, but it is now subject to a new scrutiny in this era of globalisation. This concept, which coincides with the development of neo-liberal analysis since the 1980s, reveals a new awareness about the increased number of actors – NGOs and multinational companies, for example – but also the large autonomy they enjoy when it comes to action.

This series aims to portray these new perspectives and their impact on current research. Without casting aside studies in international relations that focus on states, it tries to better understand the diverse range of factors that play out on the world stage and how they relate to each other – from the high stakes in sport to the use of colonial memory. This series targets academics and analysts who wish to apply twentieth century history to contemporary thought.

Directeurs de collection / Series Editors

Dans la collection / Published Books

N° 1 – Catherine LANNEAU, *L'inconnue française. La France et les Belges francophones (1944-1945)*, 2008, ISBN 978-90-5201-397-8

N° 2 – Frédéric DESSBERG, *Le triangle impossible. Les relations franco-soviétiques et le facteur polonais dans les questions de sécurité en Europe (1924-1935)*, 2009, ISBN 978-90-5201-466-1

N° 3 – Agnès TACHIN, *Amie et rivale. La Grande-Bretagne dans l'imaginaire français à l'époque gaullienne*, 2009, ISBN 978-90-5201-495-1

N° 4 – Isabelle DAVION, *Mon voisin, cet ennemi. La politique de sécurité française face aux relations polono-tchécoslovaques entre 1919 et 1939*, 2009, ISBN 978-90-5201-496-8

N° 5 – Claire LAUX, François-Joseph RUGGIU & Pierre SINGARAVÉLOU (dir./eds.), *Au sommet de l'Empire. Les élites européennes dans les colonies (XVI*e*-XX*e *siècle) / At the Top of the Empire. European Elites in the Colonies (16th-20th Century)*, 2009, ISBN 978-90-5201-536-1

N° 6 – Frédéric CLAVERT, *Hjalmar Schacht, financier et diplomate (1930-1950)*, 2009, ISBN 978-90-5201-542-2

N° 7 – Robert Jablon, Laure Quennouëlle-Corre et André Straus, *Politique et finance à travers l'Europe du XXe siècle. Entretiens avec Robert Jablon*, 2009, ISBN 978-90-5201-543-9

N° 8 – Alain Beltran (ed.), *A Comparative History of National Oil Company*, 2010, ISBN 978-90-5201-575-0

N° 9 – Sarah Mohamed-Gaillard, *L'Archipel de la puissance ? La politique de la France dans le Pacifique Sud de 1946 à 1998*, 2010, ISBN 978-90-5201-589-7

N° 10 – Marie-Anne Matard-Bonucci, Anne Dulphy, Robert Frank et Pascal Ory (dir.), *Les relations culturelles internationales au vingtième siècle. De la diplomatie culturelle à l'acculturation*, 2010, ISBN 978-90-5201-661-0

N° 11 – Yves-Marie Péréon, *L'image de la France dans la presse américaine, 1936-1947*, 2011, ISBN 978-90-5201-664-1

N° 12 – Léonard Laborie, *L'Europe mise en réseaux. La France et la coopération internationale dans les postes et les télécommunications (années 1850-années 1950)*, 2010, ISBN 978-90-5201-679-5

N° 13 – Catherine Horel (dir.), *1908, la crise de Bosnie cent ans après*, 2011, ISBN 978-90-5201-700-6

N° 14 – Alain Beltran (ed.), *Oil Producing Countries and Oil Companies. From the Nineteenth Century to the Twenty-First Century*, 2011, ISBN 978-90-5201-711-2

N° 15 – Frédéric Dessberg et Éric Schnakenbourg (dir), *Les horizons de la politique extérieure française. Régions périphériques et espaces seconds dans la stratégie diplomatique et militaire de la France (XVIe-XXe siécles)*, 2011, ISBN 978-90-5201-717-4

N° 16 – Alya Aglan, Olivier Feiertag et Dzovinar Kévonian (dir.), *Humaniser le travail. Régimes économiques, régimes politiques et Organisations internationale du travail (1929-1969)*, 2011, ISBN 978-90-5201-740-2

N° 17 – Pierre Journoud & Cécile Menétrey-Monchau (dir./eds.), *Vietnam, 1968-1976. La sortie de guerre / Vietnam, 1968-1976. Exiting a War*, 2011, ISBN 978-90-5201-744-0

N° 18 – Louis Clerc, *La Finlande et l'Europe du Nord dans la diplomatie française. Relations bilatérales et intérêt national dans les considérations finlandaises et nordiques des diplomates et militaires français, 1917-1940*, 2011, ISBN 978-90-5201-750-1

N° 19 – Yann Decorzant, *La Société des Nations et la naissance d'une conception de la régulation économique internationale*, 2011, ISBN 978-90-5201-751-8

N° 20 – Lorenz Plassmann, *Comme dans une nuit de Pâques ? Les relations franco-grecques 1944-1981*, 2012, ISBN 978-90-5201-769-3

N° 21 – Alain Beltran (dir./ed.), *Le pétrole et la guerre / Oil and War*, 2012, ISBN 978-90-5201-770-9

N° 22 – Valentine Lomellini, Les relations dangereuses. *French Socialists, Communists and the Human Rights Issue in the Soviet Bloc*, 2012, ISBN 978-90-5201-843-0

N° 23 – Martial Libera, *Un rêve de puissance. La France et le contrôle de l'économie allemande (1942-1949)*, 2012, ISBN 978-90-5201-859-1

N° 24 – Séverine Antigone Marin, *L'apprentissage de la mondialisation. Les milieux économiques allemands face à la réussite américaine (1876-1914)*, 2012, ISBN 978-90-5201-853-9

N° 25 – Claire Sanderson & Mélanie Torrent (dir./eds.), *La puissance britannique en question. Diplomatie et politique étrangère au 20e siècle/ Challenges to British Power Status. Foreign Policy and Diplomacy in the 20th Century*, 2012, ISBN 978-90-5201-892-8

N° 26 – Elena Gretchanaia, *« Je vous parlerai la langue de l'Europe... ». La francophonie en Russie (XVIIIe-XIXe siècles)*, 2012, ISBN 978-90-5201-885-0

N° 27 – Alfred Wahl, *Histoire de la Coupe du monde de football. Une mondialisation réussie*, 2013, ISBN 978-2-87574-046-5

N° 28 – Catherine Fraixe, Lucia Piccioni et Christophe Poupault (dir.), *Vers une Europe latine. Acteurs et enjeux des échanges culturels entre la France et l'Italie fasciste*, 2013, ISBN 978-2-87574-047-2

N° 29 – Danièle Fraboulet, Andrea M. Locatelli & Paolo Tedeschi (eds.), *Historical and International Comparison of Business Interest Associations. 19th-20th Centuries*, 2013, ISBN 978-2-87574-079-3

N° 30 – Annie Guenard-Maget, *Une diplomatie culturelle dans les tensions internationales. La France en Europe centrale et orientale (1936-1940 / 1944-1951)*, 2014, 978-2-87574-169-1

N° 31 – Catherine Horel (dir.), *Les guerres balkaniques (1912-1913). Conflits, enjeux, mémoires*, 2014, ISBN 978-2-87574-185-1

N° 32 – Bruno Dumons et Jean-Philippe Warren (dir.), *Les zouaves pontificaux en France, en Belgique et au Québec. La mise en récit d'une expérience historique transnationale (XIXe-XXe siècles)*, 2015, ISBN 978-2-87574-274-2

N° 33 – Pierre Chabal (dir.), *Concurrences interrégionales Europe-Asie au XXIe siècle*, 2015, ISBN 978-2-87574-277-3

N° 34 – Florent Pouponneau, *La politique française de non-prolifération nucléaire. De la division du travail diplomatique*, 2015, ISBN 978-2-87574-292-6

N° 35 – Alain BELTRAN (dir./ed.), *Les routes du pétrole/Oil Routes*, 2016, ISBN 978-2-87574-295-7

N° 36 – Pierre CHABAL (dir.), L'Organisation de coopération de Shanghai et la construction de la « nouvelle Asie », 2016, ISBN 978-2-87574-297-1

Vol. 37 – Manero Azpíroz, Luisa María (eds.), *Public Diplomacy, European and Latin American Perspectives*, 2015, ISBN 978-2-87574-303-9

Vol. 38 – Massimo Bucarelli, Luca Micheletta, Luciano Monzali, Luca Riccardi (eds.), *Italy and Tito's Yugoslavia in the Age of International Détente*, 2016, ISBN 978-2-87574-313-8

Vol. 39 – Michel Dumoulin et Catherine Lanneau (dir.), *La biographie individuelle et collective dans le champ des relations internationales*, 2016, ISBN 978-2-87574-325-1

www.peterlang.com